빅데이터
한국사

'운도 실력이다.'는 말이 있다. 선택형 문항으로 이루어진 공무원시험에서는 운 역시 합격에 영향을 미치는 것처럼 보이기도 한다. 하지만 운은 저절로 실력이 되지는 않는다. 운이 실력이 되기 위해서는 반드시 단단하게 다져진 바탕이 필수적이다. 따라서 수험생은 무엇보다 단단한 바탕을 다지는 것에 힘써야 한다.

그렇다면 단단한 바탕을 다지기 위해 필요한 것은 무엇일까. 물론 각 과목의 이론을 정리하고 암기하는 것도 어느 정도 필요하다. 하지만 모든 과목이 그러하듯 관련 이론의 양은 매우 방대하며 그것을 다 암기하는 것은 거의 불가능하다.

운을 실력으로 만드는 단단한 바탕은 바로 충분한 문제풀이로 다질 수 있다. 그동안 쌓아온 실력을 실전에서 최대한으로 발휘하기 위해 반드시 요구되는 것은 바로 충분한 문제풀이다. 다양한 유형의 문제를 미리 접해보고 출제유형을 파악하는 것은 실제 시험에서 당황하지 않고 자신의 실력을 최대한으로 발휘할 수 있게 만든다.

한국사는 학습할 양이 매우 많아 만족할 만한 성과를 내기 위해서는 인내와 노력이 필요한 과목이다. 9급공무원 한국사 예상문제 빅데이터는 기출문제와 출제가능성이 높은 다양한 유형의 예상문제를 수록하여 공무원시험 완벽대비를 책임진다.

1%의 행운을 잡기 위한 99%의 노력! 본서가 수험생 여러분의 행운이 되어 합격을 향한 노력에 힘을 보탤 수 있기를 바란다.

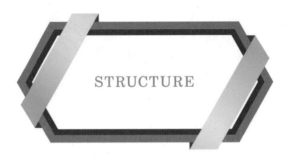

STRUCTURE

▌ 공무원시험 유형 완벽 분석

다양한 유형의 문제를 체계적으로 분석하여 내용에 대한 흐름을 파악할 수 있도록 구성
하였습니다.

▌ 단원별 기출문제 수록

최신 기출문제를 비롯하여 그동안 시행된 기출문제를 수록하여 출제유형 파악에 도움이
되도록 만전을 기하였습니다.

▌ 해설의 상세화

기출문제 및 출제예상문제에 대한 해설을 이해하기 쉽도록 상세하게 기술하여 실전에
충분히 대비할 수 있도록 하였습니다.

한국사의 바른 이해

① 역사의 학습목적

↳ 정답 및 해설 P.1

1 다음 글을 근거로 할 때, 사료를 탐구하는 자세로 옳지 않은 것은?

2016. 4. 9 인사혁신처

> 역사라는 말은 사람에 따라 다양한 뜻으로 사용되고 있지만, 일반적으로 '과거에 있었던 사실'과 '조사되어 기록된 과거'라는 두 가지 뜻을 지니고 있다. 즉, 역사는 '사실로서의 역사'와 '기록으로서의 역사'라는 두 측면이 있다. 전자가 객관적 의미의 역사라면, 후자는 주관적 의미의 역사라 할 수 있다. 우리가 역사를 배운다고 할 때, 이것은 역사가들이 선정하여 연구한 '기록으로서의 역사'를 배우는 것이다.

핵심예상문제

그동안 실시되어 온 기출문제의 유형을 파악하고 출제가 예상되는 핵심영역에 대하여 다양한 유형의 문제를 엄선·수록하였습니다.

한국사의 바른 이해

정답 및 해설

● 1. 역사의 학습목적

1
제시된 글은 역사가의 주관적 입장을 강조하는 '기록으로서의 역사'에 대한 관점이다.
①은 객관적 사실로서의 역사를 강조하는 랑케의 사관이다.

2 ②
제시문은 사실로서의 역사를 설명한 내용이다.
①③④는 기록으로서의 역사이다.

● 역사의 의미
· 사실로서의 역사: 객관적 의미의 역사, 시간적으로 현재에 이르기까지 일어났던 모든 과

5 ②
● 보편성과 특수성
· 보편성: 전 세계 사람은 모두 의식주의 생활을 영위하고 있다는 것처럼 일반적으로 모든 사람이 영위하고 있는 것을 보편성이라 한다.
· 특수성: 환경 및 지역에 따라 개별적인 언어, 종교, 풍습, 제도 등 또는 우리나라만이 가지고 있는 독특한 문화 등을 말한다.

6 ②
① 과거에 일어난 수많은 사실 중에서 역사가에 의해 선택된 것이 사료이다.
③ 랑케의 객관적 의미의 역사에 대한 설명이다.
④ 제시된 글은 객관적 의미와 주관적 의미의 역사에 대한 설명이다.

해설 및 보충설명

핵심을 콕! 짚는 해설과 참고가 되는 보충설명을 통해 기본이론에 대한 지식이 부족해도 문제풀이가 가능하도록 내용을 심도 있게 정리하였습니다.

2018. 6. 23 제2회 서울특별시 시행

1 고려의 문화에 대한 설명 중 가장 옳은 것은?

① 고려의 귀족문화를 대표하는 백자는 상감기법을 이용한 것이다.
② 고려는 세계 최초로 금속활자를 발명하였다.
③ 팔만대장경판은 거란의 침입을 물리치기 위한 염원을 담아 만든 것이다.
④ 고려는 불교국가여서 유교문화가 발전하지 못하였다.

TIP ② 고종 때의 금속활자로 '상정고금예문(1234)'을 인쇄했다.
① 고려의 귀족문화를 대표하는 것은 청자로, 상감기법을 이용한다.
③ 팔만대장경은 몽고의 침입을 물리치기 위한 염원을 담아 만든 것이다. 거란의 침입을 물리치기 위한 염원을 담아 만든 것은 초조대장경이다.
④ 고려는 정치이념으로 유교를 채택하였다.

기출문제분석

최신 기출문제를 수록하여 공무원시험 출제유형 파악에 도움을 주고자 노력하였습니다.

CONTENTS

CONTENTS

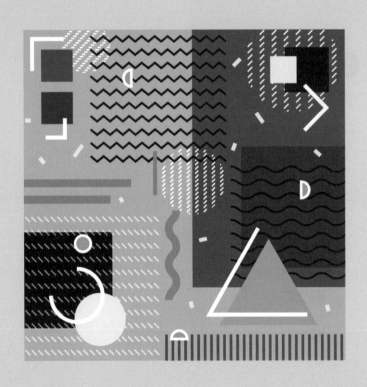

PART
01

한국사

01

한국사의 바른 이해

1 역사의 학습목적

☞ 정답 및 해설 P.269

1 다음 글을 근거로 할 때, 사료를 탐구하는 자세로 옳지 않은 것은?

2016. 4. 9 인사혁신처

> 역사라는 말은 사람에 따라 다양한 뜻으로 사용되고 있지만, 일반적으로 '과거에 있었던 사실'과 '조사되어 기록된 과거'라는 두 가지 뜻을 지니고 있다. 즉, 역사는 '사실로서의 역사'와 '기록으로서의 역사'라는 두 측면이 있다. 전자가 객관적 의미의 역사라면, 후자는 주관적 의미의 역사라 할 수 있다. 우리가 역사를 배운다고 할 때, 이것은 역사가들이 선정하여 연구한 '기록으로서의 역사'를 배우는 것이다.

① 사료는 '과거에 있었던 사실'이므로 그대로 '사실로서의 역사'라고 판단한다.
② 사료를 이해하기 위해 그 사료가 기록된 당시의 전반적인 시대 상황을 살펴본다.
③ 사료 또한 사람에 의해 '기록된 과거'이므로, 기록한 역사가의 가치관을 분석한다.
④ 동일한 사건 또는 같은 시대를 다루고 있는 여러 다른 사료와 비교·검토해 본다.

2 다음과 같은 주장에 가장 적합한 역사서술은?

2011. 5. 14 상반기 지방직

> 역사가는 자기 자신을 숨기고 과거가 본래 어떠한 상태에 있었는가를 밝히는 것을 자신의 지상 과제로 삼아야 하며, 이때 오직 역사적 사실로 하여금 말하게 하여야 한다.

① 궁예와 견훤의 흉악한 사람됨이 어찌 우리 태조와 서로 겨룰 수 있겠는가.
② 건국 초에 향리의 자제를 뽑아 서울에 머물게 하여 출신지의 일에 대하여 자문하였는데, 이를 기인이라고 한다.
③ 묘청 등이 승리하였다면 조선사가 독립적, 진취적으로 진전 하였을 것이니, 이 사건을 어찌 일천년래 제일대사건이라 하지 아니하랴.
④ 토문 이북과 압록 이서의 땅이 누구의 것인지 알지 못하게 하였으니 … (중략) … 고려가 약해진 것은 발해를 차지하지 못하였기 때문이다.

3 역사에 대한 설명으로 옳지 않은 것은?

2010. 5. 22 상반기 지방직

① '기록으로서의 역사'에는 역사가의 주관이 개입되면 안 된다.
② 역사를 통하여 현재를 살아가는 데 필요한 삶의 지혜와 교훈을 얻을 수 있다.
③ 사료와 역사적 진실이 반드시 일치하는 것은 아니므로 사료 비판이 필요하다.
④ '사실로서의 역사'란 과거에 존재했던 모든 사실과 사건을 의미한다.

4 다음 주장을 고려할 때 가장 적절한 태도는?

- 역사에 대한 서로 다른 관점을 사관(史觀)이라고 한다.
- 역사가가 어떤 사관을 가지고 책을 저술 또는 편찬하는가에 따라서 역사서의 내용이 달라질 수 있다.

① 과거 사실을 밝히는 일을 지상 과제로 삼는다.
② 대중을 위한 역사를 만들고자 적당한 윤색을 가한다.
③ 역사 서술에는 반드시 현재의 요구를 반영해야 한다.
④ 역사서를 읽을 때 독자는 저자의 사관을 염두에 둔다.

5 우리 역사의 특수성을 보여주는 설명만으로 묶은 것은?

- ㉠ 선사시대는 구석기, 신석기, 청동기 시대 순으로 발전하였다.
- ㉡ 고대사회의 불교는 현세구복적이고 호국적인 성향이 있었다.
- ㉢ 조선시대 농촌사회에서는 두레, 계와 같은 공동체 조직이 발달하였다.
- ㉣ 전근대사회에서 신분제 사회가 형성되어 있었다.

① ㉠㉡
② ㉡㉢
③ ㉢㉣
④ ㉠㉣

6 다음 설명 중 옳은 것은?

> 인류 생활의 ㉠과거에 일어난 수많은 사실(事實) 모두가 역사는 아니다. 역사란 지나간 사실들 가운데 그야말로 역사적 의미가 있는 사실(事實)들 즉, ㉡'사실(史實)'을 뽑아 모은 것이라고 말할 수 있으며, 나아가 그 사실(史實)이 가지고 있는 ㉢역사적 '진실'이 확인될 때 비로소 과거의 한 사건은 '역사'로서 자격을 갖추게 된다.

① ㉠은 역사를 연구하는 자료가 되는 사료(史料)를 의미한다.
② ㉡에는 역사가의 객관적 견해가 작용하게 된다.
③ ㉢은 헤겔(G. Hegel)의 객관적 역사에 관한 설명이다.
④ 마르크스(K. Marx)의 역사 발전 법칙을 설명하고 있다.

7 다음의 역사관과 유사한 주장은?

> 우리가 예술작품을 감상할 때 저명한 학자의 분류법을 생각하지 않고 아름답다고 느끼듯이 역사를 대하거나 탐구할 때에도 있는 사실을 그대로 받아들여야 한다.

① 역사란 기록으로서 역사를 의미한다.
② 역사는 과거에 있었던 사실이다.
③ 역사는 주관적으로 생각해야 한다.
④ 역사란 역사가가 주관적으로 재구성한 것이다.

8 역사의 의미에 대한 이해 중 다른 하나는?

① 역사는 있는 그대로의 사실을 가리킨다.
② 과거에 일어난 객관적 사실이 모두 역사에 해당된다.
③ 역사가는 자신을 숨기고 과거의 사실을 밝혀야 한다.
④ 역사가는 과거의 사실을 자신의 견해와 지식으로 재구성한다.

2 한국사와 세계사

정답 및 해설 P.270

1 다음 중 한국사의 이해와 관련이 **없는** 것은?

① 한국인의 역사적 삶의 특수성을 인식하고 그 가치를 높게 인식하여야 한다.

② 우리의 역사를 교조주의의 틀에 맞추어 해석하고 서술해서는 안된다.

③ 우리의 역사를 옳게 이해하고 연구하기 위해서 세계사적 보편성의 논리에 충실하여야 한다.

④ 한국사의 특수성을 바르게 이해하려면 세계사적 보편성에도 관심을 가지고 이해의 폭을 넓혀야 한다.

2 다음 내용을 토대로 한국사를 바르게 인식한 것에 해당하지 **않는** 것은?

한민족은 고대로부터 그 시대 나름의 국제관계를 가지고 개별적인 민족사를 전개해 왔다. 그러므로 한국사의 특수성을 이해하기 위해서는 세계사와 연관, 세계사적 보편성에 대한 관심과 이해가 필요하며 주변 국가와의 연관성도 고찰하여야 한다.

① 신라는 당과 연합하여 삼국통일을 이룩하였다.

② 고조선시대의 유적지에서 명도전이 발견되었다.

③ 광개토대왕은 북위의 왕이 의탁해 오자 제후로 삼았다.

④ 세종대왕은 한글을 창제하여 민족문화의 기반을 확고히 하였다.

3 다음 중 세계화시대에 갖추어야 할 바른 역사의식이 **아닌** 것은?

① 우리 역사보다 세계사에 더 깊은 관심을 갖는다.

② 외부에 대해 개방적 민족주의로 대처한다.

③ 세계사의 변화에 능동적으로 대응하는 자세를 갖는다.

④ 인류사회에 기여할 수 있는 진취적 역사의식을 갖는다.

01. 한국사의 바른 이해 **13**

4 한국사가 세계사의 조류에 합류하기 시작한 것은 언제부터인가?

① 고려시대 이후
② 임진왜란 이후
③ 개항 이후
④ 광복 이후

5 다음 중 민족사의 이해에 대한 바른 태도는 어떤 것인가?

① 한국사의 어두운 측면은 축소시킨다.
② 우리 민족의 여러 가지 측면을 역사법칙에 맞게 해석한다.
③ 유럽이나 아메리카 대륙의 여러 지역에서 우리 민족의 흔적을 찾아낸다.
④ 우리 민족의 특수성을 유지하면서 세계사적 보편성을 추구한다.

6 다음 글을 통해 우리 문화의 특성을 가장 바르게 추론한 것은?

> 한국의 불교는 현세구복적이고 호국적인 성향이 남달리 강하였다. 또한 한국의 유교는 삼강오륜의 덕목 중에서도 충·효·의가 강조되었는데 이는 우리 조상이 가족질서에 대한 헌신과 국가수호, 그리고 사회정의 실현에 특별한 관심을 가졌음을 보여 주는 것으로 중국의 유학이 인(仁)을 중심 개념으로 설정하고 사회적 관용을 존중하는 것과 대비된다고 볼 수 있다.

① 우리 문화는 세계사적 보편성과 무관하다.
② 한국인들은 자신들만의 고유문화를 발전시켰다.
③ 우리 문화에는 보편성과 특수성이 함께 나타난다.
④ 세계 문화의 흐름이 우리 민족문화에도 그대로 나타난다.

7 우리 역사의 특수성을 보여주는 설명만으로 묶인 것은?

> ㉠ 선사시대는 구석기, 신석기, 청동기 시대 순으로 발전하였다.
>
> ㉡ 고대사회의 불교는 현세구복적이고 호국적인 성향이 있었다.
>
> ㉢ 조선시대 농촌사회에서는 두레, 계와 같은 공동체 조직이 발달하였다.
>
> ㉣ 전근대사회에서 신분제 사회가 형성되어 있었다.

① ㉠㉡　　　　　　　　　　② ㉡㉢

③ ㉢㉣　　　　　　　　　　④ ㉠㉣

02 선사시대의 문화와 국가의 형성

1 선사시대의 전개

☞ 정답 및 해설 P.271

1 밑줄 친 '이 토기'가 주로 사용되었던 시대에 대한 설명으로 옳은 것은?

2016. 6. 18 제1회 지방직

> 이 토기는 팽이처럼 밑이 뾰족하거나 둥글고, 표면에 빗살처럼 생긴 무늬가 새겨져 있다. 곡식을 담는 데 많이 이용된 이 토기는 전국 각지에서 출토되고 있는데, 대표적 유적지는 서울 암사동, 봉산 지탑리 등이다.

① 농경과 정착 생활이 이루어졌다.
② 고인돌이나 돌널무덤을 만들었다.
③ 빈부의 격차가 나타나고 계급이 발생하였다.
④ 군장이 부족의 풍요와 안녕을 기원하는 제사를 지냈다.

2 신석기시대의 대표적인 유적에 해당하는 것은?

2015. 3. 14 사회복지직

① 고창 고인돌
② 서울 암사동 움집
③ 나주 복암리 옹관묘
④ 춘천 율문리 철자형 집터

3 1960년대 전반 남북한에서 각기 조사 발굴되어 한국사에서 구석기시대의 존재를 확인시켜 준 유적들을 바르게 짝지은 것은?

2014. 4. 19 안전행정부

	남한	북한
①	제주 빌레못 유적	상원 검은모루 유적
②	공주 석장리 유적	웅기 굴포리 유적
③	단양 상시리 유적	덕천 승리산 유적
④	연천 전곡리 유적	평양 만달리 유적

4 다음 유물이 만들어진 시대의 사회상으로 옳은 것은?

2014. 6. 21 제1회 지방직

- 충북 청주 산성동 출토 가락바퀴
- 경남 통영 연대도 출토 치레걸이
- 인천 옹진 소야도 출토 조개껍데기 가면
- 강원 양양 오산리 출토 사람 얼굴 조각상

① 한자의 전래로 붓이 사용되었다.
② 무덤은 일반적으로 고인돌이 사용되었다.
③ 조, 피 등을 재배하는 농경이 시작되었다.
④ 반량전, 오수전 등의 중국 화폐가 사용되었다.

5 다음 유물이 등장한 시기의 생활 모습에 관한 설명으로 옳은 것은?

2014. 6. 28 서울특별시

- 팽이처럼 밑이 뾰족하거나 둥글고, 표면에 빗살처럼 생긴 무늬가 새겨져 있다.
- 곡식을 담는 데 많이 이용되었다.

① 철제 농기구로 농사를 지었다.
② 비파형동검을 의식에 사용하였다.
③ 취사와 난방이 가능한 움집에 살았다.
④ 죽은 자를 위한 고인돌 무덤을 만들었다.
⑤ 정복전쟁을 거치며 지배계급이 등장하였다.

6 다음 자료의 (가), (나) 국가에 대한 설명으로 옳은 것은?

2013. 7. 27 안전행정부

> (가) 산천을 중요시하여 산과 내마다 구분이 있어 함부로 들어가지 않으며, 이를 어기면 우마로 배상하였다.
>
> (나) 가족이 죽으면 시체를 가매장하였다가 나중에 그 뼈를 추려서 가족 공동 무덤인 커다란 목곽에 안치하였다.

① (가) - 12월에 영고라는 제천 행사를 지냈다.

② (나) - 민며느리제라는 혼인 풍속이 있었다.

③ (가), (나) - 왕권이 강화된 중앙 집권 국가로 발전하였다.

④ (가), (나) - 대가들이 제가 회의라는 부족장 회의를 운영하였다.

7 우리나라 청동기 시대의 유적과 유물에 대한 설명으로 옳은 것은?

2013. 9. 7 서울특별시

① 청동기 시대에는 수공업 생산과 관련된 가락바퀴가 처음으로 사용되었다.

② 불에 탄 쌀이 여주 흔암리, 부여 송국리 유적에서 발견되었다.

③ 청동기 시대 유적은 한반도 지역에 국한하여 주로 분포되어 있다.

④ 청동기 시대에는 조개 껍데기 가면 등의 예술품도 많이 제작되었다.

⑤ 청동기 시대 토기로는 몸체에 덧띠를 붙인 덧무늬토기가 대표적이다.

8 다음 ㉠~㉣에 들어갈 말을 바르게 배열한 것은?

2012. 4. 7 행정안전부

> • 기원전 8 ~ 7세기 무렵에 ㉠ 도 본격화되기 시작했다.
>
> • 일반적으로 ㉡ 은 식량 채집 단계로부터 식량 생산 단계로의 변화를 낳은 농업혁명을 말한다.
>
> • ㉢ 과 뒤를 이은 ㉣ 을 대표적인 유물로 하는 청동기 문화는 황하나 내몽골 지역의 것과는 구별되는 독자적인 개성을 지닌 것이었다.

	㉠	㉡	㉢	㉣
①	벼농사	신석기혁명	비파형동검	세형동검
②	벼농사	청동기혁명	세형동검	비파형동검
③	보리농사	신석기혁명	세형동검	비파형동검
④	보리농사	청동기혁명	비파형동검	세형동검

9 고인돌을 많이 만들던 시대에 대한 설명으로 옳은 것은?

2012. 5. 12 상반기 지방직

① 추수용 도구로 반달 돌칼을 사용하였다.
② 대표적인 토기는 빗살무늬 토기이다.
③ 대표적인 유적으로는 제천 창내 유적, 서울 암사동 유적 등이 있다.
④ 무리 가운데 경험이 많은 사람이 지도자가 되었으나 정치권력을 갖지는 못하였다.

10 우리나라 구석기시대의 생활에 대한 설명으로 옳지 않은 것은?

2012. 9. 22 하반기 지방직

① 동굴, 바위그늘에서 살거나 강가에 막집을 짓고 살았다.
② 동물의 뼈로 만든 뼈도구와 뗀석기를 도구로 사용하였다.
③ 유적으로는 상원의 검은 모루, 제천 창내, 공주 석장리 등이 있다.
④ 조, 피 등의 곡물을 반달돌칼로 이삭을 추수하는 등 농경을 발전시켰다.

11 ㉠~㉢의 유물에 대한 설명으로 옳은 것은?

① ㉠ – 한반도 안에서 독자적인 발전을 이룬 청동기 형태이다.
② ㉡ – 애니미즘과 토테미즘이 등장하던 시기에 처음 제작되었다.
③ ㉢ – 주춧돌을 사용한 집터에서 주로 발견된다.
④ ㉠㉡ – 우리 민족이 최초로 세운 국가의 특징적인 유물이다.

12 다음 설명 중 역사적 시기가 다른 하나는?

① 황해도 봉산 지탑리에서 나온 탄화된 좁쌀을 통해 농경 흔적을 알 수 있다.
② 부산 동삼동 패총에서 나온 조개껍데기 가면을 통해 예술 활동양상을 엿볼 수 있다.
③ 단양 수양개에서 나온 물고기 조각을 통해 물고기가 잘 잡히기를 기원했음을 알 수 있다.
④ 평안남도 온천 궁산리에서 나온 뼈바늘을 통해 직조 사실을 추정해 볼 수 있다.

13 선사시대를 대표하는 여러 유물에 대한 설명으로 옳지 않은 것은?

> ㉠ 뗀석기   ㉡ 빗살무늬토기
> ㉢ 청동거울   ㉣ 반달돌칼

① ㉠은 연모의 사용을 시작한 가장 초기의 유물이라고 할 수 있다.
② ㉡은 신석기시대 후기에 사용된 대표적 유물로 곡식을 담는 데 사용하였다.
③ ㉢은 청동검처럼 지배자들이 사용했던 물건이라 볼 수 있다.
④ ㉣과 같은 석기는 청동기시대에 이르면 거의 찾아볼 수 없는 유물이다.

14 다음 중 신석기시대의 모습이 아닌 것은?

① 농경의 시작으로 사냥과 어로활동이 경제생활에서 차지하는 비중이 점차 줄어들었다.
② 비파형 동검을 사용하였다.
③ 아낙네들은 뼈바늘을 이용하여 그물을 손질하였다.
④ 집터는 대개 원형이나 모서리가 둥근 네모꼴이었다.

15 다음의 사실이 처음 발생했을 때의 사회모습은?

> • 태양과 물을 숭배   • 곰과 호랑이 숭배
> • 무당과 주술을 믿는 샤머니즘   • 조상숭배 · 영혼숭배

① 주먹도끼, 찍개, 찌르개, 밀개와 같은 도구를 사용하였다.
② 빗살무늬토기를 제작하였다.
③ 반달돌칼로 이삭을 잘랐다.
④ 세형 동검, 거푸집 등이 대표적 유물이다.

16 다음 유물에 대한 설명이 옳은 것은?

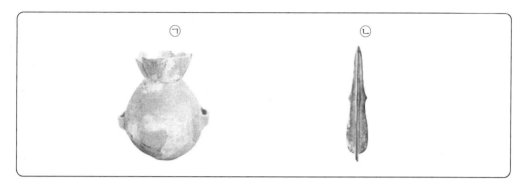

① ㉠ 토기는 신석기시대에 널리 사용되었다.

② ㉡ 청동검은 독자적 청동기가 나타났음을 보여준다.

③ 두 유물이 출토되는 지역은 고조선의 영역과 거의 일치한다.

④ 두 유물은 청동기시대 지배층의 권력으로 상징되고 있다.

17 다음 유적지의 발굴을 통해 알 수 있는 내용은?

• 봉산 지탑리	• 평양 남경유적

① 피나 조와 같은 잡곡류를 경작하였다.

② 신석기시대 말기에 벼농사가 이루어졌다.

③ 농경의 본격화로 보리, 콩의 재배가 이루어졌다.

④ 토기를 제작하여 음식물을 저장하거나 조리하였다.

② 국가의 형성

☞ 정답 및 해설 P.273

1 다음 자료와 관련 있는 국가에 대한 설명으로 옳은 것은?

2016. 3. 19 사회복지직 시행

> 지형이 동북은 좁고 서남은 길어서 1,000리 정도나 된다. 북쪽은 읍루·부여, 남쪽은 예맥과 맞닿아 있다. … (중략) … 나라가 작아서 큰 나라 틈바구니에서 핍박받다가 결국 고구려에 복속되었다. … (중략) … 땅은 기름지며 산을 등지고 바다를 향해 있어 오곡이 잘 자라며, 농사 짓기에 적합하다.
>
> — 「삼국지」 —

① 형사취수혼과 서옥제가 행해졌다.

② 해산물이 풍부하였으며, 민며느리제가 있었다.

③ 철이 많이 생산되어 낙랑, 왜 등에 수출하였다.

④ 12월에 제천행사가 열렸으며, 1세기 초에 왕호를 사용하였다.

2 ㈎와 ㈏ 시기 고조선에 대한 〈보기〉의 설명으로 옳은 것만을 고른 것은?

2016. 4. 9 인사혁신처

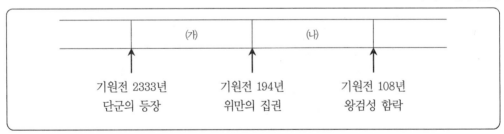

〈보기〉
ⓒ ㈎ – 왕 아래 대부, 박사 등의 직책이 있었다.
ⓒ ㈎ – 고조선 지역에 한(漢)의 창해군이 설치되었다.
ⓒ ㈏ – 철기 문화를 본격적으로 수용하며, 중계 무역의 이득을 취하였다.
ⓒ ㈏ – 비파형동검과 고인돌의 분포를 통하여 통치 지역을 알 수 있다.

① ㉠, ㉢
② ㉠, ㉣
③ ㉡, ㉢
④ ㉡, ㉣

3 다음 자료와 관련된 나라에 대한 설명으로 가장 옳지 않은 것은?

2016. 6. 25 서울특별시

> • 풍속에 장마와 가뭄이 연이어 오곡이 익지 않을 때, 그 때마다 왕에게 허물을 돌려 '왕을 마
>   땅히 바꾸어야 한다.'라거나 혹은 '왕은 마땅히 죽어야 한다.'라고 하였다.
> • 정월에 지내는 제천 행사는 국중 대회로 날마다 마시고 먹고 노래하고 춤추는데 그 이름은
>   영고라 한다.
>
> – 「삼국지」 위서 동이전 –

① 쑹화 강 유역의 평야 지대에서 성장하였다.
② 왕 아래 가축의 이름을 딴 여러 가(加)들이 있었다.
③ 왕이 죽으면 노비 등을 함께 묻는 순장의 풍습이 있었다.
④ 국력이 쇠퇴하여 광개토대왕 때 고구려에 완전 병합되었다.

4 ㉠ 국가에 대한 설명으로 옳은 것은?

2015. 6. 27 제1회 지방직

> (㉠)에서는 백성들에게 금하는 법 8조가 있었다. 그것은 대개 사람을 죽인 자는 즉시 죽이
> 고, 남에게 상처를 입히는 자는 곡식으로 갚는다. 도둑질을 한 자는 노비로 삼는다. 용서받고
> 자 하는 자는 한 사람마다 50만 전을 내야 한다. 비록 용서를 받아 보통 백성이 되어도 사람
> 들이 이를 부끄럽게 여겨 혼인을 하고자 해도 짝을 구할 수 없다.

① 옥저와 동예를 정복하였다.
② 족외혼과 책화의 풍습이 있었다.
③ 별도의 행정구역인 사출도가 있었다.
④ 중국의 한과 대립할 정도로 성장하였다.

5 (개), (내)의 나라에 대한 설명으로 옳은 것만을 〈보기〉에서 모두 고르면?

2014. 6. 21 제1회 지방직

> (개) 살인자는 사형에 처하고 그 가족은 노비로 삼았다. 도둑질을 하면 12배로 변상케 했다. 남녀 간에 음란한 짓을 하거나 부인이 투기하면 모두 죽였다. 투기하는 것을 더욱 미워하여, 죽이고 나서 시체를 산 위에 버려서 썩게 했다. 친정에서 시체를 가져가려면 소와 말을 바쳐야 했다.
>
> (내) 귀신을 믿기 때문에 국읍에 각각 한 사람씩 세워 천신에 대한 제사를 주관하게 했다. 이를 천군이라 했다. 여러 국(國)에는 각각 소도라고 하는 별읍이 있었다. 큰 나무를 세우고 방울과 북을 매달아 놓고 귀신을 섬겼다. 다른 지역에서 거기로 도망쳐 온 사람은 누구든 돌려보내지 않았다.
>
> — 삼국지 —

> ㉠ (개) – 왕 아래에는 상가, 고추가 등의 대가가 있었다.
> ㉡ (개) – 농사가 흉년이 들면 국왕을 바꾸거나 죽이기도 하였다.
> ㉢ (내) – 제천 행사는 5월과 10월의 계절제로 구성되어 있었다.
> ㉣ (내) – 동이(東夷) 지역에서 가장 넓고 평탄한 곳이라 기록되어 있었다.

① ㉠, ㉡   ② ㉠, ㉣

③ ㉡, ㉢   ④ ㉢, ㉣

6 다음 보기 중 같은 나라에 대한 설명으로 묶인 것은?

2014. 6. 28 서울특별시

> ㉠ 간음한 자와 투기가 심한 부인을 사형에 처하는 엄격한 법이 있었다.
> ㉡ 다른 부족의 경계를 침범할 경우에는 가축이나 노비로 변상해야 하는 풍습이 있었다.
> ㉢ 전쟁이 일어났을 때 소를 죽여 그 굽으로 점을 치는 풍습이 있었다.
> ㉣ 남자가 일정 기간 처가에서 살다가 본가로 돌아가는 풍속이 있었다.
> ㉤ 가족이 죽으면 가매장을 하였다가 뼈만 추려서 목곽에 넣는 풍습이 있었다.

① ㉠, ㉡   ② ㉡, ㉣

③ ㉠, ㉢   ④ ㉢, ㉤

⑤ ㉣, ㉤

7 고조선의 사회와 문화에 대한 설명으로 옳은 것은?

2013. 9. 7 서울특별시

① 단군은 제정 일치(祭政一致)의 지배자로 주변 부족을 통합하고 지배하기 위해 자신의 조상을 곰, 호랑이와 연결시켰다.
② 위만 왕조의 고조선은 철기 문화를 본격적으로 수용해 상업과 무역도 발달하게 되었다.
③ 고조선의 사회상은 현재 전하는 8조법금 법조문 전체로 파악이 가능하다.
④ 고조선은 중계 무역을 통해 중국의 한과 우호관계를 유지하려 했다.
⑤ 고조선 시대의 사회는 계급분화가 이루어지지 못했다.

8 삼한에 대한 설명으로 옳지 않은 것은?

2012. 4. 7 행정안전부

① 제정일치의 사회였다.
② 저수지가 축조되고 벼농사가 발달하였다.
③ 철이 많이 생산되어 낙랑과 왜 등에 수출하였다.
④ 5월과 10월에 계절제를 열어 하늘에 제사를 지냈다.

9 밑줄 친 '그 나라'에 대한 설명으로 옳은 것은?

2012. 9. 22 하반기 지방직

> 그 나라는 대군장이 없고 한(漢) 시대 이래로 후(侯)·읍군(邑君)·삼노라는 관직이 있어 하호(下戶)를 다스렸다. … (중략) … 해마다 10월이면 하늘에 제사를 지내는데 밤낮으로 술 마시며 노래 부르고 춤추니 이를 무천(舞天)이라고 한다.
>
> – 「삼국지」 –

① 영고라는 제천행사를 하였는데 수렵 사회의 유풍으로 전 국민적인 축제였다.
② 천군은 제사장으로서 소도라는 별읍(別邑)에서 농경예식과 종교의례를 주관하였다.
③ 다른 부족의 생활권을 침범하면 책화라고 하여 노비, 소, 말로 변상하게 하였다.
④ 처녀를 미리 신랑 집에 데려다 놓고 살다가 뒤에 며느리로 삼는 민며느리제가 있었다.

10 한국 철기시대의 주거 양상에 대한 설명으로 옳지 않은 것은?

① 부뚜막이 등장하였다.

② 지상식 주거가 등장하였다.

③ 원형의 송국리형 주거가 등장하였다.

④ 출입구 시설이 붙은 '여(呂)'자형 주거가 등장하였다.

11 다음 자료는 초기철기시대 여러 나라의 성장을 보여주는 지도이다. 각 나라에 대한 설명으로 옳은 것은?

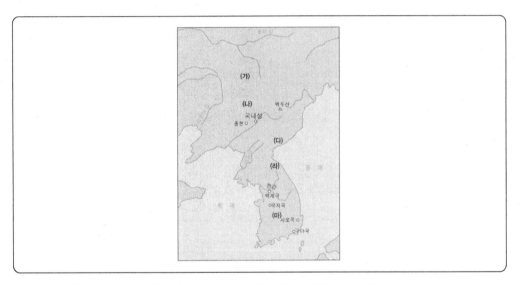

① (가) - 12월에 열리는 제천행사인 영고는 수렵사회의 전통을 보여준다.

② (나) - 송화강의 평화지대를 중심으로 하였고, 말, 주옥, 모피가 유명하였다.

③ (다) - 매년 10월 무천이라는 제천행사를 열었고, 족외혼을 엄격히 지켰다.

④ (라) - 반움집이나 귀틀집에서 살았고 두레조직을 통해 공동 작업을 하였다.

⑤ (마) - 각 읍락에는 읍군, 삼로라는 군장이 부족을 다스렸으나 크게 성장하지 못하였다.

12 (가)의 사회상에 대한 설명으로 옳은 것은?

> | (가) | 에는 대군장(大君長)이 없고 … (중략) … 후(候)·읍군(邑君)·삼로(三老)의 관직이 있어서 하호(下戶)를 통치하였다. … (중략) … 언어와 예절 및 풍속은 대체로 고구려와 같지만 의복은 다르다. … (중략) … 풍속은 산천을 중요시하여 산과 내마다 각기 구분이 있어 함부로 들어가지 않는다. 동성끼리는 결혼하지 않는다. … (중략) … 해마다 10월이면 하늘에 제사를 지내는데 … (중략) … 주야로 술 마시며 노래 부르고 춤춘다.
>
> ― 「삼국지」 ―

① 책화라는 풍습이 있었다.
② 정치 체제는 연맹 왕국 단계였다.
③ 수렵 사회의 전통을 계승한 제천 행사를 열었다.
④ 하호는 주인에게 예속되어 생활하는 천민층이었다.

13 다음 중 각 나라에 대한 설명을 바르게 연결한 것은?

> (가) 왕이 죽으면 사람들을 껴묻거리와 함께 묻는 풍습이 있었다.
> (나) 아내가 될 것을 전제로 여자가 어릴 때 남자의 집에 가서 성장한 후에 친가로 다시 돌아왔다가 남자측에서 예물을 치르고 혼인을 한다.
> (다) 씨족 간의 유습으로 부족 간의 경계구역을 설정하고 그 규범을 지켰다.
> (라) 천군이 주관하는 소도는 농경과 종교에 대한 의례 주관지역이다.

> (가) - ㉠ 왕 아래에 가축의 이름을 딴 마가, 우가, 저가, 구가가 있다.
> (나) - ㉡ 중요한 일은 제가회의를 통해 결정되었다.
> (다) - ㉢ 각 읍락에는 읍군이나 삼로라는 군장이 있어서 자기 부족을 다스렸으나 상호간 지배 및 피지배 등의 관계는 없었다.
> (라) - ㉣ 지배자 중 세력이 큰 순서는 신지, 견지, 험측, 번예, 살해, 부례, 읍차이다.

① ㉠㉡
③ ㉠㉢㉣
② ㉠㉡㉢
④ ㉠㉡㉢㉣

14 다음에서 설명하고 있는 나라는 어디인가?

> 이 나라는 대군장이 없고, 한대 이후로 후, 읍군, 삼로 등의 관직이 있어서 하호를 통치하였다. 또한 풍속은 산천을 중요시하여 산과 내마다 구분이 있어 함부로 들어가지 않는다.

① 옥저
② 부여
③ 삼한
④ 동예

15 8조법에 의한 고조선의 사회상황에 대한 설명으로 옳지 않은 것은?

① 노동력을 중요시하게 생각하였다.
② 사유재산의 침해시 가혹하게 징계하였다.
③ 화폐경제가 발달하고 있었다.
④ 남녀평등이 중요시 되었다.

16 다음의 도구를 사용한 시대에 대한 설명으로 옳은 것은?

① 평등사회
② 강가 및 바닷가에 움집을 짓고 거주
③ 동굴이나 막집을 짓고 거주
④ 사유재산의 보호

17 다음에서 설명하는 (가)와 (나)를 통해 알 수 있는 사실로 옳은 것은?

> (가) 처음 말로 혼인을 정하고, 다음에 여자의 집 대옥 뒤에 소옥을 지어 서옥이라 부른다. 저녁에 사위가 여자집에 와서 문 밖에서 자기의 이름을 알리고 무릎을 꿇고 절하면서 여자와 잘 것을 세 번 원하면 여자의 부모는 이것을 듣고 소옥에서 잘 것을 허락한다. 남자는 다음날 떠날 때 전백을 놓고 간다. 여자는 자녀를 낳고 자녀가 성장한 뒤에야 남자의 집에 살러간다.
>
> (나) 매매혼으로 생활이 빈곤하여 딸을 양육할 수 없을 때 장차 아내가 될 것을 전제로 남자의 집에 가서 자라 성인이 되면 친가에 돌아와 있다가 남자측에서 대가를 지불한 후 시집을 간다.

① 노동력을 중시하는 사회이다.
② 군장국가에서 출발하여 연맹국가로 성장하는 과정이다.
③ 원시 부계사회의 씨족적 유습의 전통이 남아 있다.
④ 자급자족의 경제구조를 띠고 있다.

18 다음 중 청동기시대에 대한 설명으로 옳지 않은 것은?

① 철기시대 이후 철제 무기와 연모를 사용하면서 청동기는 의기용으로 쓰였다.
② 청동기시대에는 농경이 이전 시대보다 발달하였는데 청동제 농기구의 보급에 따른 결과였다.
③ 한반도 지역의 청동기 문화는 기원전 10세기경부터 시작되며, 대표적인 유물로는 비파형 동검과 민무늬토기가 있다.
④ 청동기시대의 대표적인 유적 고인돌은 우리나라 전역에 분포되어 있으며, 전남 지역에 가장 많이 남아 있다.

19 다음 중 반달돌칼을 통해 알 수 있는 사실은?

① 선민사상의 등장 　　　　② 활발한 정복활동
③ 농경의 발달 　　　　　　④ 계급사회의 형성

20 다음이 설명하는 나라와 관련이 없는 것은?

> • 왕과 귀족이 죽으면 순장(殉葬)하는 풍습이 유행하였다.
> • 우제점법(牛蹄占法)과 1책 12법이 시행되었다.

① 송화강유역의 평야 지대에 위치하였다.
② 제천행사인 영고 때에 죄수를 석방하기도 하였다.
③ 지방행정구역인 4출도가 존재하였다.
④ 고구려 태조왕의 공격을 받아 멸망하였다.

21 다음 중 청동기·철기시대의 특징을 모두 고르면?

> ㉠ 철기시대부터 중국과의 교류가 활발히 이루어졌다.
> ㉡ 청동기는 중국의 영향을 받았다.
> ㉢ 청동기와 철기가 함께 사용되었다.
> ㉣ 독자적인 청동기문화가 형성되지 못하였다.

① ㉠㉡   ② ㉠㉢
③ ㉡㉣   ④ ㉢㉣

22 다음은 동이전에 나타난 어떤 나라에 대한 기록이다. 옳은 것은?

> (개) 이 나라에는 깊은 골짜기가 많고 평원과 연못이 없어서 계곡을 따라 살며 골짜기 물을 식수로 마셨다. … (중략) … 사람들의 성품은 흉악하고 급해서 노략질하기를 좋아하였다.
> (내) 이 나라에는 구릉과 넓은 못이 많아서 동이 지역 가운데서 가장 넓고 평탄한 곳이다. 토질은 오곡을 가꾸기에는 알맞지만 과일은 생산되지 않았다. 사람들은 성품이 강직하고 용맹하며 근엄하고 후덕하여 다른 나라를 노략질하지 않았다.

① (개)에는 넓은 평지가 많았고, (내)는 높은 산이 많이 분포하였다.
② 중국은 (개)를 싫어해서 그 역사를 편견적 시각으로 바라보았다.
③ (개)에는 영고와 (내)에는 동맹이라는 제천행사가 존재하였다.
④ (개)는 이후 (내)의 정복사업으로 병합되었다.

23 다음 중 청동기시대에 대한 설명으로 옳지 않은 것은?

① 금속기가 출현하면서 석제 농기구는 사라졌다.

② 당시 지배층의 경제력과 정치력을 반영하는 것으로 고인돌이 있다.

③ 생산경제가 발달하고 분업이 이루어지면서 사유재산제와 계급이 발생하였다.

④ 정치·경제력이 우세한 부족이 선민사상을 가지고 주변의 약한 부족을 통합하거나 정복하고 공물을 요구하였다.

24 다음에 해당하는 초기국가의 사회에 대한 설명으로 옳은 것은?

> • 철기문화를 바탕으로 하는 농경사회였다.
> • 해마다 씨를 뿌린 뒤인 5월의 수릿날과 가을 곡식을 거두어들이는 때인 10월에 계절제를 열어 하늘에 제사를 지냈다.

① 공동체생활의 전통을 보여주는 조직인 두레를 통하여 공동작업을 하였다.

② 남의 물건을 훔쳤을 때는 물건 값의 12배를 배상하게 했다.

③ 활발한 정복전쟁으로 한의 군현을 공략하였다.

④ 사유재산보호를 위해 다른 부족의 생활권을 침범할 경우 노비, 소, 말로 배상하게 하였다.

25 다음 설명 중 옳은 것은?

① 고조선은 기원전 10세기경 철기문화를 기반으로 성립하였다.

② 비파형 동검, 미송리식 토기는 고구려의 특징적인 유물이다.

③ 결혼풍습으로 고구려의 서옥제와 옥저의 민며느리제가 있었다.

④ 삼한은 청동기문화를 바탕으로 농업이 발달하였다.

통치구조와 정치활동

① 고대의 정치

☞ 정답 및 해설 P.275

1 삼국 통일 과정의 역사적 사실들을 일어난 순서대로 바르게 나열한 것은?

2016. 3. 19 사회복지직 시행

> ㉠ 나·당 연합군의 공격으로 사비성이 함락되자 웅진에 있던 의자왕이 항복하였다.
> ㉡ 나·당 연합군의 공격으로 평양성을 지키던 연개소문의 아들인 남산이 항복하였다.
> ㉢ 신라는 사비성을 탈환하고 웅진도독부를 대신하여 소부리주를 설치하였다.
> ㉣ 신라군이 당나라 군대 20만 명을 매소성에서 크게 물리쳤다.

① ㉠→㉡→㉢→㉣
② ㉠→㉢→㉡→㉣
③ ㉡→㉠→㉣→㉢
④ ㉡→㉣→㉠→㉢

2 밑줄 친 '국왕'에 대한 설명으로 옳은 것은?

2016. 3. 19 사회복지직 시행

> 국왕은 병부를 설치하여 직접 병권을 장악하였고, 건원이라는 독자적인 연호를 사용하였다. 또한 영토 확장에 힘을 기울여 금관가야를 정복하였다.

① 자장의 권유로 황룡사 9층탑을 건립하였다.
② 율령을 공포하고, 백관의 공복을 제정하였다.
③ 청소년 조직인 화랑도를 국가적인 조직으로 개편하였다.
④ 원광에게 수나라에 군사를 청하는 걸사표를 짓게 하였다.

3 (가) ~ (라)의 시기에 해당하는 백제 역사에 대한 설명으로 옳지 않은 것은?

2016. 4. 9 인사혁신처

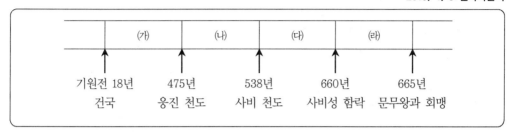

① (가) – 관등제를 정비하고 공복제를 도입하는 등 국가 통치 체제의 근간을 마련하였다.

② (나) – 남쪽의 마한 잔여 세력을 정복하고, 수군을 정비하여 요서 지방까지 진출하였다.

③ (다) – 신라와 연합하여 한강 유역 일부 지역을 수복했으나 얼마 후 신라에게 빼앗겼다.

④ (라) – 복신과 도침 등이 주류성에서 군사를 일으켜 사비성의 당나라 군대를 공격하였다.

4 다음 사실들을 시기 순으로 바르게 나열한 것은?

2016. 6. 18 제1회 지방직

> ㉠ 고구려 – 살수에서 수 양제의 군대를 격파하였다.
> ㉡ 백제 – 사비로 도읍을 옮기고 국호를 남부여로 고쳤다.
> ㉢ 신라 – 율령을 반포하고 백관의 공복을 제정하였다.
> ㉣ 가야 – 고령 지역의 대가야가 신라의 공격으로 멸망하였다.

① ㉡→㉢→㉣→㉠   ② ㉡→㉣→㉢→㉠

③ ㉢→㉡→㉣→㉠   ④ ㉢→㉣→㉠→㉡

5 밑줄 친 '무덤 주인'이 왕위에 있었던 시기의 사실로 옳은 것은?

2016. 6. 18 제1회 지방직

> 1971년 7월, 공주시 송산리 고분군 배수로 공사 도중 벽돌무덤 하나가 우연히 발견되었다. 무덤 입구를 열자, 무덤 주인을 알려주는 지석이 놓여 있었으며, 백제는 물론 중국의 남조와 왜에서 만들어진 갖가지 유물들이 고스란히 남아 있었다.

① 중앙에는 22부 관청을 두고 지방에는 5방을 설치하였다.

② 고구려의 남진 정책에 맞서 나제동맹을 처음 결성하였다.

③ 활발한 대외 정복 전쟁으로 한강 유역을 차지하고 가야를 완전히 정복하였다.

④ 지방에 22개의 담로를 두고 왕족을 파견하여 지방에 대한 통제를 강화하였다.

6 삼국 간의 경쟁 과정에서 일어난 사건을 순서대로 바르게 나열한 것은?
2016. 6. 25 서울특별시

> ㈎ 백제 성왕이 관산성 전투에서 전사하였다.
> ㈏ 백제 의자왕은 신라의 대야성을 함락시켰다.
> ㈐ 고구려 광개토대왕은 신라 지역으로 쳐들어온 왜국의 침략을 격퇴하였다.
> ㈑ 백제는 고구려의 침략으로 말미암아 수도를 웅진으로 옮겼다.

① ㈏ - ㈐ - ㈑ - ㈎
② ㈐ - ㈎ - ㈑ - ㈏
③ ㈐ - ㈑ - ㈎ - ㈏
④ ㈑ - ㈐ - ㈏ - ㈎

7 빈칸에 들어갈 왕의 재임 시기에 일어난 사실로 가장 옳은 것은?

2016. 6. 25 서울특별시

> 발해와 당은 발해 건국 과정에서부터 대립적이었으며 발해의 고구려 영토 회복 정책으로 양국의 대립은 더욱 노골화되었다. 당은 발해를 견제하기 위해 흑수말갈 지역에 흑수주를 설치하고 통치관을 파견하였다. 이러한 당과 흑수말갈의 접근을 막기 위하여 발해의 [   ]은 흑수말갈에 대한 정복을 추진하였다. 이 계획을 둘러싼 갈등이 비화되어 발해는 산둥 지방의 덩저우에 수군을 보내 공격하였다. 이에 대응하여 당은 발해를 공격하는 한편, 남쪽의 신라를 끌어들여 발해를 제어하려고 하였다.

① 3성 6부를 비롯한 중앙 관서를 정비하였다.
② 융성한 발해는 '해동성국'이라는 칭호를 얻었다.
③ 왕을 '황상(皇上)'이라고 칭하여 황제국을 표방하였다.
④ 일본에 보낸 외교문서에서 고구려 계승 의식을 천명하였다.

8 다음 글의 밑줄 친 왕 이 재위할 때의 사실로 옳은 것을 〈보기〉에서 모두 고른 것은?

2015. 6. 13 서울특별시

> 왕이 군사 3만을 이끌고 백제에 침입하여, 백제왕의 도읍 한성을 함락시키고 백제왕 부여경을 죽이고, 남녀 8천명을 사로잡아 돌아왔다.
>
> – 「삼국사기」 –

〈보기〉
㉠ 백제가 국호를 남부여로 고쳤다.
㉡ 고구려가 도읍을 평양으로 옮겼다.
㉢ 금관가야가 가야 연맹을 주도하였다.
㉣ 신라가 백제와 친선 정책을 추진하였다.

① ㉠, ㉡
② ㉠, ㉢
③ ㉡, ㉣
④ ㉢, ㉣

9 (가), (나) 사이의 시기에 있었던 사실로 옳은 것은?

2015. 6. 27 제1회 지방직

> (가) 국호를 신라로 바꾸고, 왕의 칭호도 마립간에서 왕으로 고쳤다. 대외적으로는 우산국을 복속시켰다.
> (나) 한강 유역을 빼앗고, 고령 지역의 대가야를 정복하였다. 북쪽으로는 함경도 지역까지 진출하였다.

① 백제 동성왕과 혼인 동맹을 맺었다.
② 김씨에 의한 왕위 계승권이 확립되었다.
③ 진골 귀족 세력의 반발로 녹읍이 부활되었다.
④ 병부를 설치하고, 백관의 공복을 제정하였다.

10 남북국시대에 대한 설명 중 옳지 않은 것은?

2015. 6. 27 제1회 지방직

① 발해는 일본과 교류하며 무역에도 힘썼다.
② 발해의 무왕은 신라와 연합해 당을 공격하였다.
③ 발해는 신라도라는 교통로를 이용해 신라와도 무역하였다.
④ 장보고는 청해진을 중심으로 동아시아의 무역을 장악하였다.

11 고구려와 신라의 관계를 다음과 같이 알려주고 있는 삼국시대의 금석문은?

2014. 4. 19 안전행정부

> • 고구려의 군대가 신라 영토에 주둔했던 것으로 이해할 수 있는 기록이 보인다.
> • 고구려가 신라의 왕을 호칭할 때 '동이 매금(東夷 寐錦)'이라고 부르고 있다.
> • 고구려가 신라의 왕과 신하들에게 의복을 하사하는 의식을 거행한 것으로 보인다.

① 광개토왕비   ② 집안고구려비
③ 중원고구려비   ④ 영일냉수리비

12 삼국시대 금석문 자료에 대한 설명으로 옳지 않은 것은?

2014. 6. 21 제1회 지방직

① 호우총 출토 청동 호우의 존재를 통해 신라와 고구려 관계를 살펴볼 수 있다.
② 사택지적비를 통해 당시 백제가 도가(道家)에 대한 이해를 하고 있었음을 알 수 있다.
③ 울진 봉평리 신라비를 통해 신라가 동해안의 북쪽 방면으로 세력을 확장하였음을 알 수 있다.
④ 충주 고구려비(중원고구려비)를 통해 신라가 고구려에게 자신을 '동이(東夷)'라고 낮추어 표현했음을 알 수 있다.

13 (가), (나) 국왕의 재위 시기에 있었던 사실로 옳은 것만을 〈보기〉에서 모두 고르면?

2014. 6. 21 제1회 지방직

> (가) 대조영의 뒤를 이어 즉위하였다. 영토 확장에 힘을 기울여 동북방의 여러 세력을 복속하고 북만주 일대를 장악하였다.
> (나) 대부분의 말갈족을 복속시키고, 요동 지역으로 진출하였다. 이후 전성기를 맞은 발해를 중국에서는 해동성국(海東盛國)이라고 불렀다.

> 〈보기〉
> ㉠ (가) – 수도를 중경에서 상경으로 옮겼다.
> ㉡ (가) – 장문휴가 수군을 이끌고 당(唐)의 산둥(山東) 지방을 공격하였다.
> ㉢ (나) – '건흥' 연호를 사용하고, 지방 행정 조직을 정비하였다.
> ㉣ (나) – 당시 국왕을 '대왕'이라 표현한 정혜공주의 묘비가 만들어졌다.

① ㉠, ㉡

② ㉠, ㉣

③ ㉡, ㉢

④ ㉢, ㉣

14 백제 근초고왕의 업적에 대한 다음의 설명 중 옳지 않은 것은?

2014. 6. 28 서울특별시

① 남쪽으로는 마한을 멸하여 전라남도 해안까지 확보하였다.
② 북쪽으로는 고구려의 평양성까지 쳐들어가 고국천왕을 전사시켰다.
③ 중국의 동진, 일본과 무역활동을 전개하였다.
④ 왕위의 부자상속을 확립하였다.
⑤ 박사 고흥으로 하여금 백제의 역사서인 「書記(서기)」를 편찬하게 하였다.

15 삼국의 항쟁을 시기 순으로 바르게 나열한 것은?

2013. 7. 27 안전행정부

> ㉠ 백제가 신라의 대야성을 비롯한 40여 성을 빼앗았다.
> ㉡ 백제가 고구려의 평양성을 공격하여 고국원왕이 전사하였다.
> ㉢ 신라가 대가야를 정복하면서 가야 연맹이 완전히 해체되었다.
> ㉣ 고구려가 평양으로 도읍을 옮기고 백제의 수도 한성을 함락하였다.

① ㉡→㉢→㉣→㉠

② ㉡→㉣→㉢→㉠

③ ㉣→㉠→㉡→㉢

④ ㉣→㉡→㉠→㉢

16 밑줄 친 '왕'이 재위한 시기의 사실로 옳은 것은?

2013. 8 24 제1회 지방직

> 왕이 신하들을 불러 "흑수말갈이 처음에는 우리에게 길을 빌려서 당나라와 통하였다. … (중략) … 그런데 지금 당나라에 관직을 요청하면서 우리나라에 알리지 않았으니, 이는 분명히 당나라와 공모하여 우리나라를 앞뒤에서 치려는 것이다."라고 하였다. 이리하여 동생 대문예와 외숙 임아상으로 하여금 군사를 동원하여 흑수말갈을 치려고 하였다.

① 5경 15부 62주의 행정 제도가 완비되었다.
② 길림성 돈화 부근 동모산 기슭에서 나라를 세웠다.
③ 북만주 일대를 차지하고 산동의 등주를 공격하였다.
④ 수도를 중경에서 상경, 동경으로 옮겨 중흥을 꾀하였다.

17 다음 글에 해당하는 왕의 정책으로 옳은 것은?

2012. 4. 7 행정안전부

> • 처음으로 소를 이용한 밭갈이가 시작되었다.
> • 국호를 한자식 표현인 '신라'로 바꾸었다.

① 우산국을 복속시켜 영토로 편입하였다.
② 왕호를 이사금에서 마립간으로 바꾸었다.
③ 이차돈의 순교를 계기로 불교를 공인하였다.
④ 고령의 대가야를 정복하여 낙동강 유역을 확보하였다.

18 발해의 대외관계에 대한 설명으로 옳지 않은 것은?

2012. 4. 7 행정안전부

① 당과 신라를 견제하기 위해 돌궐과 외교관계를 맺기도 하였다.
② 일본과는 서경 압록부를 통해 여러 차례 사신이 왕래하였다.
③ 당에 유학생을 보냈는데 빈공과에 급제한 사람이 여러 명 나왔다.
④ 일본은 발해에 보낸 국서에서 발해왕을 '고려왕'으로 표현하기도 하였다.

19 다음과 같은 혼인 풍습이 있었던 나라의 사회상으로 옳지 않은 것은?

2012. 4. 7 행정안전부

> 혼인하는 풍속을 보면, 구두로 약속이 정해지면 신부집에서 본채 뒤에 작은 별채를 짓는데, 이를 서옥(婿屋)이라 한다. 해가 저물 무렵, 신랑이 신부집 문 밖에 와서 이름을 밝히고 꿇어앉으며 절하며 안에 들어가 신부와 잘 수 있도록 요청한다. 이렇게 두세 번 청하면 신부의 부모가 별채에 들어가 자도록 허락한다. …… 자식을 낳아 장성하면 신부를 데리고 자기 집으로 간다.
>
> ― 「삼국지」 ―

① 건국 시조인 주몽과 그 어머니 유화부인을 조상신으로 섬겨 제사를 지냈다.
② 남의 부족의 영역을 침범하면 소나 말 등으로 변상하는 책화라는 풍습이 있었다.
③ 왕 아래에 상가, 고추가 등의 대가들이 있었으며, 각기 사자, 조의, 선인 등 관리를 거느렸다.
④ 10월에 동맹이라는 제천행사를 치르고, 아울러 왕과 신하들이 국동대혈에 모여 함께 제사를 지냈다.

20 시기 순으로 바르게 나열한 것은?

2012. 5. 12 상반기 지방직

> ㉠ 고구려의 흥안령 일대 장악
> ㉢ 신라의 마운령비 건립
> ㉡ 백제의 사비 천도
> ㉣ 전기 가야 연맹의 약화

① ㉠→㉣→㉢→㉡
② ㉠→㉣→㉡→㉢
③ ㉣→㉠→㉢→㉡
④ ㉣→㉠→㉡→㉢

21 삼국 시대 각국의 역사상에 대한 설명으로 옳은 것만을 모두 고르면?

> ㉠ 고구려의 소노부는 자체의 종묘와 사직에 제사를 지내기도 하였다.
> ㉡ 백제 성왕은 중앙 관청을 22부로 확대 정비하고 수도를 5부로, 지방을 5방으로 정비하였다.
> ㉢ 영일 냉수리 신라비와 울진 봉평 신라비에 의하면 왕은 소속부의 명칭을 띠고 있었다.

① ㉠㉡
② ㉠㉢
③ ㉡㉢
④ ㉠㉡㉢

22 삼국 초기의 통치구조에 대한 설명으로 옳지 않은 것은?

① 고구려의 5부나 신라의 6부가 중앙의 지배집단이 되었다.
② 각 부의 귀족들은 각자의 관리를 거느렸다.
③ 각 부는 독자적인 대외교섭권을 가지고 있었다.
④ 국가의 중요한 일은 각 부의 귀족들로 구성된 회의체에서 결정하였다.

23 다음 비문의 내용에 해당하는 고구려왕의 업적으로 옳은 것은?

> 영락 10년(400) 경자에 보병과 기병 5만을 보내 신라를 구원하게 하였다. 후퇴하는 왜적을 추격하여 종발성을 함락하고 병사를 두어 지키게 하였다.

① 후연을 격파하여 요동으로 진출하였다.
② 율령을 반포하여 국가체제를 정비하였다.
③ 지방세력 통제를 위해 불교를 공인하였다.
④ 지두우를 분할 점령하여 흥안령 일대의 초원지대를 장악하였다.

24 밑줄 친 시기의 상황으로 옳은 것은?

> 이 시기 이후 <u>후기 가야시대</u>는 경상남도 내륙산간지방을 중심으로 전기 가야의 해안지대 문화를 계승하였다.

① 해상활동에 유리한 입지조건과 철의 생산 및 교역활동을 기반으로 성장하였다.
② 맹주가 금관가야에서 대가야를 중심으로 새롭게 형성되었다.
③ 신라, 왜의 세력을 끌어들여 백제를 공략하는 동시에 중앙집권국가로 발전하게 되었다.
④ 낙랑과 왜의 규슈지방 연결로 중계무역이 발달하였다.

25 삼국의 통치제도에 대한 설명으로 옳지 않은 것은?

① 신라 촌주는 촌에서 지방관을 보좌하여 실무를 처리하였다.
② 백제는 관등체계를 3등급으로 나누어 옷의 색깔을 자색, 비색, 청색으로 구분하였다.
③ 삼국시대 부곡민은 천민으로 간주되어 노비처럼 주인에게 예속되어 있었다.
④ 삼국은 군현보다 큰 지방행정단위로 부와 방 또는 주를 두고 지방관을 파견하였다.

26 삼국의 발전과정에 대한 설명 중 옳지 않은 것은?

① 고국천왕 때 왕권강화를 위해 왕위를 부자상속으로 바꾸었다.
② 4세기는 백제의 전성기로 영토확장과 활발한 해외진출을 전개하였다.
③ 백제 근초고왕은 동진으로부터 불교를 수용하였다.
④ 내물왕의 구원요청으로 광개토대왕은 신라에 침입한 왜군을 격퇴시켰다.

27 다음 중 나말여초의 지방 사회에서 일어나고 있던 상황을 잘못 설명한 것은?

① 중앙 정부의 가혹한 수취로 농민부담이 증가하였다.
② 지방 통제력 약화는 호족들이 성장할 수 있는 배경이 되었다.
③ 6두품은 은둔생활을 하며 호족세력과 연계하여 반 신라적 성향을 띄었다.
④ 촌주를 중심으로 촌락행정을 주관하고 지방관을 보좌하는 체제가 강화되었다.

28 다음 금석문 중 신라 진흥왕대의 정복사업을 살피는데 도움이 되는 것으로만 묶인 것은?

㉠ 임신서기석	㉡ 남산 신성비
㉢ 단양 적성비	㉣ 북한산 순수비

① ㉠㉣
② ㉡㉢
③ ㉡㉣
④ ㉢㉣

29 신라의 주요 지식인의 활동에 대한 설명으로 옳은 것으로만 묶인 것은?

> ⊙ 원광은 세속오계를 짓고, 수나라에 군사를 청하는 걸사표(乞師表)를 작성하였다.
> ⓒ 강수는 외교문서 작성에 큰 공을 세웠으며, 왕에게 풍간의 뜻을 담은 화왕계(花王戒)를 지어 바쳤다.
> ⓒ 원효는 금강삼매경론, 대승기신론소와 같은 걸출한 저술을 남겼으며 황룡사 9층탑을 세울 것을 건의하였다.
> ② 최치원은 신라 하대 도당유학생을 대표하는 지식인으로 계원필경, 제왕연대력과 같은 저술을 남겼다.

① ⊙ⓒ ② ⊙②
③ ⓒⓒ ④ ⓒ②

30 발해의 대외관계에 대한 옳은 설명으로만 묶인 것은?

> ⊙ 발해는 당나라의 문화를 받아들였으며, 정혜공주의 묘는 전형적인 당나라 양식의 벽돌무덤이다.
> ⓒ 발해는 북으로 돌궐과 통하였고, 일본과 친선관계를 맺고자 여러차례 사신을 파견하였다.
> ⓒ 발해는 당나라에 유학생을 파견하여 빈공과 급제자를 배출하였다.
> ② 발해는 신라와 연합하여 당나라의 공격에 대항하였다.

① ⊙ⓒ ② ⊙②
③ ⓒⓒ ④ ⓒ②

31 다음은 삼국의 발전 과정에서 있었던 사실이다. 시대순으로 바르게 나열한 것은?

> ⊙ 고구려의 침공을 받은 백제는 웅진으로 도읍을 옮겼다.
> ⓒ 수의 위협을 받던 고구려는 돌궐, 백제와 연합 세력을 구축하였다.
> ⓒ 한강 유역을 차지하고 대가야를 병합한 신라가 삼국 경쟁의 장악하게 되었다.

① ⊙ - ⓒ - ⓒ ② ⊙ - ⓒ - ⓒ
③ ⓒ - ⊙ - ⓒ ④ ⓒ - ⊙ - ⓒ

32 백제의 성왕은 웅진보다 수로교통이 편한 사비로 천도하고 국호를 남부여로 바꾸어 중흥을 도모하였다. 다음 중 성왕 때 일어난 일에 해당하는 것은?

① 사택지적비 건립   ② 신라와의 관산성 전투

③ 서기의 편찬   ④ 익산에 미륵사 설립

33 삼국시대에 대한 설명으로 옳지 않은 것은?

① 지방행정과 군사조직이 이원화되어 별도의 지휘관을 파견하였다.

② 신분에 따라 관직진출에 제한이 있었다.

③ 관등제와 행정구역이 정비되어 각 부의 귀족들은 왕권 아래 복속되고 부족적 성격이 행정적 성격으로 개편되었다.

④ 왕을 중심으로 한 중앙집권적 통치체제로 왕의 권한이 강화되었다.

34 고구려가 한강유역을 점령하였을 당시 대외상황에 대한 설명으로 옳은 것은?

① 신라는 대가야를 정복하고 낙동강 서쪽을 확보하였다.

② 고구려와 수나라의 전쟁인 살수대첩이 일어났다.

③ 백제와 신라의 나제동맹이 결렬되었다.

④ 고구려는 중국의 남북조와 직접 교류하면서 두 세력을 견제하였다.

35 다음 중 발해가 고구려를 계승하였다는 증거로 볼 수 없는 것은?

① 지배층은 고구려 계통이 거의 대부분이었다.

② 상경에 주작대로를 건설했고 3성 6부 제도를 도입하였다.

③ 발해가 왜에 보내는 문서에 고려국왕을 자처하였다.

④ 무덤양식이 굴식 돌방무덤이고 온돌장치를 사용하였다.

36 다음 중 발해에 대한 설명으로 옳지 않은 것은?

① 3성 6부 체계를 기본으로 7시, 1대, 1원, 1감, 1국의 중앙행정조직을 갖추고 있었다.
② 주자감은 왕족과 귀족을 대상으로 교육하였다.
③ 중앙군사조직인 10위를 조직하여 왕궁과 수도를 경비하였다.
④ 관리들의 비리 감찰을 위해 사정부를 두었다.

37 가야에 대한 설명으로 옳은 것끼리 바르게 짝지어진 것은?

> ㉠ 신라와 결혼동맹을 맺었다.
> ㉡ 중계무역을 실시하였다.
> ㉢ 대가야는 법흥왕에 의해 멸망하였다.
> ㉣ 대가야는 중앙집권국가로 발전하였다.

① ㉠㉡　　　　　　　　　　　　　　　② ㉡㉣
③ ㉢㉣　　　　　　　　　　　　　　　④ ㉠㉢

38 다음에서 설명하는 한시와 관련된 시대의 상황으로 볼 수 있는 것은?

> 神策究天文하고,
> 妙算窮地理라.
> 戰勝功旣高하니,
> 知足願云止라.
>
> 그대의 신기한 책략은 하늘의 이치를 깨달은 듯하고,
> 그대의 오묘한 계산은 땅의 이치를 모두 아는 듯하네.
> 이미 전쟁에 이겨서 그 공이 높으니,
> 이제 만족할 줄 알고 그만두기를 바라노라.

① 묘청의 서경천도운동　　　　　　② 강감찬의 귀주대첩
③ 양만춘의 안시성 전투　　　　　　④ 을지문덕의 살수대첩

39 다음 중 고대사회의 기틀 마련에 대한 설명으로 옳은 것은?

> ㉠ 고구려 고국원왕은 부족적 5부를 행정적 5부로 개편하였다.
> ㉡ 백제의 불교는 침류왕 때 마라난타에 의해 수용되었다.
> ㉢ 신라 신문왕은 국학을 설립하여 유학을 교육하였다.
> ㉣ 6가야 연맹체가 금관가야로 통합되었다.

① ㉠
② ㉡
③ ㉠㉣
④ ㉡㉣

40 다음 내용과 같은 의미를 가지는 것은?

> 신라의 삼국통일은 고구려와 백제 문화의 전통을 수용하고 경제력을 확충함으로써 민족문화 발전의 토대를 마련하였다는 점에서 그 의의가 있다.

① 상수리제도
② 5소경제도
③ 9서당
④ 외사정 파견

41 다음 밑줄 친 왕에 대한 업적으로 옳은 것은?

> 681년 왕의 장인 소판 김흠돌, 파진찬 흥원, 대아찬 진공 등 내로라 하는 진골 귀족들은 문무왕이 사망하고 그 아들이 즉위한 지 대략 한달 정도 지난 시점에서 반란을 일으켰다. 이들 고위 귀족들은 권력의 교체기를 교묘히 이용하여 왕을 몰아내고 귀족회의의 권능을 강화시키려는 목적에서 반란을 일으켰다. 반란을 완전 진압한 왕은 반란 주동자 및 관련자뿐만 아니라 이찬 군관에게 역모 계획을 사전에 알고도 알리지 않았다는 죄목(不告知罪)을 적용하여 처형하는 등 이 반란을 진골귀족에 대한 대대적인 정치적 숙청의 계기로 활용하였다.

① 지방행정조직을 9주 5소경으로 정비하였다.
② 녹읍을 부활하였다.
③ 독서삼품과를 실시하였다.
④ 불교를 수용하여 사상을 통일하였다.

42 다음 중 6세기경 신라가 한강하류지역을 확보한 의의로 옳지 않은 것은?

① 나·제동맹이 결렬되고, 백제가 고구려와 연합하여 신라에 압박을 가하기 시작했다.
② 신라는 남양만 부근에 당항성을 건설하여 중국과 직접적인 교류가 가능해졌다.
③ 신라는 서해를 통해 중국과 연결되어 외교적인 고립을 피할 수 있게 되었다.
④ 고구려는 북진하는 신라를 방어하기 위하여 수도를 천도하고 남하정책을 추진하였다.

43 다음 중 고대국가의 군사조직에 대한 설명으로 옳은 것은?

① 삼국시대에는 지방관이 군사권을 보유하였다.
② 백제는 지방 장관에 군주를 파견하였다.
③ 신라는 통일 이후 지방의 각 정마다 서당을 배치하였다.
④ 통일신라는 2군 6위제로 중앙과 지방군을 개편하였다.

44 다음은 고구려와 백제의 발전과정을 서술한 것이다. 이러한 고구려와 백제의 팽창이 가능하였던 시대적 배경으로 가장 적절한 것은?

> • 고구려가 한 군현 세력을 축출하고, 이어서 요동지역을 확보하였다.
> • 백제가 요서지방으로 진출하고, 이어서 산둥지방과 일본에까지 진출하였다.

① 고구려와 백제는 동맹을 맺어 중국의 압력에 공동으로 대항하였다.
② 위, 촉, 오 삼국이 형성으로 중국 사회가 혼란해졌다.
③ 고구려와 백제는 율령 반포를 통해 집권체제를 강화하였다.
④ 북방민족의 침입으로 인해 중국의 혼란 상태가 장기간 지속되었다.

45 통일신라 때 전제왕권 강화정책의 조치와 관련이 없는 것은?

① 국학을 설치하고 6두품세력을 기용하였다.
② 수조권에 입각하여 관료들에게 관료전을 지급하였다.
③ 직역에 대한 반대급부로 녹읍을 지급하였다.
④ 상대등의 권한을 축소하고, 집사부 시중의 권한을 강화하였다.

2 중세의 정치

☞ 정답 및 해설 P.279

1 밑줄 친 '그'에 대한 설명으로 옳은 것은?

2016. 4. 9 인사혁신처

> 그는 즉위하여 정방을 폐지하고 사림원을 설치하는 등의 관제 개혁을 추진하는 한편, 권세가들의 농장을 견제하고 소금 전매제를 실시하여 국가 재정을 확충하고자 하였다.

① 만권당을 통해 고려와 원나라 학자들의 문화 교류에 힘썼다.
② 도병마사를 도평의사사로 개편하여 국정을 총괄하게 하였다.
③ 철령 이북의 영토 귀속 문제를 계기로 요동 정벌을 단행하였다.
④ 기철을 비롯한 부원 세력을 숙청하고 자주적 반원 개혁을 추진하였다.

2 밑줄 친 '왕'의 재위 기간에 있었던 사실로 옳은 것은?

2016. 6. 18 제1회 지방직

> 주전도감에서 왕에게 아뢰기를 "백성들이 화폐를 사용하는 유익함을 이해하고 그것을 편리하게 생각하고 있으니 이 사실을 종묘에 알리십시오."라고 하였다. 이 해에 또 은병을 만들어 화폐로 사용하였는데, 은 한 근으로 우리나라의 지형을 본떠서 만들었고 민간에서는 활구라고 불렀다.

① 주요 지역에 12목을 설치하고 목사를 파견하였다.
② 여진 정벌을 위해 윤관이 건의한 별무반을 설치하였다.
③ 지방 호족을 견제하기 위해 사심관과 기인 제도를 도입하였다.
④ 왕권을 강화하기 위해 과거 제도를 시행하고 독자적인 연호를 사용하였다.

3 고려의 정치와 사회에 대한 설명으로 가장 옳지 않은 것은?

2016. 6. 25 서울특별시

① 정치제도는 당과 송의 제도를 참고하여 2성 6부제로 정비하였다.
② 지방제도는 5도 양계 및 경기로 구성되었고 태조 때부터 12목을 설치하였다.
③ 관리 등용 제도로는 과거와 음서 등이 있었으며 무과는 거의 실시되지 않았다.
④ 성종 대에 최승로는 시무 28조를 건의하는 등 유교정치 이념의 토대를 닦았다.

4 충선왕 대의 개혁 정책으로 옳은 것은?

2016. 6. 25 서울특별시

① 원나라 연호와 관제를 폐지하였다.
② 몽골풍의 의복과 변발을 폐지하였다.
③ 왕권을 강화하고 개혁을 주도하기 위한 기구로 사림원을 두었다.
④ 정치도감을 두어 부원 세력을 척결하였다.

5 다음 밑줄 친 왕에 대한 설명으로 옳은 것은?

2015. 6. 13 서울특별시

> 왕의 이름은 소(昭)다. 치세 초반에는 신하에게 예를 갖추어 대우하고 송사를 처리하는 데 현명하였다. 빈민을 구휼하고, 유학을 중히 여기며, 노비를 조사하여 풀어 주었다. 밤낮으로 부지런하여 거의 태평의 정치를 이루었다. 중반 이후로는 신하를 많이 죽이고, 불법(佛法)을 지나치게 좋아하며 절도가 없이 사치스러웠다.
>
> – 「고려사절요」 –

① 쌍기의 건의로 과거제를 실시하였다.
② 12목을 설치하고 지방관을 파견하였다.
③ 호족을 견제하기 위해 사심관과 기인제도를 마련하였다.
④ 승려인 신돈을 등용하여 전민변정도감을 설치하였다.

6 다음 건의를 받아들인 왕이 실시한 정책으로 옳은 것은?

2015. 4. 18 인사혁신처

> 임금이 백성을 다스릴 때 집집마다 가서 날마다 그들을 살펴보는 것이 아닙니다. 그래서 수령을 나누어 파견하여, (현지에) 가서 백성의 이해(利害)를 살피게 하는 것입니다. 우리 태조께서도 통일한 뒤에 외관(外官)을 두고자 하셨으나, 대개 (건국) 초창기였기 때문에 일이 번잡하여 미처 그럴 겨를이 없었습니다. 이제 제가 살펴보건대, 지방 토호들이 늘 공무를 빙자하여 백성들을 침해하며 포악하게 굴어, 백성들이 명령을 견뎌내지 못합니다. 외관을 두시기 바랍니다.

① 서경 천도를 추진하였다.
② 5도 양계의 지방 제도를 확립하였다.
③ 지방 교육을 위해 경학박사를 파견하였다.
④ 유교 이념과는 별도로 연등회, 팔관회 행사를 장려하였다.

7 다음의 시무책이 제안된 국왕 대의 사실로 옳은 것은?

2015. 3. 14 사회복지직

> 불교를 행하는 것은 수신의 도요, 유교를 행하는 것은 치국의 본입니다. 수신은 내생의 자(資)요, 치국은 금일의 요무(要務)로서, 금일은 지극히 가깝고 내생은 지극히 먼 것인데도 가까움을 버리고 지극히 먼 것을 구함은 또한 잘못이 아니겠습니까?

① 12목을 설치하였다.
② 서경에 대화궁을 지었다.
③ 5도 양계의 지방 제도를 확립하였다.
④ 독자적 연호를 처음으로 사용하였다.

8 고려의 형률제도에 대한 설명으로 옳은 것은?

2014. 4. 19 안전행정부

① 주로 당나라의 것을 끌어다 썼으며, 때에 따라 고려의 실정에 맞는 율문도 만들었다.
② 행정과 사법이 명확하게 분리 · 독립되어 있었다.
③ 실형주의(實刑主義)보다는 배상제(賠償制)를 우위에 두고 있었다.
④ 기본적으로 태형(笞刑), 장형(杖刑), 도형(徒刑), 유형(流刑)의 4형 체계를 가지고 있었다.

9 다음 괄호 안에 들어갈 국왕과 관련되는 내용은?

2014. 4. 19 안전행정부

> (   )이 원나라의 제도를 따라 변발(辮髮)을 하고 호복(胡服)을 입고 전상(殿上)에 앉아 있었다. 이연종이 간하려고 문밖에서 기다리고 있었더니, 왕이 사람을 시켜 물었다. … (중략) … 답하기를 "변발과 호복은 선왕의 제도가 아니오니, 원컨대 전하께서는 본받지 마소서."라고 하니, 왕이 기뻐하면서 즉시 변발을 풀어 버리고 그에게 옷과 요를 하사하였다.
>
> －「고려사」 －

① 노비와 관련된 문제를 처리하는 장례원을 설치하였다.
② 정동행성 이문소를 폐지하고 요동 지방을 공략하였다.
③ 「동국병감」과 같은 병서를 간행하여 원나라의 침략에 대비하였다.
④ 권문세족의 경제기반을 무너뜨리기 위해서 과전법을 시행하였다.

10 (가)~(다)는 고려시대 대외관계와 관련된 자료이다. 이를 시기 순으로 바르게 나열한 것은?

2014. 6. 21 제1회 지방직

> (가) 윤관이 "신이 여진에게 패한 이유는 여진군은 기병인데 우리는 보병이라 대적할 수 없었기 때문입니다."라고 아뢰었다.
>
> (나) 서희가 소손녕에게 "우리나라는 고구려의 옛 땅이오. 그러므로 국호를 고려라 하고 평양에 도읍하였으니, 만일 영토의 경계로 따진다면, 그대 나라의 동경이 모두 우리 경내에 있거늘 어찌 침식이라 하리요."라고 주장하였다.
>
> (다) 유승단이 "성곽을 버리며 종사를 버리고, 바다 가운데 있는 섬에 숨어 엎드려 구차히 세월을 보내면서, 변두리의 백성으로 하여금 장정은 칼날과 화살 끝에 다 없어지게 하고, 노약자들은 노예가 되게 함은 국가를 위한 좋은 계책이 아닙니다."라고 반대하였다.

① (가)→(나)→(다) ② (나)→(가)→(다)

③ (나)→(다)→(가) ④ (다)→(나)→(가)

11 다음에서 설명하고 있는 왕이 실시한 정책으로 옳은 것은?

2014. 6. 28 서울특별시

> 충숙왕의 둘째 아들로서 원나라 노국대장공주를 아내로 맞이하고 원에서 살다가 원의 후원으로 왕위에 올랐으나 고려인의 정체성을 결코 잃지 않았다.

① 정동행성의 이문소를 폐지하였다. ② 수도를 한양으로 옮겼다.

③ 삼군도총제부를 설치하였다. ④ 연구기관인 만권당을 설립하였다.

⑤ 과전법을 공포하였다.

12 (㉠)의 정치기구에 대한 설명으로 옳은 것은?

2013. 8. 24 제1회 지방직

> 도병마사는 성종 때 처음 설치되어 국방 문제를 담당하였다. …(중략)… 원 간섭기에 (㉠) (으)로 개칭되면서 국정 전반에 걸친 중요사항을 관장하는 최고기구로 발전하였다.

① 도당으로 불렸으며 조선 건국 초에 폐지되었다.

② 법제의 세칙을 만드는 고려의 독자적인 기구이다.

③ 정책을 집행하는 기능을 담당했으며, 그 밑에 6부를 두었다.

④ 관리의 임명이나 법령의 개폐를 동의하는 서경권을 행사하였다.

13 공민왕의 정책으로 옳은 것은?

2012. 4. 7 행정안전부

① 만권당을 설립하여 문물교류를 진흥하였다.
② 성균관을 부흥시켜 유학 교육을 강화하였다.
③ 명의 철령위 설치 요구로 인해 요동정벌을 단행하였다.
④ 정치도감을 설치하여 국가 재정수입의 기반을 확대하였다.

14 고려시대에 대한 설명으로 옳지 않은 것은?

2012. 5. 12 상반기 지방직

① 지방의 모든 군현에 지방관이 파견되어 행정을 담당하였다.
② 중앙군은 2군 6위, 지방군은 주현군·주진군으로 편성되었다.
③ 발해의 유민들을 받아들였으며, 발해 세자 대광현을 왕족으로 대우하였다.
④ 광종은 황제라 칭하였고, 개경을 황도(皇都)라 불렀으며, 독자적 연호를 사용하였다.

15 다음은 어떤 왕의 즉위교서이다. 이 왕의 정책과 활동으로 옳지 않은 것은?

2012. 9. 22 하반기 지방직

지금부터 만약에 종친으로서 동성과 혼인하는 자는 (원의 세조) 성지(聖旨)를 어긴 것으로 논죄할 터인즉, 마땅히 (종친은) 누대의 재상을 지낸 집안의 딸을 아내로 맞고, 재상 집안의 아들은 종실들의 딸들에게 장가들 것이다. … (중략) … 경원 이태후와 안산 김태후 및 철원 최씨, 해주 최씨, 공암 허씨, 평강 채씨, 청주 이씨, 당성 홍씨, 황려 민씨, 횡천 조씨, 파평 윤씨, 평양 조씨는 모두 누대의 공신이요, 재상지종(宰相之宗)이니 가히 대대로 혼인을 하여 아들은 종실의 여자에게 장가들고 딸은 왕비로 삼을 만하다.

– 「고려사」 –

① 국가가 소금을 전매하는 각염법을 시행하였다.
② 북경에서 만권당을 설립하여 학문연구를 지원하였다.
③ 사림원을 두어 신진학자들과 함께 개혁을 추진하였다.
④ 고려에 내정 간섭을 하던 정동행성이문소를 혁파하였다.

16 지도에 표시된 시기별 국경선이다. ㈎~㈏에 대한 설명으로 옳은 것은?

2011. 6. 11 서울특별시

① ㈎는 신라가 삼국을 통일했을 때의 국경선이다.
② ㈏는 충렬왕 때 자주정책으로 영토를 수복했을 때의 국경선이다.
③ ㈐는 세종 때 김종서 장군이 4군 6진을 개척하여 확보한 국경선이다.
④ ㈑는 고려 태조 왕건이 북진정책을 실시하여 확보한 국경선이다.
⑤ ㈒는 고려가 여진의 침략에 대비하기 위해 천리장성을 축조했을 때의 국경선이다.

17 고려시대 향리에 대한 설명으로 옳지 않은 것은?

2011. 4. 9 행정안전부

① 지방의 중심 세력으로 사심관에 임명되었다.
② 지방관이 파견되지 않은 속현이나 부곡의 실질적인 지배층이었다.
③ 읍사(邑司)를 구성하여 지방 행정의 실무를 담당하였다.
④ 고려초 토성(土姓)을 분정받아 그 근거지를 본관으로 인정받기도 하였다.

18 고려시대의 정치 기구에 대한 설명으로 옳지 않은 것은?

2011. 5. 14 상반기 지방직

관부	장관	특징
㉠	문하시중(종1)	정치의 최고관부로서 재부라고 불리움
㉡	판원사(종2)	왕명출납, 숙위, 군기(軍機)
㉢	판사(재신 겸)	국방, 군사문제의 회의 기관
㉣	판사(재신 겸)	법제, 격식문제의 회의 기관

① ㉠의 관직은 2품 이상의 재신과 3품 이하의 낭사로 구분되었다.
② ㉠과 ㉡의 고관인 재추들이 모여 국가의 중대사를 협의·결정 하는 기구가 ㉢과 ㉣이었다.
③ ㉢은 고려후기에 이르러 국가의 모든 정무를 관장하는 최고 기구로 발전하였다.
④ ㉢은 당의 관제를, ㉣은 송의 관제를 본 딴 것이었다.

19 다음은 고려시대에 발생한 사건들이다. 시대 순으로 나열한 것은?

2011. 6. 11 서울특별시

> ㉠ 묘청의 난   ㉡ 이자겸의 난
> ㉢ 무신의 난   ㉣ 조위총의 난

① ㉠ - ㉡ - ㉢ - ㉣   ② ㉠ - ㉡ - ㉣ - ㉢
③ ㉡ - ㉠ - ㉣ - ㉢   ④ ㉡ - ㉠ - ㉢ - ㉣

20 다음은 고려시대에 실시한 정책들이다. 광종 때 실시한 정책이 아닌 것은?

2011. 6. 11 서울특별시

> ㉠ 백관의 공복 제정   ㉡ 노비환천법 실시
> ㉢ 사심관제도 실시   ㉣ 노비안검법 실시
> ㉤ 과거제의 시행

① ㉠㉢   ② ㉢㉣
③ ㉠㉣   ④ ㉡㉢

21 다음은 고려 말 신흥사대부의 성장과정을 나열한 것이다. 시간 순서대로 바르게 연결 된 것은?

2011. 6. 11 서울특별시

> ㉠ 전제개혁을 단행하여 과전법을 실시하였다.
> ㉡ 성균관을 부흥시켜 순수한 유교 교육 기관으로 개편하고 성리학을 연구하게 하였다.
> ㉢ 요동정벌에 나선 이성계가 압록강의 위화도에서 회군하였다.
> ㉣ 쌍성총관부를 무력으로 수복하였다.

① ㉠ - ㉡ - ㉢ - ㉣   ② ㉣ - ㉡ - ㉢ - ㉠
③ ㉣ - ㉢ - ㉡ - ㉠   ④ ㉡ - ㉣ - ㉢ - ㉠

22 제시문은 고려의 공민왕이 실시한 정책이다. 흥선대원군이 실시한 정책 중 이와 같은 목적으로 실시한 정책이 아닌 것은?

> • 권문세족을 누르기 위해, 신진사대부의 등장을 억제하고 있던 정방을 폐지하였다.
> • 전민변정도감을 설치하여 권문세족이 부당하게 빼앗은 토지와 노비를 돌려주거나 양인으로 해방시켰다.
> • 권문세족들의 경제기반을 약화시키고 국가재정 수입의 기반을 확대하였다.

① 경복궁 중건　　　　　　　　　② 대전회통 편찬
③ 통상수교정책 실시　　　　　　④ 능력위주의 인재 등용
⑤ 비변사를 폐지

23 다음 정치 제도와 관련된 옳은 설명만을 〈보기〉에서 있는 대로 고른 것은?

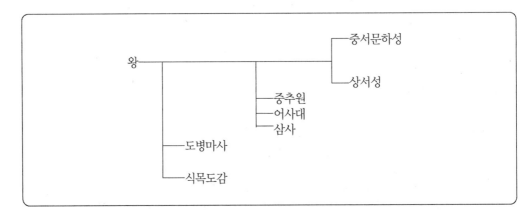

〈보기〉
㉠ 발해의 중정대와 같은 기능을 하는 기구가 있다.
㉡ 도병마사는 재신과 추밀이 함께 모여 회의하는 곳이다.
㉢ 어사대는 중서문하성의 낭사와 더불어 대간으로 불렸다.
㉣ 삼사의 언론은 고관은 물론 왕이라도 함부로 막을 수 없었다.

① ㉠㉡　　　　　　　　　　　② ㉢㉣
③ ㉠㉡㉢　　　　　　　　　　④ ㉡㉢㉣

24 다음 정책을 실시한 목적으로 가장 적절한 것은?

> 신돈이 전민변정도감을 두기로 청하였다. 스스로 판사(장관)가 되어 전국에 알렸다. 요즈음 기강이 크게 무너져서 탐욕스러움이 풍속으로 되었다. 종묘 · 학교 · 창고 · 사사 · 녹전 · 군수의 땅은 백성이 대대로 지어온 땅이나 권세가들이 거의 다 뺏었다. 돌려주라고 판결한 것도 그대로 가지며 양민을 노예로 삼고 있다. … (중략) … 이제 그 잘못을 알고 스스로 고치는 자는 묻지 않을 것이다. 하지만, 기한을 지났는데도 고치지 않고 있다가 발각되면 조사하여 엄히 다스릴 것이다.
>
> — 「고려사」 —

① 관수관급제의 시행
② 전시과 제도의 실시
③ 지방 호족 세력의 약화
④ 국가의 재정 수입 기반 확대

25 (가), (나) 시기에 있었던 사실로 옳은 것은?

> • 윤관이 별무반을 이끌고 동북 지방 일대에 9성을 쌓았다.
>
> ↓
>
> (가)
>
> ↓
>
> • 금이 군신 관계를 요구해 오자 이자겸이 그 요구를 받아 들였다.
>
> ↓
>
> (나)
>
> ↓
>
> • 몽골이 금을 공격한 후 고려를 침공하였다.

① (가) – 고려가 강동 6주를 확보하였다.
② (가) – 강감찬이 귀주에서 거란을 물리쳤다.
③ (나) – 삼별초가 대몽 항쟁을 전개하였다.
④ (나) – 묘청이 서경 천도 운동을 일으켰다.

26 우리 역사 속의 제주도에 관한 설명으로 옳은 것은?

① 원래 탐라라고 불렸는데 고려시대에 제주라는 이름으로 바뀌었다.
② 삼별초는 관군의 압박이 심해지자 이 섬을 버리고 진도로 옮겨갔다.
③ 장보고는 완도에 청해진, 이곳에 혈구진을 세워 해상 세력을 형성했다.
④ 구한말 영국 함대가 러시아를 견제하기 위해 이곳을 무단 점령하였다.

27 고려의 영토가 다음의 지도와 같았던 시기의 역사적 상황이 아닌 것은?

① 관제를 복구하였으며 몽고풍속을 금지시켰다.
② 쌍성 총관부를 회복하였고 요동정벌을 계획하기도 하였다.
③ 전민변정도감을 설치하여 부당하게 노비가 된 자들을 양민으로 해방시켰다.
④ 사림원을 설치하고 신진사대부를 양성하여 개혁정치를 주도하였다.

28 다음 자료는 고려시대 관제의 한 부분을 설명한 것이다. 밑줄 친 ㉠~㉣에 대한 설명으로 옳지 않은 것은?

> 처음에는 ㉠도병마사라 불리었다. 문종이 관제를 정할 때에 ㉡문하시중, 평장사 등을 판사(判事)로 삼고 ㉢추밀 및 직사 3품 이상을 사(使)로 삼았다. … (중략) … 충렬왕 5년에 도병마사를 고쳐 ㉣도평의사사로 하였다. 큰 일이 있으면 사(使) 이상이 모여 의논하였으므로 합좌(合坐)의 명칭이 생겼다.

① ㉠ - 국방 문제를 담당하는 합좌 회의 기구였다.
② ㉡ - 중서문하성의 장관으로 국정을 총괄하는 지위에 있었다.
③ ㉢ - 관리의 임명 등에 동의하는 서경의 권한을 갖고 있었다.
④ ㉣ - 국가의 제반 정무를 관장하는 최고 정무 기구였다.

29 다음 자료의 밑줄 친 '새로운 군대'의 활약으로 나타난 사실은?

> "신이 오랑캐에게 패한 것은 그들은 기병인데 우리는 보병이라 대적할 수 없었기 때문이었습니다." 이에 왕에게 건의하여 <u>새로운 군대</u>를 편성하였다. 문·무 산관, 이서, 상인, 농민들 가운데 말을 가진 자를 신기군으로 삼았고, 과거에 합격하지 못한 20살 이상 남자들 중 말이 없는 자를 모두 신보군에 속하게 하였다. 또 승려를 뽑아서 항마군으로 삼았다.
> 　　　　　　　　　　　　　　　　　　　　　　　　　　　　　　－「고려사절요」－

① 귀주에서 거란군을 격파하였다.
② 개경까지 침입했던 홍건적을 격퇴하였다.
③ 처인성에서 몽고군의 공격을 막아내었다.
④ 여진족을 물리치고 동북 지방에 9성을 쌓았다.

30 다음 중 고려시대의 정치체제에 대한 설명으로 옳은 것은?

① 최고의 정치기구는 중추원이다.
② 삼사는 왕명의 출납과 국가기밀을 담당하였으며 차후 승정원으로 계승되었다.
③ 군사업무를 담당한 도병마사와 법제를 제정하는 식목도감은 재신과 추밀이 회의하여 결정하는 독자적 기구였다.
④ 중정대는 관리의 비리를 감찰하였다.

31 고려 광종에서 성종이 집권하던 시대에 일어난 일이 아닌 것은?

① 사회신분제도를 유지하기 위하여 백관의 공복을 제정하였다.
② 조계종을 통하여 선종을 중심으로 교종을 통합하였다.
③ 쌍기의 건의로 과거제도를 실시하여 신·구세력 교체를 통하여 왕권을 강화하였다.
④ 호족을 통치하기 위하여 전국적으로 전시과제도를 마련하였다.

32 다음 중 고려 때 강화도로 천도한 후에 나타난 사실로 바르게 짝지어진 것은?

┌───┐
│ ㉠ 팔만대장경 조판   ㉡ 7대 실록 편찬   │
│ ㉢ 교정도감 설치   ㉣ 나성과 천리장성 축조   │
│ ㉤ 황룡사 9층 목탑 소실   ㉥ 응방 설치   │
└───┘

① ㉠㉡㉢   ② ㉣㉤㉥
③ ㉠㉤㉥   ④ ㉡㉤㉥

33 다음은 나말여초의 상황이다. 밑줄 친 ㉠과 ㉡을 여말선초로 바르게 대응시킨 것은?

┌───┐
│ 새로운 사회 세력으로 등장한 ㉠호족은 중앙정부의 지방통제력이 약화된 시기에 성장하여 사 │
│ 회변동을 주도하였다. 이러한 호족들은 선종과 풍수지리사상을 기반으로 ㉡유교를 받아들여 │
│ 정치이념을 정립하였다.   │
└───┘

① 문벌귀족 – 교종   ② 문벌귀족 – 도교
③ 권문세족 – 교종   ④ 신진사대부 – 성리학

34 다음 중 국자감에 대한 설명으로 옳지 않은 것은?

① 국자감은 문무관 7품 이상의 자제만 입학할 수 있었다.
② 유학은 신분에 따라 입학할 수 있었다.
③ 국자감에서 기술학도 교육하였다.
④ 사학 12도가 발달하면서 국자감이 위축되었다.

35 다음 세력과 관련된 설명으로 옳은 것은?

> 고려후기 유학적 소양을 바탕으로 과거를 통하여 중앙에 진출하였다. 주로 중소지주나 지방 향리 출신으로 개혁정치를 추구하였다.

① 무신정변 이후 요직을 장악하고 대농장을 소유하였다.
② 신흥무인 세력과 결탁하여 조선왕조를 개창하였다.
③ 가문을 통하여 특권을 유지하고 왕실 등과 중첩된 혼인관계를 유지하였다.
④ 골품제를 대신한 새로운 신분제도를 형성하였다.

36 다음에 해당하는 고려시대의 관리는?

> 이들의 지위는 비록 낮았으나, 왕이나 고관의 활동을 지원하거나 제약하여 정치운영에 견제와 균형을 이루었다. 이들은 문무관의 임면이나 법의 개폐 등의 심사에 동의하는 서경권을 행사하였다.

① 중추원의 관원
② 중서문하성의 낭사와 어사대의 관원
③ 삼사의 관원
④ 중서문하성의 재신과 중추원의 추밀

37 다음 내용과 관련있는 인물을 올바르게 골라 묶은 것은?

> 고려가 거란의 3차에 걸쳐 계속된 침략을 막아냄으로써 고려, 송, 거란 사이에는 세력균형이 유지될 수 있었다.

> ㉠ 박서 　　　　　　　　　　㉡ 양규
> ㉢ 강감찬 　　　　　　　　　　㉣ 김윤후

① ㉠㉡　　　　　　　　　　② ㉠㉢
③ ㉡㉢　　　　　　　　　　④ ㉡㉣

38 최승로의 시무 28조에서 강조하고 있는 내용으로 옳은 것은?

> ㉠ 중앙집권화 　　　　　　　　㉡ 유·불융합
> ㉢ 연등회, 팔관회 개최 　　　　㉣ 유교정치이념
> ㉤ 북진정책 추구

① ㉠㉢　　　　　　　　　　② ㉠㉣
③ ㉡㉢　　　　　　　　　　④ ㉡㉣

39 다음 중 공민왕의 개혁정치에 대한 설명으로 옳지 않은 것은?

① 성균관을 활성화하여 유학교육을 강화하고 과거제도를 정비하여 많은 신진사대부를 배출하였다.
② 고려의 내정을 간섭하던 정동행성 이문소를 폐지했다.
③ 전민변정도감을 설치하여 부당하게 노비가 된 자들을 양민으로 해방시켰다.
④ 사림원을 설치하여 개혁정치의 핵심적 역할을 하였다.

40 다음 최충헌의 봉사 10조를 통해 추론할 수 있는 당시 사회상황으로 바른 것은?

> • 왕은 길일을 택하여 새로운 궁궐로 옮긴다.
> • 관리들의 공사전을 빼앗아 농민에게 토지를 돌려준다.
> • 승려의 왕궁출입과 고리대업을 금한다.
> • 탐관오리를 징벌해야 한다.

① 만적의 난과 같은 천민들의 신분해방운동이 일어났다.
② 지배층의 농민에 대한 토지수탈이 심하였다.
③ 선종이 호족과 결탁해서 무신정권에 대항하였다.
④ 집권세력이 도평의사사를 중심으로 대농장을 점유하였다.

41 다음 중 고려 건국 초기의 시대적 설명으로 옳은 것은?

① 태조는 중앙집권화를 위해 호족세력을 통합하려 하였다.
② 혜종은 왕권강화를 위해 평양으로 수도를 옮기려고 하였다.
③ 신라말 6두품세력의 정치적 반란이 빈번하였다.
④ 고려의 개창을 정당화하기 위하여 신라계승의식을 표방하였다.

42 다음은 고려초기 정책들이다. 시기순으로 올바르게 배열된 것은?

> ㉠ 시정전시과(始定田柴科)를 제정하였다.
> ㉡ 비로소 12주목(州牧)에 외관을 파견하였다.
> ㉢ 사심관(事審官)을 처음으로 두었다.
> ㉣ 노비안검법(奴婢按檢法)을 실시하였다.

① ㉠ - ㉡ - ㉣ - ㉢
② ㉠ - ㉢ - ㉡ - ㉣
③ ㉢ - ㉠ - ㉡ - ㉣
④ ㉢ - ㉣ - ㉠ - ㉡

43 다음은 고려시대의 대외항쟁관계를 서술한 내용이다. 시대순으로 연결된 것은?

> ㉠ 거란과 여진의 침입에 대비해 천리장성을 축조하였다.
> ㉡ 금이 요를 멸하고 사대관계를 요구하였다.
> ㉢ 고려가 몽고군과 합심해 거란을 토벌하였다.
> ㉣ 윤관은 별무반을 조직하여 여진족을 토벌하고 동북지방에 9성을 쌓아 방어하였다.

① ㉠ - ㉡ - ㉢ - ㉣　　　　　　② ㉠ - ㉣ - ㉡ - ㉢
③ ㉡ - ㉠ - ㉣ - ㉢　　　　　　④ ㉣ - ㉠ - ㉢ - ㉡

44 다음과 같은 고려 태조의 정책과 관계가 없는 사실은?

> • 각처의 도적들이 내가 처음 왕위에 올랐다는 것을 듣고 혹 변방에서 변란을 일으킬 것에 대해 염려된다. 단사(單使)를 각지로 파견하여 폐백을 후히 하고 언사를 낮추어 '혜화(惠和)'의 뜻을 보이게 하라.
> • 상주(尙州)의 적의 우두머리(적수) 아자개(阿字盖)가 사절을 보내 귀순하여 오니 왕이 의례를 갖추어 맞이하도록 명령하였다.

① 호족들을 중앙관료로 편입시켰다.
② 훈요 10조를 남겼다.
③ 왕실이 호족과 혼인관계를 맺거나 호족 상호 간의 혼인을 장려하였다.
④ 지방호족의 자녀들을 중앙에 머물게 하여 지방행정의 고문에 응하게 하였다.

45 다음에 서술된 정치세력에 대한 설명으로 옳은 것은?

> 철원 최씨, 해주 최씨, 공암 허씨, 평강 채씨, 청주 이씨, 당성 홍씨, 황려 민씨, 평양 조씨는 다 여러 대의 공신 재상의 종족이니 가히 대대로 혼인할 것이다.

① 무신정변으로 몰락하였다.
② 고려후기에 정계의 요직을 장악하였다.
③ 이자겸은 이들에 대항하기 위해 난을 일으켰다.
④ 성리학을 학습하고 과거를 통하여 중앙에 진출하였다.

③ 근세의 정치

☞ 정답 및 해설 P.282

1 조선시대 북방 정책과 관련된 인물에 대한 설명으로 옳은 것은?

2016. 3. 19 사회복지직

① 최명길 – 청나라의 군신관계 요구에 대해 무력항쟁을 주장하였다.
② 남이 – 기병을 주축으로 하는 별무반을 조직하여 여진과의 싸움에 대비하였다.
③ 김종서 – 세종의 명으로 두만강 유역의 여진족을 몰아내고 6진을 개척하였다.
④ 임경업 – 효종을 도와 북벌을 계획하고 국방력 강화에 주력하였다.

2 임진왜란 때의 주요 전투를 벌어진 순서대로 바르게 나열한 것은?

2016. 4. 9 인사혁신처

> ㉠ 권율 장군이 행주산성에서 왜군을 크게 무찔렀다.
> ㉡ 조선과 명나라 군대가 합세하여 평양성을 탈환하였다.
> ㉢ 진주목사 김시민이 왜의 대군을 맞아 격전 끝에 진주성을 지켜냈다.
> ㉣ 이순신 장군이 한산도 앞바다에서 왜의 수군을 격퇴하고 제해권을 장악하였다.

① ㉠→㉡→㉢→㉣   ② ㉠→㉢→㉡→㉣
③ ㉣→㉡→㉢→㉠   ④ ㉣→㉢→㉡→㉠

3 다음 정책을 시행한 왕에 대한 설명으로 옳은 것은?

2016. 6. 18 제1회 지방직

> • 속대전을 편찬하여 법령을 정비하였다.
> • 사형수에 대한 삼복법(三覆法)을 엄격하게 시행하였다.
> • 신문고 제도를 부활시켜 백성들의 억울함을 풀어주고자 하였다.

① 신해통공을 단행해 상업 활동의 자유를 확대하였다.
② 삼정이정청을 설치해 농민의 불만을 해결하려 하였다.
③ 붕당의 폐단을 제거하기 위해 서원을 대폭 정리하였다.
④ 환곡제를 면민이 공동출자하여 운영하는 사창제로 전환하였다.

4 다음과 같이 주장한 붕당에 대한 설명으로 옳은 것은?

2016. 6. 18 제1회 지방직

> 기해년의 일은 생각할수록 망극합니다. 그때 저들이 효종 대왕을 서자처럼 여겨 대왕대비의
> 상복을 기년복(1년 상복)으로 낮추어 입도록 하자고 청했으니, 지금이라도 잘못된 일은 바로잡
> 아야 하지 않겠습니까?

① 인조반정으로 몰락하였다.

② 기사환국으로 다시 집권하였다.

③ 경신환국을 통해 정국을 주도하였다.

④ 정제두 등이 양명학을 본격적으로 수용하였다.

5 조선 전기 일본과 관계된 주요 사건이다. (가)~(라) 각 시기에 있었던 사건으로 옳지 않은 것은?

2016. 6. 25 서울특별시

1392	1419	1510	1592
조선 건국 (가)	쓰시마 토벌 (나)	3포왜란 (다)	임진왜란 (라)

① (가): 부산포, 제포, 염포 등 3포를 개항하였다.

② (나): 계해약조를 체결하여 쓰시마 주의 제한적 무역을 허락하였다.

③ (다): 왜선이 침입하여 을묘왜변을 일으켰다.

④ (라): 조선은 포로의 송환 교섭을 위해 일본에 사신을 파견하였다.

6 다음 제도의 시행에 대한 설명으로 옳은 것은?

2015. 6. 13 서울특별시

> 6조에서 올라오는 모든 일을 영의정, 좌의정, 우의정이 중심이 되는 의정부에서 논의하여 합
> 의된 사항을 국왕에게 올려 결재 받게 하였다.

① 이 제도의 시행으로 국왕이 재상들을 직접 통솔할 수 있게 되어 왕권 강화에 기여하였다.

② 무력으로 집권한 태종과 세조는 이 제도를 이용하여 초기의 불안한 왕권을 안정시켰다.

③ 민본정치를 추구한 정도전은 이 제도를 폐지하고 6조의 업무를 국왕에게 직접 보고하게
   하였다.

④ 세종은 안정된 왕권과 경제력을 바탕으로 이 제도를 시행하여 왕권과 신권의 조화를 추
   구하였다.

7 다음 사건으로 인하여 발생한 역사적 사실은?

2015. 6. 27 제1회 지방직

> 심충겸이 장원 급제를 하자 전랑으로 천거하려고 하였다. 김효원이 "외척은 쓸 수 없다." 하며 막으니, 심의겸이 "외척이 원흉의 문객보다는 낫지 않으냐." 하였다. 이때 김효원 편을 드는 사람들은 "효원의 말은 공론에서 나온 것이다. 그런데 의겸이 사사로운 혐의로 좋은 선비를 배척하니 매우 옳지 못하다." 하였다.

① 동인과 서인으로의 분화　　　　② 남인과 북인으로의 분화
③ 노론과 소론으로의 분화　　　　④ 서인과 남인 간의 예송논쟁

8 왜란이나 호란에 관련된 설명으로 옳지 않은 것은?

2015. 3. 14 사회복지직

① 강홍립은 후금의 감정을 자극하지 않기 위해 후금과 휴전을 맺었다.
② 병자년에 청군이 서울을 점령하자 인조는 강화도로 피난하여 항전하였다.
③ 이순신이 이끄는 수군이 적군을 맞아 첫 승리를 한 것은 옥포해전이다.
④ 권율의 행주대첩, 김시민의 진주대첩, 이순신의 한산도대첩은 모두 승리한 싸움이다.

9 밑줄 친 '국왕'이 실시한 정책으로 옳은 것은?

2014. 4. 19 안전행정부

> 국왕은 행차 때면 길에 나온 백성들을 불러 직접 의견을 들었다. 또한 척신 세력을 제거하여 정치의 기강을 바로잡았고, 당색을 가리지 않고 어진 이들을 모아 학문을 장려하였다. 침전에는 '탕탕평평실(蕩蕩平平室)'이라는 편액을 달았으며, "하나의 달빛이 땅 위의 모든 강물에 비치니 강물은 세상 사람들이요, 달은 태극이며 그 태극은 바로 나다."라고 하였다.

① 병권 장악을 위해 금위영을 설치하였다.
② 명에 대한 의리를 지켜 청에 복수하자는 북벌을 추진하였다.
③ 육의전을 제외한 시전 상인의 특권을 폐지하였다.
④ 백성의 여론을 정치에 반영하기 위해 신문고제도를 부활하였다.

10 다음 글을 남긴 국왕의 재위 기간에 일어난 사실로 옳은 것은?

2014. 4. 19 안전행정부

> 보잘 것 없는 나, 소자가 어린 나이로 어렵고 큰 유업을 계승하여 지금 12년이나 되었다. 그러나 나는 덕이 부족하여 위로는 천명(天命)을 두려워하지 못하고 아래로는 민심에 답하지 못하였으므로, 밤낮으로 잊지 못하고 근심하며 두렵게 여기면서 혹시라도 선대왕께서 물려주신 소중한 유업이 잘못되지 않을까 걱정하였다. 그런데 지난번 가산(嘉山)의 토적(土賊)이 변란을 일으켜 청천강 이북의 수 많은 생령이 도탄에 빠지고 어육(魚肉)이 되었으니 나의 죄이다.
>
> ― 「비변사등록」 ―

① 최제우가 동학을 창도하였다.
② 공노비 6만 6천여 명을 양인으로 해방시켰다.
③ 미국 상선 제너럴셔먼호가 격침되었다.
④ 삼정 문제를 해결하기 위해 삼정이정청을 설치하였다.

11 다음 사건을 일어난 순서대로 나열한 것으로 옳은 것은?

2014. 6. 28 서울특별시

> ㉠ 김종직의 무덤을 파헤쳐 시신을 참수하였다.
> ㉡ 조광조가 능주로 귀양 가서 사약을 받고 죽었다.
> ㉢ 명종을 해치려 했다는 이유로 윤임 일파가 몰락하였다.
> ㉣ 연산군은 생모 윤씨의 폐비 사건에 관여한 사람을 몰아냈다.

① ㉠ – ㉡ – ㉢ – ㉣
② ㉠ – ㉣ – ㉡ – ㉢
③ ㉡ – ㉠ – ㉢ – ㉣
④ ㉡ – ㉢ – ㉣ – ㉠
⑤ ㉢ – ㉡ – ㉠ – ㉣

12 조선의 통치기구에 대한 설명 중 옳은 것은?

2014. 6. 28 서울특별시

① 의정부는 최고의 행정집행기관으로 그 중요성에 의해 점차 실권을 강화하였다.
② 홍문관은 정치의 득실을 논하고 관리의 잘못을 규찰하고 풍기·습속을 교정하는 일을 담당하였다.
③ 예문관과 춘추관은 대간(臺諫)이라 불렸는데, 임명된 관리의 신분·경력 등을 심의·승인하는 역할을 담당하였다.
④ 지방관은 행정의 권한만을 위임받았는데, 자기 출신지에는 임명될 수 없었다.
⑤ 지방 양반들로 조직된 향청은 수령을 보좌하고 풍속을 바로 잡고 향리를 규찰하는 등의 임무를 맡았다.

13 다음 정치관과 관련이 깊은 정책으로 옳은 것은?

2013. 7. 27 안전행정부

> 임금의 직책은 한 사람의 재상을 논정하는 데 있다 하였으니, 바로 총재(冢宰)를 두고 한 말이다. 총재는 위로는 임금을 받들고 밑으로는 백관을 통솔하여 만민을 다스리는 것이니 직책이 매우 크다. 또 임금의 자질에는 어리석음과 현명함이 있고 강함과 유약함의 차이가 있으니, 옳은 일은 아뢰고 옳지 않은 일은 막아서, 임금으로 하여금 대중(大中)의 경지에 들게 해야 한다. 그러므로 상(相)이라 하니, 곧 보상(輔相)한다는 뜻이다.

① 육조 직계제의 시행
② 사간원의 독립
③ 의정부 서사제의 시행
④ 집현전의 설치

14 위정척사운동의 전개에 대한 설명으로 옳지 않은 것은?

2012. 4. 7 행정안전부

① 대원군의 쇄국정책을 뒷받침하였다.
② 동도서기론과 문명개화론을 주장하였다.
③ 영남 유생들의 만인소 운동이 일어났다.
④ 일본과 관련하여 왜양일체론을 내세웠다.

15 밑줄 친 '국왕'의 정책으로 옳지 않은 것은?

2012. 4. 7 행정안전부

> 국왕께서 왕위에 즉위한 첫 해에 맨 먼저 도서집성 5천여 권을 연경의 시장에서 사오고, 또 옛날 홍문관에 간직했던 책과 강화부 행궁에 소장했던 책과 명에서 보내온 책들을 모았다. …… 창덕궁안 규장각 서남쪽에 열고관을 건립하여 중국본을 저장하고, 북쪽에는 국내본을 저장하니, 총 3만권 이상이 되었다.

① 통치규범을 재정리하기 위하여 대전통편을 편찬하였다.
② 당파와 관계없이 인물을 등용하는 완론탕평을 실시하였다.
③ 당하관 관료의 재교육을 위해 초계문신제도를 시행하였다.
④ 왕권을 강화하기 위해 장용영이라는 친위부대를 창설하였다.

16 다음에서 묘사하고 있는 시기의 역사적 사실로 옳지 않은 것은?

2012. 4. 7 행정안전부

> 허생은 안성의 한 주막에 자리 잡고서 밤, 대추, 감, 귤 등의 과일을 모두 값을 배로 주고 사들였다. 그가 과일을 도고하자, 온 나라가 제사나 잔치를 치르지 못할 지경에 이르렀다. 따라서 과일값은 크게 폭등하였다. 그는 이에 10배의 값으로 과일을 되팔았다. 이어서 그는 그 돈으로 곧 호미, 삼베, 명주 등을 사 가지고 제주도로 들어가 말총을 모두 사들였다. 말총은 망건의 재료였다. 얼마 되지 않아 망건 값이 10배나 올랐다. 이렇게 하여 그는 50만 냥에 이르는 큰 돈을 벌었다.

① 보부상들을 보호할 목적으로 혜상공국이 설치되었다.
② 특정 상품들을 독점 판매하는 도고상업이 성행하였다.
③ 상업이 활성화되면서 선박을 이용한 운수업도 발전하였다.
④ 전국적으로 발달한 장시를 토대로 한 사상들이 성장하였다.

17 밑줄 친 '갈등'에 대한 설명으로 옳지 않은 것은?

2012. 5. 12 상반기 지방직

> 이성계는 즉위 직후 명에 사신을 보내어 조선의 건국을 알리고, 자신의 즉위를 승인해줄 것과 국호의 제정을 명에 요청하였다. 명으로부터 승인을 받아 국내의 정치상황을 안정시키기 위함이었다. 그러나 이후 조선은 명과 외교적 갈등을 빚었다.

① 조선으로 넘어온 여진인의 송환을 명이 요구함으로써 생긴 갈등
② 조선이 명에 보낸 외교문서에 무례한 표현이 있다는 명의 주장에 따른 갈등
③ 이성계가 이인임의 아들이었다는 중국 측 기록을 둘러싼 갈등
④ 조선의 조공에 대해 명 황제가 내린 회사품의 양과 가치가 지나치게 적은 데 따른 갈등

18 밑줄 친 '상(上)'의 재위 시에 있었던 일로 옳은 것은?

2012. 5. 12 상반기 지방직

> 이 책이 완성되었다. …… 곤봉 등 6가지 기예는 척계광의 「기효신서」에 나왔는데 …… 장헌 세자가 정사를 대리하던 중 기묘년에 명하여 죽장창 등 12가지 기예를 더 넣어 도해(圖解)로 엮어 새로 신보를 만들었고, 상(上)이 즉위하자 명하여 기창 등 4가지 기예를 더 넣고 또 격구, 마상재를 덧붙여 모두 24가지 기예가 되었는데, 검서관 이덕무·박제가에게 명하여 …… 주해를 붙이게 했다.

① 민(民)의 상언과 격쟁의 기회를 늘려주었다.
② 대전회통을 편찬하여 통치 체제를 재정리하였다.
③ 군역의 부담을 줄이기 위해 균역법을 시행하였다.
④ 5군영 대신 무위영과 장어영 등 2영을 설치하였다.

19 다음 지방행정제도를 시기 순으로 바르게 나열한 것은?

2011. 4. 9 행정안전부

> ㉠ 전국을 8도로 나누고 도 아래에는 부·목·군·현을 두었다.
> ㉡ 전국을 5도와 양계, 경기로 나누었다.
> ㉢ 9주 5소경의 지방제도를 마련하였다.
> ㉣ 전국을 23부 337군으로 개편하였다.

① ㉠ - ㉡ - ㉢ - ㉣
② ㉡ - ㉢ - ㉣ - ㉠
③ ㉢ - ㉡ - ㉠ - ㉣
④ ㉣ - ㉢ - ㉡ - ㉠

20 다음 정책을 추진한 인물에 대한 설명으로 옳은 것은?

2011. 4. 9 행정안전부

> • 소격서 폐지   • 위훈삭제   • 방납의 폐단 시정

① 경연을 강화하고 언론활동을 활성화하였다.
② 갑자사화를 주도하여 훈구세력을 몰아내었다.
③ 소수서원을 설립하여 유교윤리를 보급하였다.
④ 관리들에게 '신언패(慎言牌)'를 차고 다니게 하였다.

21 조선후기 정조에 대한 설명으로 옳지 않은 것은?

2011. 5. 14 상반기 지방직

① 초계문신 제도를 실시하였다.
② 「속대전」을 편찬하였다.
③ 팔달산 아래에 화성을 건설하였다.
④ 규장각을 강력한 정치기구로 육성하였다.

22 다음 (가), (나)의 주장이 정치적 대립으로 이어진 배경에 대한 설명으로 옳지 않은 것은?

2011. 5. 14 상반기 지방직

> (가) 효종은 임금이셨으니 새 어머니인 인조 임금의 계비는 돌아가신 효종에 대해 3년 상복을
>   입어야 합니다. 임금의 예는 보통 사람과 다릅니다.
> (나) 효종은 형제 서열상 차남이셨으니 새 어머니인 인조 임금의 계비는 돌아가신 효종에 대해
>   1년복만 입어야 합니다. 천하의 예는 모두 같은 원칙에 따라야 합니다.

① 왕이 직접 나서서 환국을 주도하였다.
② 서인이 우세한 가운데 남인의 세력이 성장하였다.
③ 왕권 강화와 신권 강화에 대한 입장 차이가 있었다.
④ 효종의 왕위 계승의 정통성 문제와 관련이 있었다.

23 우리 나라의 시대별 토지제도에 대한 설명으로 옳지 않은 것은?

2011. 5. 14 상반기 지방직

① 신라는 통일 이후에 관료전과 정전(丁田)을 지급하였다.
② 고려후기의 녹과전은 수조권을 지급한 토지에 해당한다.
③ 고려말 과전법에서 과전은 경기 지방의 토지로 지급하였다.
④ 지주제의 한 형태인 병작제는 조선초기에 가장 발달하였다.

24 다음의 ㈎에 대한 설명으로 옳은 것을 〈보기〉에서 모두 고르면?

2011. 6. 11 서울특별시

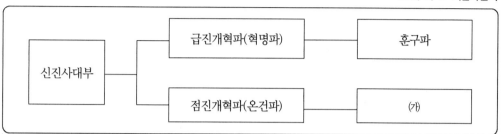

<보기>
ㄱ 많은 토지를 소유한 대지주로 성장했다.
ㄴ 도덕과 의리를 바탕으로 하는 왕도정치를 강조하였다.
ㄷ 부국강병과 왕권강화를 통한 중앙집권체제를 추구하였다.
ㄹ 서원과 향약을 통해 향촌사회에서 꾸준히 세력을 확대하였다.

① ㄱㄴ   ② ㄱㄷ
③ ㄴㄷ   ④ ㄴㄹ
⑤ ㄷㄹ

---

25 다음 업무를 담당하던 관청에 대한 설명으로 옳은 것은?

2011. 6. 11 서울특별시

궁중의 경서(經書) 및 사적(史籍)의 관리, 문서의 처리 및 왕의 자문에 응한다. 옥당(玉堂)·옥서(玉署)·영각(瀛閣)이라고도 한다.

– 경국대전 –

① 이곳 수장은 영의정이었다.
② 세조가 집권하면서 폐지되었다.
③ 사간원, 사헌부와 함께 3사로 지칭되었다.
④ 임진왜란을 계기로 상설기구로 변화하였다.
⑤ 초계문신제를 통해 능력 있는 인재를 양성하였다.

26 지도의 빗금친 부분에 대한 탐구 주제로 가장 적절한 것은?

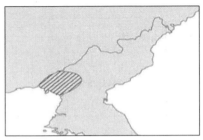

① 나·당 전쟁 중 신라가 당의 20만 대군을 격파한
　　격전지를 알아본다.
② 김윤후가 대몽 항쟁 중 살리타를 무찌른 전투를
　　조사한다.
③ 정봉수가 의병을 일으켜 후금의 군대를 물리친
　　전투를 확인한다.
④ 신돌석이 민중적 기반으로 전개한 항일 의병 전투를 살펴본다.

27 조선 시대 예송 논쟁을 다음과 같이 정리하였다. ㉠, ㉡ 붕당에 대한 설명으로 옳은 것은?

구분	㉠붕당	㉡붕당
효종 복상기간(1차)(기해예송)	3년	1년
효종비 복상기간(2차)(갑인예송)	1년	9개월
근거	국조오례의	주자가례
정치적 입장	왕권 강화	신권 강화

① ㉠ - 이이의 학맥을 계승하였다.
② ㉠ - 노론과 소론으로 분파되었다.
③ ㉡ - 인조를 옹립한 인조반정을 주도하였다.
④ ㉡ - 정여립 모반 사건을 계기로 분화되었다.

28 조선 태종 때 왕권을 강화하고 국왕 중심의 통치체제를 정비하고자 추진된 정책을 다음에서 모두 고르면?

> ㉠ 의정부서사제를 실시하였다.
> ㉡ 6조직계제를 실시하였다.
> ㉢ 사간원을 독립시켜 대신들을 견제하게 하였다.
> ㉣ 홍문관을 두어 관원 모두에게 경연관을 겸하게 만들었다.

① ㉠㉡　　　　　　　　　　　② ㉠㉢
③ ㉡㉢　　　　　　　　　　　④ ㉡㉣

29 다음을 중심으로 활동한 세력에 대한 설명으로 옳지 않은 것은?

주세붕이 설립한 백운동서원이 시초가 되어 서원은 선현의 제사와 후학 양성을 위한 교육의 목적으로 향촌에 설립되었다. 16세기에 들어와 서원은 향약과 더불어 향촌 사회에 급속히 보급되면서 향촌의 풍속 교화를 담당하기도 하였지만 면세와 면역의 혜택으로 점차 그 성격이 변화되었다.

① 토관제도 실시로 그 지위를 보장받았다.

② 향촌사회를 주도하는 핵심적 역할을 하였다.

③ 서원은 이들의 근거지로 이용되었다.

④ 실리보다는 주로 명분을 추구하는 경향이 강했다.

30 지방제도에 대한 설명으로 옳지 않은 것은?

① 상피제를 도입하여 지방 인사관리의 공정성을 기하였다.

② 8도로 나누고 부, 목, 군, 현에 수령을 파견하였다.

③ 농민의 토지 이탈을 막기 위해 호패법을 실시하였다.

④ 지방의 덕망있는 인사로 유향소를 설치하여 중앙행정에 참여시켰다.

31 조선시대의 관직 품계에 관한 내용으로 옳지 않은 것은?

① 종3품 이상은 당상관, 그 이하는 당하관이라 하였다.

② 품계는 18품계이지만 실질적으로는 30단계로 구성되어 있다.

③ 7품 이하는 회의에 참석할 수 있었으나 품계석이 없었다.

④ 지방수령은 종6품 참상관 이상만 임명된다.

32 다음 중 조선시대의 과거제도에 대한 설명으로 옳지 않은 것은?

① 부정기 시험으로 나라에 경사가 있을 때 보는 알성시와 국왕이 문묘에 참배한 후 성균관에서 보는 증광시가 있었다.
② 재가한 여자의 자녀나 서얼은 문과 응시에 제한을 받았다.
③ 특별채용제도인 음서제는 고려시대에 비하여 자격기준이 축소되었으며 또한 문과에 합격하지 않으면 고관으로 승진하기가 힘들었다.
④ 정기시험인 식년시는 3년마다 시행하는 것을 원칙으로 하였다.

33 다음 중 대일관계에 대한 설명으로 옳지 않은 것은?

① 최무선은 왜구를 격퇴하기 위해서 화포를 제작하였다.
② 임진왜란시 조헌이 옥천에서 의병을 조직하여 청주성을 수복하였다.
③ 임진왜란 이후부터 강화도조약까지 교역이 전혀 없었다.
④ 일본은 조선을 식민지화하기 전에 독도를 자국의 영토로 편입하였다.

34 다음 내용의 학파와 밀접한 관련이 있는 사실은?

> • 서경덕은 기를 중심으로 세계를 중시하였다.
> • 조식은 학문의 실천을 강조하였다.
> • 16세기 중반 이후 하나의 중요한 사상적 조류를 형성하였다.
> • 동서 붕당이 성립했을 때 동인을 형성했다가 정여립 모반사건을 계기로 이황학파와 분열되었다.

① 후금과 친선관계로 중립외교정치를 시행하였다.
② 의리와 명분을 중시해서 병자호란을 일으켰다.
③ 경신환국으로 몰락하였다.
④ 남인과 대립하였다.

35 다음 조선시대에 일어났던 사화들 중에서 김종직의 '조의제문'이 문제가 되어 일어난 사화는?

① 갑자사화　　　　　　　　　② 무오사화
③ 기묘사화　　　　　　　　　④ 을사사화

36 조선시대에 간쟁권을 가진 언관에 해당되지 않는 것은?

① 사헌부　　　　　　　　　　② 의정부
③ 사간원　　　　　　　　　　④ 홍문관

37 다음 주어진 내용과 시행배경이 같은 것은?

> 정치업무를 6조에서 의정부를 거치지 않고 곧바로 국왕에게 올려 국왕의 재가를 받아 시행하였다.

① 비변사 강화　　　　　　　　② 서경제도
③ 노비안검법　　　　　　　　④ 도평의사사 강화

38 조선시대의 지방행정조직에 대한 설명으로 옳지 않은 것은?

① 향리의 권한이 강화되어 지방관이 파견되지 않은 속현이 더 많았다.
② 고려시대까지 특수행정구역이었던 향, 부곡, 소도 일반군현으로 승격시켰다.
③ 군현 아래에는 면·리(里)·통을 두었다.
④ 전국 8도에 관찰사를 파견하고, 수시로 암행어사를 지방에 보내기도 하였다.

39 다음과 관련된 정치세력에 대한 설명으로 옳은 것은?

> • 향촌자치 추구   • 왕도정치 추구
> • 도덕과 의리 숭상   • 관념적 이기론 중시

① 공민왕의 개혁정치에 적극 참여하였다.
② 역성혁명을 주도한 세력이다.
③ 15세기의 수준높은 근세문화발달에 이바지하였다.
④ 청나라의 문물수용을 주장하였다.

40 조선시대의 법률제도에 대한 설명으로 옳지 않은 것은?

① 조선의 형법은 경국대전의 형전을 기본으로 하며, 대명률을 참작하였다.
② 반역죄와 강상죄를 엄하게 처벌하였다.
③ 형벌의 종류로는 태·장·도·유·사의 5종이 있었다.
④ 관찰사는 민법에 관한 재량권이 없었다.

41 다음에서 말하는 세력이 고려말에 취했던 행동으로 옳은 것은?

> 고려후기 성리학을 공부한 이들은 학문적 실력을 바탕으로 과거를 통하여 중앙관리로 진출하
> 였다. 또 한편으로는 중소지주로서 향촌에서 사회적 영향력을 행사하였다.

① 대다수가 고려왕조를 부정하며 역성혁명을 주장하였다.
② 사회의 모순을 원나라의 도움으로 해결하고자 하였다.
③ 신흥무인세력의 대두에 제동을 걸었다.
④ 권문세족과 대립하면서 국가적인 시련을 해결하고자 하였다.

42 다음 중 고려말 과전법을 실시한 근본목적은?

① 왕권중심 권력의 세분화
② 권문세족의 세력 확대
③ 면세전의 확보
④ 신진사대부들의 경제적 기반 마련

43 조선시대의 자치규약인 향약을 통하여 당시의 지배세력들이 의도한 것은?

① 사림들이 경제적인 특권을 유지하고 확대하려 하였다.
② 농민에 대하여 사림들이 지배권을 강화하려 하였다.
③ 국가가 향촌의 안정을 위해 지배권을 축소하려 하였다.
④ 사림들이 가졌던 과거의 성장기반을 약화시키려 하였다.

44 다음에서 조선왕조의 중앙집권화정책에 가장 관련이 깊은 것은?

㉠ 수령의 권한 강화	㉡ 서원의 보급
㉢ 유향소의 기능 강화	㉣ 호패법의 실시

① ㉠㉡
② ㉠㉣
③ ㉡㉢
④ ㉢㉣

45 조선후기에 향약이 전국적으로 보급되면서 상부상조(相扶相助), 환난상휼(患難相恤), 덕업상권(德業相勸), 예속상규(禮俗相規)의 규범 등이 정해지게 되었다. 이러한 향약의 전국적인 실시가 갖게 된 결과는?

① 농민들의 생활이 점차적으로 안정을 갖게 되었다.
② 지방관의 농민에 대한 통제력이 강화되면서 왕권이 강화되었다.
③ 지방사림의 농민에 대한 통제력이 강화되었다.
④ 지방의 토착세력인 향리들의 농민에 대한 수탈이 현저하게 줄어들었다.

4 정치상황의 변동

1 다음 연표에서 (가) ~ (라) 시기의 정치적 상황으로 옳은 것은?

2016. 3. 19 사회복지직

1776		1800		1834		1849		1863
	(가)		(나)		(다)		(라)	
정조 즉위		순조 즉위		헌종 즉위		철종 즉위		고종 즉위

① (가) – 홍경래의 난이 일어나 평안도 청천강 이북 지역을 장악하였다.

② (나) – 이인좌는 소론 · 남인 세력을 규합하여 난을 일으켰다.

③ (다) – 천주교 신자를 박해하는 과정에서 '황사영 백서사건'이 일어났다.

④ (라) – 농민들의 불만을 무마하기 위해 삼정이정청을 설치하였다.

2 밑줄 친 '사건'에 대한 설명으로 옳은 것은?

2016. 4. 9 인사혁신처

> 4~5명의 개화당이 <u>사건</u>을 일으켜서 나라를 위태롭게 한 다음 청나라 사람의 억압과 능멸이
> 대단하였다. …(중략)… 종전에는 개화가 이롭다고 말하면 그다지 싫어하지 않았으나 이 <u>사건</u>
> 이후 조야(朝野) 모두 '개화당은 충의를 모르고 외인과 연결하여 매국배종(賣國背宗)하였다'고
> 하였다.
>
> – 「윤치호일기」 –

① 정동구락부 세력이 주도하였다.

② 일본군과 함께 경복궁을 침범하였다.

③ 차관 도입을 위한 수신사 파견의 계기가 되었다.

④ 일본 공사관이 불타고 일본군이 청군에 패퇴하였다.

3 다음 대화에 나타난 수취 제도에 대한 설명으로 옳은 것은?

2016. 6. 18 제1회 지방직

> • 갑 : 호(戶)에 부과하던 공물을 토지에 부과하게 되면서 땅이 많은 대가(大家)와 거족(巨族)이
> 불만을 가져 원망을 하고 있으니 가뜩이나 어려운 시기에 심히 걱정스럽군.
> • 을 : 부자는 토지 소유에 비례하여 많은 액수의 세금을 한꺼번에 내기 어렵다고 불평하지만,
> 수확과 노동력이 많은 부자가 가난한 사람도 여태껏 그럭저럭 납부해온 것을 왜 못 내겠소?

① 광해군 때 경기도에서 처음으로 실시되었다.
② 농민의 군포 부담을 1년에 1필로 줄여 주었다.
③ 지주에게 토지 1결당 2두의 결작미를 징수하였다.
④ 농민 부담을 낮추기 위해 전세를 토지 1결당 미곡 4두로 고정하였다.

4 다음의 기록이 보이는 왕대의 정치 변화를 바르게 설명한 것은?

2015. 4. 18 인사혁신처

> (왕이) 양역을 절반으로 줄이라고 명하셨다. 왕이 말하였다. "호포나 결포는 모두 문제점이 있
> 다. 이제는 1필로 줄이는 것으로 온전히 돌아갈 것이니 경들은 대책을 강구하라."

① 특정 붕당이 정권을 독점하는 일당 전제화의 추세가 대두되었다.
② 왕위 계승에 대한 정통성과 관련하여 두 차례의 예송이 발생하였다.
③ 정치 집단은 소수의 가문 출신으로 좁아지면서 그 기반이 축소되었다.
④ 붕당을 없애자는 논리에 동의하는 관료들을 중심으로 탕평 정국을 운영하였다.

5 조선 후기 예송에 대한 설명으로 옳지 않은 것은?

2014. 6. 21 제1회 지방직

① 갑인예송에서 남인은 조대비가 9개월복의 상복을 입어야 한다고 주장하였다.
② 기해예송은 서인의 주장대로 조대비가 효종을 위해 1년복을 입는 것으로 결정되었다.
③ 기해예송은 효종이 사망하자 조대비가 상복을 3년복으로 입을 것인가, 1년복으로 입을
것인가를 둘러싸고 일어났다.
④ 갑인예송은 효종비가 사망하자 조대비가 상복을 1년복으로 입을 것인가, 9개월복으로 입
을 것인가를 둘러싸고 일어났다.

6 다음은 근대 개혁 방안에 관한 자료이다. 이를 시기 순으로 바르게 나열한 것은?

2014. 6. 21 제1회 지방직

> ㉠ 내시부를 없애고 그 가운데서 재능 있는 자가 있으면 뽑아 쓴다.
> ㉡ 왕실 사무와 국정 사무를 모름지기 나누어 서로 뒤섞지 아니한다.
> ㉢ 대한국 대황제는 육해군을 통솔하고 편제를 정하며 계엄과 해엄을 명한다.
> ㉣ 재정은 모두 탁지부에서 전담하여 맡고, 예산과 결산은 인민에게 공포한다.

① ㉠→㉡→㉢→㉣
② ㉠→㉡→㉣→㉢
③ ㉡→㉠→㉢→㉣
④ ㉡→㉠→㉣→㉢

7 다음 ㉠, ㉡ 노선을 추구한 각 왕들의 정책으로 올바르게 연결된 것은?

2014. 6. 28 서울특별시

> ㉠ 준론탕평 – 당파의 옳고 그름을 명백히 가린다.
> ㉡ 완론탕평 – 어느 당파든 온건하고 타협적인 인물을 등용하여 왕권에 순종시킨다.

① ㉠ – '환국'을 시도하였다.
② ㉠ – 서원을 대폭 정리하였다.
③ ㉡ – 신문고 제도를 부활하였다.
④ ㉡ – 초계문신제를 실시하였다.
⑤ ㉡ – 화성 건설에 힘썼다.

8 다음 정강에 들어간 내용으로 옳지 않은 것은?

2014. 6. 28 서울특별시

> 첫째, 대원군을 가까운 시일 안으로 나라에 돌아오게 하도록 할 것
> 둘째, 문벌을 없애 인민이 평등한 권리를 갖는 제도를 제정할 것

① 혜상공국을 없앨 것
② 공사노비법을 혁파할 것
③ 전국에 걸쳐 지조법을 개혁할 것
④ 각 도의 환곡제도를 영원히 없앨 것
⑤ 재정을 모두 호조에서 관할하도록 할 것

9 다음 사건을 수습한 이후에 나타난 정치 변화를 바르게 설명한 것은?

2013. 9. 7 서울특별시

> 적(賊)이 청주성을 함락시키니, 절도사 이봉상과 토포사 남연년이 죽었다. 처음에 적 권서봉 등이 양성에서 군사를 모아 청주의 적괴(賊魁) 이인좌와 더불어 군사 합치기를 약속하고는 청주 경내로 몰래 들어와 거짓으로 행상(行喪)하여 장례를 지낸다고 하면서 상여에다 병기(兵器)를 실어다 고을성 앞 숲 속에다 몰래 숨겨 놓았다. …… 이인좌가 자칭 대원수라 위서(僞書)하여 적당 권서봉을 목사로, 신천영을 병사로, 박종원을 영장으로 삼고, 열읍(列邑)에 흉격(凶檄)을 전해 병마(兵馬)를 불러 모았다. 영부(營府)의 재물과 곡식을 흩어 호궤(犒饋)하고 그의 도당 및 병민(兵民)으로 협종(脅從)한 자에게 상을 주었다.
>
> ― 조선왕조실록, 영조 4년 3월 ―

① 환국의 정치 형태가 출현하였다.
② 소론과 남인이 권력을 장악하였다.
③ 완론(緩論) 중심의 탕평 정치가 행하여졌다.
④ 왕실의 외척이 군사권을 계속하여 독점 장악하였다.
⑤ 당파의 옳고 그름을 명백히 밝히는 정치가 시작되었다.

10 조선 영조 때의 역사적 사실로 옳지 않은 것은?

2013. 7. 27 안전행정부

① 「속대전」을 편찬하여 법전체계를 정비하였다.
② 군역의 부담을 줄여주기 위해 균역법을 시행하였다.
③ 산림(山林)의 존재를 인정하지 않고, 그들의 본거지인 서원을 상당수 정리하였다.
④ 각 붕당의 주장이 옳은지 그른지를 명백히 가리는 적극적인 탕평책을 추진하였다.

11 임진왜란과 병자호란 사이의 시기에 있었던 사실들을 모두 고른 것은?

2010. 5. 22 상반기 지방직

> ㉠ 선조가 왜란이 끝나기 전에 사망하자 그의 뒤를 이어 광해군이 왕위에 올랐다.
> ㉡ 광해군을 추종한 북인은 동인 중에서 이황 문인을 제외한 파벌들이 연합한 붕당이었다.
> ㉢ 광해군은 명과 후금 사이의 싸움에 말려들지 않는 실리정책을 폈다.
> ㉣ '인조반정'으로 권력을 잡은 서인정권은 광해군의 대외정책을 계승하였다.

① ㉠㉡
② ㉡㉢
③ ㉠㉢
④ ㉠㉣

12 영조 집권 초기에 일어난 다음 사건과 관련된 설명으로 옳지 않은 것은?

> 충청도에서 정부군과 반란군이 대규모 전투를 벌였으며 전라도에서도 반군이 조직되었다. 반란에 참가한 주동자들은 비록 정쟁에 패하고 관직에서 소외되었지만, 서울과 지방의 명문 사대부 가문 출신이었다. 반군은 청주성을 함락하고 안성과 죽산으로 향하였다.

① 주요 원인 중의 하나는 경종의 사인에 대한 의혹이다.
② 반란군이 한양을 점령하고 왕이 피난길에 올랐다.
③ 탕평책을 추진하는데 더욱 명분을 제공하였다.
④ 소론 및 남인 강경파가 주동이 되어 일으킨 것이다.

13 18세기 조선 사상계의 동향에 대한 설명으로 옳지 않은 것은?

① 북학사상은 인물성동론을 철학적 기초로 하였다.
② 낙론은 대의명분을 강조한 북벌론으로 발전되어 갔다.
③ 인물성이론은 대체로 충청도지역 노론학자들이 주장했다.
④ 송시열의 유지에 따라 만동묘를 세워 명나라 신종과 의종을 제사지냈다.

14 조선 숙종대의 정국에 대한 옳은 설명으로만 묶인 것은?

> ㉠ 지금까지의 당파연립 방식을 버리고 붕당을 자주 교체하는 방식이 대두하였다.
> ㉡ 강력한 왕권을 바탕으로 왕은 붕당 사이의 치열한 다툼을 억눌렀다.
> ㉢ 서인은 송시열을 영수로 하는 노론과 윤증을 중심으로 하는 소론으로 갈라졌다.
> ㉣ 이조전랑이 후임자를 천거하는 관행을 없앴다.

① ㉠㉡
② ㉠㉢
③ ㉡㉢
④ ㉡㉣

15 조선후기 정치 구조의 변화 내용과 가장 거리가 먼 것은?

① 3사의 언론 기능은 영조 때에 폐지되었다.
② 의정부와 6조 중심의 행정 체계가 유명무실해졌다.
③ 전랑권은 영조와 정조 대의 탕평정치를 거치면서 혁파되었다.
④ 비변사의 기능이 강화되어 고위 관직의 인사 문제까지 관여하였다.

16 다음 내용과 같은 시기의 시대 상황을 바르게 설명한 것은?

> 지방 고을의 향전(鄕戰)은 마땅히 금지해야 할 것이다. 그런데 수령이 일에 따라 한쪽을 올리고 내리는 경우가 없지 않으니, 어찌 한심한 일이 아니겠는가. … (중략) … 반드시 가볍고 무거움에 따라 양쪽의 주동자를 먼저 다스려 진정시키고 향전을 없애는 것을 위주로 하는 것이 옳다. 일부 아전들도 한쪽으로 쏠리는 일이 있으니 또한 반드시 아전의 우두머리에게 엄하게 타일러야 한다. 향임을 임명할 때 한쪽 사람을 치우치게 쓰지 않는 것이 좋다.
>
> – 「거관대요」 –

① 조정에서는 향리를 없애려 하였다.
② 농민들은 향회(鄕會)에서 점점 배제되어 갔다.
③ 향임직이 요호부민에게 매매되기도 하였다.
④ 수령의 향촌 지배력이 점차 약화되어 갔다.

17 다음 보기의 정책이 실시된 결과로 볼 수 없는 것은?

> • 규장각 설치   • 장용영 설치
> • 신해통공 실시   • 대전통편 편찬
> • 초계문신제도 시행

① 5군영체제가 완성되었다.
② 국왕의 권한이 강화되었다.
③ 관리에 대한 재교육이 이루어졌다.
④ 사상들의 상업활동이 자유로워졌다.

18 백두산정계비의 동위토문 해석에 대한 설명으로 옳지 않은 것은?

① 해석의 차이로 인해 간도의 귀속문제가 발생하였다.

② 조선과 청의 협의가 이루어졌다.

③ 청나라는 토문강을 두만강이라고 주장하였다.

④ 조선은 토문강을 송화강 상류라고 주장하였다.

19 다음 설명과 관계가 없는 것은?

> 1855년 11월 17일 프랑스 함정 콘스탄틴느(Constantine)호가 조선해[東海]를 통과하면서 북위 37도선 부근의 한 섬을 '로세 리앙쿠르(Rocher Liancourt)'라고 명명하였다.

① 다케시마의 날 제정(2월 22일)　　② 공도 정책

③ 안용복　　④ 정계비의 건립

20 다음과 같이 주장한 세력에 대한 설명으로 옳은 것은?

> 화의로 백성과 나라를 망치기가 … (중략) … 오늘날과 같이 심한 적이 없습니다. 중국(명)은 우리나라에 있어서 곧 부모요, 오랑캐(청)는 우리나라에 있어서 곧 부모의 원수입니다. 신하된 자로서 부모의 원수와 형제가 되어서 부모를 저버리겠습니까?
>
> － 「인조실록」 －

① 광해군 때 권력을 장악하였다.

② 인조반정을 계기로 집권하였다.

③ 주로 향촌에서 영향력을 행사하였다.

④ 정여립의 모반사건을 계기로 남인과 북인으로 나뉘었다.

21 다음 시기의 설명으로 옳지 않은 것은?

> 붕당 간에 자율적 세력균형을 유지한 때는 17세기 초 서인과 남인이 공존관계를 유지하던 시대이며, 왕에 대한 타율적 세력균형 유지는 붕당정치가 변질되어감에 따라 17세기 후반에 제기되었다. 즉, 경신환국 이후 상대세력의 존재를 인정하지 않는 일당전제화가 나타난 것이다.

① 육의전을 제외한 시전의 금난전권이 폐지되었다.
② 5군영은 서인의 군사적 기반이 되어 당파싸움에 이용되었다.
③ 서원이 사우와 뒤섞여 도처에 세워졌다.
④ 의정부의 기능은 강화되고 비변사의 권한이 약화되었다.

22 다음 중 조선후기의 붕당정치에 대한 설명으로 옳은 것은?

① 인조반정으로 북인이 정권을 장악하게 되었다.
② 예종 때 예송논쟁은 동인과 남인의 정권다툼이었다.
③ 기사환국으로 서인은 노론과 소론으로 나뉘었다.
④ 숙종 때 장희빈의 소생을 세자로 책봉하는 과정에서 남인이 집권하였다.

23 다음에서 설명하는 기구의 명칭으로 옳은 것은?

> 원래는 여진과 왜구의 침입을 막기 위해 중종 때 설치된 임시국방기구였지만, 양난 이후 국방의 필요성이 증대되면서 상설기구화되었다.

① 도평의사사   ② 훈련도감
③ 비변사   ④ 장용영

24 다음과 같은 정치가 실시되던 시기의 사실로 맞는 것은?

> 2품 이상의 고위직만이 정치적 기능을 발휘하였고, 그 아래 관리들은 언론활동과 같은 정치적 기능을 거의 잃은 채 행정실무만 맡게 되었다. 실질적인 힘은 비변사로 집중되었고, 실질적 역할을 담당하는 자리는 대개 유력 가문 출신 인물들이 차지하였다.

① 경신환국   ② 기묘사화
③ 홍경래의 난   ④ 탕평책 실시

25 영조의 탕평책에 대한 설명으로 옳지 않은 것은?

① 탕평책이 붕당을 원천적으로 해결했다.
② 왕권강화에 목적을 두었다.
③ 이조전랑이 행사하던 당하관 인사권을 폐지하였다.
④ 붕당과 그 지도자인 '산림'의 정치적 기능을 약화시켰다.

26 다음을 바탕으로 훈련도감의 설치가 지니는 군역체제상의 의미를 바르게 설명한 것은?

> 왜란이 발생하여 조총으로 무장한 왜군의 침입을 기존의 무기와 군사로 막아낼 수가 없게 되자, 보다 전문적인 군대의 필요성이 부각되어 훈련도감이 설치되면서 조선후기 국방체제의 변화를 가져왔다. 훈련도감의 군병은 포수, 살수, 사수의 삼수병으로 편성되었다. 이들 삼수병은 각각 전문적 기능을 지니고 있는 직업군인으로서 일정량의 급료를 받고 복무하였다.

① 용병에 의한 상비군제의 성립   ② 일반농민들의 군역부담 감소
③ 군역담당자들의 정치   ④ 의무병에 입각한 농병일치제의 강화

27 왜란과 호란 후 정치·경제·군사적 변화에 대한 설명으로 옳은 것은?

① 공납의 전세화현상이 나타났다.
② 5위와 속오군이 편성되었다.
③ 양인개병제의 강화로 병력이 증가하였다.
④ 비변사의 권한이 축소되어 왕권이 강화되었다.

28 16세기 후반 이후 조선사회에 나타난 다음 사실들은 무엇을 나타내는가?

> • 비변사가 상설기구로 변하였고, 그 기능도 강화되었다.
> • 중앙군의 체제가 5위제에서 5군영제로 변하였다.
> • 붕당 간의 균형이 무너지고 일당전제화의 추세가 나타났다.

① 신분제도의 동요
② 탕평책이 실시된 배경
③ 농민계층분화의 촉진
④ 조선후기 왕권약화의 배경

29 다음 글을 통하여 영·정조가 탕평책을 실시하게 된 배경을 추론하면?

> • 영조 4년 청주에서 이인좌가 난을 일으켜 청주가 함락하고 이어 안성·죽산까지 반군이 진격하였으나, 이곳 전투에서 관군에 패하였다.
> • 벽파의 압력 속에서 세손 때부터 그 지위가 불안하였던 정조는 즉위 후 벽파를 물리치고 시파를 관직에 고루 기용하였다.

① 흐트러진 문물제도를 재정비하고자 하였다.
② 붕당을 해체함으로써 정쟁을 일소하고자 하였다.
③ 특정붕당에 의한 일당전제화를 이루고자 하였다.
④ 특정붕당의 비대화를 막아 왕권을 강화하고자 하였다.

30 조선시대의 군역제도의 변화과정이 바르게 연결된 것은?

> ㉠ 보법제도   ㉡ 군적수포제
> ㉢ 속오군제도   ㉣ 대립제 등장

① ㉠ - ㉡ - ㉣ - ㉢
② ㉠ - ㉣ - ㉡ - ㉢
③ ㉠ - ㉣ - ㉢ - ㉡
④ ㉣ - ㉡ - ㉠ - ㉢

경제구조와 경제생활

1 고대의 경제

☞ 정답 및 해설 P.291

1 밑줄 친 '그'가 활동한 시기의 상황에 대한 설명으로 옳은 것은?

2016. 3. 19 사회복지직

> 그가 돌아와 흥덕왕을 찾아보고 말하기를 "중국에서는 널리 우리나라 사람을 노비로 삼으니, 청해진을 만들어 적으로 하여금 사람들을 약탈하지 못하도록 하기를 원하나이다."라고 하였다. … (중략) … 대왕은 그에게 군사 만 명을 거느리고 해상을 방비하게 하니, 그 후로는 해상으로 나간 사람들이 잡혀가는 일이 없었다.
>
> - 「삼국사기」 -

① 산동 반도와 양쯔 강 하류에 신라방과 신라소가 있었다.

② 삼한통보, 해동통보, 해동중보 등의 화폐가 주조되었다.

③ 시전을 설치하고, 개경·서경 등 대도시에 주점, 다점 등 관영 상점을 두었다.

④ 「농상집요」를 통해 이앙법이 남부지방에 보급될 정도로 논농사가 발전하였다.

2 통일신라시대 귀족경제의 변화를 말해주고 있는 밑줄 친 '이것'에 대한 설명으로 옳은 것은?

2014. 4. 19 안전행정부

> 전제왕권이 강화되면서 신문왕 9년(689)에 이것을 폐지하였다. 이를 대신하여 조(租)의 수취만을 허락하는 관료전이 주어졌고, 한편 일정한 양의 곡식이 세조(歲租)로서 또한 주어졌다. 그러나 경덕왕 16년(757)에 이르러 다시 이것이 부활되는 변화과정을 겪었다.

① 이것이 폐지되자 전국의 모든 국토는 '왕토(王土)'라는 사상이 새롭게 나오게 되었다.

② 수급자가 토지로부터 조(租)를 받을 뿐 아니라, 그 지역의 주민을 노역(勞役)에 동원할 수 있었다.

③ 삼국통일 이후 국가에 큰 공을 세운 육두품 신분의 사람들에게 특별히 지급하였다.

④ 촌락에 거주하는 양인농민인 백정이 공동으로 경작하였다.

3 밑줄 친 ⊙~@에 대한 설명으로 옳은 것은?

2012. 5. 12 상반기 지방직

> • 문무왕 8년(668) 김유신에게 태대각간의 관등을 내리고 ⊙식읍 500호를 주었다.
> • 신문왕 7년(687) 문무 관리들에게 ⓛ관료전을 차등 있게 주었다.
> • 신문왕 9년(689) 내외 관료의 ⓒ녹읍을 혁파하고 매년 조(租)를 주었다.
> • 성덕왕 21년(722) 처음으로 백성에게 @정전을 지급하였다.

① ⊙ – 조세를 수취하고 노동력을 징발할 권리를 부여하였다.
② ⓛ – 하급관료와 군인의 유가족에게 지급하였다.
③ ⓒ – 전쟁에서 큰 공을 세운 사람에게 공로의 대가로 지급하였다.
④ @ – 왕권이 약화되는 배경이 되었다.

4 다음의 역사적 사실을 통한 추론으로 가장 적절한 것은?

2007. 4. 14 중앙인사위원회

> • 신문왕 7년(687) 5월에 문무 관료전을 지급하되 차등을 두었다.
> • 신문왕 9년(689) 1월에 내외관의 녹읍을 혁파하고 매년 조를 내리되 차등이 있게 하여 이로써 영원한 법식을 삼았다.
> • 경덕왕 16년(757) 3월에 여러 내외관의 월봉을 없애고 다시 녹읍을 나누어 주었다.

① 왕권의 전제화가 계속 진행되었다.
② 귀족의 경제력이 점차 약화되었다.
③ 국왕과 귀족 사이의 권력 갈등이 있었다.
④ 국가의 농민에 대한 지배권이 강화되었다.

5 다음 중 삼국시대 농업에 대한 설명으로 옳지 않은 것은?

2007. 7. 8 서울특별시

① 농민은 자영농민이 늘어나면서 자기 소유의 땅을 경작하거나 귀족의 땅을 소작하였다.
② 거름을 주는 기술의 발달로 휴경지가 줄어들었다.
③ 6세기 무렵부터 소를 경작지에 이용하는 우경이 시작되었다.
④ 고리대업이 성행하였으며 고리대를 갚지 못하면 노비로 전락하기도 하였다.
⑤ 백성들은 삼베, 곡물 등을 관아에 징수하였다.

6 다음에서 설명하는 신라의 발전기반이 된 농업기술은 무엇인가?

> 국호를 신라로 바꾸고 왕의 칭호도 마립간에서 왕으로 바꾸었으며 대외적으로 우산국을 복속하였다. 이어 연통제도를 정비하고 율령반포가 이루어졌으며 금관가야를 정복하였다.

① 타조법 및 도조법이 시행되었다.
② 모내기법이 점차적으로 확산되었다.
③ 가축의 배설물 및 작물을 심은 뒤 갈아엎어 거름으로 사용하였다.
④ 철제 농기구의 사용과 소를 경작에 이용하는 우경이 확대되었다.

7 다음은 신라후기의 사회 · 경제상황에 대한 설명이다. 잘못된 것은?

① 촌락문서에 기록된 토지 중 가장 큰 비중을 차지한 것은 연수유답이다.
② 3년마다 각 촌락의 인구를 남녀별, 연령별로 세분하여 파악하였다.
③ 소와 말, 뽕나무, 잣나무, 호두나무 등도 상세하게 파악하였다.
④ 왕토사상에 따라 모든 토지의 소유권은 국가에 있었다.

8 다음 사료는 고구려시대 농민들의 삶의 일면을 나타내고 있다. 이와 같은 상황에서 실시되었던 정책으로 적절한 것은?

> 16년 10월 왕이 사냥을 나갔을 때 길거리에서 우는 사람이 있어서 왜 우냐고 물었더니 "신(臣)은 가난하여 품팔로 어머니를 봉양하는데 금년에는 곡식이 잘 되지 않아 품팔도 할 수 없고, 한 되, 한 말의 양식도 얻을 수 없어 웁니다." … (중략) ….
>
> － 「삼국사기」 －

① 궁핍한 백성에게 봄에 곡식을 빌려주고 가을에 갚게 하였다.
② 백성들을 징발하여 성곽과 도로를 보수하였다.
③ 민정문서를 작성하여 조세와 노동력 징발의 자료로 삼았다.
④ 특산물세를 쌀로 대신 내게 하고 군포도 경감하였다.

9 다음에 주어진 내용에 해당하는 성격의 토지는?

> • 매매는 물론 세습이 가능하였다.
> • 농민들이 소유하였으며 얼마 간의 세금을 내야 했다.

① 정전   ② 녹읍
③ 공음전   ④ 내장전

10 다음은 신라의 녹읍에 대한 내용이다. 이를 토대로 알 수 있는 사실이 아닌 것은?

> 녹읍은 관료에게 일정한 지역의 토지를 지급하는 데 있어 그 수조권뿐만 아니라 그 토지에 딸린 노동력과 공물을 모두 수취할 수 있는 것이다. 신문왕 9년에는 녹읍을 혁파하고 대신 매년 단순한 급료인 녹봉을 지급하였다.

① 녹읍의 부활은 귀족세력의 완강함을 말해준다.
② 관료는 녹읍에서 조세, 공물, 요역을 징발할 수 있었다.
③ 녹읍의 혁파는 귀족관료에 대한 억압책이다.
④ 녹읍이 부활된 시기는 신라하대이다.

11 신라사 연구의 중요한 자료인 신라장적(민정문서)에 대한 설명 중 옳은 것은?

① 5년마다 촌락의 노동력과 생산력을 지방관이 조사·기록하였다.
② 인구를 연령별로 6등급으로 조사·기록하였다.
③ 소백산맥 동쪽에 있는 중원경의 촌락 기록이다.
④ 천민집단 및 노비의 노동력은 기록하지 않았다.

12 통일신라시대의 설명으로 옳지 않은 것은?

① 민전의 수조율은 10분의 1이었다.
② 민정문서를 작성하였다.
③ 녹읍를 폐지하고 백성에게 정전을 지급하였다.
④ 국가의 토지지배력을 완화시켰다.

2 중세의 경제

☞ 정답 및 해설 P.292

1 다음은 고려시대 토지제도에 대한 설명이다. ㉠, ㉡에 들어갈 말을 바르게 나열한 것은?

2016. 3. 19 사회복지직

> 태조 23년에 처음으로 [㉠] 제도를 설정하였는데, 삼한을 통합할 때 조정의 관료들과 군사들에게 그 관계(官階)가 높고 낮은 지를 논하지 않고 그 사람의 성품과 행동이 착하고 악한 지, 공로가 크고 작은 지를 참작하여 [㉠]을 차등 있게 주었다. 경종 원년 11월에 비로소 직관(職官), 산관(散官) 각 품의 [㉡]을(를) 제정하였는데, 관품의 높고 낮은 것은 논하지 않고 다만 인품만 가지고 [㉡]의 등급을 결정하였다.
>
> — 「고려사」 —

	㉠	㉡
①	훈전	공음전
②	역분전	전시과
③	군인전	외역전
④	내장전	둔전

2 전시과 제도의 변천 과정을 나타낸 것이다. ⑺ 제도에 대한 〈보기〉의 설명으로 옳은 것만을 모두 고른 것은?

2016. 4. 9 인사혁신처

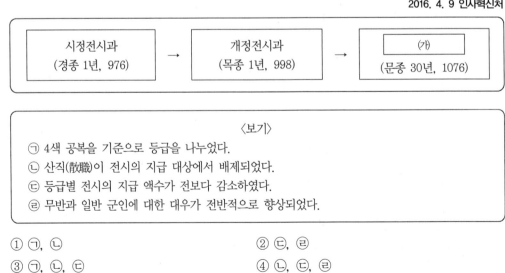

시정전시과 (경종 1년, 976)	→	개정전시과 (목종 1년, 998)	→	⑺ (문종 30년, 1076)

> 〈보기〉
> ㉠ 4색 공복을 기준으로 등급을 나누었다.
> ㉡ 산직(散職)이 전시의 지급 대상에서 배제되었다.
> ㉢ 등급별 전시의 지급 액수가 전보다 감소하였다.
> ㉣ 무반과 일반 군인에 대한 대우가 전반적으로 향상되었다.

① ㉠, ㉡
② ㉢, ㉣
③ ㉠, ㉡, ㉢
④ ㉡, ㉢, ㉣

3 고려의 농민을 위한 정책으로 옳지 않은 것은?

2015. 4. 18 인사혁신처

① 농민 자제의 과거를 위한 기금으로 광학보를 설치하였다.

② 개간지는 일정 기간 면세하여 줌으로써 농민의 부담을 경감해주었다.

③ 재해를 당했을 때에는 세금을 감면해 농민 생활의 안정을 꾀하였다.

④ 농번기에는 잡역 동원을 금지하여 농사에 지장을 주지 않으려 하였다.

4 다음과 같은 정책이 시행되었던 시대의 경제 상황에 대한 설명으로 옳은 것은?

2013. 7. 27 안전행정부

> • 해동통보를 비롯한 돈 15,000관을 주조하여 관리들에게 나누어 주었다.
> • 은 한 근으로 우리나라 지형을 본 딴 은병을 만들어 통용시켰는데, 민간에서는 이를 활구(闊口)라 불렀다.

① 공인이 상업 활동을 주도하였다.

② 시전 상인의 금난전권을 제한하였다.

③ 대도시에 주점, 다점 등의 관영 상점을 두었다.

④ 시장을 감독하는 관청으로 동시전을 설치하였다.

5 다음 자료를 통해 알 수 있는 내용으로 가장 적절한 것은?

2012. 4. 7 행정안전부

> • 삼사에서 말하기를 "지난 해 밀성 관내의 뇌산부곡 등 세 곳은 홍수로 논밭 작물이 피해를 보았으므로 청컨대 1년치 조세를 면제하십시오."라고 하니, 이를 따랐다.
> • 향·부곡·악공·잡류의 자손은 과거에 응시하는 것을 허락하지 않는다.
> • 익안폐현은 충주의 다인철소인데, 주민들이 몽고의 침입을 막는데 공이 있어 현으로 삼아 충주의 속현이 되었다.
>
> – 「고려사」 –

① 소의 주민은 주로 농사를 지었다.

② 부곡민은 조세를 부담하지 않았다.

③ 부곡민은 과거에 응시하여 관리가 될 수 있었다.

④ 소의 주민이 공을 세우면 소가 현으로 승격될 수 있었다.

6 고려시대 토지제도에 대한 설명이다. ㉠, ㉡에 들어갈 말이 바르게 짝지어진 것은?

2012. 9. 22 하반기 지방직

> 5품 이상 관리의 자손이 공음전시를 받을 수 있었던 것에 대응하여 6품 이하 관리의 자손에게는 (㉠)을 지급하였다. 그리고 자손이 없는 하급관리와 군인 유가족에게는 (㉡)을 지급하여 생활 대책을 마련해 주었다.

	㉠	㉡			㉠	㉡
①	휼양전	한인전		②	군인전	수신전
③	구분전	한인전		④	한인전	구분전

7 고려시대의 경제생활에 대한 설명으로 옳은 것은?

2010. 5. 22 상반기 지방직

① 대외무역에서 가장 큰 비중을 차지한 것은 당과의 무역이었다.
② 밭농사에는 2년 3작의 윤작법이 전기부터 일반화되었다.
③ 조세, 공물, 부역 등을 부과하기 위해서 그 근거가 되는 양안과 호적을 작성하였다.
④ 일본에서 수입된 주요 품목으로는 수은, 향료, 산호 등이 있다.

8 고려시대의 경제활동에 대한 설명으로 옳지 않은 것은?

2010. 4. 10 행정안전부

① 전기에는 관청 수공업과 소 수공업 중심으로 발달하였다.
② 상업은 촌락을 중심으로 발달하였다.
③ 대외 무역에서 가장 큰 비중을 차지한 것은 송과의 무역이었다.
④ 사원에서는 베, 모시, 기와, 술, 소금 등의 품질 좋은 제품을 생산하였다.

9 고려시대의 토지 제도에 대한 설명으로 옳은 것은?

① 개정전시과의 과등(科等 : 등급)별 토지 지급 액수는 시정전시과의 그것보다 많았다.
② 하급 관료와 군인의 유가족에게는 한인전을 지급하여 생활 대책을 마련해 주었다.
③ 민전은 매매, 상속, 증여가 가능한 사유지로서 양반은 물론 백정도 소유할 수 있었다.
④ 후삼국 통일 후 태조는 통일 과정에서 공을 세운 사람들에게 구분전이란 토지를 나누어 주었다.

10 다음 중 고려와 조선시대의 토지제도에 대한 설명으로 옳은 것은?

① 전시과에서 지급된 과전은 토지의 수조권만을 지급한 것이다.
② 공음전은 신진사대부의 경제적 기반이 된 토지로 논공하여 지급하였다.
③ 수신전 · 휼양전 등의 토지는 원칙적으로 세습이 불가능하였다.
④ 과전법은 관품과 인품을 고려하여 전지와 시지를 차등있게 지급하였다.

11 다음 중 고려 경제에 대한 설명으로 옳은 것은?

① 논농사에서는 이앙법이 널리 보급되었다.
② 주인이 없는 진전을 개간할 경우 소유자는 국가가 되었다.
③ 자급자족의 농업경제체제로 상공업과 수공업의 발달이 부진하였다.
④ 건원중보가 주조되어 널리 유통되었다.

12 고려의 농업기술에 대한 설명으로 옳지 않은 것은?

① 2년 3작의 윤작법이 보급되었다.
② 원에서 목화가 전래되었다.
③ 시비법이 발달하였다.
④ 우리 실정에 맞는 농업서적으로 농상집요가 편찬되었다.

13 다음 중 고려시대의 경제생활로 옳지 않은 것은?

① 재해시에는 농민들의 조세를 감면해 주었다.
② 상공업은 관영중심체제로 운영되었다.
③ 특수행정구역인 향, 부곡은 수공업을 전담하였다.
④ 외역전(外役田)은 향리에게 지급한 토지이다.

14 다음 중 고려시대 토지제도에 대한 설명으로 옳지 않은 것은?

① 5품 이상의 관료에게는 공음전을 하사하였다.
② 사망할 경우 토지를 국가에 반납해야 한다.
③ 수조권 및 공납, 부역까지 징발할 수 있는 권리를 주었다.
④ 군인 및 하급관리의 유가족에게 구분전을 주었다.

15 고려시대의 토지제도의 변화를 순서대로 나열하면?

> ㉠ 대소공로와 인품을 고려하여 토지를 차등적으로 지급하였다.
> ㉡ 현직 관리를 대상으로 토지를 지급하였다.
> ㉢ 전·현직 관리를 대상으로 관품과 함께 인품을 반영하여 차등있게 지급하였다.
> ㉣ 전·현직 관리를 대상으로 관직만을 고려하여 차등있게 지급하였다.

① ㉠ – ㉡ – ㉢ – ㉣
② ㉠ – ㉢ – ㉣ – ㉡
③ ㉢ – ㉠ – ㉡ – ㉣
④ ㉢ – ㉠ – ㉣ – ㉡

16 다음은 고려시대 여러 정책들이다. 이에 대한 각각의 해석으로 옳지 않은 것은?

> ㉠ 황무지를 개간하거나, 갈지 않고 버려둔 진전을 새로 경작하는 경우 일정 기간 면세해 주었다.
> ㉡ 농민들에게는 토지에서 거두는 조세, 집집마다 토산물을 거두는 공물, 장정의 수에 따른 역 등이 부과되었다.
> ㉢ 부모의 유산은 자녀에게 골고루 분배되었으며 태어난 차례대로 호적을 기재하였다.
> ㉣ 개경과 서경 및 각 12목에 상평창을 두었으며, 평시에 곡물을 비치하였다가 흉년에 빈민을 구제하는 의창도 두었다.

① ㉠ – 문벌귀족들의 토지소유를 확대하는 데 목적이 있었다.
② ㉡ – 국가재정의 안정적인 확보를 위해 시행된 것이다.
③ ㉢ – 가족 내에서 여성의 지위가 높았음을 의미한다.
④ ㉣ – 물가와 농민생활의 안정을 위한 정책이다.

17 고려 토지제도의 변천과정을 시대순으로 바르게 나열한 것은?

> ㉠ 관직의 고하와 인품에 따라 수조권을 지급하였다.
> ㉡ 관직에 따라 전·현직자에게 토지의 수조권을 지급하였다.
> ㉢ 후삼국을 통일하는 데 공을 세운 공적에 따라 역분전을 지급하였다.
> ㉣ 문무 현직자에게 관등에 따라 수조권을 지급하였다.

① ㉠ - ㉡ - ㉢ - ㉣   ② ㉡ - ㉠ - ㉣ - ㉢

③ ㉡ - ㉢ - ㉣ - ㉠   ④ ㉢ - ㉠ - ㉡ - ㉣

18 다음 중 고려시대의 수취체제에 대한 설명으로 옳지 않은 것은?

① 세금을 걷기 위해서 호적을 작성하고 토지를 조사하였다.
② 공물은 집집마다 토산물을 거두는데 조세보다 부담이 적다.
③ 16세에서 60세까지의 남자를 정남이라 하여 역의 의무를 지게 하였다.
④ 민전의 조세율은 수확의 10분의 1이 원칙이었다.

19 다음 중 고려시대에 발달한 농업기술이 아닌 것은?

① 2년 3작의 윤작법 보급
② 우경에 의한 깊이갈이(심경법)의 일반화
③ 가축의 뒷거름을 이용한 비료의 보급
④ 씨앗의 저장법, 모내기법의 보급

20 고려시대 전시과체제하에서 토지와 관련된 내용으로 옳은 것은?

① 부친이 5품의 관리인 甲은 과거급제 후 국가로부터 한인전을 지급받았다.
② 농민인 乙은 자기 소유의 토지를 경작한 후 국가에 생산량의 10분의 1을 세로 바쳤다.
③ 6품 관리였던 부친 사망 후 丙은 부친의 수조지를 그대로 구분전으로 지급받았다.
④ 음서를 통하여 관직에 진출한 丁은 상속받은 모든 토지를 국가에 반납해야 한다.

☞ 정답 및 해설 P.294

3 근세의 경제

1 밑줄 친 '이 법'에 대한 설명으로 옳지 않은 것은?

> 현물로 바칠 벌꿀 한 말의 값은 본래 목면 3필이지만, 모리배들은 이를 먼저 대납하고 4필 이상을 거두어 갑니다. 이런 폐단을 없애기 위해 이 법을 시행하면 부유한 양반 지주가 원망하고 시행하지 않으면 가난한 농민이 원망한다는데, 농민의 원망이 훨씬 더 큽니다. 경기와 강원에서 이미 시행하고 있으니 충청과 호남 지역에도 하루빨리 시행해야 합니다.

① 토지 결수를 과세 기준으로 삼았다.
② 인조 때 처음으로 경기도에서 시행하였다.
③ 이 법이 시행된 후에도 왕실에 대한 진상은 계속되었다.
④ 이 법을 시행하면서 관할 관청으로 선혜청을 설치하였다.

2 밑줄 친 '이 제도'의 시행 결과로 옳은 것은?

2013. 8. 24 제1회 지방직

> 이 제도가 처음 경기도에서 실시되자 토호와 방납인들은 그동안 얻었던 이익을 모두 잃게 되었다. 그래서 온갖 수단을 다 동원하여 왕에게 폐지할 것을 건의했으나, 백성들이 이 제도가 편리하다고 하였기 때문에 계속 실시하기로 하였다.
>
> ─「열조통기」─

① 전국의 농민이 공납을 현물로 납부하게 되었다.
② 전세가 풍흉에 관계없이 토지 1결당 미곡 4두로 정해졌다.
③ 공인이 활약하여 수공업이 활기를 띠고 상품 수요가 증가하였다.
④ 호(戶)를 기준으로 하였기 때문에 농민의 세금 부담이 줄어들었다.

3 다음 글은 다산 정약용이 당시 농민들의 실태를 지적한 것이다. 이 시기의 각 지역 호적대장에서 급 증하는 호구는?

2012. 4. 7 행정안전부

> 지금 호남의 백성들을 볼 때 대략 100호가 있다고 한다면, 그 중 다른 사람에게 토지를 빌려 주고 지대를 받는 자는 불과 5호에 지나지 않고, 자기 토지로 농사짓는 자는 25호이며, 타인 의 토지를 빌려 지으면서 지대를 바치는 자가 70호나 된다.

① 양반호   ② 상민호
③ 노비호   ④ 양반호, 상민호

4 다음과 같은 상황을 극복하기 위해 조선 정부가 시행한 정책으로 가장 적절한 것은?

2012. 4. 7 행정안전부

> 임진왜란과 병자호란을 거치면서 농촌 사회는 심각하게 파괴되었다. 수많은 농민이 전란 중에 사망하거나 피난을 가고 경작지는 황폐화되었다. 그러나 농민의 조세부담은 줄어들지 않았다. 양난 이후 조선 정부의 가장 큰 어려움은 농경지의 황폐와 전세 제도의 문란이었다.

① 양전 사업 실시   ② 군적수포제 실시
③ 연분 9등법 실시   ④ 오가작통제 실시

5 다음 조선전기의 토지제도에 대한 설명으로 옳지 않은 것은?

2012. 5. 12 상반기 지방직

> (가) 지방 관청에서 그 해의 생산량을 조사하고 조(租)를 거두어 관리에게 나누어 주었다.
> (나) 국가 재정과 관직에 진출한 신진 사대부의 경제적 기반을 확보하기 위해 만들었다.
> (다) 과전의 세습 등으로 관료에게 지급할 토지가 부족해지자 현직 관리에게만 토지를 지급하였다.

① (가)가 실시되어 국가의 토지 지배권이 한층 강화되었다.
② (나)에서 사전은 처음에 경기지방에 한정하여 지급하였다.
③ (다)가 폐지됨에 따라 지주전호제 관행이 줄어들었다.
④ 시기 순으로 (나), (다), (가)의 순서로 실시되었다.

6 조선시대 시전에 대한 설명으로 옳은 것은?

2012. 5. 12 상반기 지방직

① 신해통공으로 육의전의 금난전권이 폐지되었다.
② 경시서를 두어 시전과 지방의 장시를 통제하였다.
③ 시전은 보부상을 관장하여 독점판매의 혜택을 오래 누렸다.
④ 국역의 형태로 궁중과 관청에 필요한 물품을 조달할 의무가 있었다.

7 다음의 폐단을 시정하기 위해 실시한 제도에 대한 설명으로 옳지 않은 것은?

2012. 9. 22 하반기 지방직

> 나라의 100여 년에 걸친 고질 병폐로서 가장 심한 것은 양역이다. 호포니 구전이니 유포니 결포니 하는 주장들이 분분하게 나왔으나 적당히 따를 만한 것이 없다. 백성은 날로 곤란해지고 폐해는 갈수록 더욱 심해지니, … (중략) … 이웃의 이웃이 견책을 당하고 친척의 친척이 징수를 당하고, 황구는 젖 밑에서 군정으로 편성되고 백골은 지하에서 징수를 당하며 … (후략) …

① 양반들도 군역을 지는 것으로 개선하였다.
② 군역 부담자의 군포 부담을 1필로 정하였다.
③ 균역청에서 관리하다가 선혜청이 통합하여 관리하였다.
④ 평안도와 함경도를 제외한 6도의 토지 1결당 쌀 2두씩을 부과하였다.

8 다음 제시문의 수취제도가 만들어질 당시의 농업 발달 특징으로 옳은 것을 모두 고르면?

2011. 4. 9 행정안전부

> 각 도의 수전(水田), 한전(旱田)의 소출 다소를 자세히 알 수가 없으니, 공법(貢法)에서의 수세액을 규정하기가 어렵습니다. 지금부터는 전척(田尺)으로 측량한 매 1결에 대하여, 상상(上上)의 수전에는 몇 석을 파종하고 한전에서는 무슨 곡종 몇 두를 파종하여, 상상년에는 수전은 몇 석, 한전은 몇 두를 수확하며, 하하년에는 수전은 몇 석, 한전은 몇 석을 수확하는지, … (중략) … 각 관의 관둔전에서도 과거 5년간의 파종 및 수확의 다소를 위와 같이 조사하여 보고하도록 합니다.

> ㉠ 쌀의 수요가 늘면서 밭을 논으로 바꾸는 현상이 활발하였다.
> ㉡ 신속은 「농가집성」을 펴내 벼농사 중심의 농법을 소개하였다.
> ㉢ 남부지방에서 모내기가 보급되어 일부 지역은 벼와 보리의 이모작이 가능해졌다.
> ㉣ 시비법의 발달로 경작지를 묵히지 않고 계속 농사지을 수 있게 되었다.

① ㉠㉡   ② ㉡㉢
③ ㉢㉣   ④ ㉠㉢㉣

9 다음 제도가 시행된 이후 나타난 변화로 옳지 않은 것은?

2011. 4. 9 행정안전부

> 각 도의 공물은 이제 미포(米布)로 상납한다. 공인으로 삼은 사람에게 그 가격을 넉넉히 계산해 주어 관청 수요에 미리 준비하게 한다. 그러나 본래 정해진 공물 그대로를 상납하는 이는 제때 내야 한다.

① 공물을 각종 현물 대신 쌀·베·동전으로 징수하였다.
② 각 고을에서 가호(家戶)를 기준으로 공물을 부과하였다.
③ 토지가 없거나 적은 농민은 공물 부담이 경감되었다.
④ 물품의 수요와 공급이 증가하면서 상품화폐경제가 발전하였다.

10 조선후기의 경제활동에 대한 설명으로 옳지 않은 것은?

2011. 5. 14 상반기 지방직

① 대동법의 시행으로 공물 납부는 모두 쌀을 납부하는 것으로 바뀌었다.
② 영정법을 제정하여 풍흉에 관계없이 토지 1결당 전세를 고정하였다.
③ 사상의 활동은 개성, 평양, 의주, 동래 등 지방도시에서도 활발하였다.
④ 덕대가 노동자를 고용하여 광산을 개발하기도 하였다.

11 (가), (나)와 관련된 제도에 대해 적절하게 설명한 것은?

2011. 3. 12 법원행정처

> (가) "토지 1결마다 2번에 걸쳐 8두씩 거두어 본청에 수납하고, 본청은 그 때의 물가 시세를 보아 쌀로써 공인에게 지급하여 수시로 물건을 납부하게 하소서."라고 하니, 임금(광해군)이 이에 따랐다.
>
> (나) 감면한 것을 계산하면 모두 50여 만 필에 이른다. 돈으로 계산하면 1백여 만 냥이다. 부족한 부분은 어세, 염세, 선세와 선무군관에게 받은 것, 은여결에서 받아들이는 것으로 충당하였는데, 모두 합하면 십 수만 냥이다.

① (가) – 전세를 정액화하였다.
② (가) – 공인의 활동으로 상품 화폐 경제가 한층 발전하였다.
③ (나) – 공납을 전세화한 것이다.
④ (나) – 양반과 노비도 군포를 납부하게 되었다.

12 ㉠~㉣과 관련된 사실로 옳지 않은 것은?

> 조선전기에 농업에서는 유교적 민본주의를 바탕으로 ㉠농서의 편찬과 보급, ㉡수리 시설의 확충 등 안정된 농업 조건을 만들기 위한 권농 정책이 추진되었다. 상공업에서는 ㉢시전의 설치, ㉣관영 수공업의 정비 등을 통하여 국가에서 필요로 하는 물품을 안정적으로 조달할 수 있는 체계를 만들었다.

① ㉠ – 「농가집성」의 간행   ② ㉡ – 저수지 다수 축조

③ ㉢ – 관청 필수품 공급   ④ ㉣ – 수공업자의 공장안 등록

13 다음 토지 및 조세제도에 관한 내용을 시기 순으로 바르게 나열한 것은?

> ㉠ 풍흉에 관계없이 전세를 토지 1결당 미곡 4두로 고정시켰다.
> ㉡ 토지 비옥도와 풍흉의 정도에 따라 조세 액수를 1결당 최고 20두에서 최하 4두로 하였다.
> ㉢ 토지의 지급 대상을 현직 관리로 한정하였다.
> ㉣ 관료들을 18과로 나누어 최고 150결에서 최하 10결의 과전을 지급하였다.

① ㉡ – ㉢ – ㉣ – ㉠

② ㉡ – ㉣ – ㉠ – ㉢

③ ㉣ – ㉠ – ㉡ – ㉢

④ ㉣ – ㉡ – ㉢ – ㉠

14 다음 중 조선초기에 대한 설명으로 옳은 것은?

① 16세기 때 시전상인의 독점권에 불만이 나타났다.

② 16세기 방납의 폐단은 상업 발전의 방증이다.

③ 중국과 사무역은 일체 허용되지 않았다.

④ 장인들은 관청에만 등록되어 사적으로 전혀 물건을 못 팔았다.

15 다음 중 조선시대의 농민에 대한 설명으로 옳지 않은 것은?

① 대를 이어가며 한 곳에서 자급자족적 생활을 하였다.
② 국가에 대한 전세, 공물, 역의 의무를 부담하였다.
③ 호패법에 의해 거주이전의 자유를 보장받았다.
④ 대다수는 자영농이거나 소작농이었다.

16 조선시대 다음과 같은 정책을 시행한 근본목적은?

- 흉년에 조세를 감면해 주었다.
- 오가작통법, 호패법제도를 실시하였다.
- 의창, 상평창에서 환곡제를 시행하였다.
- 농번기에 농민을 잡역에 동원하지 못하게 하였다.

① 토지로부터 농민이 이탈하는 것을 방지하고자 하였다.
② 국방에 필요한 인적자원을 확보하고자 하였다.
③ 양반지주들의 농민수탈을 방지하고자 하였다.
④ 농민들의 삶의 질을 근본적으로 향상시키고자 하였다.

17 조선시대에 다음과 같은 제도의 시행이나 노력들이 공통적으로 의도하는 바는?

- 오가작통법을 시행하였다.
- 신분에 관계없이 남자들에게 호패를 패용하도록 하였다.
- 춘대추납에 의하여 빈민을 구제하는 환곡제를 시행하였다.
- 구황촬요 등을 편찬하여 만약의 사태에 대비하도록 하였다.

① 민본적인 왕도정치의 실현을 목적으로 하였다.
② 토지로부터 농민들이 이탈하는 것을 막으려 하였다.
③ 성리학적 정치이념을 보다 널리 보급하려 하였다.
④ 국가의 재정을 확충하려는 노력으로 볼 수 있다.

18 조선왕조의 군역제의 변화에 대한 다음 설명 중 바르게 된 것은?

① 선무군관제는 양반을 군관으로 편성하고 군포를 받는 것이다.
② 16세기에 들어와서는 직접적인 군역 대신 군포를 내는 현상이 일반화되었다.
③ 양인 장정은 조선초기부터 매년 2필의 군포를 내었다.
④ 균역법의 실시로 군역을 회피하는 현상이 수습되었다.

19 조선초기의 수공업에 대한 설명으로 옳지 않은 것은?

① 국가에서는 적극적인 간섭보다는 자율적인 발전을 권장하는 입장이었다.
② 전국 관청에는 6,500여 명의 장인들이 소속되어 분업적으로 물품을 제조하였다.
③ 국역이 끝나면 자율활동이 허용되어 여러 가지 생활필수품을 제조판매하였다.
④ 전국의 장인들을 전국의 관청에 소속시켜 일정기간 국가가 필요로 하는 물품을 제조하게
하였다.

20 조선초기 토지제도의 실상에 대한 설명으로 옳은 것은?

① 과전법의 성립으로 인하여 관리가 받는 과전의 세습화가 근절되었다.
② 토지국유제 원칙의 적용으로 토지의 사유화가 인정되지 않았다.
③ 관리에게는 작농지와 연료채취지가 함께 지급되었다.
④ 관리층의 수조권적 토지지배가 점차로 약화되어 갔다.

21 다음은 고려말, 조선시대의 토지제도에 관한 내용들이다. 실시된 순서대로 바르게 배열된 것은?

> ㉠ 신진사대부의 경제기반을 확보해 주었다.
> ㉡ 직전법을 폐지하고 관리들에게는 녹봉만을 지급하였다.
> ㉢ 현직관리에게만 토지를 지급하는 제도를 실시하였다.
> ㉣ 국가의 토지지배권을 강화하기 위하여 관수관급제를 실시하였다.

① ㉠ – ㉡ – ㉢ – ㉣   ② ㉠ – ㉢ – ㉣ – ㉡
③ ㉡ – ㉣ – ㉢ – ㉠   ④ ㉢ – ㉠ – ㉣ – ㉡

22 조선시대의 토지제도에 대한 설명으로 적절하지 못한 것은?

① 과전은 원래 일반농민이 소유하고 있던 민전을 국가가 징세의 대상으로 파악한 공전이었다.
② 과전은 경기지방의 토지에 한하여 지급되었으며, 받은 사람이 죽으면 국가에 반납되었다.
③ 과전은 수신전이나 휼양전의 이름으로 세습되어 신진관료에게 줄 토지가 부족하게 되었다.
④ 15세기 후반 과전법을 폐지하고 현직관료에게만 토지를 지급하는 직전법이 실시되었다.

23 조선초기의 상공업을 가장 잘 설명한 것은?

① 화폐경제의 발달에 따라 사치와 낭비풍조가 조장되기도 하였다.
② 밀무역의 지나친 성행으로 국가주도의 상공업은 쇠퇴하였다.
③ 자유상공업과 국가주도의 상공업이 모두 번창하였다.
④ 자유상공업은 억제되고 국가주도의 상공업은 비교적 번창하였다.

24 조선초기 전세의 개편에 대한 설명 중 옳은 것은?

① 세율은 낮아졌으나 병작농에게는 별 혜택이 없었다.
② 효종 때 1결에 16두로 전세를 개정하였다.
③ 연분 9등법을 폐지하고 양척을 구분하였다.
④ 공납의 폐단을 없애기 위해 영정법을 실시하였다.

☞ 정답 및 해설 P.296

1   다음에서 설명하는 밑줄 친 '청(廳)'에 해당하는 것은?

2015. 6. 27 제1회 지방직

> 영의정 이원익이 의논하기를, "각 고을에서 진상하는 공물이 각 사의 방납인들에 의해 중간에
> 서 막혀 물건 하나의 가격이 몇 배 또는 몇십 배, 몇백 배가 되어 그 폐단이 이미 고질화되었
> 는데, 기전(畿甸)의 경우는 더욱 심합니다. 그러니 지금 마땅히 별도로 하나의 <u>청(廳)</u>을 설치
> 하여 매년 봄가을에 백성들에게서 쌀을 거두되, 1결당 매번 8말씩 거두어 본청(廳)에 보내면
> 본청에서는 당시의 물가를 보아 가격을 넉넉하게 헤아려 정해 거두어들인 쌀로 방납인에게 주
> 어 필요한 때에 사들이도록 함으로써 간사한 꾀를 써 물가가 오르게 하는 길을 끊으셔야 합니
> 다. … (후략) …"

① 어영청   ② 상평청

③ 선혜청   ④ 균역청

2   다음의 자료에 보이는 시기의 경제 동향에 대한 설명으로 옳지 않은 것은?

2015. 4. 18 인사혁신처

> 배에 물건을 싣고 오가면서 장사하는 장사꾼은 반드시 강과 바다가 이어지는 곳에서 이득을
> 얻는다. 전라도 나주의 영산포, 영광의 법성포, 흥덕의 사진포, 전주의 사탄은 비록 작은 강이
> 나 모두 바닷물이 통하므로 장삿배가 모인다. … (중략) … 그리하여 큰 배와 작은 배가 밤낮
> 으로 포구에 줄을 서고 있다.
>
> － 「비변사등록」 －

① 강경, 원산 등이 상업 중심지로 성장하였다.

② 선상은 선박을 이용해서 각 지방의 물품을 거래하였다.

③ 객주나 여각은 상품의 매매를 중개하고, 숙박, 금융 등의 영업도 하였다.

④ 상업 활동이 활발해지면서 삼한통보 등의 동전을 만들어 유통하였다.

3 조선 후기 대외무역에 대한 설명으로 옳지 않은 것은?

2015. 3. 14 사회복지직

① 동래의 내상은 일본과의 사무역을 통해 거상으로 성장하기도 하였다.

② 경강상인은 중강후시나 책문후시를 통해 청과의 사무역에 종사하였다.

③ 17세기 이후 일본과의 관계가 정상화되면서 대일 무역이 활발하게 전개되었다.

④ 청에서 수입하는 물품은 비단, 약재, 문방구 등이었고, 청으로 수출하는 물품은 은, 종이, 무명, 인삼 등이었다.

4 (개) 시기에 볼 수 있는 장면으로 적절한 것은?

2014. 6. 21 제1회 지방직

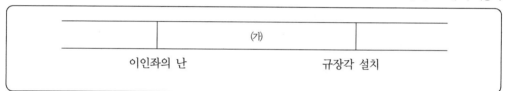

① 당백전으로 물건을 사는 농민

② 금난전권 폐지를 반기는 상인

③ 전(錢)으로 결작을 납부하는 지주

④ 경기도에 대동법 실시를 명하는 국왕

5 다음 자료가 등장하는 시기에 나타난 경제적 변화에 대한 설명 중 옳지 않은 것은?

2013. 9. 7 서울특별시

> "이앙(移秧)을 하는 것은 세 가지 이유다. 김매기 노력을 더는 것이 첫째요, 두 땅의 힘으로 모 하나를 서로 기르는 것이 둘째며, 좋지 않은 것은 솎아내고 싱싱하고 튼튼한 것을 고를 수 있는 것이 셋째다."

① 모내기법이 확산되어 벼와 보리의 이모작이 가능해졌고, 노동력이 크게 절감될 수 있었다.

② 일부 농민은 인삼, 담배, 채소, 면화 등과 같은 상품 작물을 재배해 높은 수익을 올렸다.

③ 지주에 대한 지대 납부 방식이 타조법에서 도조법으로 바뀌어 갔다.

④ 수공업에서 자금과 원자재를 미리 받아 제품을 만드는 선대제가 활발해졌다.

⑤ 교환경제의 발전은 해동통보를 비롯한 여러 화폐의 사용을 확산시켰다.

6 임진왜란 이후 시행된 경제정책에 대한 설명으로 옳지 <u>않은</u> 것은?

2010. 5. 22 상반기 지방직

① 풍흉에 관계없이 전세를 토지 1결당 미곡 4~6두로 고정시켰다.
② 군포를 연간 1필로 줄이면서 지주에게 토지 1결당 미곡 2두의 결작을 부담시켰다.
③ 공납제의 폐해를 줄이기 위하여 공물 대신 미곡·면포·화폐를 받았다.
④ 세습으로 인한 과전의 부족 문제를 해결하기 위해 현직 관리에게만 수조권을 지급하였다.

7 다음에서 설명하는 제도가 시행되었던 왕대의 상황에 대한 설명으로 옳은 것은?

2009. 4. 11 행정안전부

> 양인들의 군역에 대한 절목 등을 검토하고 유생의 의견을 들었으며, 개선 방향에 관한 면밀한 검토를 거친 후 담당 관청을 설치하고 본격적으로 시행하였다. 핵심 내용은 1년에 백성이 부담하는 군포 2필을 1필로 줄이는 것이었다.

① 증보문헌비고가 편찬, 간행되었다.
② 노론의 핵심 인물이 대거 처형당하였다.
③ 통공정책을 써서 금난전권을 폐지하였다.
④ 청계천을 준설하여 도시를 재정비하고자 하였다.

8 조선후기(17~19세기)의 상공업 발달에 대한 설명으로 옳지 <u>않은</u> 것은?

2008. 5. 24 상반기 지방직

① 인구의 자연 증가와 인구의 도시 유입으로 상품화폐 경제의 진전이 보다 촉진되었다.
② 물산이 모이는 포구에서의 상거래는 장시에서의 상거래보다 규모가 컸다.
③ 선대제가 성행하면서 상인들이 수공업자들에게 예속되었다.
④ 의주의 중강과 봉황의 책문 등 국경을 중심으로 관무역과 사무역이 이루어졌다.

9 조선후기의 경제 상황에 대한 설명으로 옳은 것은?

① 벼농사가 더욱 확대되어 각종 상품 작물의 재배가 위축되었다.
② 경영형 부농이 나타난 반면, 영세농의 이농 현상이 촉진되었다.
③ 소작농의 지대(地代)가 도조법에서 타조법으로 바뀌었다.
④ 서민 지주가 크게 성장하여 양반 관료들의 토지 집적 현상이 완화되었다.

10 다음 중 조선후기에 실시된 수취체제에 대한 설명으로 옳은 것은?

① 대동법의 실시 후 상품화폐경제가 발달하였다.
② 균역법은 농민 1인당 군포 2필로 하였다.
③ 대동법은 토지 1결당 미곡 14두로 하였다.
④ 영정법은 토지 1결당 미곡 2두로 하였다.

11 조선후기 상품 화폐 경제의 발달에 대한 설명으로 옳지 않은 것은?

① 경강상인은 한강을 이용하여 운수와 조선을 통해 미곡, 소금 등을 조달하였다.
② 장시에는 보부상이 주로 생활필수품을 조달하였다.
③ 청으로부터 수입한 것은 은, 구리, 황, 후추 등이다.
④ 조선은 청과 일본 사이에서 중계무역을 실시하였다.

12 조선후기의 경제상황에 대한 설명으로 옳지 않은 것은?

① 물주의 지원 아래 광산전문경영인인 덕대가 광물을 채굴하며 광산을 운영하였다.
② 정부의 재정확보책으로 주조되었던 상평통보가 활발히 유통되었다.
③ 시전상인의 독점판매권은 더욱 강화되었다.
④ 장시가 전국적 유통망을 형성하는 상업의 중심지로 발달하였다.

13 조선후기의 경제상황에 대한 설명으로 옳지 않은 것은?

① 보부상은 공인농촌의 장시를 하나의 유통망으로 연계시켰다.
② 마산에서 열린 장시인 마산포장은 상업의 중심지로 성장하였다.
③ 객주, 여각에서 상품매매의 중개가 이루어졌으며 개항초기 상품위탁판매자로 대두하여 신흥자본계급으로 성장하였다.
④ 시전상인들이 도성까지 진출하여 새로운 상업의 거점이 나타나기 시작하였다.

14 조선시대 수취제도의 개편에 대한 설명으로 옳은 것은?

① 균역법이 실시되면서 군포를 1년에 2필 납부하였다.
② 영정법의 시행으로 농민의 전세율이 증가하였다.
③ 대동법의 시행은 상품경제 발전의 계기가 되었다.
④ 대동법은 양반 지주의 지원으로 전국에서 동시에 실시되었다.

15 다음과 같은 현상이 나타나게 된 배경은?

> 근래 소민이 견디기 힘든 폐단은 도고입니다. 도고라는 것은 물화를 모두 모아 그 이익을 특정하는 것으로 백 가지 물품이 다 한 곳으로 귀속되니 다른 사람은 손을 쓸 수가 없습니다.

① 호패법과 오가작통제가 강화되었다.
② 군역이 균역법으로 바뀌었다.
③ 공납이 대동법으로 바뀌었다.
④ 수령과 향리 중심의 향촌지배체제가 나타났다.

16 조선후기 과세제도의 변천과 관련한 내용으로 옳은 것은?

① 균역법은 군포 부담을 줄여준 것으로 양반에게도 유리한 제도였다.
② 영정법은 토지가 없는 농민들에게 유리한 제도였다.
③ 대동법은 조세의 금납화를 가능하게 하여 상품화폐경제의 발달에 기여했다.
④ 대동법은 농민들에게는 도움을 주었으나 국가재정에는 파탄을 초래했다.

17 다음에 제시된 수취체제의 폐단을 극복하기 위해 시행된 정책으로 옳은 것은?

> 지방에서 토산물을 공물로 바칠 때 (중앙관청의 서리들이) 공납을 일체 막고 본래 값의 백 배가 되지 않으면 받지도 않습니다. 백성들이 견디지 못하여 세금을 못 내고 도망하는 자가 줄을 이었습니다.
>
> － 「조선실록」 －

① 농민들의 부담을 줄이기 위하여 방군수포제를 실시하였다.
② 농민들에게 대체로 토지 1결당 미곡 12두만 납부하게 하였다.
③ 연분 9등법을 실시하여 풍흉에 따라 차등있게 납부하게 하였다.
④ 방납인이 공물을 먼저 납부하고 그 대가를 농민에게 받게 하였다.

18 다음 중 조선후기 광작으로 인한 영향은?

① 선대제수공업   ② 어용상인의 등장
③ 임노동자 출현   ④ 사채 허용

19 다음 제도의 시행에 따른 영향은?

> 공납의 폐단을 막고 농민의 부담을 경감시키기 위해 농민 집집마다 토산물을 징수하였던 공물 납부방식을 토지의 면적에 따라 쌀과 베나 무명, 동전 등으로 납부하게 하였다.

① 군역이 전세화되었다.
② 공인의 등장으로 상품화폐경제가 발달하였다.
③ 별공과 진상이 폐지되었다.
④ 결작이 부과되었다.

20 다음은 조선후기의 경제적 변화인 바, 이를 통해 나타난 사회현상으로 옳은 것은?

> • 이앙법   • 견종법
> • 광작   • 상품작물의 재배
> • 도고의 성장   • 경영형 부농과 임노동자 출현

① 상민과 노비의 수가 증가하였다.
② 신분변동이 활발하였다.
③ 빈부의 격차가 줄어들었다.
④ 피지배층에 의해 권력구조가 개편되었다.

21 다음과 관련된 제도는?

> 민호(民戶)에 부과하던 토산물을 농토의 결 수에 따라 미곡, 포목, 전화(동전)로 납부하게 하였다.

① 영정법   ② 균역법
③ 대동법   ④ 호포법

22 다음의 결과가 바르게 짝지어진 것은?

> • 초기에 가뭄의 피해를 우려해 정부에서는 금압을 하였다.
> • 17세기 이후 전국적으로 보급되었다.

> ㉠ 광작 성행　　　　　　　　㉡ 도고의 발달
> ㉢ 지주전호제 완화　　　　　　㉣ 농민층의 분화 촉진

① ㉠㉡　　　　　　　　　　② ㉠㉣
③ ㉡㉢　　　　　　　　　　④ ㉢㉣

23 다음에 해당하는 조선상인은?

> • 운송업 종사　　　　• 한강 근거　　　　• 선박 건조 · 생산

① 만상　　　　　　　　② 내상
③ 경강상인　　　　　　④ 보부상

05 사회구조와 사회생활

1 고대의 사회

☞ 정답 및 해설 P.298

1 다음 자료에 나타난 통일신라시대의 신분층과 연관된 설명으로 옳은 것은?

2016. 4. 9 인사혁신처 시행

> (그들의) 집에는 녹(祿)이 끊이지 않았다. 노동(奴僮)이 3천 명이며, 비슷한 수의 갑병(甲兵)이 있다. 소, 말, 돼지는 바다 가운데 섬에서 기르다가 필요할 때 활로 쏘아 잡아먹는다. 곡식을 남에게 빌려 주어 늘리는데, 기간 안에 갚지 못하면 노비로 삼아 부린다.
>
> — 「신당서」 —

① 관등 승진의 상한은 아찬까지였다.
② 도당 유학생의 대부분을 차지하였다.
③ 돌무지덧널무덤을 묘제로 사용하였다.
④ 식읍·전장 등을 경제적 기반으로 하였다.

2 다음과 같은 문서가 작성되었던 시대에 대한 설명으로 옳지 않은 것은?

2016. 6. 18 제1회 지방직

> 토지는 논, 밭, 촌주위답, 내시령답 등 토지의 종류와 면적을 기록하고, 사람들은 인구, 가호, 노비의 수와 3년 동안의 사망, 이동 등 변동 내용을 기록하였다. 그 밖에 소와 말의 수, 뽕나무, 잣나무, 호두나무의 수까지 기록하였다.

① 관료에게는 관료전을, 백성에게는 정전을 지급하였다.
② 인구는 남녀 모두 연령에 따라 6등급으로 나누어 파악하였다.
③ 전국을 9주로 나누고, 주 아래에는 군이나 현을 두어 지방관을 파견하였다.
④ 국가에 봉사하는 대가로 관료에게 토지를 나누어 주는 전시과 제도를 운영하였다.

3 다음 자료에 나타난 시기에 대한 설명으로 옳은 것은?

2016. 6. 18 제1회 지방직

> 곳곳에서 도적이 벌 떼같이 일어났다. 이에, 원종, 애노 등이 사벌주(상주)에 의거하여 반란을 일으키니, 왕이 나마 벼슬의 영기에게 명하여 잡게 하였다.

① 지방에서는 호족 세력이 성장하였다.
② 신진 사대부가 대두하여 권문세족을 비판하였다.
③ 농민들은 전정, 군정, 환곡 등 삼정의 문란으로 고통을 받았다.
④ 봄에 곡식을 빌려 주었다가 가을에 추수한 것으로 갚게 하는 진대법을 실시하였다.

4 다음과 같은 풍속이 행해진 국가의 사회모습에 대한 설명으로 옳지 않은 것은?

2014. 4. 19 안전행정부

> 그 풍속에 혼인을 할 때 구두로 이미 정해지면 여자의 집에는 대옥(大屋) 뒤에 소옥(小屋)을 만드는데, 이를 서옥(婿屋)이라고 한다. 저녁에 사위가 여자의 집에 이르러 문밖에서 자신의 이름을 말하고 꿇어 앉아 절하면서 여자와 동숙하게 해줄 것을 애걸한다. 이렇게 두세 차례 하면 여자의 부모가 듣고는 소옥에 나아가 자게 한다. 그리고 옆에는 전백(錢帛)을 놓아둔다.
> ─ 「삼국지」 「동이전」 ─

① 고국천왕 사후, 왕비인 우씨와 왕의 동생인 산상왕과의 결합은 취수혼의 실례를 보여준다.
② 계루부 고씨의 왕위계승권이 확립된 이후 연나부 명림씨 출신의 왕비를 맞이하는 관례가 있었다.
③ 관나부인(貫那夫人)이 왕비를 모함하여 죽이려다가 도리어 자기가 질투죄로 사형을 받았다.
④ 김흠운의 딸을 왕비로 맞이하는 과정은 국왕이 중국식 혼인 제도를 수용했다는 사실을 알려주고 있다.

5 통일신라시대 민정문서(장적)에 대한 설명으로 옳지 않은 것은?

2014. 6. 21 제1회 지방직

① 인구, 가호, 노비 및 소와 말의 증감까지 매년 작성하였다.
② 토지에는 연수유전답, 촌주위답, 내시령답이 포함되어 있다.
③ 사람은 남녀로 나누고, 연령을 기준으로 하여 6등급으로 구분하였다.
④ 호(戶)는 상상호(上上戶)에서 하하호(下下戶)까지 9등급으로 구분하였다.

6 다음은 「삼국지」 동이전에 기록된 어떤 나라에 대한 설명이다. (가)와 (나)의 나라에 대한 설명으로 옳은 것은?것은?

2013. 9. 7 서울특별시

> (가) 토질은 오곡에 알맞고, 동이 지역 중에서 가장 넓고 평탄한 곳이다.
> (나) 큰 산과 깊은 골짜기가 많고, 사람들의 성품이 흉악하고 노략질을 좋아하였다.

① (가)는 10월에 추수 감사제인 동맹이라는 제천 행사를 지냈다.
② (나)는 자신의 생활권을 침범하면 노비나 소와 말로 변상하게 하였다.
③ (가)는 남의 물건을 훔쳤을 때 물건 값의 12배를 배상하게하는 법이 있었다.
④ (나)는 가족이 죽으면 시체를 가매장했다가 뼈만 추려서 커다란 목곽에 안치하였다.
⑤ (가)와 (나)는 모두 연맹왕국 단계에서 멸망하였다.

7 다음 밑줄 친 '이 나라'에 대한 설명으로 옳지 않은 것은?것은?

2013. 9. 7 서울특별시

> 이 나라에서 만들어진 두 분의 부처가 나란히 앉아 있는 이불병좌상은 고구려 양식을 계승한 것으로 현재 일본에 있으며, 수도인 상경에는 당의 장안의 도로망을 본뜬 주작대로가 있다.

① 말(馬)이 주요한 수출품이었다.
② 거란의 침략을 받아 멸망하였다.
③ 당과 교류하면서 빈공과의 합격자를 배출하였다.
④ 동해를 통해 일본과 무역을 활발하게 전개하였다.
⑤ 9세기에 들어서 비로소 신라와 상설교통로를 개설하였다.

8 다음 제시어와 관련 있는 우리 나라 초기 국가에 대한 설명으로 옳은 것은?

2011. 4. 9 행정안전부

> • 사자, 조의   • 서옥제   • 동맹

① 관직명으로 상 · 대부 · 박사 · 장군 등이 있었다.
② 남의 물건을 훔쳤을 때 물건 값의 12배로 배상하고, 간음한 자는 사형에 처했다.
③ 중대한 범죄자가 있으면 제가 회의를 통해 사형에 처하고, 그 가족을 노비로 삼았다.
④ 제사장인 천군은 신성 지역인 소도에서 농경과 종교에 대한 의례를 주관하였다.

9 다음의 자료에 나타난 나라에 대한 설명으로 옳은 것은?

> 큰 산과 깊은 골짜기가 많고 평원과 연못이 없어서 계곡을 따라 살며 골짜기 물을 식수로 마셨다. 좋은 밭이 없어서 힘들여 일구어도 배를 채우기는 부족하였다.
>
> — 「삼국지 동이전」 —

① 국동대혈에서 제사를 지내는 의례가 있었다.
② 가족 공동의 무덤인 목곽에 쌀을 부장하였다.
③ 특산물로는 단궁·과하마·반어피 등이 유명하였다.
④ 남의 물건을 훔쳤을 때에는 50만 전을 배상토록 하였다.

10 다음 설명 중 옳지 않은 것은?

① 선덕왕 이후부터는 내물왕계 진골이 왕위에 올랐다.
② 6두품 이하의 승진의 한계성을 보완하기 위해 중위제를 두었다.
③ 6두품은 6관등 대아찬까지 오를 수 있었다.
④ 진골은 왕위에 오를 수 있는 최고층으로 무열왕 이후부터 왕위에 올랐다.

11 다음을 통해 알 수 있는 단체의 기능으로 옳은 것은?

> 사군이충, 사친이효, 교우이신, 임전무퇴, 살생유택

① 계급 간의 갈등을 조정하고 완화시켰다.　② 귀족 연합의 성격을 반영하고 있다.
③ 왕권과 귀족세력을 조화시켰다.　④ 유학이 종교적·정치적으로 지배하게 되었다.

12 다음 중 신라하대의 6두품의 성향으로 맞는 것은?

① 각 지방에서 반란을 일으켰다.
② 새로운 정치질서의 수립을 시도하지만 탄압과 배척을 당하자 점차 반신라적 경향으로 바뀌었다.
③ 진골귀족에 대항하여 왕권과 결탁하였다.
④ 화백회의의 기능을 강화시켰다.

13 다음 중 화랑도에 대한 설명으로 옳지 않은 것은?

① 씨족사회의 전통을 계승 · 발전시킨 제도이다.
② 사회의 중견인물을 양성하는 교육적인 기능을 가졌다.
③ 계급 간의 갈등을 조절 · 완화하는 기능을 하였다.
④ 각 집단의 부정을 막고 그 집단의 단결을 강화하는 구실을 하였다.

14 신라의 골품제도에 대한 설명으로 옳은 것은?

① 큰 공을 세우면 두품에 관계없이 높은 관등을 받았다.
② 고대국가 확대과정에서 족장세력의 대소에 따라 골품이 정해졌다.
③ 관등에 따라 관복의 색깔을 달리 하였으나 일상생활에 제한을 두지는 않았다.
④ 중앙관부의 장관은 진골과 6두품이 차지할 수 있었다.

15 다음 고구려사회에 대한 설명으로 옳지 않은 것은?

① 고구려는 왕족인 고씨와 5부 출신의 귀족들이 연합하여 정치를 주도하였다.
② 반역자와 절도자는 사형에 처하였다.
③ 족장이나 성주들은 자기들의 병력을 거느렸다.
④ 국가에서 춘궁기에 가난한 농민을 구제하기 위한 진대법을 실시하였다.

16 다음 중 화백제도에 관한 설명으로 옳지 않은 것은?

① 그 대표인 상대등이 의장이 되었다.
② 회의장소는 소도를 중심으로 하였다.
③ 회의에서는 만장일치제의 가결을 원칙으로 하였다.
④ 본래 6촌의 부족사회의 잔재로서 후에 귀족회의, 중신회의로 변질되었다.

17 통일기 신라인의 생활에 대한 설명으로 적절한 것은?

① 무역이 활발하여 농민의 필수품도 당에서 수입되었다.
② 농민들은 촌주를 통하여 집단적으로 국가의 지배를 받았다.
③ 향·소·부곡민은 귀족들을 위해 수공업품을 생산했던 사노비였다.
④ 농민들에게 녹읍을 주어 경작하게 하고 국가에 조를 바치게 하였다.

18 화랑도에 관한 설명으로 옳지 않은 것은?

① 진흥왕 때 제도화되어 원화 대신 귀족출신의 청소년들을 화랑으로 삼았다.
② 화랑도는 전사단의 성격을 갖고 있어 전시에는 군대편성이 가능하였다.
③ 화랑정신은 실천윤리로 확대되어 삼국통일의 추진력이 되었다.
④ 경주 주위의 4영지는 화랑의 훈련장소였다.

19 다음은 골품제의 성격에 대한 설명이다. 이런 성격의 신분제가 나타나게 된 배경은?

> 김씨 왕족은 왕권을 강화하면서 폐쇄적인 신분제인 골품제도를 마련하여 통치기반을 구축하였다. 골품제도는 각 족장세력을 통합·편제한 것으로 그 세력 정도에 따라 4, 5, 6두품의 신분을 주었다.

① 왕권을 강화해야만 하였다.
② 귀족의 왕권에 대한 도전을 막아야 하였다.
③ 중국과의 대립이 심화되었다.
④ 정복전쟁과정에서 흡수된 족장세력을 재편성하였다.

20 신라하대의 사회에 대한 설명이라 볼 수 없는 것은?

① 농민들의 민란은 후삼국 분열에 중요한 계기가 되었다.
② 교종의 기성체제에 대한 반발이 격화되었다.
③ 선종은 불교의 대중화에 공헌하고 지방문화 형성에 도움을 주었다.
④ 진골귀족 등의 분열로 귀족연합적인 경향이 약화되었다.

2 중세의 사회

☞ 정답 및 해설 P.300

1 다음 ㉠의 주민에 대한 설명으로 옳은 것은?

2016. 6. 18 제1회 지방직

> 고려 시기에 [㉠] 은(는) 금, 은, 구리, 쇠 등 광산물을 채취하거나 도자기, 종이, 차 등 특정한 물품을 생산하여 국가에 공물로 바쳤다.

① 군현민과 같은 양인이지만 사회적 차별을 받았다.
② 죄를 지으면 형벌로 귀향을 시키는 처벌을 받았다.
③ 지방 호족 출신으로 지방 행정의 실무를 담당하였다.
④ 재산으로 간주되어 매매·상속·증여의 대상이 되었다.

2 다음의 밑줄 친 ㉠과 관련된 설명으로 가장 옳지 않은 것은?

2015. 6. 13 서울특별시

> 원의 간섭을 받으면서 그에 의존한 고려의 왕권은 이전 시기에 비하여 상대적으로 안정되었고 ㉠중앙 지배층도 개편되었다. … 그들은 왕의 측근 세력과 함께 권력을 잡아 농장을 확대하고 양민을 억압하여 노비로 삼는 등 사회 모순을 격화시켰다.

① ㉠은 가문의 권위보다는 현실적인 관직을 통하여 정치권력을 행사하였다.
② 공민왕은 ㉠의 경제력을 약화시키기 위해 전민변정도감을 설치하였다.
③ ㉠은 사원 세력의 대표인 신돈과 연대하여 신진사대부에 대항하였다.
④ ㉠에는 종래의 문벌 귀족 가문, 무신정권기에 등장한 가문, 원과의 관계에서 성장한 가문 등이 포함되었다.

3 고려 사회의 모습으로 옳지 않은 것은?

2015. 4. 18 인사혁신처

① 천민 출신인 이의민이 무신 정권의 최고 권력자가 되었다.
② 외거 노비가 재산을 늘려, 그 처지가 양인과 유사해질 수 있었다.
③ 지방 향리의 자제가 과거(科擧)를 통해 귀족의 대열에 진입할 수 있었다.
④ 향·부곡·소의 백성도 일반 군현민과 동일한 수준의 조세·공납·역을 부담하였다.

4 고려시대에는 귀족·양반과 일반 양민 사이에 '중간계층' 또는 '중류층'이라 불리는 신분층이 존재하였다. 이 신분층에 대한 설명으로 옳지 않은 것은?

2014. 4. 19 안전행정부

① 남반은 궁중의 잡일을 맡는 내료직(內僚職)이다.
② 하급 장교들도 이 신분층에 포함되는 것으로 분류되고 있다.
③ 서리는 중앙의 각 사(司)에서 기록이나 문부(文簿)의 관장 등 실무에 종사하였다.
④ 향리에게는 양반으로 신분을 상승시킬 수 있는 길을 열어 놓지 않았다.

5 밑줄 친 '이번 문서를 보낸 조직에 대한 설명으로 옳은 것은?

2014. 4. 19 안전행정부

> • 이전 문서에서는 몽고의 연호를 사용했는데, 이번 문서에서는 연호를 사용하지 않았다.
> • 이전 문서에서는 몽고의 덕에 귀의하여 군신 관계를 맺었다고 하였는데, 이번 문서에서는 강화로 도읍을 옮긴 지 40년에 가깝지만, 오랑캐의 풍습을 미워하여 진도로 도읍을 옮겼다고 한다.
>
> ー「고려첩장(高麗牒狀)」ー

① 최우가 도적을 막기 위해 만든 조직에서 비롯되었다.
② 최충헌이 신변 보호와 집권체제 강화를 위해 조직하였다.
③ 거란의 침입에 대비하기 위한 조직으로 편성되었다.
④ 쌍성총관부 탈환에 주도적인 역할을 한 조직이었다.

6 다음 자료에 나타난 시기의 가족 제도의 특징으로 옳은 것을 〈보기〉에서 모두 고른 것은?

2014. 6. 28 서울특별시

> 지금은 남자가 장가들면 여자 집에 거주하여, 남자가 필요로 하는 것은 모두 처가에서 해결하고 있습니다. 그리하여 장인과 장모의 은혜가 부모의 은혜와 똑같습니다. 아아, 장인께서 저를 두루 보살펴 주셨는데 돌아가셨으니, 저는 장차 누구를 의지해야 합니까.
>
> ─「동국이상국집」─

〈보기〉
㉠ 제사는 불교식으로 자녀들이 돌아가면서 지냈다.
㉡ 부계 위주의 족보를 편찬하면서 동성 마을을 이루어 나갔다.
㉢ 태어난 차례대로 호적에 기재하여 남녀 차별을 하지 않았다.
㉣ 아들이 없을 때에는 양자를 들이지 않고 딸이 제사를 지냈다.

① ㉠, ㉡
② ㉡, ㉢
③ ㉢, ㉣
④ ㉠, ㉢, ㉣

7 밑줄 친 '평량'과 '평량의 처'에 대한 설명으로 옳은 것을 다음에서 골라 바르게 짝지은 것은?

2013. 7. 27 안전행정부

> <u>평량</u>은 평장사 김영관의 사노비로 경기도 양주에 살면서 농사에 힘써 부유하게 되었다. <u>평량의 처</u>는 소감 왕원지의 사노비인데, 왕원지는 집안이 가난하여 가족을 데리고 와서 의탁하고 있었다. 평량이 후하게 위로하여 서울로 돌아가기를 권하고는 길에서 몰래 처남과 함께 왕원지 부부와 아들을 죽이고, 스스로 그 주인이 없어졌음을 다행으로 여겼다.
>
> ─「고려사」 중에서 ─

㉠ 평량은 자신의 토지를 소유할 수 있었다.
㉡ 평량은 주인집에 살면서 잡일을 돌보았다.
㉢ 평량의 처는 국가에 일정량의 신공을 바쳤다.
㉣ 평량의 처는 매매·증여·상속의 대상이 되었다.

① ㉠, ㉡
② ㉠, ㉣
③ ㉡, ㉢
④ ㉢, ㉣

8 고려시대 지방 행정에 대한 설명으로 옳은 것은?

2012. 9. 22 하반기 지방직

① 성종은 호장·부호장과 같은 향리 직제를 마련하였다.
② 퇴직한 관료를 사심관으로 임명하여 출신지역에 거주하게 하였다.
③ 광종은 처음으로 중요 거점 지역에 상주하는 지방관을 파견하였다.
④ 지방 향리의 자제를 상수리로 임명하여 궁중의 잡역을 담당하게 하였다.

9 고려시대 노비에 대한 설명으로 옳지 않은 것은?

2010. 5. 22 상반기 지방직

① 노비는 자신의 재산을 소유할 수도 있었다.
② 노비는 매매, 증여, 상속의 대상이 되었고, 승려가 될 수 없었다.
③ 소유주가 각기 다른 노와 비가 혼인하더라도 가정을 이루는 것이 가능하였다.
④ 모든 노비는 독립된 경제생활을 영위하였다.

10 고려후기의 신분 변동에 관한 설명으로 옳지 않은 것은?

2009. 5. 23 상반기 지방직

① 무신집권기에 노비들의 신분해방운동이 일어났다.
② 향리들은 음서를 통하여 활발하게 권문세족이 되어갔다.
③ 신분이 미천한 환관 중에서도 권세가가 나타났다.
④ 일반 농민이 군공을 세워 무반으로 출세하는 경우도 있었다.

11 다음 중 고려후기에 신분상승을 할 수 있는 경우에 해당하는 것을 모두 고른 것은?

> ㉠ 공명첩을 발급 받는다.
> ㉡ 전쟁에 나아가 공을 세운다.
> ㉢ 몽골 귀족과 혼인한다.
> ㉣ 지방관을 매수하거나 족보를 변조 또는 양반가의 족보를 매입한다.

① ㉠㉡   ② ㉠㉢
③ ㉡㉢   ④ ㉡㉣

12 다음에서 설명하고 있는 고려사회의 사회제도에 해당하는 것은?

> 1948년 정부수립과 동시에 시행되었던 추곡 수매제도는 농민에게서 정부가 정한 일정량의 쌀을 사들이는 제도이다. 농협에서 쌀값이 내려갔을 때 매수하였다가 쌀값이 올라갔을 때 시장에 풀어 물가를 안정시켰다.

① 의창   ② 상평창
③ 혜민국   ④ 동서대비원

13 다음은 고려시대의 특수집단에 대한 설명이다. 이들에 대한 설명으로 옳지 않은 것은?

> • 명종 6년 공주 명학소 사람 망이, 망소이 등이 무리를 불러모아 산행병마사라 스스로를 일컫고 본읍인 공주를 공격하여 함락시켰다.
> • 명종 6년 6월 망이의 고향인 명학소를 충순현으로 승격시켰다.

① 농업에 종사하면서 일정량의 신공을 바쳤으며 매매, 증여, 상속의 대상물이 되었다.
② 망이와 망소이는 신분적으로 양인이었으나 백정보다 천시 받았다.
③ 거주하는 곳도 소속집단 내로 제한되어 다른 지역으로 이주하는 것이 원칙적으로 금지되어 있었다.
④ 신분은 양민이지만 일반 군현민보다 관직진출 및 교육 등에서 법제적 차별을 받았다.

14 다음 중 고려시대의 음서제도에 관한 설명으로 적절하지 않은 것은?

① 과거시험을 보지 않아도 관직에 오를 수 있는 제도이다.
② 대상자는 공신, 종실, 5품 이상 관인의 자손이었다.
③ 사위나 수양자도 음서의 대상에 포함되었다.
④ 음서출신자들은 재상으로의 승진이 제한되었다.

15 다음 중 고려시대에 대한 설명으로 옳은 것은?

① 남녀차별이 심하였다.
② 여성도 호주가 될 수 있었다.
③ 여성의 재가가 금지되었다.
④ 재산상속에서 장자가 우대되었다.

16 다음 중 고려시대의 신분제도에 대한 설명으로 옳지 않은 것은?

① 향·부곡의 주민들은 과거응시에 있어서 제한을 받았다.
② 대체로 무신보다 문신이 우대되었다.
③ 중인계층에 향리도 포함된다.
④ 남반은 문신 및 무신처럼 귀족층에 해당된다.

17 고려시대 가족관계에 대한 설명으로 옳지 않은 것은?

① 종법질서가 중시되는 사회였다.
② 여자의 재가가 허용되었다.
③ 여자도 균분하게 상속을 받았다.
④ 아들이 없는 집안에서는 딸이 제사를 지냈다.

18 다음은 무엇에 대한 설명인가?

> • 원래 불상, 석탑을 만들거나 절을 지을 때 주도적 역할을 했던 조직이었다.
> • 고려말기에 이르러 마을노역, 혼례와 상장례 등을 함께 했던 농민조직으로 발달하였다.

① 계   ② 두레
③ 향도   ④ 향약

19 다음 중 고려시대의 사회상이 아닌 것은?

① 재산을 균분상속 하였다.
② 아들이 없으면 양자를 들여 제사를 지냈다.
③ 처가생활을 하는 남자가 많았다.
④ 여성의 재가는 비교적 자유롭게 이루어졌다.

20 다음 중 고려시대 신분제도의 특징이 아닌 것은?

① 외거노비는 양인이 될 수 있었다.
② 화척, 재인, 진척 등이 중인에 속한다.
③ 귀족은 문무양반으로 구성되어 있다.
④ 양인에 백정, 상인, 수공업자 등이 포함된다.

21 다음 중 고려시대 일반백성들의 생활모습으로 옳은 것은?

① 농민들은 향약을 통해 공동체의식을 키워 나갔다.
② 민간에서의 상장제례는 유교의식을 따랐다.
③ 재산의 상속은 장자 우선의 원칙과 자녀차등분배가 지켜졌다.
④ 여성의 재가가 비교적 자유로웠다.

22 다음 중 권문세족에 관한 설명으로 옳은 것은?

① 대농장을 소유했다.
② 정치적 실무에 능한 학자였다.
③ 성리학을 받아들여 자신들의 경륜을 넓혀 갔다.
④ 대부분은 지방의 중소지주 출신이었다.

③ 근세의 사회

정답 및 해설 P.302

1 다음 자료와 같은 현상이 나타난 시기의 사회 모습에 대한 설명으로 옳지 않은 것은?

2016. 4. 9 인사혁신처

> 근래 세상의 도리가 점점 썩어가서 돈 있고 힘 있는 백성들이 갖은 방법으로 군역을 회피하고 있다. 간사한 아전과 한통속이 되어 뇌물을 쓰고 호적을 위조하여 유학(幼學)이라 칭하면서 면역하거나 다른 고을로 옮겨 가서 스스로 양반 행세를 하기도 한다. 호적이 밝지 못하고 명분의 문란함이 지금보다 심한 적이 없다.
>
> − 「일성록」 −

① 사족들이 형성한 동족 마을이 증가하였다.
② 향회가 수령의 부세자문기구로 변질되었다.
③ 유향소를 통제하기 위하여 경재소가 설치되었다.
④ 부농층이 관권과 결탁하여 향임직에 진출하였다.

2 밑줄 친 '우리'에 해당하는 계층의 활동으로 옳은 것은?

2015. 4. 18 인사혁신처

> 아! 우리는 본시 모두 사대부였는데 혹은 의(醫)에 들어가고 혹은 역(譯)에 들어가 7, 8대 또는 10여 대를 대대로 전하니 … (중략) … 문장과 덕(德)은 비록 사대부에 비길 수 없으나, 명공(名公) 거실(巨室) 외에 우리보다 나은 자는 없다.

① 집단으로 상소하여 청요직(清要職) 허통(許通)을 요구하였다.
② 형평사를 창립하고, 평등한 대우를 요구하는 형평운동을 펼쳤다.
③ 관권과 결탁하고 향회를 장악하여, 향촌 사회에서 영향력을 키우려 하였다.
④ 유향소를 복립하여 향리를 감찰하고 향촌 사회의 풍속을 바로잡으려 하였다.

05. 사회구조와 사회생활 **127**

3 조선시대의 사상에 대한 설명으로 옳은 것은?

2014. 4. 19 안전행정부

① 정도전은 성리학에만 국한하지 않고 다양한 사상을 포용하였으며, 특히 「춘추」를 국가의 통치 이념으로 중요하게 여겼다.

② 이황은 16세기 조선사회의 모순을 극복하는 방안으로 통치 체제의 정비와 수취제도의 개혁 등을 주장하였다.

③ 18세기에는 인간과 사물의 본성이 다르다고 주장하는 호론과, 이를 같다고 주장하는 낙론 사이에서 논쟁이 벌어졌다.

④ 유형원과 이익의 사상을 계승한 김정희는 토지제도 개혁론을 비롯하여 많은 저술을 남겼다.

4 다음 글을 쓴 인물에 대한 설명으로 옳은 것은?

2014. 6. 21 제1회 지방직

> 이제 이 도(圖)와 해설을 만들어 겨우 열 폭밖에 되지 않는 종이에 풀어 놓았습니다만, 이것을 생각하고 익혀서 평소에 조용히 혼자 계실 때에 공부하소서. 도(道)가 이룩되고 성인이 되는 요체와 근본을 바로잡아 나라를 다스리는 근원이 모두 여기에 갖추어져 있사오니, 오직 전하께서는 이에 유의하시어 여러 번 반복하여 공부하소서.

① 일본의 성리학 발전에 크게 영향을 끼쳤다.

② 방납의 폐단을 개선하기 위해 수미법을 주장하였다.

③ 노장 사상을 포용하고 학문의 실천성을 강조하였다.

④ 성리학을 중심에 두면서도 양명학의 심성론을 인정하였다.

5 다음에서 서술하고 있는 인물에 대한 설명으로 옳은 것은?

2014. 6. 21 제1회 지방직

> 이 인물을 중심으로 한 도적 무리는 조선 전기 도적 가운데 그 세력이 가장 컸으며, 명종 14년부터 명종 17년까지 주로 활동하였다. 이들이 거점으로 삼았던 지역은 백정들이 많이 사는 지역과 공물이 운송되며 사신들의 왕래가 빈번하여 농민들의 부담이 무거웠던 역촌(驛村) 지대 및 주변에 갈대밭이 많은 곳 등이었다. 이들은 이러한 곳을 거점으로 약탈·살인·방화를 서슴지 않았다.

① 광대 출신으로 승려 세력과 함께 봉기하여 서울로 들어가려고 하였다.

② 허균이 이 인물을 주인공으로 하여 정치의 부패상을 비판한 소설을 썼다.

③ 황해도를 중심으로 경기·강원·평안·함경도 주변 지역에서 활동하였다.

④ 대동계라는 비밀결사를 조직하여 새 왕조를 세우려는 역성혁명을 꿈꾸었다.

6 조선 전기 사림(士林)에 대한 설명으로 옳지 않은 것은?

2013. 7. 27 안전행정부

① 재야에서 공론을 주도하는 지도자로서 산림(山林)이 존중되었다.
② 향촌 자치를 내세우며, 도덕과 의리를 바탕으로 한 왕도정치를 강조하였다.
③ 3사의 언관직을 차지하고, 자신들의 의견을 공론으로 표방하였다.
④ 중소지주적인 배경을 가지고, 지방사족이 영남과 기호 지방을 중심으로 성장하였다.

7 밑줄 친 '왕'이 재위한 시기의 사실로 옳지 않은 것은?

2013. 8. 24 제1회 지방직

> 왕은 원나라의 수시력을 참고하여 역법을 만들게 하였다. 그 책의 말미에 동지·하지 후의 일출·일몰 시각과 밤낮의 길이를 나타낸 표가 실려 있는데, 우리나라 역사상 최초로 한양을 기준으로 하여 계산한 것이다.

① 집현전을 설치하여 제도, 문물, 역사에 대한 연구와 편찬 사업을 전개하였다.
② 공법 제정시 조정의 신하와 지방의 촌민에 이르기까지 18만 명의 의견을 물었다.
③ 불교 종파를 선교 양종으로 병합하고 사원이 가지고 있던 토지와 노비를 정비하였다.
④ 육전상정소를 설치하고 조선 왕조의 체계적인 법전인 「경국대전」을 편찬하기 시작하였다.

8 조선시대 향촌 사회의 모습으로 옳지 않은 것은?

2012. 4. 7 행정안전부

① 유향소는 수령을 보좌하고 향리를 감찰하기 위한 기구였다.
② 향안은 임진왜란 전후 시기에 각 군현마다 보편적으로 작성되었다.
③ 경제적으로 성장한 일부 부농층은 향회를 장악하며 상당한 지위를 확보하기도 하였다.
④ 세도정치기에 향회는 수령과 향리들을 견제하고 지방통치를 대리하는 기구로 성장하였다.

9 밑줄 친 '공(公)'이 속한 신분 계층에 대한 설명으로 옳은 것은?

2012. 5. 12 상반기 지방직

> 공(公)은 열일곱에 사역원(司譯院) 한학과(漢學科)에 합격하여, 틈이 나면 성현(聖賢)의 책을 부지런히 연구하여 쉬는 날 없었다. 경전과 백가에 두루 통달하여 드디어 세상에 이름이 났다. …… 공은 평생 고문(古文)을 좋아하였다.
>
> – 「완암집」 –

① 조선 초기 – 개시 무역에 종사하여 많은 부를 축적하였다.

② 조선 중기 – 서원 건립을 주도하고 성현들의 제사를 받들었다.

③ 조선 후기 – 소청 운동을 통해 신분 상승 운동을 전개하였다.

④ 개항 전후 – 외세 침략에 맞서 위정 척사 운동을 주도하였다.

10 18세기 이후 조선 사회에 대한 설명으로 옳은 것은?

2012. 9. 22 하반기 지방직

① 서얼에 대한 차별이 더욱 심화되었다.

② 공노비는 사노비보다 더 가혹한 수탈과 사회적 냉대를 받았다.

③ 일반 서민 중에서도 부를 축적하여 지주가 되는 사람이 있었다.

④ 여자의 지위가 상승하여 딸도 아들처럼 부모의 재산을 상속받았다.

11 다음 ㉠~㉢에 들어갈 말이 바르게 짝지어진 것은?

2012. 9. 22 하반기 지방직

> • 박세채는 (㉠)이란 말을 사용하면서 서인과 남인을 서로 조정하여 화합시켜 붕당정치 형태를 회복할 것을 촉구했다.
> • 영조는 법전체계를 수정 · 보완하여 (㉡)을 편찬하였다.
> • 정조는 노비추쇄를 금지하는 등 노비제를 완화하고 나아가 혁파할 뜻이 컸지만 이루지 못하고 순조 1년에 (㉢)의 부분 혁파 조치만이 이루어지게 된다.

	㉠	㉡	㉢
①	탕평	대전통편	사노비
②	탕평	속대전	공노비
③	환국	속대전	사노비
④	환국	대전통편	공노비

12 다음 밑줄 친 '이들'에 관한 설명으로 옳은 것을 〈보기〉에서 고른 것은?

2012. 9. 22 하반기 지방직

<u>이들</u>은 본시 모두 사대부였는데 또는 의료직에 들어가고 또는 통역에 들어가 그 역할을 7~8 대나 10여 대로 전하니 사람들이 서울 중촌(中村)의 오래된 집안이라고 불렀다. 문장과 대대로 쌓아 내려오는 미덕은 비록 사대부에 비길 수 없으나 유명한 재상, 지체 높고 번창한 집안 외에 이들보다 나은 자는 없다. 비록 나라의 법전에 금지한 바 없으나 자연히 명예롭고 좋은 관직으로의 진출은 막히거나 걸려 수백 년 원한이 쌓여 펴지 못한 한이 있고 이를 호소할 기약조차 없으니 이는 무슨 죄악이며 무슨 업보인가?

– 「상원과방」 –

〈보기〉
㉠ 이들도 문과와 생원, 진사시에 응시할 수 있었다.
㉡ 조선 후기에는 시사(詩社)를 조직하여 문예활동을 하였다.
㉢ 정조 때 이덕무, 박제가 등이 규장각 검서관으로 기용되어 활동하였다.
㉣ 연합상소운동이 성공하여 명예롭고 좋은 관직(청요직)으로 진출하게 되었다.

① ㉠, ㉡
② ㉡, ㉢
③ ㉢, ㉣
④ ㉠, ㉣

13 19세기 조선 사회에 대한 설명으로 옳은 것만을 모두 고르면?

2011. 4. 9 행정안전부

㉠ 순조 초에 훈련도감이 벽파 세력에 의해 혁파되고, 군영 대장 후보자를 결정할 권한은 당시 권력 집단이 장악한 비변사가 가지고 있었다.
㉡ 중앙정치 참여층이 경화 벌열로 압축되고 중앙 관인과 재지사족 간에 존재했던 경향의 연계가 단절되면서 전통적인 사림의 공론 형성은 거의 불가능해졌다.
㉢ 환곡은 본래 진휼책의 하나였지만, 각 아문에서 환곡의 모곡을 재정 수입의 주요 항목으로 이용하면서 부세와 다름없이 운영되었다.
㉣ 홍경래 난을 계기로 국가는 삼정이정청을 설치하여 삼정의 개선 방안을 모색하였으며, 각지의 사족들 또한 상소문을 올려 해결 방안을 제시하였다.

① ㉠㉡㉢
② ㉡㉢
③ ㉡㉢㉣
④ ㉢㉣

14 다음을 통해 유추할 수 있는 고려와 조선의 사회상으로 옳은 것은?

> • 우리나라의 풍속은 (남자가) 처가에서 생활하니 처 부모를 볼 때 오히려 자기 부모처럼 하고, 처의 부모 또한 그 사위를 자기 아들처럼 대한다.
>
> — 「성종실록」 —
>
> • 우리 집은 다른 집과 다르니 출가한 딸에게는 제사를 맡기지 말라. 재산도 또한 선대부터 하던 대로 3분의 1만 주도록 하라.
>
> — 「부안 김씨 분재기」 (1669년) —

① 고려와 조선초기에는 현저한 모계 중심의 가족제도가 유지되었다.
② 고려에 비해 조선시대에는 종법이 발달하여 여성의 사회적 지위가 비교적 높았다.
③ 조선초기는 일반적으로 균분상속이 이루어졌다.
④ 조선초기의 재산 상속제도는 예학의 발달과 관계가 있다.

15 다음에서 알 수 있는 조선시대의 사회상은?

> 여자가 시집가는 것이 남자가 장가가는 것보다 일반화되었다.

① 부계와 모계가 함께 영향을 미쳤다.
② 양반들이 외가나 처가가 있는 곳으로 이주하였다.
③ 남자가 여자집에서 생활하였다.
④ 부계중심의 가족제도가 더욱 강화되었다.

16 다음 중 조선시대에 관한 설명으로 옳은 것은?

> ㉠ 일반 농민에게는 과거에 응시할 수 있는 자격이 주어지지 않았다.
> ㉡ 조선의 기본 신분제는 갑오개혁때까지 양천제였다.
> ㉢ 노비가 평민이 되는 신분상승의 경우가 있었다.
> ㉣ 서얼과 중인은 같은 신분적 대우를 받았다.

① ㉠㉡   ② ㉠㉢
③ ㉡㉢   ④ ㉢㉣

17 다음은 16세기 조선 사회의 모습을 설명한 것이다. 옳은 것은?

> • 예학과 보학이 발전하였다.
> • 주기론과 주리론의 학문적 논쟁이 치열하였다.
> • 향촌규약과 농민조직체가 향약으로 대치되었다.
> • 삼강행실도, 효행록 등을 언해하여 보급하였다.

① 사화에서 사림이 승리하여 정권을 장악했다.
② 성리학적 가족 · 윤리 · 사회질서가 정착되었다.
③ 성리학 이외의 사상도 수용하였다.
④ 축적된 부를 통해 서민문화가 발달하였다.

18 다음 밑줄 친 내용에 대한 설명으로 옳지 않은 것은?

> ㉠조선신분제는 양인과 천민으로 구분하는 양천제도를 법제화하였다. 그러나 실제로는 양천제의 원칙에만 입각하여 운영되지 않았다. 관직을 가진 사람을 의미하던 ㉡양반은 세월이 흐를수록 하나의 신분으로 굳어져 갔고, 양반관료를 보좌하던 ㉢중인도 신분층으로 정착되어 갔다. 그리하여 지배층인 양반과 피지배층인 상민 간의 차별을 두는 반상제도가 일반화되고 양반, 중인, 상민, ㉣천민으로 구성되었다.

① ㉠ – 엄격한 신분제 사회였지만 신분 간의 이동이 가능하였다.
② ㉡ – 신분상 특권으로 인하여 양역(국역)의 부담이 없었다.
③ ㉢ – 실무를 담당하면서 문과에 응시할 수 있었다.
④ ㉣ – 교육과 과거에 법제적 제약이 있었다.

19 조선초기 농민에 대한 설명으로 옳지 않은 것은?

① 법제적으로 과거에 응시할 수 있는 자격이 되었다.
② 16세 ~ 60세의 남자는 정남이라 하여 군역에 동원되었다.
③ 기본적 세제인 조용조(租庸調)의 납부의무가 있었다.
④ 지방군인 잡색군에 정규 군인으로 편제되었다.

20 조선시대 유향소의 설치목적 및 기능에 대한 설명으로 가장 거리가 먼 것은?

① 지방자치의 기능을 수행하였다.　　② 향리를 감찰하고 수령을 보좌하였다.
③ 향촌사회의 풍속교정을 담당하였다.　　④ 서울의 행정 및 치안유지를 위해 설치하였다.

21 다음은 조선시대 어떤 제도의 실시배경과 규약의 일부를 서술한 것이다. 이에 대한 설명으로 옳은 것은?

> • 이제부터 우리 고을 선비들이 하늘이 부여한 본성을 근본으로 하고, 국가의 법을 준수하며 집에서나 고을에서 각기 질서를 바로 잡으면 나라에 좋은 선비가 될 것이요, 출세하든지 가난하게 살든지 서로 의지가 될 것이다. …(중략)… 굳이 약속을 만들어 서로 권할 필요도 없으며 벌을 줄 필요도 없을 것이다. 진실로 이를 알지 못하고 올바른 것을 어기고 예의를 해침으로써 우리 고을 풍속을 무너뜨리는 자는 바로 하늘의 뜻을 거역하는 배신이다. 벌을 주지 않으려 해도 주지 않을 수 있겠는가?
> • 환난상휼 : 동네에 상사가 있으면 동네 사람들이 각자 쌀 한 되와 빈가마니 한 장씩 낸다. 가난하여 낼 수 없으면 노역으로 대신한다.

① 대원군은 유생들의 격렬한 반대에도 불구하고 이 제도를 철폐하였다.
② 유교적 통치규범을 실현하기 위하여 초기부터 정부가 각 지방에 설치하였다.
③ 조선중기 이후에 점차 약화되어 전통적 규약인 두레나 향도로 대체되었다.
④ 사림들은 이 제도를 통해 농민들을 지배하며 자신들의 사회적 기반을 굳게 하였다.

22 다음을 종합하여 조선사회의 모습을 추론한 것으로 옳은 것은?

> • 상장제례에 관한 예학이 발달하였다.
> • 백운동서원을 시작으로 많은 서원이 설립되었다.
> • 지방의 유력한 사림이 향약의 간부인 약정에 임명되었다.
> • 족보를 만들어 종족의 내력을 기록하고, 그것을 암기하는 보학이 발달하였다.

① 훈구파들은 사림의 정치운영에서 나타나는 모순과 부패를 비판하였을 것이다.
② 세도가와 연결될 수 있는 양반만이 관직을 차지할 수 있으므로, 세도가와 연결되지 못한 지방양반들의 불만이 컸을 것이다.
③ 신진관료들은 불법적인 방법으로 대토지를 소유하고 있고 사림에 대하여 사전폐지 등 개혁을 주장하였을 것이다.
④ 사림들은 농민에 대하여 중앙에서 임명된 지방관보다도 강한 지배력을 행사하였다.

4 사회의 변동

☞ 정답 및 해설 P.303

1 다음 자료에 나타난 시기의 사회 모습에 대한 설명으로 옳은 것은?

2016. 6. 18 제1회 지방직

> 옷차림은 신분의 귀천을 나타내는 것이다. 그런데 어찌된 까닭인지 근래 이것이 문란해져 상민·천민들이 갓을 쓰고 도포를 입는 것을 마치 조정의 관리나 선비와 같이 한다. 진실로 한심스럽기 짝이 없다. 심지어 시전 상인들이나 군역을 지는 상민들까지도 서로 양반이라 부른다.

① 불교의 신앙 조직인 향도가 널리 확산되었다.
② 서얼의 청요직 진출이 부분적으로 허용되었다.
③ 양민의 대다수를 차지한 농민을 백정(白丁)이라고 하였다.
④ 선현 봉사(奉祀)와 교육을 위한 서원이 설립되기 시작하였다.

2 다음과 같은 현상이 일어나게 된 배경으로 옳지 않은 것은?

2015. 6. 27 제1회 지방직

> 향회라는 것이 한 마을 사민(士民)의 공론에 따른 것이 아니고, 수령의 손 아래 놀아나는 좌수·별감들이 통문을 돌려 불러 모은 것에 불과합니다. 그 향회에서는 관의 비용이 부족하다는 핑계로 제멋대로 돈을 거두고 법을 만드니, 일의 원통함이 이보다 심한 것이 없습니다.

① 사족의 향촌 지배력이 약화되었다.
② 수령과 향리의 영향력이 약해졌다.
③ 향회는 수령의 부세 자문 기구로 전락하였다.
④ 양반 사족과 부농층이 향촌의 주도권 다툼을 벌였다.

3 다음 조직에 대한 설명으로 옳지 않은 것은?

2013. 7. 27 안전행정부

> 가입하기를 원하는 자에게는 반드시 먼저 규약문을 보여주고, 몇 달 동안 실행할 수 있는가를 스스로 헤아려 본 뒤에 가입하기를 청하게 한다. 가입을 청하는 자는 반드시 단자에 참가하기를 원하는 뜻을 자세히 적어 모임이 있을 때에 진술하고, 사람을 시켜 약정(約正)에게 바치면 약정은 여러 사람에게 물어서 좋다고 한 다음에야 글로 답하고, 다음 모임에 참여하게 한다.
>
> – 「율곡전서」 중에서 –

① 향촌 사회의 질서를 유지하고 치안을 담당하는 향촌의 자치 기능을 맡았다.
② 전통적 미풍양속을 계승하면서 삼강오륜을 중심으로 한 유교 윤리를 가미하였다.
③ 어려운 일이 생겼을 때에 서로 돕는 역할을 하였고, 상두꾼도 이 조직에서 유래하였다.
④ 지방 유력자가 주민을 위협, 수탈하는 배경을 제공하는 부작용도 있었다.

4 19세기에 발생한 농민 봉기에 대한 설명으로 옳지 않은 것은?

2011. 5. 14 상반기 지방직

① 몰락한 양반이 민란을 주도하기도 했다.
② 임술 민란은 삼남지방에서 가장 치열하게 일어났다.
③ 홍경래 난의 지도자들은 지방차별 타파를 내세웠다.
④ 민란의 결과 부세제도의 근본적 개혁이 이루어졌다.

5 평안도 농민전쟁(홍경래 난)의 역사적 배경으로 옳지 않은 것은?

2010. 5. 22 상반기 지방직

① 평안도민은 중앙관직에 진출할 수 있는 기회가 매우 제한되었다.
② 봉기에 대한 호응이 전국적으로 일어날 만큼 지역 차별이 극심하였다.
③ 세도 정권이 서울 특권상인의 이권을 보호하기 위해 평안도민의 상공업 활동을 억압했다.
④ 평안도민 중 대외 무역과 광산 개발에 참여하여 부호로 성장한 인물이 많았다.

6 다음의 사건이 발생한 시기의 집권 세력에 대한 설명으로 옳지 않은 것은?

> 서토(西土)에 있는 자 어찌 억울하고 원통하지 않을 자 있겠는가. 막상 급한 일을 당해서는
> … (중략) … 과거에는 반드시 서로(西路)의 힘에 의지하고 서토의 문을 빌었으니 400년 동안
> 서로의 사람이 조정을 버린 일이 있는가. 지금 나이 어린 임금이 위에 있어서 권세 있는 간신
> 배가 날로 치성하니 … (중략) … 흉년에 굶어 부황 든 무리가 길에 널려 늙은이와 어린이가
> 구렁에 빠져 산 사람이 거의 죽음에 다다르게 되었다.

① 왕실의 외척이 세도를 명분으로 정권을 잡았다.

② 호조와 선혜청의 요직을 차지하여 재정 기반을 확보하였다.

③ 의정부와 병조를 권력의 핵심 기구로 삼고 인사권을 장악하였다.

④ 과거 시험의 합격자를 남발하고 뇌물이나 연줄로 인사를 농단하였다.

7 다음은 조선시대 울산의 호적을 정리한 표이다. 옳지 않은 것은?

(단위 :%)

구분	1729년	1765년	1804년	1867년
양반호	26.29	40.98	53.47	65.48
상민호	59.78	57.01	45.61	33.96
노비호	13.93	2.01	0.92	0.56

① 노비종모법이 시행되면서 양인이 증가하였다.

② 양인 간에 활발한 신분이동이 있었다.

③ 부농층이 향촌사회를 주도하였다.

④ 소청운동으로 중인들은 신분이 상승되었다.

8 다음은 조선후기의 사회적 변화이다. 유추할 수 있는 것은?

> • 향전   • 향리   • 향안 및 향회에 참여

① 양반의 수 감소   ② 수령권의 약화

③ 향리의 신분상승   ④ 신분제의 동요

9 다음 중 조선후기 신분변화에 대한 설명으로 옳은 것은?

① 양반은 조선전기와 마찬가지로 세습적 특권지위를 유지하였다.
② 서민 중에도 부유한 상민으로 성장하는 세력이 존재하였다.
③ 양민의 수는 감소하지만, 천민의 수는 증가하였다.
④ 중인과 서얼층은 중앙관직 진출이 계속 제한되었다.

10 다음은 향촌사회의 변화와 수령에 관한 내용이다. 이를 통해 알 수 있는 것은?

> • 신향과 구향 간의 갈등이 점차 심화되었다.
> • 수령은 향리를 통해 더 많은 조세수취를 하였다.

① 이전 시기보다 수령의 권한이 더욱 강화되었다.
② 수령과 향리는 중앙관직으로 진출하고자 하였다.
③ 기존 재지양반사족은 수령과 결탁하여 지위를 공고히 했다.
④ 대다수의 신향은 수령에 대항하며 농민반란을 주도하였다.

11 다음에 제시한 신분층의 조선후기 신분변동과 관련하여 잘못 설명한 것은?

> ㉠ 양반의 소생이면서 중인과 같은 처우를 받았으므로 중서라고 하였다.
> ㉡ 직역을 세습하고 대개 전문기술이나 행정실무를 담당하여 나름대로 행세하였다.
> ㉢ 본래는 문반과 무반을 아울러 부르는 명칭이었으나 점차 하나의 신분으로 굳어졌다.

① ㉠ - 동반이나 청요직으로의 진출을 허용해 줄 것을 요구하는 집단상소를 올렸다.
② ㉠ - 정부가 실시한 납속책과 공명첩 등을 이용하여 관직에 나아갈 수 있게 되었다.
③ ㉡ - 철종 때 대규모 소청운동을 일으켰지만 당시 이들의 노력은 성공하지 못했다.
④ ㉢ - 일당전제화가 전개되면서 신분변동이 활발해져 이들 중심의 신분체제가 강화되어 갔다.

12 조선후기 농민들이 양반으로의 신분상승을 이루려고 했던 이유가 아닌 것은?

① 자신과 자손의 군역의 부담을 면할 수 있었다.
② 관리의 수탈을 피하고 부의 축적이 수월해진다.
③ 조세 부담으로부터 해방되기 위해서이다.
④ 세도정치기에 중앙에 진출하여 정치에 관여할 수 있었다.

13 다음에서 조선후기 근대지향적 움직임에 해당하는 것은?

> ㉠ 농민의식의 향상
> ㉡ 봉건적 신분구조의 붕괴
> ㉢ 영농기술의 개발과 경영의 합리화로 농업생산력 증가
> ㉣ 새로운 사회변동으로 성리학이 사회개혁과 발전방향 제시
> ㉤ 붕당정치에서 세도정치로 이행되면서 근대지향적 움직임 수용

① ㉠㉡㉢   ② ㉠㉡㉣
③ ㉠㉡㉤   ④ ㉡㉢㉣

14 다음은 조선후기의 사회모습에 관한 설명이다. 이에 대한 지배층의 대응으로 관계없는 것은?

> 조선왕조의 통치질서는 16세기 중엽 이래로 해이해지더니, 왜란과 호란을 겪으면서 한층 더 동요되어 갔다. 양반사회가 안고 있는 모순이 크게 드러난 것이다. 특히, 지배체제가 동요하는 가운데 농민들의 경제적 고통이 가중되었는데, 농민들은 일정한 거주지를 가지지 못한 채 유랑하는 경우가 많았으며, 결국 노비가 되거나 도적이 되는 경우도 있었다.

① 대동법 실시   ② 비변사 강화
③ 붕당정치   ④ 성리학적 지배질서 개혁

15 다음 중 조선후기 신분분화에 관한 설명으로 옳은 것은?

① 양반의 수가 증가하면서 계층이 분화되었다.
② 중인층이 몰락하면서 상인화되었다.
③ 사노비가 해방되었다.
④ 상민층의 증가를 가져왔다.

16 우리나라에서 일어났던 역사적 사실들이다. 이를 종합하여 내릴 수 있는 가장 적절한 해석은?

- 향촌의 향도와 각종 공동체적 결사의 조직
- 한문학의 형식에 구애받지 않는 새로운 문체의 등장
- 상공업의 발달로 인한 도고의 출현
- 농민의식의 향상으로 봉건적 신분질서의 동요

① 내재적 역량에 의한 사회의 발전적 변화
② 생산력 증대를 통한 자본주의 사회로의 이동
③ 사회질서의 확립을 위한 유림의 개혁
④ 피지배계층을 위한 정부정책의 변화

17 임진왜란(1592)이 조선사회에 끼친 영향이다. 이로 인하여 조선후기에 나타난 현상은?

- 국가의 재정궁핍과 식량부족으로 공명첩을 남발하였다.
- 오랜 전란으로 토지대장과 호적이 소실되었다.

① 신분제 동요
③ 호포제 시행
② 대립제 성행
④ 직전제 소멸

18 다음 내용과 관련된 사상에 대한 설명으로 옳은 것은?

> • 사람이 곧 하늘이라.
> • 보국안민의 계책이 장차 어디서 나올 것인가.

① 남인계열 학자들이 발전시켰다.
② 유·불·선의 주요 내용을 바탕으로 형성되었다.
③ 지주·양반계층이 봉건적 향촌사회의 질서를 유지하기 위해 수용하였다.
④ 중국에서 학문의 하나로 전래되었다.

19 다음은 근대사회의 성격을 나열한 것이다. 조선후기에 나타난 다음 현상 중 근대지향적 움직임으로 볼 수 없는 것은?

> • 민주주의사회의 구현   • 평등사회의 출현
> • 자본주의사회의 성립   • 합리적 사고의 추구

① 개혁사상으로서 실학의 발생   ② 독점적 도매상인인 도고의 성장
③ 청으로부터 서학, 고증학의 수용   ④ 성리학학파의 분화와 붕당의 형성

20 다음은 동학에서 강조하고 있는 사상을 설명한 것이다. 이들 내용을 통해 파악할 수 있는 동학의 성격으로 적절하지 못한 것은?

> • 인내천사상 - 사람이 곧 하늘이다.
> • 보국안민 - 국가를 지키고 민생을 안정시킨다.
> • 운수사상 - 후천개벽의 새로운 세상이 도래한다.
> • 광제창생 - 도탄에 빠진 중생을 구제하여 살아갈 길을 연다.

① 민중지향적 사상이다.
② 반봉건적 성격이 강하다.
③ 반외세적 성격이 나타나고 있다.
④ 현실부정적 내세를 강조하고 있다.

민족문화의 발달

1 고대의 문화

☞ 정답 및 해설 P.306

1 삼국시대 금속 제작기술에 대한 설명으로 옳지 않은 것은?

2016. 3. 19 사회복지직

① 철광석 생산이 풍부하고 제작기술이 발달한 가야에서는 철로 만든 불상이 유행하였다.
② 백제에서 제작해 왜에 보낸 칠지도는 강철로 만들고 금으로 글씨를 상감해 새겨 넣었다.
③ 고구려 고분 벽화에는 철을 단련하고 수레바퀴를 제작하는 인물의 모습이 그려져 있다.
④ 신라 고분에서 출토된 금관은 뛰어난 제작기법과 형태를 보여주고 있다.

2 밑줄 친 ㉠, ㉡에 해당하는 석탑을 바르게 나열한 것은?

2016. 3. 19 사회복지직

> 우리나라 탑의 양식은 목탑 양식에서 석탑 양식으로 이행되었다. 우리의 산천에는 화강암이 널려 있어 석재를 구하기가 쉬웠기 때문이었다. 반면 중국에서는 황토가 많아 전탑이 유행하였는데, ㉠신라에서 이를 본떠 석재를 벽돌 모양으로 잘라서 만든 탑을 만들기도 하였다. 통일 이후 신라는 백제의 석탑 양식을 받아들여 비례와 균형을 갖춘 새로운 석탑 양식을 만들어 내었다. 불교가 더욱 대중화되고 토착화되었던 고려시대에는 안정감은 부족하나 층수가 높아지고 다양한 형태의 석탑이 건립되었다. ㉡고려 후기에는 원나라의 영향을 받은 석탑도 만들어졌다.

	㉠	㉡
①	불국사 3층 석탑	진전사지 3층 석탑
②	불국사 3층 석탑	감은사지 3층 석탑
③	분황사탑	경천사 10층 석탑
④	분황사탑	원각사지 10층 석탑

3 밑줄 친 '이 사상'에 대한 설명으로 옳지 않은 것은?

2016. 4. 9 인사혁신처

> 신라 말기에 도선과 같은 선종 승려들이 중국에서 유행한 이 사상을 전하였다. 이는 산세와 수세를 살펴 도읍·주택·묘지 등을 선정하는, 경험에 의한 인문 지리적 사상이다. 아울러 지리적 요인을 인간의 길흉 화복과 관련하여 생각하는 자연관 및 세계관을 내포하고 있다.

① 신라 말기에 안정된 사회를 염원하는 일반 백성의 인식이 반영되었다.
② 신라 말기에 호족이 자기 지역의 중요성을 자부하는 근거로 이용하였다.
③ 고려시대에 묘청이 서경 천도의 필요성을 주장하는 논리로 활용하였다.
④ 고려시대에 국가와 왕실의 안녕과 번영을 기원하는 초제로 행하여졌다.

4 삼국시대의 사상과 문화에 대한 설명으로 가장 옳지 않은 것은?

2016. 6. 25 서울특별시

① 부여 능산리에서 발견된 백제대향로에는 신선이 산다는 봉래산이 조각되어 있어 백제인의 신선사상을 엿볼 수 있다.
② 삼국 불교의 윤회설은 왕이나 귀족, 노비는 전생의 업보에 의해 타고났다고 보기 때문에 신분 질서를 정당화하는 관념을 제공하였다.
③ 신라 후기 민간사회에서는 주문으로 질병 치료나 자식 출산 등을 기원하는 현실구복적 밀교가 유행하였다.
④ 고구려의 겸익은 인도에서 율장을 가지고 돌아온 계율종의 대표적 승려로서 일본 계율종의 성립에도 영향을 주었다.

5 신라 승려 ⊙과 ⓒ에 대한 설명으로 옳지 않은 것은?

2015. 4. 18 인사혁신처

> (⊙)은(는) 불교 서적을 폭넓게 이해하고, 일심(一心) 사상을 바탕으로 여러 종파들의 사상적 대립을 조화시키며, 분파 의식을 극복하려고 노력하였다. 한편 (ⓒ)은(는) 모든 존재가 상호 의존적인 관계에 있으면서 서로 조화를 이룬다는 화엄 사상을 정립하고, 교단을 형성하여 많은 제자를 양성하였다.

① ⊙은 미륵 신앙을 전파하며 불교 대중화의 길을 열었다.
② ⊙은 무애가라는 노래를 유포하며 일반 백성을 교화하였다.
③ ⓒ은 관음 신앙과 함께 아미타 신앙을 화엄 교단의 주요 신앙으로 삼았다.
④ ⓒ은 국왕이 큰 공사를 일으켜 도성을 새로이 정비하려 할 때 백성을 위해 이를 만류하였다.

6 다음에 설명한 무덤 양식에 해당하지 않는 것은?

2015. 3. 14 사회복지직

> 돌로 방을 만들고 그것을 통로로 연결한 무덤으로 그 위에 흙으로 덮어 봉분을 만들었다. 일반적으로 앞방과 널방으로 구분하고 벽에 그림을 그려 넣기도 하였다.

① 쌍영총   ② 무용총

③ 각저총   ④ 장군총

7 신라 하대 불교계의 새로운 경향을 알려주는 다음의 사상에 대한 설명으로 옳은 것은?

2014. 4. 19 안전행정부

> 불립문자(不立文字)라 하여 문자를 세워 말하지 않는다고 주장하고, 복잡한 교리를 떠나서 심성(心性)을 도야하는 데 치중하였다. 그러므로 이 사상에서 주장하는 바는 인간의 타고난 본성이 곧 불성(佛性)임을 알면 그것이 불교의 도리를 깨닫는 것이라는 견성오도(見性悟道)에 있었다.

① 전제왕권을 강화해주는 이념적 도구로 크게 작용하였다.

② 지방에서 새로이 대두한 호족들의 사상으로 받아들여졌다.

③ 왕실은 이 사상을 포섭하려는 노력에 관심을 기울이지 않았다.

④ 인도에까지 가서 공부해 온 승려들에 의해 전파되었다.

8 다음에서 설명하는 왕릉의 특징에 관한 설명으로 옳은 것은?

2013. 9. 7 서울특별시

> 이 왕릉은 송산리 고분군의 배수로 공사 중에 우연히 발견되었다. 이 왕릉은 피장자가 누구인지를 알려주는 묘지석이 발견되어 연대를 확실히 알 수 있는 무덤이다.

① 왕릉 내부에 사신도 벽화가 그려져 있다.

② 왕릉 주위 둘레돌에 12지신상을 조각하였다.

③ 왕릉의 천장은 모줄임 구조를 지니고 있다.

④ 무덤의 구조는 중국 남조의 영향을 받았다.

⑤ 말꾸미개 장식에 천마의 그림이 그려진 유물이 발견되었다.

9 밑줄 친 '그'의 저술로 옳은 것은?

2012. 4. 7 행정안전부

> 그는 당나라에 유학하여 지엄의 문하에서 수학하고 돌아와 영주에 부석사를 창건하고 문무왕의 정치적 자문도 맡았다. 그는 모든 우주만물이 대립적인 존재가 아니라 서로 조화하고 포용하는 관계를 가졌다고 주장해 유명한 '일즉다 다즉일(一卽多 多卽一)'이라는 독특한 논리를 폈다. 즉, 하나가 전체요 전체가 하나라는 것이다.

① 십문화쟁론
② 해심밀경소
③ 천태사교의
④ 화엄일승법계도

10 다음 그림에 대한 설명으로 옳지 않은 것은?

2012. 5. 12 상반기 지방직

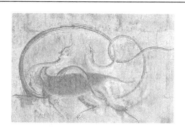

① 사신도의 하나로, 북쪽 방위신이다.
② 돌무지 덧널무덤의 벽면에 그려진 것이다.
③ 죽은 자의 사후세계를 지켜 주리라는 믿음을 표현하였다.
④ 고구려 시대의 고분에 그려졌는데 도교의 영향이 나타나 있다.

11 밑줄 친 '두 사람'이 살았던 나라의 교육문화에 대한 설명으로 적절하지 않은 것은?

2012. 9. 22 하반기 지방직

> 임신년 6월 16일에 두 사람이 함께 맹세하여 쓴다. 지금부터 3년 후에 충도(忠道)를 지키고 허물이 없게 할 것을 하늘 앞에 맹세한다. 만일 이 서약을 어기면 하늘에 큰 죄를 짓는 것이라고 맹세한다. 또한 신미년 7월 22일에 크게 맹세한 바 있다. 곧 「시경(詩經)」, 「상서(尙書)」, 「예기(禮記)」, 「춘추전(春秋傳)」을 3년 안에 차례로 습득하겠다고 하였다.

① 유교 경전을 통하여 유학을 공부하였다.
② 경당에서 유교와 활쏘기 등 무예를 배웠다.
③ 원광법사가 제정한 세속오계의 윤리를 배웠다.
④ 화랑도에 소속되어 산천을 돌아다니며 심신을 연마하기도 하였다.

12 밑줄 친 '승려'에 대한 설명으로 옳은 것은?

2012. 9. 22 하반기 지방직

> 문무왕이 도읍의 성을 새롭게 하고자 승려에게 문의하였다. 승려는 말하였다. "비록 궁벽한 시골과 띳집(茅屋)이 있다 해도 바른 도(道)만 행하면 복된 일이 영구히 지속될 것이요, 만일 그렇지 못하면 여러 사람이 수고롭게 하여 훌륭한 성을 쌓을지라도 아무 이익이 없을 것입니다." 왕이 곧 공사를 그쳤다.
>
> — 「삼국사기」 —

① 김제 금산사를 중심으로 미륵불이 지상에 와서 이상사회를 건설한다는 믿음을 가르쳤다.
② 「십문화쟁론」 등 수많은 저술을 통하여 화쟁사상을 주창하면서 불교를 대중화하였다.
③ 삼장법사 현장에게 유식학을 배워 서명학파를 이루었으며, 티벳불교에 큰 영향을 주었다.
④ 「화엄일승법계도」를 지었으며, 부석사, 낙산사 등의 화엄종 사찰을 중심으로 불교의 가르침을 폈다.

13 고구려 고분에 그려진 벽화의 내용으로 가장 적절한 것은?

① 흰 수염의 노인이 호랑이를 탄 채로 담배를 피우는 모습
② 무명옷을 입고 목화밭을 일구는 여인의 모습
③ 은하수를 사이에 두고 견우와 직녀가 만나는 모습
④ 초가지붕 옆에서 감자, 고추 등의 농작물을 재배하는 모습

14 밑줄 친 '이 무덤'과 관련된 설명으로 옳은 것은?

> 이 무덤은 1971년 공주 송산리 고분군의 배수로 공사 중에 우연히 발견되었다. 그래서 무덤의 봉토가 드러난 다른 무덤과는 달리, 완전한 형태로 빛을 보게 되었다. 무덤의 안에서는 지석이 발견되어 무덤의 주인공이 누구인지를 정확히 알려주고 있다. 또한, 왕과 왕비의 장신구와 금관 장식, 귀고리, 팔찌 등 껴묻거리가 출토되어 백제 미술의 귀족적 특성을 알려준다. 아울러 무덤의 연도 입구에서는 진묘수가 발견되었다.

① 중국의 영향을 받아 연꽃 등 화려한 무늬의 벽돌로 무덤 내부를 쌓았다.
② 말의 배 가리개에 하늘을 나는 천마를 그린 그림을 그려 넣었다.
③ 돌로 1개 이상의 방을 만들고 그것을 통로로 연결한 무덤 양식이다.
④ 봉토 주위에 둘레돌을 두르고, 12지 신상을 조각하였다.

15 다음 설명이 가리키는 인물과 관련된 사실로 옳은 것은?

> 지엄의 문하에서 현수와 더불어 화엄종을 연구하고 귀국했다. 국가 지원을 얻어 부석사를 짓고 화엄의 교종을 확립하는데 힘썼다.

① 진골 귀족 출신으로 원융사상을 설파하였다.
② 여러 종파의 사상을 융합하는 화쟁사상을 주창하였다.
③ 아미타 신앙을 보급해 불교 대중화에 기여하였다.
④ 중관파와 유식파의 대립문제를 연구해 일심사상으로 체계화하였다.

16 금석문의 내용에 대한 설명으로 옳지 않은 것은?

① 울진 봉평신라비 – 이 지역에 발생한 중대 사건을 처리하고 관련자를 처벌하였다.
② 임신서기석 – 공부와 인격 도야에 관해 맹세하였다.
③ 광개토대왕릉비 – 광개토대왕이 침략해 온 북위를 크게 무찔렀다.
④ 사택지적비 – 사택지적이 지난 세월의 덧없음을 한탄하였다.

17 다음 중 신라의 삼국통일 전후에 전래되었던 선종에 대한 설명으로 옳지 않은 것은?

① 개인적인 정신세계를 찾는 경향이 있다.
② 고려의 한문학이 크게 발전하는 데 기여하였다.
③ 조형미술이 성행하는 계기가 되었다.
④ 도당유학생들의 반신라적 움직임과 결부되었다.

18 다음에서 밑줄 친 '이 종교'와 관련이 있는 사항을 다음에서 모두 고른 것은?

> 불로장생과 현세의 구복을 추구하는 <u>이 종교</u>는 여러 가지 신을 모시면서 재앙을 물리치고 복
> 을 빌며 나라의 안녕과 왕실의 번영을 기원하였다. 조선 시대에는 성리학의 영향으로 크게 위
> 축되어 행사도 줄어들었다. 그러나 제천 행사가 국가의 권위를 높이는 점이 인정되어 참성단
> 에서 일월성신에게 제사를 지냈다.

> ㉠ 임신서기석　　　　　　　　　　㉡ 초제
> ㉢ 백제 금동대향로　　　　　　　　㉣ 팔관회

① ㉠㉡　　　　　　　　　　　② ㉡㉢
③ ㉠㉡㉢　　　　　　　　　　④ ㉡㉢㉣

19 다음에서 설명하는 형태의 무덤은?

> 돌로 널방을 짜고 그 위에 흙으로 덮어 봉분을 만든 것으로, 널방의 벽과 천장에는 벽화가 그
> 려져 있기도 하다.

① 장군총　　　　　　　　　　② 강서대묘
③ 석촌동 고분　　　　　　　　④ 천마총

20 다음 중 발해 문화의 특징을 설명한 것으로 옳지 않은 것은?

① 불교는 지배계급과 밀착하여 지배체제를 합리화하는 귀족적 성격이 강하였다.

② 수도인 상경은 고구려 국내성을 모방하여 계획적으로 건설되었다.

③ 지배층의 무덤은 돌로 무덤칸을 만들고 그 위에 흙을 덮은 굴식돌방무덤이 많았다.

④ 정혜공주묘지의 비문은 유려한 변려체 문장으로 발해의 높은 한문학 수준을 보여준다.

21 다음에서 설명하는 사상과 가장 거리가 먼 것은?

> 불로장생과 현세구복을 추구하고 민간신앙과 결합하여 번성하였다. 인위적인 도덕이나 제도를 부정하고 무위자연을 주장하였다.

① 신라의 화랑도

② 고구려 강서 우현리 고분의 사신도

③ 발해 상경의 주작대로와 돌사자상

④ 백제 산수무늬벽돌, 백제 금동대향로

22 다음 주어진 내용과 관련이 있는 사항은?

> 산세와 수세를 살펴 도읍, 주택, 묘지 등을 선정하는 인문지리적 학설이다.

① 신라하대의 왕권의 강화에 기여하였다.

② 소격서를 설치하고 마니산 초제를 거행하였다.

③ 태조 왕건 때는 남경길지설(한양명당설)이 중시되었다.

④ 산송문제가 발생하였다.

23 다음과 같은 사상과 관련된 사실로 옳은 것은?

> • 문자를 넘어서(不立文字), 구체적인 실천수행을 통하여 깨달음을 얻는다는 실천적 경향이 강하였다.
> • 호족의 적극적인 지원을 받았다.

① 신라중대 왕권의 강화에 기여하였다.
② 신라하대 정부의 권위약화에 기여하였다.
③ 왕실과 귀족의 후원을 받았다.
④ 고려말 신진사대부의 사상적 기반이 되었다.

24 다음 중 통일신라의 사상과 문화에 대한 설명으로 옳지 않은 것은?

① 원효는 일심사상을 바탕으로 십문화쟁론을 지었다.
② 신라 말의 풍수지리설은 왕권전제화를 강화시켰다.
③ 균형미와 조화미의 건축물로 석굴암이 대표적이다.
④ 석탑의 특징은 높은 기단 위에 3층 4각탑의 형태로 만들어졌다.

25 다음 중 천마총에 관한 설명으로 옳은 것은?

① 수혈식 적석 목곽분 형식으로 도굴이 어렵다.
② 남조의 영향을 받은 벽돌무덤이다.
③ 굴식돌방무덤으로 전실과 후실로 구성되었다.
④ 12지 신상을 둘렀다.

26 다음의 예술품들과 공통적으로 가장 관계가 깊은 종교는?

> • 고구려 강서고분의 청룡도   • 백제 산수문전   • 백제 금동용봉봉래산향로

① 도교   ② 불교
③ 유교   ④ 풍수지리설

27 다음 중 발해의 문화가 고구려의 문화를 계승한 것은?

① 3성 6부의 정치조직
② 상경의 주작대로
③ 반가사유상
④ 정혜공주무덤의 굴식돌방무덤의 모줄임 천장구조

28 다음 중 삼국시대의 고분에 대한 설명으로 옳지 않은 것은?

① 무령왕릉은 남조문화의 영향을 받은 전축분으로 양과의 교류를 말해준다.
② 천마총은 굴식돌방무덤으로 천마도라는 벽화가 발견되었다.
③ 강서고분의 힘과 패기에 넘치는 사신도는 도교의 영향을 받은 벽화이다.
④ 쌍영총의 전실과 후실 사이에 있는 8각 돌기둥은 서역건축양식을 모방한 것이다.

29 우리나라의 불교발달과정에서 아래와 같은 사상을 주장한 인물과 그 역할을 잘못 설명한 것은?

① 고대의 불교 – 사상의 통일을 통해 중앙집권화를 추진하였으며, 철학적 인식수준을 향상 시켰다.
② 원효 – 화쟁사상을 주장하였으며, 불교의 대중화에 크게 기여하였다.
③ 의상 – 화엄사상을 주장하였으며, 전제왕권정치를 약화시키는 역할을 하였다.
④ 지눌 – 돈오점수 및 정혜쌍수를 주장하고, 선종을 중심으로 교종을 통합하고자 하였다.

30 삼국시대에 건립된 비석 중 그 성격이 다른 것은?

① 진흥왕순수비 ② 임신서기석
③ 중원고구려비 ④ 광개토대왕비

2 중세의 문화

☞ 정답 및 해설 P.309

1 (가)와 (나)에 들어갈 역사서에 대한 설명으로 옳은 것은?

2016. 4. 9 인사혁신처

> • [(가)]은(는) 현존하는 우리나라의 가장 오래된 역사서로 고려 인종 때 편찬되었다. 본기 28권, 연표 3권, 지 9권, 열전 10권 등 총 50권으로 구성되어 있다.
>
> • [(나)]은(는) 충렬왕 때 한 승려가 일정한 역사 서술 체계에 구애받지 않고 자유로운 형식으로 저술한 역사서이다. 총 5권으로 구성되었으며, 민간 설화와 불교에 관한 내용들이 많이 수록되어 있다.

① (가) – 고조선의 역사를 중시하였다.
② (가) – 고구려 계승의식을 강조하였다.
③ (나) – 민족적 자주의식을 고양하였다.
④ (나) – 도덕적 합리주의를 표방하였다.

2 다음 내용을 주장한 인물에 대한 설명으로 옳은 것은?

2016. 6. 18 제1회 지방직

> • 한 마음(一心)을 깨닫지 못하고 한없는 번뇌를 일으키는 것이 중생인데, 부처는 이 한 마음을 깨달았다. 깨닫는 것과 깨닫지 못하는 것은 오직 한 마음에 달려 있으니 이 마음을 떠나서 따로 부처를 찾을 수 없다.
> • 먼저 깨치고 나서 후에 수행한다는 뜻은 못의 얼음이 전부 물인 줄은 알지만 그것이 태양의 열을 받아 녹게 되는 것처럼 범부가 곧 부처임을 깨달았으나 불법의 힘으로 부처의 길을 닦게 되는 것과 같다.

① 국청사를 창건하고 천태종을 창시하였다.
② 부석사를 창건하고 화엄 사상을 선양하였다.
③ 불교계를 개혁하기 위해 수선사 결사를 주도하였다.
④ 십문화쟁론을 저술하여 종파 간의 사상적 대립을 조화시키고자 하였다.

3 고려시대의 대장경을 설명한 것으로 가장 옳지 않은 것은?

2016. 6. 25 서울특별시

① 대장경이란 경(經)·율(律)·논(論) 삼장으로 구성된 불교 경전을 말한다.
② 초조대장경의 제작은 거란의 침입을 받으면서 시작되었다.
③ 의천은 송과 금의 대장경 주석서를 모아 속장경을 편찬하였다.
④ 초조대장경과 속장경은 몽골의 침입으로 소실되었다.

4 밑줄 친 '그'에 대한 설명으로 옳은 것은?

2015. 6. 27 제1회 지방직

> 그는 송악산 아래의 자하동에 학당을 마련하여 낙성(樂聖), 대중(大中), 성명(誠明), 경업(敬業), 조도(造道), 솔성(率性), 진덕(進德), 대화(大和), 대빙(待聘) 등의 9재(齋)로 나누고 각각 전문 강좌를 개설토록 하였다. 그리하여 당시 과거 보려는 자제들은 반드시 먼저 그의 학도로 입학하여 공부하는 것이 상례로 되었다.

① 9경과 3사를 중심으로 교육하였다.
② 유교적 합리주의 사관에 기초하여 「삼국사기」를 편찬하였다.
③ 유교 사상을 치국의 근본으로 삼아 시무 28조의 개혁안을 올렸다.
④ 「소학」과 「주자가례」를 중시하고 권문세족과 불교의 폐단을 비판하였다.

5 고려시대에 편찬된 역사서에 대한 설명으로 옳은 것은?

2015. 3. 14 사회복지직

① 「삼국유사」는 인종 때 왕명으로 편찬되었다.
② 「삼국사기」는 고구려 정통 의식을 반영하였다.
③ 「동명왕편」은 단군의 건국 이야기를 수록하였다.
④ 「제왕운기」는 우리 역사를 중국사와 대등하게 파악하였다.

6 밑줄 친 '나'에 대한 설명으로 옳지 않은 것은?

2014. 6. 21 제1회 지방직

> 나는 도(道)를 구하는 데 뜻을 두어 덕이 높은 스승을 두루 찾아다녔다. 그러다가 진수대법사 문하에서 교관(教觀)을 대강 배웠다. 법사께서는 강의하다가 쉬는 시간에도 늘 "관(觀)도 배우지 않을 수 없고, 경(經)도 배우지 않을 수 없다."라고 제자들에게 훈시하였다. 내가 교관에 마음을 다 쏟는 까닭은 이 말에 깊이 감복하였기 때문이다.

① 해동 천태종을 창시하였다.
② 이론과 실천의 양면을 강조하였다.
③ 교종의 입장에서 선종을 통합하였다.
④ 정혜쌍수로 대표되는 결사운동을 일으켰다.

7 다음은 고려 시대 불교에 관한 내용이다. 옳은 것으로 묶인 것은?

2014. 6. 28 서울특별시

> ㉠ 천태종의 지눌은 선종을 중심으로 교종을 포용하는 선교일치를 주장하였다.
> ㉡ 의천은 불교와 유교가 심성 수양이라는 면에서 차이가 없다고 하였다.
> ㉢ 의천이 죽은 뒤 교단은 분열되고 귀족 중심이 되었다.
> ㉣ 요세는 참회수행과 염불을 통한 극락왕생을 주장하며 백련사를 결성했다.

① ㉠, ㉢   ② ㉡, ㉣
③ ㉠, ㉡   ④ ㉠, ㉣
⑤ ㉢, ㉣

8 다음과 같은 역사인식에 따라서 편찬된 역사서에 대한 설명으로 옳은 것은?

2013. 7. 27 안전행정부

> 대저 옛 성인은 예악으로 나라를 일으키고 인의로 가르쳤으며 괴력난신(怪力亂神)은 말하지 않았다. 그러나 제왕이 장차 일어날 때는 부명(符命)과 도록(圖錄)을 받게 되므로 반드시 남보다 다른 일이 있었다. 그래야만 능히 큰 변화를 타고 대업을 이룰 수 있는 것이다. … (중략) … 그러니 삼국의 시조가 모두 신비하고 기이한 일을 연유하여 태어났다는 것을 어찌 괴이하다 할 수 있겠는가. 이것이 신이(神異)로써 이 책의 앞 머리를 삼은 까닭이다.

① 정통 의식과 대의명분을 강조하였다.

② 유교적 합리주의 사관에 기초하여 기전체로 서술하였다.

③ 고구려 계승 의식을 반영하고 고구려의 전통을 노래하였다.

④ 우리의 고유 문화와 전통을 중시하였으며 단군신화를 수록하였다.

9 다음과 같이 왕명을 받아 편찬한 책에 대한 설명으로 옳지 않은 것은?

2012. 4. 7 행정안전부

> 신 부식은 아뢰옵니다. 옛날에는 여러 나라들도 각각 사관을 두어 일을 기록하였습니다. ……
> 해동의 삼국도 지나온 세월이 장구하니, 마땅히 그 사실이 책으로 기록되어야 하므로 마침내
> 늙은 신에게 명하여 편집하게 하셨사오나, 아는 바가 부족하여 어찌할 바를 모르겠습니다.

① 현존하는 우리나라의 역사서 가운데 가장 오래된 것이다.

② 기전체로 서술되어 본기, 지, 열전 등으로 나누어 구성되었다.

③ 고구려 계승 의식보다는 신라 계승 의식이 좀 더 많이 반영되었다고 평가된다.

④ 몽골 침략의 위기를 겪으며 우리의 전통 문화를 올바르게 이해하려는 움직임에서 편찬되었다.

10 고려시대의 건축과 조형예술에 대한 설명으로 옳지 않은 것은?

2012. 5. 12 상반기 지방직

① 초기에는 광주 춘궁리 철불 같은 대형 철불이 많이 조성되었다.

② 지역에 따라서 고대 삼국의 전통을 계승한 석탑이 조성되기도 하였다.

③ 팔각원당형의 승탑이 많이 만들어졌는데, 그 대표적인 예로 법천사 지광국사 현묘탑을 들 수 있다.

④ 후기에는 사리원의 성불사 응진전과 같은 다포식 건물이 출현하여 조선시대 건축에 큰 영향을 끼쳤다.

11 시기 순으로 바르게 나열한 것은?

2012. 5. 12 상반기 지방직

> ㉠ 노리사치계는 일본에 불경과 불상을 전하였다.
> ㉡ 최승로는 시무 28조 개혁안을 올려 유교를 치국의 근본으로 삼을 것을 주장하였다.
> ㉢ 김부식은 기전체 역사서인 「삼국사기」를 편찬하였다.
> ㉣ 원효는 일심 사상을 바탕으로 다른 종파들과의 사상적 대립을 조화시키고자 노력하였다.

① ㉠→㉣→㉢→㉡
② ㉠→㉣→㉡→㉢
③ ㉣→㉠→㉡→㉢
④ ㉣→㉠→㉢→㉡

12 다음 고려시대 조서의 의도에 부합하지 않는 것은?

2011. 4. 9 행정안전부

> 중앙에 있는 문신은 매달 시 3편·부 1편을, 지방관은 매년 시 30편·부 1편씩을 바치도록 하라.

① 국자감 설치
② 제술업 시행
③ 음서제 시행
④ 수서원 설립

13 고려시대에 제작된 대장경에 대한 설명으로 옳지 않은 것은?

2011. 5. 14 상반기 지방직

① 초조대장경은 거란의 침입 때 부처의 힘을 빌려 적을 물리치고자 만들었다.
② 속장경(교장)은 의천이 경(經), 율(律), 논(論) 삼장의 불교경전을 모아 간행한 것이다.
③ 재조대장경은 몽고 침략으로 초조대장경이 소실된 후 고종 때 다시 만든 것이다.
④ 현재 합천 해인사에 보관되어 있는 팔만대장경은 재조대장경을 가리킨다.

14 고려시대의 수공업에 대한 설명으로 옳지 않은 것은?

2011. 5. 14 상반기 지방직

① 고려시대의 수공업은 관청수공업, 소(所)수공업, 사원수공업, 민간수공업으로 구분할 수 있다.
② 중앙과 지방의 관청에서는 그곳에서 일할 기술자들을 공장안(工匠案)에 등록해 두었다.
③ 소(所)에서는 금, 은, 철 등 광산물과 실, 종이, 먹 등 수공업 제품 외에 생강을 생산하기도 하였다.
④ 고려후기에는 소(所)에서 죽제품, 명주, 삼베 등 다양한 물품을 만들어 민간에 팔기도 하였다.

15 우리 나라 불교 문화와 관련된 내용을 시대 순으로 옳게 나열한 것은?

> (가) 그는 유불 일치설을 주장하며 심성의 도야를 강조하여 장차 성리학을 수용할 수 있는 사상
> 적 토대를 마련하기도 하였다.
> (나) 그는 '내가 곧 부처'라는 깨달음을 위한 노력과 함께, 구준한 수행으로 깨달음의 확인을 아
> 울러 강조한 돈오점수를 주장하였다.
> (다) 그는 화엄 사상을 바탕으로 교단을 형성하여 많은 제자를 양성하고, 부석사를 비롯한 여러
> 사원을 건립하여 불교 문화의 폭을 확대하였다.
> (라) 그는 흥왕사를 근거지로 삼아 화엄종을 중심으로 교종을 통합하려 하였으며, 또 선종을 통
> 합하기 위하여 국청사를 창건하여 천태종을 창시하였다.

① (다) – (라) – (가) – (나)   ② (다) – (라) – (나) – (가)
③ (라) – (다) – (나) – (가)   ④ (라) – (다) – (가) – (나)

16 다음의 역사적 사실과 시기적으로 가장 가까운 것은?

> 목판 인쇄술의 발달, 청동 주조 기술의 발달, 인쇄에 적합한 먹과 종이의 제조 등이 어우러져
> 세계 최초로 금속 활자를 주조하여 「고금상정예문」을 인쇄하였다.

① 난립한 교종의 종파를 화엄종 중심으로 재확립하기 위해 균여를 귀법사의 주지로 임명
하였다.
② 삼별초는 개경 환도에 반대하여 반기를 들었으며, 진도로 거점을 옮겨 항몽전을 전개
하였다.
③ 사림원을 설치하여 개혁정치를 추진하고, 관료정치를 회복하기 위해 관제를 바꾸었다.
④ 화약 무기의 필요성을 절감하고, 화통도감을 설치하여 각종 화약무기를 제조하였다.

17 다음 중 고려전기 문화에 대한 설명으로 옳은 것은?

① 선종의 유행으로 승려의 사리를 보관하는 승탑이 많이 제작되었고 승탑의 약식은 석종형
이 주류를 이루다.
② 부석사 무량수전, 수덕사 대웅전 등 주심포 양식, 성불사 응진전 등 다포식 양식의 건축
물이 조성되었다.
③ 상감청자가 경기도 광주에서 만들어졌다.
④ 관촉사석조미륵보살입상과 같은 대형석불이 만들어졌다.

18   다음 설명 중 옳은 것을 모두 고르면?

> ㉠ 대승기신론소와 금강삼매경론은 원효의 저서이다.
> ㉡ 의상은 아미타신앙과 함께 관음신앙을 중심으로 하였다.
> ㉢ 자장은 신라의 젊은이들에게 세속오계를 가르쳤다.
> ㉣ 원측은 화엄사상을 기본으로 하는 교단을 형성하였다.

① ㉠㉡ ② ㉠㉣
③ ㉡㉣ ④ ㉢㉣

19   고려시대 건축양식에 대한 설명으로 옳지 않은 것은?

① 고려시대 건축은 주로 궁궐과 사원이 중심이었다.
② 고려전기에는 주로 주심포 양식이 적용되었다.
③ 성불사 응진전은 대표적인 주심포 양식의 건물이다.
④ 다층다각탑이 유행하였으며 자연미가 강조되었다.

20   다음 중 삼국사기와 삼국유사에 대한 설명으로 옳은 것은?

	삼국사기	삼국유사
①	불교사상사 관계자료와 함께 많은 민간 전승과 신화·설화를 수집하였다.	논찬을 따로 두어 주관적 서술을 제한·구별하고 삼국을 '우리'로 서술하는 등의 객관적이고 합리적인 입장을 표명하였다.
②	기전체 서술방식으로 본기, 열전, 지, 연표 등으로 구성되어 다양한 역사체험을 포괄하고 있다.	고승전 체제를 바탕으로 기이편을 앞 부분에 넣고 효선편을 마지막에 붙여서 유사체로 편집하였다.
③	중국측 사료를 더 신뢰하여 민족 시조를 제시했으면서도 체계화에 대한 노력이 부족하였다.	고조선 등의 존재를 알면서도 이를 삭제하고 삼국시대만의 단대사만을 기록하였다.
④	기층민의 생활상에서 드러나는 반귀족적 사회의식도 반영되어 있다.	부족설화, 불교설화 같이 전통적 생활체험이 담긴 공동체의 체험을 유교적 사관에 맞게 고치거나 누락시켰다.

21 다음 도표를 보고 박물관의 학예연구사가 설명한 내용으로 알맞지 않은 것은?

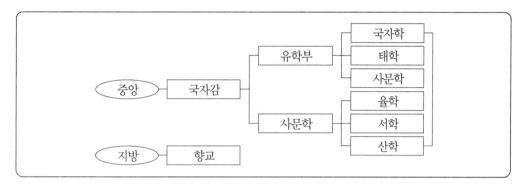

① 서적포를 두어 도서출판을 활발히 했으며, 7재라는 전문강좌가 열리기도 하였다.
② 유학부에서 향음주례를 지내며 인재를 모아 학문을 가르쳤다.
③ 신분적 성격이 반영된 교육제도였다.
④ 지방관리와 서민의 자제들도 교육을 받을 수 있었다.

22 다음의 밑줄 친 '그'가 남긴 업적에 해당하는 것은?

> '<u>그</u>'는 선종의 부흥과 신앙결사운동의 새로운 움직임을 주도하였다. 송광사에 머무르고 있던 그는 당시 불교계의 타락을 비판하였다. 불교수행의 중심을 이루는 두 요소인 참선과 지혜를 아울러 닦아야 한다고 하였다. 그리고 승려 본연의 자세로 돌아가 예불독경과 함께 참선 및 노동에 힘쓰자는 개혁운동을 전개하였다.

① 이론과 실천의 양면을 중시하는 교관겸수(敎觀兼修)를 제창하였다.
② 하나 속에 우주의 만물을 아우른다는 그의 화엄사상은 전제정치를 뒷받침하였다.
③ 선·교 일치의 완성된 철학체계를 이루게 되었다.
④ 일심사상을 토대로 정토종을 창시하였다.

23 다음 중 화쟁사상이 고려시대 불교에 미친 영향은?

① 의천이 계승하여 교종 위주로 교선의 통합을 전개하였다.
② 불교의 지방 문화 확산에 기여하였다.
③ 도선이 선종을 중심으로 교종을 통합하였다.
④ 호족 중심의 새로운 사회로의 이행을 촉구하였다.

24 다음 설명 중 옳지 않은 것은?

① 경천사 10층 석탑 – 원의 석탑을 본뜬 것으로 목조건축형태이다.
② 향약구급방 – 우리 실정에 맞는 자주적 의학서적이다.
③ 직지심체요절 – 금속활자로 간행한 세계에서 가장 오래된 책이다.
④ 법천사 지광국사 현묘탑 – 신라 시대의 부도양식인 8각원당형으로 되어 있다.

25 다음에 열거한 불교사상이나 주장들이 공통적으로 내포하고 있는 것은?

> • 원효의 화쟁사상　　　　• 의천의 교관겸수　　　　• 지눌의 정혜쌍수

① 현세구복적인 불교를 추구하였다.
② 왕권을 강화시키는 중요한 이념적 배경이 되었다.
③ 귀족적 색채의 불교를 대중화시키는 데 기여하였다.
④ 분열되어 있는 여러 불교 종파를 융합시키려 하였다.

26 고려시대 다음과 같은 결과로 인하여 위축된 관학을 진흥시키기 위한 조치로 바르지 못한 것은?

> • 고려중기에는 최충의 문헌공도를 비롯한 사학 12도가 융성하였다.
> • 사학에서 교육을 받은 학생들이 과거에서 좋은 성적을 거두게 되었다.

① 장학재단인 양현고와 도서관 겸 학문연구소의 역할을 담당하는 청연각을 설치하였다.
② 경사 6학을 정비하고 유교교육을 강화하였다.
③ 국자감에 문적원을 설치하여 서적 간행을 활성화하였다.
④ 국자감을 재정비하여 7재라는 전문강좌를 개설하였다.

27 다음은 불교사상을 요약한 것이다. 옳지 않은 것은?

> 참선과 지혜를 아울러 닦아야 한다. 인간의 마음이 곧 부처의 마음이니 이를 깨달을 것이며 깨달은 뒤에도 꾸준히 수행해야 해탈에 이를 수 있다.

① 참선을 중시하는 선종의 입장에서 교종과의 조화를 꾀하려는 사상이었다.
② 무신정권은 문신의 후원을 받았던 교종불교를 제압하고 정권안정을 위해 이 사상을 적극 후원하였다.
③ 정토사상의 핵심이론으로 고려 불교의 대중화에 기여하였다.
④ 심성의 도야를 강조하고 성리학을 받아들일 수 있는 사상적 기반이 되었다.

28 다음 중 의천에 대한 설명이 아닌 것은?

① 교관겸수   ② 국청사 창건
③ 정혜결사   ④ 속장경

29 다음 중 고려시대 조계종에 대한 설명으로 옳지 않은 것은?

① 불교계의 타락을 비판하며 정혜쌍수의 실천운동을 전개하였다.
② 원 간섭기 이후 권문세족의 후원으로 혁신운동이 전개되었다.
③ 무신정권은 교종세력을 억압하기 위해 정책적으로 조계종을 후원하였다.
④ 심성의 도야를 강조함으로써 성리학을 받아들일 수 있는 사상적 터전을 마련하였다.

30 다음 중 고려시대의 교육에 대한 설명으로 옳지 않은 것은?

① 율학, 산학 등 기술학은 해당 관청에서 교육하였다.
② 7재와 양현고는 국가의 관학진흥책의 일환으로 설립되었다.
③ 최충의 9재학당은 사학의 융성을 가져온 계기가 되었다.
④ 국립대학인 국자감을 설립하여 유교적 정치이념을 뒷받침하였다.

☞ 정답 및 해설 P.311

3 근세의 문화

1 밑줄 친 '왕의 재위 기간에 있었던 사실로 옳지 않은 것은?

2016. 6. 18 제1회 지방직

> 왕이 이순지, 김담 등에게 명하여 중국의 선명력, 수시력 등의 역법을 참조하여 새로운 역법을 만들게 하였다. 이 역법은 내편과 외편으로 구성되었다. 내편은 수시력의 원리와 방법을 해설한 것이며, 외편은 회회력(이슬람력)을 해설, 편찬한 것이다.

① 천체 관측 기구인 혼의, 간의 등을 제작하였다.
② 경기 지역의 농사 경험을 토대로 금양잡록을 편찬하였다.
③ 경자자(庚子字), 갑인자(甲寅字) 등 금속 활자를 주조하였다.
④ 우리 풍토에 맞는 약재와 치료법을 정리한 향약집성방을 편찬하였다.

2 다음 중 영조 대에 편찬된 서적은?

2016. 6. 25 서울특별시

① 「동국문헌비고」　　　　　② 「동국지리지」
③ 「동사강목」　　　　　　　④ 「동의보감」

3 우리나라 농서에 대한 설명으로 옳은 것은?

2015. 4. 18 인사혁신처

① 「농가집성」은 고려 말 이암이 원에서 들여온 것이다.
② 「농사직설」은 정초 등이 왕명을 받아 편찬한 것이다.
③ 「산림경제」는 박세당이 과수, 축산 등을 소개한 것이다.
④ 「과농소초」는 홍만선이 화초재배법에 대해 저술한 것이다.

4 다음 중 해외로 유출된 우리 문화재는?

2014. 6. 21 제1회 지방직

① 신윤복의 미인도　　　　② 안견의 몽유도원도
③ 정선의 인왕제색도　　　④ 강희안의 고사관수도

5 조선시대 의궤에 대한 설명으로 옳지 않은 것은?

2014. 6. 21 제1회 지방직

① 왕실의 행사에 사용된 도구, 복식 등을 그림으로 남겨 놓았다.

② 이두와 차자(借字) 및 우리의 고유한 한자어(漢字語) 연구에도 귀중한 자료이다.

③ 왕실 혼례와 장례, 궁중의 잔치, 국왕의 행차 등 국가의 중요한 행사를 기록하였다.

④ 프랑스 국립도서관에는 신미양요 때 프랑스군이 약탈해 간 어람용 의궤가 소장되어 있다.

6 조선 시대 과학기술의 발전에 대한 다음의 설명 중 옳지 않은 것은?

2014. 6. 28 서울특별시

① 조선 초기 농업기술의 발전 성과를 반영한 영농의 기본 지침서는 세종대 편찬된 「농가집성」이었다.

② 세종대 해와 달 그리고 별을 관측하기 위해 간의대(簡儀臺)라는 천문대를 운영하였다.

③ 세종대 동양 의학에 관한 서적과 이론을 집대성한 의학 백과사전인 「의방유취」가 편찬되었다.

④ 문종대 개발된 화차(火車)는 신기전이라는 화살 100개를 설치하고 심지에 불을 붙이는 일종의 로켓포였다.

⑤ 조선 초기 140여 명의 인쇄공이 소속된 최대 인쇄소는 교서관이었다.

7 다음과 같은 조세 제도가 실시된 시기에 있었던 일로 옳지 않은 것은?

2013. 9. 7 서울특별시

> 토지 비옥도와 풍흉의 정도에 따라 전분 6등법, 연분 9등법으로 바꾸고 조세 액수를 1결당 최고 20두에서 최하 4두를 내도록 하였다.

① 안평대군의 꿈을 바탕으로 안견이 몽유도원도를 그렸다.

② 충신, 효자, 열녀 등의 행적을 그리고 설명한 삼강행실도가 편찬되었다.

③ 이암이 중국의 농서인 농상집요를 소개하였다.

④ 소리의 장단과 높낮이를 표현할 수 있는 정간보를 창안 하였다.

⑤ 전국지도로서 팔도도가 처음으로 제작되었다.

8 조선후기 과학 문화에 대한 설명으로 옳지 않은 것은?

2012. 4. 7 행정안전부

① 유클리드 기하학을 중국어로 번역한 기하원본이 도입되기도 하였다.
② 지석영은 서양의학의 성과를 토대로 서구의 종두법을 최초로 소개하였다.
③ 곤여만국전도 같은 세계지도가 전해짐으로써 보다 과학적이고 정밀한 지리학의 지식을 가지게 되었다.
④ 서호수는 우리 고유의 농학을 중심에 두고 중국 농학을 선별적으로 수용하여 한국 농학의 새로운 체계화를 시도하였다.

9 다음은 조선시대에 편찬된 어떤 책의 서문이다. 이 책이 편찬된 국왕 때에 일어난 일이 아닌 것을 두 가지 고르시오.

2012. 5. 12 상반기 지방직

> 전하께서는 …… 신 서거정 등에게 명해 제가(諸家)의 작품을 뽑아 한 질을 만들게 하셨습니다. 저희들은 전하의 위촉을 받아 삼국시대로부터 지금에 이르기까지 사(辭), 부(賦), 시(詩), 문(文) 등 여러 문체를 수집하여 이 중 문장과 이치가 순정하여 교화에 도움이 되는 것을 취하고 분류하여 130권을 편찬해 올립니다.

① 유향소를 다시 설치하고, 사창제를 도입하였다.
② 서울의 원각사 안에 대리석 10층탑을 건립하였다.
③ 재가녀 자손의 관리 등용을 제한하는 법을 공포하였다.
④ 정읍사, 처용가 등이 한글로 수록된 악학궤범이 편찬되었다.

10 다음은 어떤 책의 서문이다. 이 책에 대한 설명으로 옳은 것은?

2012. 9. 22 하반기 지방직

> 세조께서 일찍이 말씀하셨다. "우리 조종의 심후하신 인덕과 크고 아름다운 규범이 훌륭한 전장(典章)에 퍼졌으니 …(중략)… 또 여러 번 내린 교지가 있어 법이 아름답지 않은 것은 아니지만, 관리들이 재주가 없고 어리석어 제대로 받들어 행하지 못한다. …(중략)… 이제 손익을 헤아리고 회통할 것을 산정하여 만대 성법을 만들고자 한다."

① 국가 통치 규범을 확립한 「경국대전」이다.
② 국가 행사 때 사용될 의례 규범서인 「국조오례의」이다.
③ 후대에 모범이 될 만한 역대 국왕의 행적을 기록한 「국조보감」이다.
④ 효자, 충신, 열녀 등의 사례를 뽑아서 만든 백성들의 윤리서인 「삼강행실도」이다.

11 다음 의학 이론을 담고 있는 서적은?

2011. 4. 9 행정안전부

사람의 체질을 태양인 · 태음인 · 소양인 · 소음인으로 구분하여 치료하는 체질 의학 이론으로, 오늘날까지도 한의학계에서 통용되고 있다.

① 동의보감   ② 방약합편

③ 마과회통   ④ 동의수세보원

12 우리 나라의 토기 및 도자기에 대한 설명으로 옳지 않은 것은?

2011. 5. 14 상반기 지방직

① 신라 토기는 규산(석영) 성분의 태토를 구워 만드는데, 유약을 사용하지 않는 것이 원칙이다.

② 고려 청자는 물에는 묽어지고 불에는 굳어지는 자토로 모양을 만들고 무늬를 새긴 후 유약을 발라 대략 1,250~1,300도 사이의 온도로 구워서 만든다.

③ 분청사기는 청자에 백토의 분을 칠한 것으로, 서민문화가 발달하는 조선후기에 성행하였다.

④ 조선 백자는 규산(석영)과 산화알루미늄을 주성분으로 한 태토로 모양을 만들고 그 위에 유약을 발라 대략 1,300~1,350도에서 구워 만든다.

13 조선후기의 학문과 사상에 대한 설명으로 옳지 않은 것은?

2011. 5. 14 상반기 지방직

① 허목은 중농정책의 강화, 부세의 완화, 호포제 실시 반대 등을 주장하였다.

② 호락 논쟁은 인성과 물성이 같다고 주장하는 노론과, 다르다고 주장하는 소론 사이의 논쟁이다.

③ 이익은 나라를 좀먹는 악폐로 노비제도, 과거제도, 양반문벌, 사치와 미신, 승려, 게으름 등을 들었다.

④ 민족의 전통과 현실에 대한 관심이 깊어지면서 우리의 역사, 지리, 국어 등을 연구하는 국학이 발달하였다.

14 다음 중 영조 때 편찬된 것으로만 묶인 것은?

> ㉠ 동국문헌비고   ㉡ 동문휘고
> ㉢ 속병장도설   ㉣ 무원록
> ㉤ 전운옥편

① ㉠㉡㉣   ② ㉡㉢㉤
③ ㉠㉢㉣   ④ ㉠㉢㉤
⑤ ㉢㉣㉤

15 조선시대의 미술 작품에 대한 설명이다. 바르게 연결한 것은?

> • 창덕궁과 창경궁의 전모를 그려낸 (㉠)는 기록화로서의 정확성과 정밀성이 뛰어날 뿐 아니라 배경산수의 묘사가 극히 예술적이다.
> • 강희안의 (㉡)는 무념무상에 빠진 선비의 모습을 그린 작품으로 간결하고 과감한 필치로 인물의 내면세계를 느낄 수 있게 표현 하였다.
> • 노비 출신으로 화원에 발탁된 이상좌의 (㉢)는 바위틈에 뿌리를 박고 모진 비바람을 이겨내고 있는 나무를 통하여 강인한 정신과 굳센 기개를 표현하였다.

	㉠	㉡	㉢		㉠	㉡	㉢
①	동궐도	송하보월도	금강전도	②	동궐도	고사관수도	송하보월도
③	서궐도	송하보월도	금강전도	④	서궐도	고사관수도	송하보월도

16 조선시대의 예술에 대한 설명으로 옳은 것은?

① 공예는 생활용품이나 문방구 등에서 특색 있는 발달을 보였다.
② 분청사기와 백자가 많이 만들어졌는데 후기로 갈수록 분청사기가 주류를 이루었다.
③ 궁궐, 관아, 성문, 학교 건축이 발달했던 고려시대와 대조적으로 사원 건축이 발달하였다.
④ 양반들은 장인들이 하는 일이라 하여 서예를 기피하였으나 그림은 필수적 교양으로 여겼다.

17 「혼일강리역대국도지도」가 제작된 왕대의 문화계 동향에 대한 설명으로 옳은 것은?

① 주자소를 설치하고 구리로 '계미자'를 주조하였다.
② 유교적 질서를 확립하기 위하여 윤리서인 「삼강행실도」를 편찬하였다.
③ 「경국대전」을 간행하여 유교적 통치 질서와 문물제도를 일단락 하였다.
④ 서거정 등이 중심이 되어 편년체 통사인 「동국통감」을 편찬하였다.

18 다음에서 설명하고 있는 역사서는 무엇인가?

> • 국가의 중요한 행사에 관한 것을 기록하거나 그림으로 수록하여 편찬한 책이다.
> • 왕의 열람을 위한 어람용 1부를 포함하여 5~8부 정도 제작하여 해당 관서와 사고에 보관하였다.
> • 세자의 책봉(册封) 및 책례(册禮), 왕실의 구성원의 혼인, 각종 상례(喪禮)와 제례(祭禮), 궁궐 건축 및 국왕 초상화 등이 기록되어 있다.

① 의궤   ② 등록
③ 실록   ④ 시정기

19 다음 중 조선시대 과학기술에 대한 설명으로 옳은 것은?

① 세종 때 밀랍으로 활자를 고정시키는 대신 식자판을 조립하는 방법을 창안하여 인쇄 능률을 올리게 되었다.
② 세종 때 주자소를 설치하고 구리로 계미자를 주조하였다.
③ 세종 때 농사직설은 중국 농법을 배제하고 우리나라 독자적 농법을 실었다.
④ 태종 때 비거도선이라는 전투선을 제조하였는데 무겁고 느려 실용성은 없었다.

20 다음 사상과 유사한 성격을 지닌 것을 모두 고르면?

사방 각국의 풍토가 다르고 성음 역시 이에 따라 다르게 마련이다. 중국 이외의 외국말은 성음만 있고 문자가 없으므로 중국의 문자를 빌어서 사용하고 있는데, 이것은 마치 둥근 구멍에 모난 자루를 끼워 맞추는 것과 같아 서로 맞지 않으니 어찌 잘 통하여 막힘이 없겠는가? 요는 모두 각각 그 곳에 따라 편리하게 할 뿐, 억지로 똑같게 할 수는 없는 것이다.

ㄱ 농상집요   ㄴ 향약집성방
ㄷ 동의보감   ㄹ 칠정산

① ㄱㄴㄷ   ② ㄱㄴㄹ
③ ㄱㄷㄹ   ④ ㄴㄷㄹ

21 다음 중 역사서와 그 특징이 바르게 연결된 것은?

(가) 조선왕조 건국의 정당성을 강조하였다.
(나) 고려의 역사를 자주적인 입장에서 재정리하였다.
(다) 사림의 역사와 문화의식이 잘 반영되었다.
(라) 우리 역사의 독자적인 정통론을 체계화하였다.

ㄱ 고려국사   ㄴ 기자실기
ㄷ 동국통감   ㄹ 동사강목
ㅁ 고려사   ㅂ 동사

	(가)	(나)	(다)	(라)
①	ㄱ	ㄷ	ㄴ	ㄹ
③	ㄴ	ㄷ	ㅂ	ㅁ

	(가)	(나)	(다)	(라)
②	ㄱ	ㄹ	ㅁ	ㅂ
④	ㄹ	ㅂ	ㄴ	ㅁ

22 다음 중 16세기의 상황으로 옳은 것은?

① 고려사, 고려사절요 등이 편찬되었다.
② 경국대전이 반포되었다.
③ 조선방역지도가 편찬되었다.
④ 칠정산 내·외편이 제작되었다.

23 조선초기에 간행된 다음 서적들에 대한 설명으로 옳지 않은 것은?

① 문종 때 고려사절요는 김종서가 편찬한 기전체의 역사서이다.

② 성종 때 제작된 동국여지승람은 백과사전식 지리지이다.

③ 동국지도는 정확하고 과학적인 인문지리서이다.

④ 세종 때 간행된 삼강행실도는 유교질서 확립을 목적으로 만들어졌다.

24 다음 중 주기론과 주리론에 대한 설명으로 옳은 것은?

① 주기론은 이언적에 의해 발전했으며, 주리론은 서경덕에 의해 발전되었다.

② 주기론은 도덕과 심성도야를 중시했으며, 주리론은 현실개혁문제를 중시했다.

③ 주기론은 김성일, 유성룡으로 이어졌으며, 주리론은 김장생, 조헌으로 이어졌다.

④ 이황은 국내뿐만 아니라 일본 성리학도 영향을 미쳤다.

25 조선 성종 때 간행된 다음 자료는?

> 이 책은 우리 산천의 지세와 풍속, 인물 등에 대한 기록이 담겨져 있다.

① 택리지   ② 아방강역고

③ 동국여지승람   ④ 팔도지리지

26 다음은 조선시대 불교정책의 변화과정을 순서대로 배열한 것이다. 이러한 변화가 의미하는 것으로 가장 적절한 것은?

> • 종전의 남녀를 막론하고 승려가 되는 것을 억제하였다.
> • 원각사를 중건하였고 간경도감을 설치하여 불경을 간행하기도 하였다.
> • 성종은 시행되고 있었던 승표 허가제인 도첩제를 완전히 폐지하였다.

① 승려의 자질을 향상시키는 과정으로 볼 수 있다.

② 유불을 이념적으로 통합하고 체계화시키려는 노력의 과정이다.

③ 불교의 사회적 지위에 대한 이해로 불교를 장려하는 방향이다.

④ 유교주의가 심화됨으로써 불교에 대한 압박이 가중되고 있다.

27 각 저서와 설명이 바르게 연결되지 않은 것은?

① 경국대전 – 법의 성문화
② 팔도지리지 – 국방력 강화, 중앙집권화
③ 농사직설 – 중국 농법을 정리
④ 향약집성방 – 우리나라 실정에 맞는 의학서적

28 다음 내용과 관련지어 당시의 학문과 예술에 대한 설명이 잘못 연결된 것은?

• 사림이 중앙정치의 주도권을 장악하였다.
• 지주전호제의 확산으로 병작반수제가 유행하였다.
• 서원의 설립으로 교육의 기회가 확대되었다.

① 철학 – 관념론적인 이기철학이 유행하였다.
② 문학 – 경학에 치중하여 한문학이 저조하였다.
③ 그림 – 일본 무로마치시대의 미술에 영향을 주었다.
④ 공예 – 세련된 백자가 널리 유행하였다.

29 조선시대 다음과 같은 성향을 가진 인물에 의해 저술된 역사서적은 어느 것인가?

• 성리학 이외의 타학문을 배타시하고 있었다.
• 사장학보다 경학을 중시하는 경향이 강하였다.
• 관념적 이기론이 학문적 중심을 이루었다.

① 기자실기   ② 삼국사절요
③ 동국통감   ④ 고려국사

30 다음 중 주자학의 주리파에 관한 설명으로 옳지 않은 것은?

① 이기이원론을 주장하였다.
② 이언적을 거쳐 이황에 이르러 집대성되었다.
③ 유성룡, 김성일 등에 의하여 영남학파로 계승되었다.
④ 실천면을 중시하는 정치철학으로 발전하였다.

31 다음은 어떤 학문 연구의 경향을 설명한 것이다. 이런 학문 연구의 경향이 가져온 결과로 볼 수 있는 것은?

> 도덕윤리를 기준으로 하는 형식논리를 중시하고 명분중심의 가치를 강조하는 경향이 나타나 왕실 위주의 국가질서론과 주자가례에 대한 학문적 연구가 발달하였다. 또한 가족과 친족공동체의 유대를 통하여 문벌을 형성하고 양반으로서의 신분적 우위성을 유지하려는 필요에서 종족의 내력을 기록하고 그것을 암기하는 학문적 경향이 발달하였다.

① 전제왕권에 대항하는 원리를 제공하였다.
② 양반문벌제도를 붕괴시키는 계기가 되었다.
③ 성리학 연구를 침체시키는 결과를 초래하였다.
④ 유교주의적 가족제도를 확립하는 데 기여하였다.

32 조선의 성리학에는 주리파와 주기파라는 두 계통이 있었다. 다음에서 주기파에 대하여 바르게 설명한 것은?

① 주기파의 선구적인 학자는 이언적이었다.
② 주기파는 유성룡, 김성일 등에 의하여 영남학파로 이어져 내려왔다.
③ 주기파는 사물의 법칙성을 인식하는 것보다는 인간의 내적인 경험을 중요시하였다.
④ 주기파는 사물의 법칙성을 객관적으로 파악하려는 입장에 있다.

33 조선초기에는 부국강병과 민생안정을 위해 과학기술학을 장려하였고, 철학사조도 격물치지의 경험적 학풍이 지배적이었다. 이에 해당되는 것은?

① 규형의 제작
② 기자실기의 편찬
③ 농가집성의 편찬
④ 동의수세보원의 편찬

34 조선왕조실록에 관한 설명 중 옳지 않은 것은?

① 현재 실록은 태조실록부터 고종실록까지 남아 있다.
② 실록이란 역대제왕의 사적을 편년체로 엮은 것이다.
③ 조선중기 이후 당쟁에 관계된 부분이 개수되어 수정실록이 만들어지기도 하였다.
④ 실록은 사초를 비롯해 승정원일기, 시정기, 비변사등록 등을 사료로 이용하여 편찬하였다.

35 조선시대의 화가로 진경산수화(산수를 실경 그대로 그린 산수화)를 개척한 사람은?

① 안견 ② 김홍도
③ 정선 ④ 신윤복

36 돈화문과 도산서원을 비롯한 조선시대 건축물들이 대체로 규모가 작고 외부치장이 소박한 이유를 보기에서 고른다면?

┌─────────────────────────────────────┐
│ ㉠ 자연과의 조화를 추구하였다.   │
│ ㉡ 비애(悲哀)의 미를 선호하였다.   │
│ ㉢ 유교적인 검약정신의 영향을 받았다.   │
│ ㉣ 고려시대보다 건축기술이 크게 퇴보하였다.   │
└─────────────────────────────────────┘

① ㉠㉢ ② ㉠㉣
③ ㉡㉢ ④ ㉡㉣

37 다음은 조선초기의 국가시책과 관련하여 편찬된 것들이다. 그 편찬의도는 무엇인가?

- 삼강행실도
- 국조오례의
- 효행록
- 경국대전

① 민족의 전통문화 정리
② 유교적 통치질서 수립
③ 조선왕조의 정통성 확립
④ 농촌사회의 안정 추구

38 다음과 같은 문화현상들이 나타났던 시기에 있었던 사실로 맞는 것은?

- 예학과 보학이 발달하였다.
- 기자에 대한 연구가 심화되었다.
- 도교와 관련된 행사가 폐지되었다.
- 세련된 백자가 널리 유행하였다.

① 서원이 설립되었다.
② 경국대전이 편찬되었다.
③ 실학이 발달되었다.
④ 훈민정음이 창제되었다.

39 아래의 기구들은 조선초기에 제작되거나 편찬된 것들이다. 무엇에 관한 것인가?

- 혼의
- 칠정산
- 자격루, 상명산법
- 인지의, 규형

① 국방력의 강화
③ 과학기술의 장려
② 교육문화의 진흥
④ 농업의 진흥

4 문화의 새 기운

정답 및 해설 P.315

1 조선 후기의 문화에 대한 설명으로 옳지 않은 것은?

2016. 3. 19 사회복지직

① 주자학에 대한 비판이 높아짐에 따라 역사서술에서 강목체는 사라졌다.

② '진경산수'가 유행하여 우리 산천에 대한 사실적인 묘사가 많아졌다.

③ 서양인이 제작한 세계지도의 전래로 조선인들의 세계관이 확대되었다.

④ 판소리나 탈춤이 유행하여 서민들의 문화생활을 풍요롭게 하였다.

2 다음 (가)~(다)의 설명에 해당하는 인물을 바르게 연결한 것은?

2016. 6. 25 서울특별시

> (가) 스승 이벽의 권유로 북경에 갔다가 서양인 신부의 세례를 받고 귀국하였다.
>
> (나) 성리학의 입장에서 천주교를 비판하는 천학문답을 저술하였다.
>
> (다) 신부가 되어 충청도 당진(솔뫼)을 근거로 포교하다가 붙잡혀 처형되었다.

	(가)	(나)	(다)
①	이가환	안정복	황사영
②	이승훈	이기경	황사영
③	이승훈	안정복	김대건
④	이가환	이기경	김대건

3 조선후기 실학자의 저술에 대한 설명 중 옳은 것은?

2015. 6. 13 서울특별시

① 유형원은 백과사전적 성격을 지닌 「반계수록」을 저술하였다.

② 이익은 「곽우록」을 저술하여 국가 제도 전반에 대한 의견을 제시하였다.

③ 박지원은 청에 갔던 기행문인 「연기」를 저술하였다.

④ 안정복은 각종 서적을 참고하여 조선시대 역사를 기술한 「동사강목」을 편찬하였다.

174   PART Ⅰ. 시험 전에 꼭 풀어봐야 할 문제

4 다음과 같은 내용을 주장한 실학자에 대한 설명으로 옳은 것은?

2014. 4. 19 안전행정부

> 중국은 서양과 180도 정도 차이가 난다. 중국인은 중국을 중심으로 삼고 서양을 변두리로 삼으며, 서양인은 서양을 중심으로 삼고 중국을 변두리로 삼는다. 그러나 실제는 하늘을 이고 땅을 밟는 사람은 땅에 따라서 모두 그러한 것이니 중심도 변두리도 없이 모두가 중심이다.

① 「동국지리지」를 저술하여 역사지리 연구의 단서를 열어 놓았다.
② 「임하경륜」을 통해서 성인 남자들에게 2결의 토지를 나누어 줄 것을 주장하였다.
③ 「동사」에서 조선의 자연환경과 풍속, 인성의 독자성을 강조하였다.
④ 「동국지도」를 만들어 지도 제작의 과학화에 기여하였다.

5 조선 후기 천주교와 관련된 설명으로 옳지 않은 것은?

2014. 4. 19 안전행정부

① 기해사옥 때 흑산도로 유배를 간 정약전은 그 지역의 어류를 조사한 「자산어보」를 저술하였다.
② 안정복은 성리학의 입장에서 천주교를 비판하는 「천학문답」을 저술하였다.
③ 1791년 윤지충은 어머니 상(喪)에 유교 의식을 거부하여 신주를 없애고 제사를 지내 권상연과 함께 처형을 당하였다.
④ 신유사옥 때 황사영은 군대를 동원하여 조선에서 신앙의 자유를 보장받게 해달라는 서신을 북경에 있는 주교에게 보내려다 발각되었다.

6 다음 중 조선 후기 실학자와 그들이 주장하는 바에 대한 설명이다. 옳지 않은 것을 모두 고른 것은?

2014. 6. 28 서울특별시

> ㉠ 정약용 : 농업 중심 개혁론의 선구자로 균전론을 제시하였다.
> ㉡ 홍대용 : 무역선을 파견하여 청에서 행해지는 국제무역에도 참여해야 한다고 주장하였다.
> ㉢ 유수원 : 우서를 저술하여 상공업의 진흥을 위한 사농공상의 직업적 평등과 전문화를 주장하였다.
> ㉣ 유형원 : 자영농 육성을 위한 토지제의 개혁뿐만 아니라 양반문벌제도, 과거제, 노비제의 모순도 지적하였다.

① ㉠, ㉡   ② ㉠, ㉢
③ ㉡, ㉢   ④ ㉡, ㉣
⑤ ㉢, ㉣

7 다음과 같은 주장이 제기된 시기의 사회상에 대한 설명으로 적절하지 않은 것은?

2010. 5. 22 상반기 지방직

> 지금 양반이 명분상으로 상공업에 종사하는 것을 부끄러워 하지만 그들의 비루한 행동이 상공업자보다 심한 자가 많다. … (중략) … 상공업을 두고 천한 직업이라 하지만 본래 부정하거나 비루한 일은 아니다.

① 이익, 정약용 등이 토지제도의 개혁을 주장하였다.
② 미륵 사상이나 「정감록」 등이 민중에게 널리 전파되었다.
③ 정부는 교정청을 설치하여 삼정 문란을 바로잡고자 노력하였다.
④ 서민 생활을 반영하는 풍속화, 한글 소설, 판소리 등이 유행하였다.

8 다음 역사서 저자들의 정치적 입장에 관한 설명으로 옳지 않은 것은?

2009. 4. 11 행정안전부

① 「여사제강」 – 서인의 입장에서 북벌운동을 지지하였다.
② 「동사(東事)」 – 붕당정치를 비판하였다.
③ 「동사강목」 – 성리학적 명분론을 비판하였다.
④ 「동국통감제강」 – 남인의 입장에서 왕권 강화를 주장하였다.

9 다음의 역사서가 편찬된 시기의 상황에 대한 설명으로 옳은 것은?

2009. 4. 11 행정안전부

> 부여씨가 망하고 고씨(고구려)가 망한 다음 김씨(신라)가 남방을 차지하고 대씨(발해)가 북방을 차지하고는 발해라 하였으니, 이것을 남북국이라 한다. 당연히 남북국사가 있어야 하는데, 고려가 편찬하지 않은 것은 잘못이다. 저 대씨가 어떤 사람인가? 바로 고구려 사람이다. 그들이 차지하고 있던 땅은 어떤 땅인가? 바로 고구려 땅이다.

① 양명학이 수용되기 시작하였다.
② 성리학 수용을 지지하는 여론이 조성되었다.
③ 서얼 출신을 규장각 검서관으로 등용하였다.
④ 우리 역사의 통사 체계가 처음으로 확립되었다.

10 조선후기의 문학과 예술의 경향에 대한 설명으로 옳지 않은 것은?

2009. 5. 23 상반기 지방직

① 추사체가 창안되어 서예의 새로운 경지를 열었다.

② 양반전, 허생전 등의 한글소설을 통해 양반사회를 비판·풍자하였다.

③ 진경산수화와 풍속화가 유행하였다.

④ 미술에 서양화의 기법이 반영되어 사물을 실감나게 표현하였다.

11 괄호에 들어갈 내용으로 가장 거리가 먼 것은?

조선후기의 상공업 발달과 농업 생산력의 증대를 배경으로 서민의 경제적·신분적 지위가 향상되었다. 이에 서당교육이 보급되고 (   )와 같은 서민 문화가 성장하였다.

① 판소리   ② 탈놀이
③ 사설시조   ④ 진경산수화

12 다음 설명에 나타난 인물은 누구인가?

• 선비의 자각을 강조하였으며 한전론을 주장하였다.
• 영농방법의 혁신과 상업적 농업을 장려하였으며 수리시설의 확충 등을 통하여 농업생산력을 높이는데 관심을 기울였다.
• 상공업의 진흥을 강조하면서 수레와 선박을 이용하였다.

① 홍대용   ② 박제가
③ 박지원   ④ 이수광

13 조선시대의 학파 및 학설에 관한 설명으로 옳지 않은 것은?

① 주로 서경덕 학파와 이황 학파, 조식 학파가 동인을 형성하였고, 이이 학파와 성혼 학파가 서인을 형성하였다.

② 16세기 중반부터 성리학에 대한 이해가 심화되면서 학설과 지역적 차이에 따라 서원을 중심으로 학파가 형성되기 시작하였다.

③ 18세기 호락(湖洛)논쟁은 노론과 소론 간의 학문적 논쟁이었다.

④ 주로 서경덕 학파와 조식 학파로 구성된 북인은 서인보다 성리학적 의리명분론에 구애를 덜 받았다.

14 역사 서술의 형식과 대표적인 사서가 바르게 짝지어진 것은?

① 강목체 – 고려사

② 편년체 – 삼국사기

③ 기전체 – 동국통감

④ 기사본말체 – 연려실기술

15 다음 밑줄 친 '인물성동론(人物性同論)'에 기초하여 나타난 사상계의 동향으로 가장 적절한 것은?

18세기 초 노론학계 내에서는 호락논쟁(湖洛論爭)이 벌어졌다. 이 논쟁은 송시열의 직계 제자들이 벌인 사상 논쟁인데 권상하와 그의 제자 한원진이 중심이 된 충청도 지방의 학자들이 주장한 이론을 호론이라고 한다. 이 이론은 사람의 본성인 인성(人性)과 물질의 본성인 물성(物性)이 본질적으로 다르다는 것이다. 한편 권상하의 제자인 이간과 김창협이 중심이 된 낙론은 인성과 물성이 같다는 인물성동론(人物性同論)을 말한다.

① 양명학의 도입

② 동학 사상의 대두

③ 북학 사상의 형성

④ 화이론적 사유체계 확립

16 조선 후기 문학과 예술의 새로운 경향으로 거리가 먼 것은?

① 설화 문학이 유행하여 「필원잡기」와 「용재총화」가 편찬되었다.
② 도시 상인층의 지원에 의해 산대놀이가 민중오락으로 정착되었다.
③ 우리의 고유한 자연을 그린 진경산수화가 유행하였다.
④ 중인층의 문예활동이 활발해 지면서 시사(詩社)가 조직되었다.

17 다음 중 저자와 저술된 책의 연결이 바르게 된 것끼리 묶인 것은?

> ㉠ 이익 – 곽우록   ㉡ 안정복 – 동사강목
> ㉢ 정약용 – 강계고   ㉣ 신경준 – 아방강역고

① ㉠㉡   ② ㉡㉢
③ ㉢㉣   ④ ㉡㉢㉣

18 조선시대에 만들어진 지도와 지리서에 대한 설명으로 옳은 것은?

① 손실된 세종실록지리지의 내용은 팔도지리지를 통해 전해지고 있다.
② 조선후기 역사서로는 강계고를 계승한 동국지리지 등이 있다.
③ 택리지와 아방강역고는 한국의 전통적 인문 지리서이다.
④ 정상기의 백리척을 이용하여 만든 동국지도를 바탕으로 하여 청구도가 만들어졌다.

19 다음에서 설명하는 내용과 관련이 깊은 사람은?

> 비유하건데 재물은 대체로 샘과 같은 것이다. 퍼내고 차고, 버려 두면 말라 버린다. 그러므로 비단옷을 입지 않아서 비단 짜는 사람이 없게 되면 여공이 쇠퇴하고 쭈그러진 그릇을 싫어하지 않고 기교를 숭상하지 않아서 공장이 도야하는 일이 없게 되면 기예가 망하게 되며 농사가 황폐해져서 그 법을 잃게 되므로 사농공상의 시민이 모두 곤궁하여 서로 구제할 수 없게 된다.

① 정약용   ② 홍대용
③ 박제가   ④ 박지원

20 다음에서 설명하고 있는 내용과 동일한 시기에 나타난 사실로 볼 수 있는 것은?

> 우선 물과 산 모양의 지리가 좋아야 하고, 다음으로 경제적 조건이 좋은 생리가 좋으며, 그 다음으로 인심이 좋고 산천이 아름다워야 한다.
> 남인학자들의 인문 지리지를 계승 발전시켜 사람이 살만한 곳이 어딘가 하는 관점에서 각 지역의 자연환경과 인간생활의 관계를 인과적으로 연결한 지리지이다.

① 농가집성   ② 천상열차분야지도
③ 인왕제색도   ④ 해동역사지리고

21 다음 주장과 관련이 있는 것은?

> 대체로 보아서 다른 나라는 정말로 사치 때문에 망하였으나, 우리나라는 검소함으로써 쇠약해졌습니다. 왜냐하면, 무늬있는 비단옷을 입지 않으니 나라 안에 비단 짜는 기계가 없고, 그렇게 되니 여공이 없어졌습니다. 그리고 음악을 숭상하지 않으니, 오음과 육률이 화합하지 못합니다.

① 외세를 척결하고 자주적인 국가의 건설을 주장하였다.
② 대의명분을 강조하였으며, 실리외교를 경시하였다.
③ 지주제를 폐지하고 자영농을 육성하고자 하였다.
④ 청과의 통상을 주장하고 소비를 권장하였다.

22 각 역사서에 대한 설명 중 옳은 것은?

① 해동역사 – 우리 역사의 독자적 정통론을 체계화하였다.
② 기자실기 – 민족사 인식의 폭을 넓히는 데 영향을 미쳤다.
③ 동사강목 – 한반도 중심의 협소한 사관을 탈피하였다.
④ 연려실기술 – 조선시대의 정치와 역대 문화를 정리하였다.

23 다음은 조선시대 어느 학파의 계보이다. 이 학파에 대한 설명으로 옳은 것은?

```
                  ┌─ 정후일 ─ 신작              ┌─ 이지원 ─ 이상기 ─── 이건방
          정제두 ─┼─ 이광명 ─ 이충익 ─┐         │
                  └─ 이광사 ─ 이긍익 ─┴─ 이면백 ─┤                      ┌─ 이건창
                                                 └─ 이시원 ─ 이상학 ─┤
                                                                      └─ 이건승
```

① 지행합일의 실천성을 중시하는 사상체계를 추구하였다.
② 이황의 학통을 계승하였으며, 노론과 이기론에 관한 논쟁을 전개하였다.
③ 18세기 정국을 주도하였으며 주로 영남지방에 서원을 설립하였다.
④ 절의를 중시하여 임진왜란 때에 곽재우, 정인홍 등의 의병장이 배출되었다.

24 다음은 유형원의 반계수록의 일부이다. 이와 관련된 내용으로 옳은 것으로만 묶인 것은?

우리나라의 노비법은 오직 그 혈통을 조사하여 자손 대대로 노비가 된다. 설령 노비 중 뛰어난 인물이 태어난다 해도 남의 노비가 되고 마니 어찌된 도리인가. 이런 폐단이 심하니 변통을 해야 한다. 변통한다하여 지금까지의 노비를 갑자기 모두 혁파한다는 것은 아니고 단지 당대의 노비에게 그치게 하고 노비세습제를 혁파하는 것이다. … (중략) … 노비세습법을 혁파하고 대신 고용제도를 채택하는 것이 어찌 옳은 것이 아니겠는가 진실로 이와 같이 된다면 천리가 구현되고 인정이 순해지며 소송이 적어지고 예의가 행해질 것이다.

㉠ 노비제도는 인정하나 노비신분 세습은 반대하였다.
㉡ 성리학적 한계를 극복하지 못하였다.
㉢ 근대적 자유민권사상을 바탕으로 하였다.
㉣ 인간평등사상을 토대로 신분제 폐지를 주장했다.

① ㉠㉡   ② ㉠㉣
③ ㉡㉢   ④ ㉢㉣

25 다음을 주장한 학자는?

- 균전제
- 문벌타파
- 기술의 혁신
- 성리학의 극복
- 부국강병

① 홍대용　　　　　　　　　　② 박제가
③ 유형원　　　　　　　　　　④ 이익

26 다음 중 중국에서 유입된 학문과 그 특징으로 옳지 않은 것은?

① 훈고학 – 고려시대에 김부식을 비롯한 유학자들의 대표적인 사상적 경향이다.
② 주자학 – 고려 말 안양에 의해 수용되어 신진사대부에게 계승되었다.
③ 양명학 – 명에서 수용되어 조선에서는 정제두가 강화학파를 만들었다.
④ 고증학 – 명에서 수용되어 조선후기 김정희가 계승하였다.

27 조선후기 북학파의 주장과 거리가 먼 것은?

① 농업기술의 개량　　　　　　② 신분질서의 확립
③ 화폐유통의 장려　　　　　　④ 상공업의 장려

28 다음 조선후기의 그림에 나타난 문화적 성격을 바르게 설명한 것은?

ⓞ 정선의 인왕제색도, 금강전도
ⓛ 신윤복의 봄나들이
ⓢ 김홍도의 서당도

① ㉠㉡은 민중의 기복적 염원과 미의식을 잘 표현하고 있다.
② ㉠㉢은 중국과의 문화교류를 통하여 중국 화풍을 모방하였다.
③ ㉡㉢은 조선후기 사회의 사회·경제적 변동을 반영하였다.
④ ㉢은 섬세하고 세련된 필치를 구사하여 도회지 양반의 풍류생활을 묘사하였다.

29 다음과 같은 조선시대 어느 학자의 주장이 조선 사회에 미치는 영향으로 옳은 것은?

> 천체가 운행하는 것이나 지구가 자전하는 것은 그 세가 동하니 분리해서 설명할 필요가 없다. 다만, 9만리의 둘레를 한바퀴 도는 데 이처럼 빠르며, 저 별들과 지구의 거리는 겨우 반경밖에 되지 않는데도 몇 천만 억의 별들이 있는지 알 수 없는데, 하물며 천체들이 서로 의존하고 상호 작용하면서 이루고 있는 우주 공간의 세계 밖에도 또 다른 별들이 있다. …(중략)… 칠정(태양, 달, 수성, 화성, 목성, 금성, 토성을 통틀어 이르는 말)이 수레바퀴처럼 자전함과 동시에 맷돌을 돌리는 나귀처럼 둘러싸고 있다. 지구에서 가까이 보이는 것을 사람들은 해와 달이라 하고 지구에서 멀어 작게 보이는 것을 사람들은 오성(수성, 금성, 화성, 목성, 토성)이라 하지만 사실은 동일한 것이다.

① 조선을 지키려는 위정척사의 이론적 근거가 되었다.
② 성리학적 세계관을 비판하는 사상적 기반이 되기도 하였다.
③ 인간과 사물의 본성에 관한 호락논쟁을 불러 일으켰다.
④ 호란의 치욕을 씻기 위한 북벌론의 이론적 근거가 되었다.

근현대사의 흐름

① 근현대의 정치 변동

☞ 정답 및 해설 P.319

1 다음은 광복 이후 발표된 글이다. 밑줄 친 '7원칙'의 내용으로 옳은 것은?

2016. 3. 19 사회복지직

> 조선의 좌우 합작은 민주 독립의 단계요, 남북통일의 관건인 점에서 3천만 민족의 지상 명령이며, 국제 민주화의 필연적 요청이었음에도 불구하고 저간의 복잡다단한 내외 정세로 오랫동안 파란곡절을 거듭해 오던 바, 10월 4일 좌우 대표가 회담한 결과 좌측의 5원칙과 우측의 8원칙을 절충하여 <u>7원칙</u>을 결정하였다.

① 미·소 공동위원회의 속개를 요청하는 공동 성명 발표
② 신탁통치 반대와 남북한에서 외국 군대의 철수
③ 토지의 유상 분배 및 중요 산업 사유화
④ 유엔 감시 하의 남북한 총선거 실시

2 다음 사건들이 일어난 시기를 〈보기〉에서 고르면?

2016. 3. 19 사회복지직

> 대한민국 임시정부의 노선과 활동을 재평가하고 분열된 독립운동 전선을 통일하기 위해 상하이에서 국민대표회의가 소집되었다. 그러나 이 모임에서 임시 정부의 조직만 개조하자는 개조파와 완전히 해체한 후 새 정부를 구성하자는 창조파 등이 팽팽하게 맞섰다. 그 후 헌법을 개정하여 국무령 중심의 의원내각제로 바꾸고, 박은식을 제2대 대통령으로, 이상룡을 국무령으로 추대하였다.

184 PART Ⅰ. 시험 전에 꼭 풀어봐야 할 문제

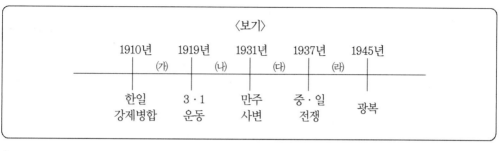

<보기>

1910년	1919년	1931년	1937년	1945년
	(가)	(나)	(다)	(라)
한일 강제병합	3·1 운동	만주 사변	중·일 전쟁	광복

① (가)   ② (나)

③ (다)   ④ (라)

3 다음 결정문에 근거하여 실행된 사실로 옳은 것은?

2016. 4. 9 인사혁신처

> 조선을 독립시키고 민주국가로 발전시키는 동시에, 가혹한 일본의 조선 통치 잔재를 빨리 청산하기 위해 조선에 임시 민주주의 정부를 수립한다.

① 미·소 공동위원회가 개최되었다.

② 서울에서 건국준비위원회가 조직되었다.

③ 유엔 감시 하에 남한에서 총선거가 실시되었다.

④ 한반도에서 미군과 소련군의 군정이 시작되었다.

4 개항기 체결된 통상 협약에 대한 설명으로 옳지 않은 것은?

2016. 4. 9 인사혁신처

① 조·일 통상장정(1876) − 곡물 유출을 막는 방곡령 규정이 합의되었다.

② 조·청 수륙무역장정(1882) − 서울에서 청국 상인의 개점이 허용되었다.

③ 개정 조·일 통상장정(1883) − 일본과 수출입하는 물품에 일정 세율이 부과되었다.

④ 한·청 통상조약(1899) − 대한제국 황제와 청 황제가 대등한 위치에서 조약을 체결하였다.

5   다음 사건에 대한 설명으로 옳은 것은?

2016. 6. 18 제1회 지방직

> 임오년 서울의 영군(營軍)들이 큰 소란을 피웠다. 갑술년 이후 대내의 경비가 불법으로 지출
> 되고 호조와 선혜청의 창고도 고갈되어 서울의 관리들은 봉급을 못 받았으며, 5영의 병사들도
> 가끔 결식을 하여 급기야 5영을 2영으로 줄이고 노병과 약졸들을 좇아냈는데, 내쫓긴 사람들
> 은 발붙일 곳이 없으므로 그들은 난을 일으키려 했다.

① 군대 해산에 반발한 군인들은 의병 부대에 합류하였다.
② 보국안민, 제폭구민의 대의를 위해 봉기할 것을 호소하였다.
③ 정부의 개화 정책에 반대하는 서울의 하층민들도 참여하였다.
④ 충의를 위해 역적을 토벌한다는 명분을 내걸고 유생들이 주동하였다.

6   다음 내용이 포함된 개혁에 대한 설명으로 옳지 않은 것은?

2016. 6. 18 제1회 지방직

> • 공·사 노비 제도를 모두 폐지하고, 인신 매매를 금지한다.
> • 연좌법을 폐지하여 죄인 자신 외에는 처벌하지 않는다.
> • 과부의 재혼은 귀천을 막론하고 그 자유에 맡긴다.

① 중국 연호의 사용을 폐지하였다.
② 독립 협회 활동의 영향을 받았다.
③ 군국기무처의 주도 하에 추진되었다.
④ 동학 농민 운동의 요구를 일부 수용하였다.

7   대한제국의 성립 과정에 대한 설명으로 가장 옳지 않은 것은?

① 을미사변 이후 위축된 국가 주권을 지키고 고종의 위상을 높여야 한다는 여론이 높아졌다.
② 고종은 러시아 공사관에 있는 동안 경운궁을 증축하였다.
③ 고종은 연호를 광무라 하고 경운궁에서 황제 즉위식을 거행하였다.
④ 대한제국의 헌법이라 할 수 있는 대한국 국제를 발표하였다.

8 일본이 대한제국의 정부 기관에 자신들이 추천하는 고문을 두게 하여 대한제국의 내정에 간섭함으로써 실질적으로 주권을 침해하는 결과를 가져왔던 조약은?

① 1904년 2월 한·일 의정서
② 1904년 8월 제1차 한·일 협약(한·일 협정서)
③ 1905년 제2차 한·일 협약(을사늑약)
④ 1907년 한·일 신협약(정미7조약)

9 대한민국 정부 수립 이후에 일어난 사건을 〈보기〉에서 모두 고른 것은?

〈보기〉
㉠ 반민족 행위 특별 조사 위원회 설치   ㉡ 농지 개혁법 시행
㉢ 안두희의 김구 암살   ㉣ 제주 4·3 사건 발생
㉤ 여수·순천 10·19 사건 발생

① ㉠, ㉡, ㉤
② ㉠, ㉡, ㉢, ㉤
③ ㉠, ㉡, ㉣, ㉤
④ ㉠, ㉡, ㉢, ㉣, ㉤

10 다음 사건들을 일어난 순서대로 바르게 나열한 것은?

㈎ 김영삼 신민당 당수 국회 제명
㈏ 김대중 납치 사건 발생
㈐ 유신 헌법의 국민투표 통과
㈑ 국민교육헌장 제정
㈒ 7·4 남북 공동 성명 발표

① ㈑ – ㈒ – ㈐ – ㈎ – ㈏
② ㈑ – ㈒ – ㈐ – ㈏ – ㈎
③ ㈒ – ㈐ – ㈑ – ㈎ – ㈏
④ ㈒ – ㈐ – ㈑ – ㈏ – ㈎

11 밑줄 친 '그들'이 추진했던 정책에 대한 설명으로 옳은 것을 〈보기〉에서 모두 고른 것은?

2015. 6. 13 서울특별시

> 그들의 실패는 우리에게 무척 애석한 일이다. 내 친구 중에 이 사건을 잘 아는 이가 있는데, 그는 어쩌다 조선의 최고 수재들이 일본인에게 이용당해서 그처럼 큰 잘못을 저질렀는지 참으로 애석하다고 했다. 진실로 일본인이 조선의 운명과 그들의 성공을 위해 노력을 다했겠는가? 우리가 만약 국가적 발전의 기미를 보였다면 일본인들은 백방으로 방해할 것이 자명한데 어찌 그들을 원조했겠는가?
>
> - 「한국통사」 -

〈보기〉

㉠ 토지의 평균 분작을 실현한다.
㉡ 러시아와 비밀 협약을 추진한다.
㉢ 보부상 단체인 혜상공국을 혁파한다.
㉣ 의정부, 6조 외의 불필요한 관청은 없앤다.

① ㉠, ㉡
② ㉠, ㉢
③ ㉡, ㉣
④ ㉢, ㉣

12 동학농민운동에 관한 설명으로 옳지 않은 것은?

2015. 6. 27 제1회 지방직

① 전주화약 이후 조선 정부는 청·일 군대의 철수를 요청하였다.
② 조선 정부는 농민들의 요구에 대응하여 삼정이정청을 설치하였다.
③ 청·일전쟁 발발 직후에도 전라도 지역을 중심으로 집강소가 운영되었다.
④ 일본군이 경복궁을 점령한 후 전라도와 충청도 지역의 농민군이 연합하였다.

13 발생 시기 순서로 나열할 때 다음 빈칸에 들어갈 사건으로 옳은 것은?

2015. 6. 13 서울특별시

을미사변 - 아관파천 - (   ) - 대한제국 수립

① 단발령 공포
② 독립협회 결성
③ 홍범 14조 반포
④ 춘생문 사건 발발

14 다음 취지서를 발표한 단체의 활동에 대한 설명으로 옳은 것은?

2015. 6. 27 제1회 지방직

> 무릇 나라의 독립은 오직 자강(自強)의 여하에 달려 있는 것이다. … (중략) … 그러나 자강의
> 방도를 강구하려 할 것 같으면 다른 곳에 있지 않고 교육을 진작하고 산업을 일으키는 데 있
> 으니 무릇 교육이 일어나지 않으면 민지(民智)가 열리지 않고 산업이 일어나지 않으면 국부가
> 증가하지 못하는 것이다. 교육과 산업의 발달이 곧 자강의 방도임을 알 수 있는 것이다.

① 만민공동회를 개최하여 러시아의 침략 정책을 강력하게 규탄하였다.
② 고종의 강제 퇴위 반대 운동을 전개하다가 일본의 탄압으로 해산되었다.
③ 방직, 고무, 메리야스 공장을 육성하여 경제 자립을 이루자는 운동을 전개하였다.
④ 일본의 황무지 개간에 대한 대중적인 반대운동을 일으켜 이를 철회시키는데 성공하였다.

15 (가)~(라)는 광복을 전후해 일어난 사건을 시기순으로 나열한 것이다. (다)에 들어갈 수 있는 내용으로 적절하지 않은 것은?

2015. 4. 18 인사혁신처

> (가) 삼균주의를 바탕으로 대한민국 임시 정부가 '대한민국 건국 강령'을 발표하였다.
> (나) 이승만을 중심으로 독립촉성중앙협의회가 발족되었다.
> (다) _____
> (라) 제헌 국회에서 대한민국의 헌법이 제정, 공포되었다.

① 좌우합작위원회의 '좌우합작 7원칙'이 선포되었다.
② 김구의 '삼천만 동포에게 읍고함'이라는 글이 발표되었다.
③ 여운형, 안재홍 등을 중심으로 조선건국준비위원회가 조직되었다.
④ 유엔 총회에서 유엔 감시 하에 인구 비례에 의한 남북한 총선거의 실시가 결의되었다.

16 대한민국 임시정부는 1940년 충칭에서 한국광복군을 창설하였는데, 이와 관련된 내용으로 옳지 않은 것은?

2014. 4. 19 안전행정부

① 총사령에 이청천, 참모장에 이범석을 선임하였다.
② 영국군의 요청으로 일부 병력을 인도와 버마(미얀마) 전선에 참전시켰다.
③ 미국 전략정보처(OSS)와 협력하면서 국내 진공을 준비하였다.
④ 조선의용군과 연합하여 일본에 대해 선전 포고를 하였다.

17 8 · 15 광복 직후에 결성된 정당의 중심인물과 주요 내용을 정리하였다. 이와 관련된 정당을 바르게 연결한 것은?

2014. 4. 19 안전행정부

> ㉠ 여운형 등이 중심이 되어 결성하였으며, 진보적 민주주의를 표방하면서 좌우합작을 추진하였다.
> ㉡ 송진우 등이 중심이 되어 결성하였으며, 인민공화국을 부정하고 대한민국 임시정부의 법통을 계승하려 하였다.
> ㉢ 안재홍 등이 중심이 되어 결성하였으며, 신민족주의를 내세워 평등사회를 건설하려 하였다.

	㉠	㉡	㉢
①	조선인민당	한국민주당	한국독립당
②	조선신민당	민족혁명당	한국독립당
③	조선신민당	한국민주당	국민당
④	조선인민당	한국민주당	국민당

18 4 · 19 혁명과 관련된 설명으로 옳은 것은?

2014. 4. 19 안전행정부

① 5 · 10 총선거가 남한에서 실시되어 제헌의회가 구성되었다.
② 농지개혁이 실시되어 농민들은 자작농으로 발전하게 되었다.
③ 혁명 이후 남북통일 문제에 대한 논의가 전혀 이루어지지 않았다.
④ 과도 정부가 출범하고, 내각 책임제와 양원제를 골자로 하는 헌법으로 개정되었다.

19 다음은 일제 강점기 국외 독립운동에 관한 사실들이다. 이를 시기 순으로 바르게 나열한 것은?

2014. 6. 21 제1회 지방직

> ㉠ 대한민국 임시 정부가 지청천을 총사령으로 하는 한국 광복군을 창설하였다.
> ㉡ 블라디보스토크에서 이상설, 이동휘 등이 중심이 된 대한 광복군 정부가 수립되었다.
> ㉢ 홍범도가 이끄는 대한 독립군을 비롯한 연합 부대는 봉오동 전투에서 대승을 거두었다.
> ㉣ 양세봉이 이끄는 조선 혁명군은 중국 의용군과 연합하여 영릉가 전투에서 일본군을 무찔렀다.

① ㉠→㉣→㉡→㉢　　　　② ㉡→㉢→㉣→㉠
③ ㉢→㉡→㉣→㉠　　　　④ ㉣→㉢→㉠→㉡

20 밑줄 친 '나'에 대한 설명으로 옳은 것은?

2014. 6. 21 제1회 지방직

> 우리가 기다리던 해방은 우리 국토를 양분하였으며, 앞으로는 그것을 영원히 양국의 영토로 만들 위험성을 내포하고 있다. …… 나는 통일된 조국을 건설하려다가 38도선을 베고 쓰러질지언정 일신의 구차한 안일을 취하여 단독정부를 세우는 데에는 협력하지 아니하겠다.

① 통일 정부 수립을 위한 남북 협상을 추진하였다.
② 한국 민주당을 결성하여 미군정에 적극적으로 참여하였다.
③ 미국에서 귀국한 후 독립 촉성 중앙 협의회를 구성하였다.
④ 조선 건국 준비 위원회를 조직하고 위원장으로 활동하였다.

21 다음 사건 이후 전개된 대한민국임시정부의 활동으로 옳은 것은?

2014. 6. 28 서울특별시

> 대한민국임시정부는 충칭에서 광복군을 창립하였다. 총사령에는 지청천, 참모장에는 이범석이 임명되었다.

① 건국강령을 공포하였다.
② 국무령 중심의 내각책임제를 채택하였다.
③ 구미위원부를 설치하였다.
④ 국민대표회의를 소집하였다.
⑤ 기관지로 독립신문을 창간하였다.

22 다음 ㉠, ㉡, ㉢에 대한 설명으로 옳은 것은?

2014. 6. 28 서울특별시

> ㉠ 6.15 남북 공동선언
> ㉡ 7.4 남북 공동 성명
> ㉢ 남북간 화해와 불가침 및 교류 협력에 관한 협의서

① ㉠ – 한반도 비핵화를 선언하였다.
② ㉠ – 남북한 동시 유엔 가입에 합의하였다.
③ ㉡ – 통일의 3대 원칙을 천명하였다.
④ ㉢ – 남북정상회담의 성과였다.
⑤ ㉠ – ㉡ – ㉢ 순으로 발표되었다.

23 다음 밑줄 친 '제국'에서 추진한 정책으로 옳지 않은 것은?

2014. 6. 28 서울특별시

> 제1조 대한국은 세계만국에 공인되어온 바 자주독립한 제국이니라.

① 상무사 조직   ② 양전지계사업
③ 외국어학교 설립   ④ 서북철도국 개설
⑤ 군국기무처 설치

24 다음 사건에 대한 설명으로 옳지 않은 것은?

2014. 6. 28 서울특별시

> ㉠ 3.1운동   ㉡ 6.10 만세 운동
> ㉢ 광주 학생 항일운동   ㉣ 소작쟁의

① ㉠은 중국의 5 · 4운동, 인도의 비폭력 · 불복종 운동 등에 영향을 주었다.
② ㉡은 순종의 장례일에 대규모 만세 시위를 계획하였다.
③ ㉡은 준비과정에서 사회주의 계열과 민족주의 계열이 연대하여 민족유일당을 결성할 수 있는 공감대가 형성되었다.
④ ㉢은 민족 차별 중지, 식민지 교육 제도 철폐 등을 요구하며 대규모 가두시위를 벌였다.
⑤ ㉣의 대표적인 사례는 암태도 소작쟁의로 1년여에 걸친 투쟁에도 효과가 없었다.

25 밑줄 친 '여러 단체와 기관'에 해당하지 않는 것은?

2013. 7. 27 안전행정부

> 1907년 설립된 신민회 회원들은 1909년 말 이후 일본의 한국 병합이 목전에 있다고 보고, 국외로 나가 독립운동을 전개할 필요가 있다는 데 의견을 같이하였다. 이에 따라 신민회 회원들은 1910년 초 이후 국외로 나가기 시작하였다. 신민회의 이회영, 이시영, 이상룡 등은 1911년 압록강 건너 서간도로 옮겨가 삼원보에 자리 잡았다. 이들은 여러 단체와 기관을 설립하여 독립 운동 기지 건설 운동을 전개하였다.

① 경학사   ② 권업회
③ 부민단   ④ 신흥무관학교

26 다음 주장에서 강조하고 있는 내용으로 가장 적절한 것은?

2012. 4. 7 행정안전부

> 그러면 지금의 조선 민족에게는 왜 정치적 생활이 없는가? 일본이 조선을 병합한 이래로 조선에게는 모든 정치활동을 금지한 것이 첫째 원인이다. …… 지금까지 해 온 정치적 운동은 모두 일본을 적대시하는 운동뿐이었다. 이런 종류의 정치 운동은 해외에서나 할 수 있는 일이고, 조선 내에서는 허용되는 범위 내에서 일대 정치적 결사를 조직해야 한다는 것이 우리의 주장이다.

① 무장 투쟁을 통해 독립을 이루어야 한다.
② 농민, 노동자를 단결시켜 일제를 타도해야 한다.
③ 일제의 식민 지배를 인정하고 그 밑에서 정치적 실력 양성을 해야 한다.
④ 국제적인 외교를 통해서 일제의 만행을 알리고 우리나라의 독립을 알려야 한다.

27 밑줄 친 '그'의 활동으로 옳지 않은 것은?

2012. 4. 7 행정안전부

> 그는 함경도 단천 출신으로 한성으로 올라와 무관학교에 입학하였고, 졸업 후 시위대 장교로 군인생활을 시작하였다. 강화도 진위대 대장시절에는 공금을 횡령한 강화부윤이 자신을 모함하자, 군직을 사임하기도 하였다. 그는 군인이면서도 계몽운동을 중요하게 생각하여 강화읍에 보창학교를 세워 근대적 교육을 시작하였다. 그러나 고종황제의 강제퇴위와 군대해산을 전후하여 무력항쟁과 친일파 대신 암살 등을 계획하였으며, 강화 진위대가 군대 해산에 항의하여 봉기하자 이에 연루되어 체포되기도 하였다.

① 비밀결사조직인 신민회에 참여하였다.
② 하바로프스크에서 한인사회당을 결성하기도 하였다.
③ 대동보국단을 조직하고 진단이라는 잡지를 발간하기도 하였다.
④ 블라디보스토크에 대한광복군정부라는 임시정부를 수립하였다.

28 (가), (나)를 주장한 인물에 대한 설명으로 옳은 것은?

2012. 5. 12 상반기 지방직

> (가) 내정 독립이나 참정권이나 자치를 운운하는 자 누구이냐? 너희들이 '동양 평화', '한국 독립
>   보전' 등을 담보한 맹약이 먹도 마르지 아니하여 삼천리강토를 집어 먹힌 역사를 잊었느
>   냐? …… 민중은 우리 혁명의 대본영이다. 폭력은 우리 혁명의 유일한 무기이다.
> (나) 나라는 없어질 수 있으나 역사는 없어질 수 없으니 그것은 나라는 형체이고 역사는 정신이
>   기 때문이다. …… 정신이 보존되어 없어지지 않으면 형체는 부활할 때가 있을 것이다.

① (가) – 대한민국 임시 정부에서 처음으로 대통령을 역임하였다.
② (가) – 독사신론을 연재하여 민족주의 사학의 발판을 마련하였다.
③ (나) – 조선 불교 유신론을 통해 새로운 사회의 방향을 추구하였다.
④ (나) – 낭가 사상을 강조하여 민족독립의 정신적 기반을 만들려고 하였다.

29 (가), (나) 발표 시기의 사이에 있었던 사실로 옳지 않은 것은?

2012. 5. 12 상반기 지방직

> (가) 통일은 외세에 의존하거나 외세의 간섭을 받음이 없이 자주적으로 해결하여야 한다. 통일
>   은 서로 상대방을 반대하는 무력행사에 의거하지 않고 평화적인 방법으로 실현하여야 한
>   다. 사상과 이념, 제도의 차이를 초월하여 우선 하나의 민족으로서 민족적 대단결을 도모
>   하여야 한다.
> (나) 남과 북은 나라의 통일을 위한 남측의 연합제안과 북측의 낮은 단계의 연방제 안이 서로
>   공통성이 있다고 인정하고, 앞으로 이 방향에서 통일을 지향시켜 나가기로 하였다.

① 경의선 철도가 다시 연결되었다.
② 북한에서 국가 주석제가 도입되었다.
③ 남북 이산가족이 서울과 평양을 처음 방문하였다.
④ 한반도 비핵화에 관한 공동 선언이 채택되었다.

30 밑줄 친 부분에 들어갈 내용으로 옳은 것은?

2012. 9. 22 하반기 지방직

일제의 중국 침략이 가속화되자 우리나라 독립 운동 단체들은 항일 세력을 한 곳으로 모으는 데 힘을 기울였다. 그리하여 민족주의 계열의 세 개 정당을 한국독립당으로 통합하는 데 성공하였다. 한국독립당은 김구가 중심이 된 단체로서 대한민국 임시 정부의 집권 정당의 성격을 가졌다. 한국독립당을 중심으로 한 대한민국 임시 정부는 주석 중심제로 정부 체제를 개편하여 독립 전쟁을 전개할 강력한 지도 체제를 확립하였고, 그 후 _____

① 한인 애국단을 조직하였다.
② 국민 대표 회의를 개최하였다.
③ 대한민국 건국 강령을 발표하였다.
④ 광주 학생 항일 운동을 지원하였다.

31 다음 주장을 한 조직에 대한 설명으로 옳은 것을 〈보기〉에서 고른 것은?

2012. 9. 22 하반기 지방직

카이로, 포츠담 선언과 국제 헌장으로 세계에 공약한 한국의 독립 여부는 금번 모스크바에서 개최한 3국 외상 회의의 신탁 관리 결의로 수포로 돌아갔으니, 다시 우리 3천만은 영예로운 피로써 자주독립을 획득하지 아니하면 아니 될 단계에 들어섰다. 동포여! 8·15 이전과 이후, 피차의 과오와 마찰을 청산하고서 우리 정부 밑에 뭉치자. 그리하여 그 지도하에 3천만의 총 역량을 발휘하여 신탁 관리제를 배격하는 국민운동을 전개하여 자주 독립을 완전히 획득하기까지 3천만 전 민족의 최후의 피 한 방울까지라도 흘려서 싸우는 항쟁 개시를 선언한다.

〈보기〉
㉠ 좌우합작위원회를 주도하였다.
㉡ 신탁 통치 반대 운동을 하였다.
㉢ 대한민국임시정부의 승인을 요구하였다.
㉣ 한반도 문제의 처리를 유엔으로 넘기자고 주장하였다.

① ㉠, ㉡   ② ㉡, ㉢
③ ㉢, ㉣   ④ ㉠, ㉣

32 다음 조약과 직접 관련된 내용으로 옳은 것은?

2012. 9. 22 하반기 지방직

> 제10조 : 일본인이 조선국 지정의 각 항구에 머무는 동안에 죄를 범한 것이 조선인에 관계되는 사건일 때에는 모두 일본국 관원이 심판할 것이다.

① 일본은 조선에 주둔시켰던 군대를 철수하였다.
② 개항장에 일본 군인을 주둔하게 하는 규정을 두었다.
③ 일본국 항해자가 자유롭게 조선해양을 측량하도록 허가하였다.
④ 일본 공사관에 군인을 두어 경비하게 하고 그 비용은 조선이 부담하게 하였다.

33 다음 농민봉기의 요구사항으로 옳은 것은?

2012. 9. 22 하반기 지방직

> 주민 수만 명이 머리에 흰 수건을 두르고 손에 나무 몽둥이를 들고 무리를 지어 진주 읍내에 모여 서리들의 가옥 수십 호를 불사르고 부셔서 그 움직임이 결코 가볍지 않았다. 병사가 해산시키고자 하여 장시에 나가니 흰 수건을 두른 백성들이 땅 위에서 그를 빙 둘러싸고는 … (중략) … 여러 번 문책했는데, 조금도 거리낌이 없었다. 그리고 병영으로 병사를 잡아 들어가서는 이방 권준범과 포리 김희순을 곤장으로 수십 대 힘껏 때리니 여러 백성들이 두 아전을 그대로 불 속에 던져 넣어 태워버렸다.

① 환곡의 폐단을 없애라.
② 노비 문서를 불태워라.
③ 과부의 재가를 허용하라.
④ 토지를 골고루 나누어 경작하게 하라.

34 다음 자료와 관련된 설명으로 옳은 것은?

2011. 4. 9 행정안전부

> 공동위원회의 역할은 조선인의 정치적·경제적·사회적 진보와 민주주의 발전 및 조선 독립 국가 수립을 도와줄 방안을 만드는 것이다. 또한, 조선 임시 정부 및 조선 민주주의 단체를 참여시키도록 한다. 공동위원회는 미·영·소·중 4국 정부가 최고 5년 기간의 4개국 통치 협약을 작성하는 데 공동으로 참작할 수 있는 제안을 조선 임시 정부와 협의하여 제출해야 한다.

① 카이로 선언의 원칙을 구체적으로 실행에 옮기기 위한 방안에서 나온 것이다.
② 미국의 즉각적인 독립안과 소련의 신탁통치안이 대립하면서 나온 절충안이었다.
③ 공동위원회에서 소련은 표현의 자유를 내세워 모든 단체의 회담 참여를 주장하였다.
④ 한반도 내의 좌익 세력은 좌우합작위원회를 구성하여 회의 결과를 총체적으로 지지하였다.

35 다음 내용의 직접적 계기가 된 사건으로 옳은 것은?

2011. 4. 9 행정안전부

> 한국의 독립 운동에 냉담하던 중국인이 한국 독립 운동을 주목하게 되었고, 이후 중국 정부는 대한민국 임시정부에 대한 지원을 강화하였다. 이 사건을 계기로 중국 정부가 중국 영토 내에서 우리 민족의 무장 독립 활동을 승인함으로써 한국 광복군이 탄생할 수 있었다.

① 파리 강화 회의에서 김규식의 활동
② 윤봉길의 상하이 훙커우 공원 의거
③ 홍범도, 최진동 연합부대의 봉오동 전투
④ 만주사변 이후 한·중 연합 작전의 전개

36 일제의 식민지 정책을 시기 순으로 바르게 나열한 것은?

2011. 4. 9 행정안전부

> ㉠ 농촌경제의 안정화를 명분으로 농촌진흥운동을 전개하였다.
> ㉡ 학도지원병 제도를 강행하여 학생들을 전쟁터로 내몰았다.
> ㉢ 회사령을 철폐하여 일본 자본이 조선에 자유롭게 유입될 수 있게 하였다.
> ㉣ 토지의 소유권과 가격에 대한 대대적인 조사를 진행하였다.

① ㉢ - ㉣ - ㉠ - ㉡
② ㉢ - ㉣ - ㉡ - ㉠
③ ㉣ - ㉢ - ㉠ - ㉡
④ ㉣ - ㉢ - ㉡ - ㉠

37 다음과 같은 조항을 직접 포함하고 있는 것은?

2011. 5. 14 상반기 지방직

> • 남과 북은 서로 상대방의 체제를 인정하고 존중한다.
> • 남과 북은 상대방에 대하여 무력을 사용하지 않으며, 상대방을 무력으로 침략하지 아니한다.

① 7·4 남북 공동 성명
② 남북 기본 합의서
③ 6·15 남북 공동 선언
④ 10·4 남북 정상 회담

38 한국 현대사에서 전개된 사실들을 순서대로 옳게 나열한 것은?

> (가) 허정을 수반으로 하는 과도 정부가 수립되어, 내각 책임제와 양원제를 골자로 하는 헌법으로 개정하였다.
> (나) 일본의 사과와 정당한 보상을 요구하는 시민, 학생들의 격렬한 반대를 억누르고 정부는 한·일 국교를 정상화하였다.
> (다) 정부는 동유럽 공산주의 국가 및 소련, 중국과 외교 관계를 수립하는 북방 정책을 추진하였고, 유엔에 남북한이 함께 가입하는 성과를 올렸다.

① (가) — (나) — (다)   ② (가) — (다) — (나)
③ (나) — (가) — (다)   ④ (나) — (다) — (가)

39 다음 표는 항일의병의 전투상황을 나타낸 것이다. 표에 나타난 시기의 의병활동에 대한 설명으로 옳지 않은 것은?

연도	전투 횟수	참가 의병수
1907(8월-12월)	323	44,116
1908	1,452	69,832
1909	898	25,763
1910	147	1,891
1911(1월-6월)	33	216

① 해산된 군인의 합류로 전투력이 크게 향상되었다.
② 일본의 '남한 대토벌 작전'으로 인해 의병 투쟁은 크게 타격을 받았다.
③ 전국의 의병부대가 연합전선을 형성하여 서울 진공 작전을 시도하였다.
④ 평민출신 의병장인 신돌석이 등장하여 호남지역에서 유격전을 벌였다.

40 다음 중 1950년대 북한의 상황에 대한 설명으로 옳지 않은 것은?

① 김일성에 의해 박헌영 등 남로당계 간부들이 숙청되었다.
② 김일성의 개인숭배를 반대한 이른바 '8월 종파사건'이 있었다.
③ 주민들의 생산노동 참여를 경쟁시키기 위해 '천리마 운동'을 전개하였다.
④ 노동당의 유일사상으로 '주체사상'을 규정하였다.
⑤ 농업협동화를 위한 협동농장 건설이 추진되었다.

41 밑줄 친 이 단체에 대한 설명으로 옳은 것은?

> 각 당파가 망라된 통일조직인 이 단체는 전국 각지에 150여개의 지회를 두고 활발한 활동을 전개하였다. 부녀자들의 통일단체인 근우회 역시 이 무렵 창설되었다. 이 무렵에는 국내뿐만 아니라 해외에도 수많은 혁명단체들이 조직되었다. 동북의 책진회, 상해의 대독립당, 촉성회와 같은 단체는 국내에서 활발한 활동을 전개하고 있던 이 단체와 깊은 연계를 맺고 있던 통일조직이었다.
>
>   - 조선 민족해방운동 30년사, 구망일보 -

① 일제의 황무지 개간권 요구를 철회시켰다.
② '기회주의의 일체 부인'을 강령으로 제시하였다.
③ 민립대학 설립운동을 전개하였다.
④ 물산장려운동을 추진하였다.
⑤ 공화정 체제의 국가 건설을 목표로 했다.

42 다음과 같은 법령이 제정되어 시행되던 시기 우리 민족의 독립 운동으로 옳은 것은?

> 제1조 다음의 각호에 해당하는 자는 구류 또는 과교에 처한다.
> 2. 일정한 주거 또는 생업 없이 이곳 저곳 배회하는 자
> 8. 단체 가입을 강요하는 자
> 14. 신청하지 않은 신문, 잡지, 기타의 출판물을 배부하고 그 대금을 요구하거나 억지로 그 구독 신청을 요구하는 자
> 20. 불온한 연설을 하거나 또는 불은 문서, 도서, 시가(詩歌)를 게시, 반포, 낭독하거나 큰 소리로 읊는 자
> 21. 남을 유혹하는 유언비어 또는 허위 보도를 하는 자
> – 조선 총독부 관보 –

> 제1조 3월 이하의 징역 또는 구류에 처하여야 할 자는 그 정상에 따라 태형에 처할 수 있다.
> 제6조 태형은 태로서 볼기를 치는 방법으로 집행한다.
> 제11조 태형은 감옥 또는 즉결 관서에서 비밀리에 집행한다.
> 제13조 본령은 조선인에 한하여 적용한다.
> – 조선 총독부 관보 –

① 한인 애국단원 이봉창과 윤봉길 등이 의열 활동을 전개하였다.
② 임시 정부는 한국 광복군을 조직하고 대일 선전 포고를 하였다.
③ 대한 독립 의군부와 대한 광복회 등의 비밀 결사들이 활동하였다.
④ 언론 기관과 조선어 학회가 한글 보급을 통한 문맹 퇴치운동을 펼쳤다.

43 다음 사건을 시대 순으로 나열한 것은?

> ㉠ 강화도 조약 ㉡ 신미양요
> ㉢ 병인양요 ㉣ 갑신정변
> ㉤ 조청상민수륙무역장정

① ㉢ – ㉡ – ㉠ – ㉤ – ㉣
② ㉢ – ㉡ – ㉠ – ㉣ – ㉤
③ ㉡ – ㉢ – ㉠ – ㉤ – ㉣
④ ㉠ – ㉤ – ㉢ – ㉡ – ㉣
⑤ ㉤ – ㉡ – ㉠ – ㉣ – ㉢

44 다음 선언이 발표된 배경으로 옳은 것은?

> '신인 일치(神人一致)로 중외 협응(中外協應)하야 한성(漢城)에서 의(義)를 일으킨 이래 30여 일간에 평화적 독립을 3백여 주에 광복하고, … (중략) … 항구히 자주 독립의 복리로 아 (我) 자손 여민(子孫黎民)에게 세전(世傳)하기 위해 임시 의정원의 결의로 임시 헌장을 선포하노라'

① 거족적인 민족 운동이 일어난 후 조직적으로 독립 운동을 추진할 필요가 있었다.
② 자치론이 확산될 것을 우려하여 민족 협동 전선 운동이 전개되었다.
③ 일제가 중·일 전쟁을 일으키자 각지의 무장 세력을 결집할 필요가 있었다.
④ 독립 운동의 방략을 둘러싸고 창조파와 개조파가 갈등하였다.

45 밑줄 친 '이곳'에서 한인들이 전개한 활동만을 〈보기〉에서 있는 대로 고른 것은?

> 국권 피탈 이후 많은 한국인이 이곳으로 이주하였다. 일제가 만주 침략에 이어 중·일 전쟁을 도발하자 일본군이 이곳을 침략하기 위해 한국인을 첩자로 이용한다는 소문이 떠돌기 시작했고 이것이 강제 이주의 구실이 되었다. 이곳의 한인들은 두 달 동안 곡식 씨앗과 옷가지, 책 꾸러미들만을 보따리에 싸든 채 화물 열차에 실려 중앙 아시아로 끌려갔다.

〈보기〉
㉠ 성명회 조직
㉡ 대한 국민 의회 조직
㉢ 대조선 국민군단 창설
㉣ 대한 광복군 정부 결성

① ㉠㉢
② ㉡㉣
③ ㉠㉡㉣
④ ㉡㉢㉣

46 대한제국의 개혁에 대한 설명으로 옳지 않은 것은?

① 근대적인 재정일원화를 위해 내장원의 업무를 탁지부로 이관하였다.
② 구본신참의 개혁 방향을 제시하고, 대한국 국제를 제정하여 황권을 강화하였다.
③ 상공업 진흥책을 펼쳐 황실 스스로 공장을 설립하거나 민간 회사 설립을 지원하였다.
④ 황제가 군권을 장악하기 위해 원수부를 설치하고 황제를 호위하는 군대를 증강하였다.

47 (가), (나)에 대한 설명으로 옳은 것은?

> (가) • 청에 잡혀간 흥선대원군을 곧 돌아오게 하며, 종래의 청에 대하여 행하던 조공의 허례를
>   폐지한다.
>   • 지조법을 개혁해 관리의 부정을 막고 백성을 보호하며, 국가 재정을 넉넉하게 한다.
>   • 혜상공국을 혁파한다.
>   • 대신과 참찬은 의정부에 모여 정령을 의결하고 반포한다.
> (나) • 외국인에게 기대하지 아니하고 관민이 동심 협력하여 전제 황권을 공고히 할 것.
>   • 국가 재정은 탁지부에서 모두 관리하고 예산, 결산을 국민에게 공포할 것.
>   • 지방관을 임명할 때에는 정부에 그 뜻을 물어 중의에 따를 것.
>   • 중대 범죄를 공판하되, 피고의 인권을 존중할 것.

① (가) – 서구식 민주 공화국 설립을 목표로 활동하였다.
② (가) – 집권층의 요구로 파병된 청 병력에 의해 좌절되었다.
③ (나) – 일제의 화폐 정리 사업에 저항하였다.
④ (나) – 흥선 대원군의 재집권으로 타격을 받았다.

48 (가), (나)시기에 목격될 수 있는 장면으로 옳은 것은?

• 농민군 이끌고 고부 관아 습격 → 군수 추방, 아전 징벌 • 정부, 안핵사로 이용태 파견 → 동학농민군 탄압	• 6조를 8아문으로 개편 • 과거제 폐지 • 은본위 화폐제 실시 • 도량형 통일	• 태양력 사용 • 종두법 시행 • 소학교 설치 • '건양'이라는 새연호 사용

(가) ⇨ (가) | (나) ⇨

① (가) – 농민의 요구를 반영한 개혁을 시도하려는 교정청관리들
② (가) – 일본이 요동 반도를 차지하는 것을 포기하라고 권고하는 삼국의 대표들
③ (나) – 단발령 공포에 분노하여 항일 의병을 일으키는 유생과 민중들
④ (나) – 동아시아의 세력 확장을 위해 거문도를 불법 점령한 영국 군인들

49 (가), (나)의 민족 운동에 대한 설명으로 옳지 않은 것은?

> (가) 정치와 외교도 교육을 기다려서 비로소 그 효능을 다할 것이요, 산업도 교육을 기다려서 비로소 그 작흥(作興)을 기할 것이니, 교육은 우리들의 진로를 개척함에 있어서 유일한 방편이요, 수단임이 명료하다. 그런데 교육에도 단계와 종류가 있어서 … (중략) … 사회 최고의 비판을 구하며, 유위유능(有爲有能)의 인물을 양성하려면 최고 학부의 존재가 가장 필요하도다.
>
> (나) 의복은 우선 남자는 두루마기, 여자는 치마를 음력 계해 정월 1월부터 조선인 산품 또는 가공품을 염색하여 착용할 것이며, 일용품은 조선인 제품으로 대응하기 가능한 것은 이를 사용할 것

① (가) – 일제가 경성제국대학을 설립하고, 방해하였다.
② (나) – 평양에서 시작되어 전국으로 확산되었다.
③ (가)(나) – 사회 진화론의 입장에서 추진된 민족 운동이다.
④ (가)(나) – 성과를 거두지 못하자 비타협적 민족 운동이 강화되었다.

50 다음 주장이 발표된 배경을 〈보기〉에서 고른 것은?

> • 재물정사(財物政事)는 비유컨대 사람의 온몸의 피와 맥과 같으니 그 혈맥을 보호하여 기르는 것은 각각 자기들에게 있지 남이 보호하여 주고 길러주지 못한다.
> • 국내에 금·은·석탄광이 있으면 마땅히 스스로 취하여 그 이익을 얻을 것이지 하필 외국에 넘겨 본국은 날로 가난케 하고 타인으로 하여금 부강케 하리오.
> • 대한 토지는 선왕의 크신 업이요 1천 2백만 인구의 사는 땅이니 한자, 한 치라도 다른 나라 사람에게 빌려주면 이는 곧 선왕의 죄인이요 1천 2백만 동포 형제의 원수이다.

> 〈보기〉
> ㉠ 일본이 황무지 개간권을 요구하였다.
> ㉡ 러시아가 절영도의 조차를 요구하였다.
> ㉢ 프랑스와 독일이 광산 채굴권을 요구하였다.
> ㉣ 일본이 시설개선의 명목으로 차관을 제공하였다.

① ㉠㉡
② ㉠㉣
③ ㉡㉢
④ ㉢㉣

51 다음 자료의 상황 직후에 전개된 사실로 옳은 것은?

> 지난 2년 간 미국은 얄타 협정을 실천하는 방도에 관하여 소련과 합의를 통해 한국을 독립시키고자 노력하여 왔으나 한국 독립 과업은 2년 전에 비해 추호도 진전된 것이 없다. 미·소 양군 점령 지구 간에는 38도선을 경계로 물자 교류 및 교통 왕래가 거의 두절된 상태이며 이로 말미암아 한국의 경제는 불구 상태에 빠졌는데, 이와 같은 상태를 계속 용인할 수 없다. 서울에서 두 차례 개최한 미·소 양국의 교섭에 의하여 한국 문제를 해결하려는 기도는 다만 한국의 독립을 지연시킬 뿐이다.

① 남북 지도자 회의가 개최되었다.
② 한반도 문제가 유엔에 이관되었다.
③ 모스크바에서 3국 외상 회의가 열렸다.
④ 중도 세력이 좌우 합작 운동을 추진하였다.

52 대한제국과 일본이 체결한 각 조약의 내용에 대한 설명으로 옳지 않은 것은?

> (가) 제1조 대한 제국 정부는 대일본 제국 정부가 추천한 일본인 1명을 재정 고문에 초빙하여 재무에 관한 사항은 모두 그의 의견을 들어 시행할 것.
> (나) 제4조 제3국의 침해 또는 내란으로 대한 제국 황실의 안녕과 영토의 보전에 위험이 있을 경우에는 대일본 제국 정부는 곧 필요한 조치를 취할 것이며, … (중략) … 대일본 제국 정부는 전항의 목적을 달성하기 위하여 전략상 필요한 지점을 수시로 사용할 수 있다.
> (다) 각서 제3-1. 육군 1대대를 존치하여 황궁 수위를 담당하게 하고 기타 부대는 해체한다.
> 제5. 중앙 정부 및 지방청에 일본인을 한국 관리로 임명함.

① (가)는 러·일 전쟁의 전세가 유리하게 전개됨에 따라 한국을 식민지로 만들기 위한 내정 간섭을 강화한 것이다.
② (나)는 대한제국의 국외 중립 선언을 무시하고 강제로 체결한 것이다.
③ (다)는 고종의 강제 퇴위 후 체결된 한·일 신협약의 결과이다.
④ (가)(나)(다)의 순서로 체결된 후 한일 병합 조약이 체결되었다.

53 (가), (나)에 대한 설명으로 옳지 않은 것은?

> (가) 헌정 연구회를 모체로 설립된 단체로 독립을 위해 '자강(自强)'을 주장하였다. 자강의 방법으로는 교육을 진작하고 산업을 일으켜 흥하게 하는 것이라 강조하였으며, 전국 각지에 지회를 설치하고 월보의 간행과 강연회를 개최하였다.
>
> (나) 안창호, 양기탁 등이 중심이 되어 회원 800여명이 참여하여 결성된 단체로 평양에 대성학교와 정주에 오산학교를 세워 민족 교육을 실시하였다. 또한 평양에 자기 회사를 운영하여 민족 자본 육성에도 힘썼다.

① (가) – 정미 7조약 체결에 반대하는 투쟁을 전개하였다.
② (가) – 일제의 통감부 설치를 반대하기 위해 설립되었다.
③ (나) – 공화 정체의 근대 국민 국가 건설을 위해 노력하였다.
④ (나) – 국내에서 전개된 계몽 운동의 한계를 극복하는데 기여하였다.

54 대한제국 시기에 추진된 개혁안에 대한 설명으로 옳지 않은 것은?

① 상무사를 조직하였다.
② 양전 사업을 실시하였다.
③ 무관학교를 설립하였다.
④ 북변도 관리를 설치하였다.
⑤ 중국연호를 폐지하였다.

55 다음은 1876년 개항 이후 우리나라가 외국과 맺은 조약의 내용이다. 시기 순으로 바르게 나열한 것은?

> ㉠ 조선과 미국 두 나라 중 한 나라가 다른 나라의 핍박을 받을 경우 분쟁을 해결하도록 주선한다.
> ㉡ 일본국 국민은 본국에서 사용되는 화폐로 조선국 국민의 물자와 마음대로 교환할 수 있다.
> ㉢ 영국군함은 개항장 이외에 조선 국내 어디서나 정박할 수 있고 선원을 상륙할 수 있게 한다.
> ㉣ 일본 공사관에 군인 약간을 두어 경비하게 하고 그 비용은 조선국이 부담한다.

① ㉡ – ㉣ – ㉢ – ㉠
② ㉡ – ㉠ – ㉢ – ㉣
③ ㉡ – ㉣ – ㉠ – ㉢
④ ㉡ – ㉠ – ㉣ – ㉢

56 다음은 간도와 관련된 역사적 사실들이다. 옳지 않은 것은?

① 1909년 일제는 청과 간도협약을 체결하여 남만주의 철도 부설권을 얻는 대가로 간도를 청의 영토로 인정하였다.

② 조선과 청은 1712년 "서쪽으로는 압록강, 동쪽으로는 토문강을 국경으로 한다."는 내용의 백두산정계비를 세웠다.

③ 통감부 설치 후 일제는 1906년 간도에 통감부 출장소를 두어 간도를 한국의 영토로 인정하였다.

④ 1902년 대한제국 정부는 간도관리사로 이범윤을 임명하는 한편, 이를 한국 주재 청국 공사에게 통고하고 간도의 소유권을 주장하였다.

57 다음에 제시된 개혁 내용을 공통으로 포함한 것은?

> • 청과의 조공 관계 청산　　　　• 인민 평등 실현
> • 혜상공국 혁파　　　　　　　　• 재정의 일원화

① 갑오개혁의 홍범 14조　　　　② 독립협회의 헌의 6조
③ 동학 농민 운동의 폐정개혁안　④ 갑신정변 때의 14개조 정강

58 일제가 다음과 같은 취지의 조선교육령을 공포한 데 대한 설명으로 옳은 것은?

> • 보통학교의 수업연한을 4년에서 6년으로, 고등보통학교는 4년에서 5년으로 연장한다.
> • 조선인과 일본인의 공학을 원칙으로 한다.

① 헌병경찰 중심의 통치체제 하에서 낮은 수준의 실용 교육만 실시하고자 하였다.
② 태평양 전쟁을 일으키고 황국 신민화 교육을 더욱 강화하고자 하였다.
③ 만주침략을 감행하고 한국인을 동화시켜 침략 전쟁의 협조자로 만들고자 하였다.
④ 3 · 1운동 이후 격화된 한국인의 반일감정을 무마하고자 하였다.

59 1945년 12월에 개최된 모스크바 3상회의에 대한 설명으로 옳지 않은 것은?

① 회의에서 미국은 한국의 즉시 독립을, 소련은 4개국 신탁통치를 제안하였다.
② 김구, 이승만 등은 격렬한 신탁통치 반대 운동을 펼쳤다.
③ 회의의 결정에 따라 미국, 소련 양국군 대표로 구성된 공동위원회가 개최되었다.
④ 조선공산당은 모스크바 3상회의 지지 시위를 벌였다.

60 4 · 19혁명의 영향으로 볼 수 없는 것은?

① 내각책임제 정부와 양원제 의회가 출범하였다.
② 반민족행위자에 대한 처벌법이 제정되었다.
③ 부정축재자에 대한 처벌 요구가 높아졌다.
④ 통일에 관한 논의가 활발하게 제기되었다.

61 다음과 같은 내용의 선언문들을 시기 순으로 바르게 나열한 것은?

> ㉠ 이제 새 시대의 진군을 알리는 민주 정의의 횃불이 올랐다. 정의 사회를 구현하고 통일 민주 복지 국가를 건설하는 우리의 꿈을 실현할 민족 대행진이 시작되었다.
> ㉡ 우리는 4 · 13 호헌 조치가 무효임을 전 국민의 이름으로 선언하며 이 땅에 민주 헌법이 서고 민주 정부가 확고히 수립될 때 까지 이 운동을 전개할 것이다.
> ㉢ 우리는 국민의 자유를 억압하는 긴급조치를 철폐하고 국민의 의사가 자유로이 표현될 수 있도록 언론 · 출판의 자유를 국민에게 돌리라고 요구한다.
> ㉣ 오늘 이 자리에 모인 우리들은 한마음 한뜻으로 전국 교직원 노동조합의 결성을 위해 힘차게 나아갈 것을 엄숙히 선언한다.

① ㉢ － ㉠ － ㉡ － ㉣
② ㉢ － ㉡ － ㉠ － ㉣
③ ㉠ － ㉢ － ㉣ － ㉡
④ ㉠ － ㉣ － ㉡ － ㉢

62 다음 내용을 발생한 시기 순으로 바르게 나열한 것은?

> ㉠ 남북 사이의 화해와 불가침 및 교류·협력에 관한 합의서 채택
> ㉡ 6·15 남북 공동 선언
> ㉢ 남북 관계 발전과 평화 번영을 위한 선언
> ㉣ 금강산 관광 개시
> ㉤ 남북 경의선 철도 복원 기공식

① ㉠ - ㉡ - ㉢ - ㉣ - ㉤
② ㉠ - ㉣ - ㉡ - ㉤ - ㉢
③ ㉣ - ㉠ - ㉡ - ㉢ - ㉤
④ ㉣ - ㉡ - ㉠ - ㉤ - ㉢

63 다음의 상황을 극복하기 위해 실시한 우리 정부의 정책과 그 영향에 관한 설명으로 옳은 것은?

〈1945년 말 현재 남한의 토지 소유 상황〉

(단위 : 만 정보)

구분	답	전	계
농경지	128(100%)	104(100%)	232(100%)
소작지	89(70%)	58(56%)	147(63%)
전(前) 일본인 소유	18	5	23
조선인 지주 소유	71	53	124
자작지	39(30%)	46(44%)	85(37%)

① 유상 몰수, 무상분배 방식이었다.
② 임야 등 비경지는 대상에서 제외하였다.
③ 신한공사를 핵심 추진 기관으로 삼았다.
④ 북한의 토지 개혁에 커다란 영향을 주었다.

64 대한민국헌법 전문의 서두이다. (개)(내)(대)에 들어갈 역사적 사건을 아래에서 골라 옳게 배열한 것은?

> 유구한 역사와 전통에 빛나는 우리 대한국민은 ((개))(으)로 건립된 ((내))의 법률과 불의에 항거한 ((대))을(를) 계승하고, 조국의 민주개혁과 평화적 통일의 사명에 입각하여 정의·인도와 동포애로써 민족의 단결을 공고히 하고,

> ㉠ 동학농민운동　　　　　　　　　㉡ 광무개혁
> ㉢ 3·1운동　　　　　　　　　　　　㉣ 대한민국임시정부
> ㉤ 4·19민주이념　　　　　　　　　㉥ 5·18광주민주화운동

① ㉠ - ㉡ - ㉢

② ㉡ - ㉢ - ㉣

③ ㉢ - ㉣ - ㉤

④ ㉣ - ㉤ - ㉥

65 다음의 성명이 발표된 이후 시작된 일본의 식민지 지배 정책만을 아래에서 고르면?

> 우리들은 3천만 한인 및 정부를 대표하여 삼가 중국, 영국, 미국, 소련, 캐나다, 호주 및 기타 제국의 대일 선전을 축하한다. 일본을 쳐서 무찌르고 동아시아를 재건하게 하는 가장 유효한 수단인 까닭이다. 이에 우리는 다음과 같이 성명한다.
>
> 1. 한국 전 인민은 이미 반침략 전선에 참가하여 한 개의 전투 단위로서 추축국(樞軸國)에 대하여 전쟁을 선포한다.
>
> — 대한민국 임시정부 대일 선전포고 —

> ㉠ 징병　　　　　　　　　　　　　㉡ 신사참배
> ㉢ 농촌진흥운동　　　　　　　　　㉣ 조선여자정신대 동원

① ㉠㉡　　　　　　　　　　　　　② ㉡㉢

③ ㉢㉣　　　　　　　　　　　　　④ ㉠㉣

66 폐정개혁안과 관련된 내용으로 거리가 먼 것은?

- 탐관오리는 그 죄상을 조사하여 엄징한다.
- 횡포한 부호를 엄징한다.
- 노비 문서는 소각한다.
- 왜와 내통하는 자는 엄징한다.
- 토지는 평균으로 분작하게 할 것이다.

① 신분제의 전면적 폐기를 제기하였다.
② 궁극적으로 농민적 토지소유를 지향하고 있었다.
③ 외국의 자본주의의 침략에 대한 강력한 저항의식이 깔려 있다.
④ 최초의 근대적 개혁으로 조선이 자주국임을 만천하에 알렸다.

67 다음 자료를 집필한 인물과 관련이 있는 것은?

독립군아 일제히 봉기하라!
독립군은 천지를 휩쓸라!
한번 죽음은 인간의 면할 수 없는 바이니 개돼지와 같은 일생을 누가 구차히 도모하겠는가?
살신성인하면 2천만 동포는 마음과 몸을 부활하니 어찌 일신을 아끼며, 집을 기울여 나라에
갚으면 3천리 옥토는 자가의 소유이니 어찌 일가를 아끼랴. 우리 같은 마음, 같은 덕망의 2천
만 형제자매여! 국민의 본령을 자각한 독립임을 기억하고 동양의 평화를 보장하고 인류의 평
등을 실시하기 위한 자립임을 명심하여 황천의 명명을 받들고 일체의 못된 굴레에서 해탈하는
건국임을 확신하여 육탄혈전으로 독립을 완성하자.

① 의열단
② 청산리 전투
③ 혁신의회
④ 대한민국 건국강령

68 다음 중 해방 후의 역사적 상황에 대한 설명으로 적절하지 않은 것은?

① 1948년 남북일부 정치세력은 평양에서 남북 제정당 사회단체 연석회의를 개최하였다.

② 미군정은 일본인의 토지를 접수하여 신한공사를 통해 관리하였다.

③ 1949년 6월 조선 노동당이 탄생했으며 남한 좌익 대부분이 북으로 이동하였다.

④ 1948년 7월 17일 제헌헌법에서는 국회를 양원제로 하였다.

69 다음 인물들이 주장하였을 정치적 구호로 가장 적절한 것은?

이들은 우리나라를 이미 유교문화에 의해 개화된 상태로 보았으며 우리 고유의 사상과 전통문화를 유지하고 서양의 기술과학문명을 받아들이는 것을 주장하였다. 양무운동을 본받아서 개화를 점진적으로 진행시켰다.
대표적 인물로는 김홍집, 어윤중, 김윤식 등이 있다.

① 청과 우호관계 유지로 부국강병 추구하자.

② 청과의 사대관계를 청산하고 자주국가를 수립하자.

③ 근대적 정치사상을 수용하여 입헌국가를 수립하자.

④ 옛 것을 근본으로 새로운 근대국가를 수립하자.

70 1948년 남북연석회의에 관한 옳은 설명으로만 묶인 것은?

㉠ 김구, 김규식이 제안했으며, 김일성, 김두봉이 이에 응함으로써 성사되었다.
㉡ 남북연석회의에서는 남한 단독정부 수립을 반대하는 의사를 명확히 했다.
㉢ 이승만은 향후 자신의 정치적 입지를 강화하기 위해 막판에 참석했다.
㉣ 미국은 '한국문제의 유엔 이관'을 대신할 수 있는 현실적인 대안으로 생각하고 적극 지원했다.
㉤ 이 회의에서 미·소 양군의 동시 철수를 요구하는 결의를 하였다.

① ㉠㉡㉤ ② ㉠㉣㉤
③ ㉡㉢㉣ ④ ㉡㉢㉤

71 갑신정변 이후 동학농민봉기에 이르는 시기까지 조선의 상황에 대한 설명으로 옳지 않은 것은?

① 청의 영향력이 확대되면서 조선은 외교, 내정에 있어서 청의 간섭을 받았다.
② 러시아의 세력 확장에 불안을 느낀 영국은 거문도를 불법으로 점령하였다.
③ 국내 식량 안정을 도모하기 위해 곡물 수출을 금하는 방곡령을 내리기도 하였다.
④ 일본과의 무역은 청과의 무역보다 그 성장세가 더 높았다.

72 다음의 단체와 관련된 설명으로 옳지 않은 것은?

> 국내에서 8 · 15해방 직후 전국에 145개의 지부를 조직하고 본격적인 건국 작업을 들어갔다.

① '조선민주주의인민공화국'을 선포하였다.
② 좌파와 우파 인사들로 조직되었으나, 좌파의 득세로 우파 민족주의자들이 탈퇴하였다.
③ 국내 치안을 담당하기 위해 치안대를 조직하였다.
④ 여운형이 중심이 되어 조직된 조선건국동맹이 모태가 되었다.

73 1920년대의 시대적 상황에 대한 설명으로 옳지 않은 것은?

① 고등교육기관으로 대학을 설립해야 한다는 취지 하에 민립대학설립운동을 추진하였다.
② 민족자본의 육성을 위해 물산장려운동을 추진하였다.
③ 사회주의운동이 활발하게 전개되었고, 조선공산당도 조직되었다.
④ 조선학 운동이 전개되었고, 한국 학자들이 결집하여 진단 학회를 창립하였다.

74 다음은 일제의 식민 통치에 대한 서술이다. 시대순으로 바르게 나열된 것은?

> ⊙ 재판 없이 태형을 가할 수 있는 즉결 처분권을 헌병 경찰에게 부여하였다.
> ⓒ 한반도를 대륙 침략을 위한 병참기지로 삼았다.
> ⓒ 국가 총동원령을 발표하여 인적, 물적 자원의 수탈을 강화하였다.
> ② 사상통제와 탄압을 위하여 고등경찰제도를 실시하였다.

① ⊙ − ⓒ − ⓒ − ②　　　　② ⊙ − ② − ⓒ − ⓒ
③ ② − ⊙ − ⓒ − ⓒ　　　　④ ② − ⊙ − ⓒ − ⓒ

75 다음과 같은 결정에 대한 각계의 반응과 그 결과로서 옳지 않은 것은?

> • 조선 임시정부 구성을 원조할 목적으로, 먼저 그 적절한 방안을 연구·조정하기 위하여 미·소 공동위원회가 설치될 것이다.
> • 공동위원회의 제안은 최고 5년 기한으로 4개국 신탁통치의 협약을 작성하기 위하여 미·영·소·중의 4국 정부가 공동 참작할 수 있도록 조선 임시정부와 협의한 후 제출되어야 한다.

① 우익 세력은 대대적인 신탁 반대 운동을 전개하였다.
② 신탁통치에 대한 의견 차이로 좌익과 우익은 격렬하게 대립하였다.
③ 두 차례의 미·소 공동위원회는 두 나라의 이해관계로 결렬되었다.
④ 좌익 세력은 처음부터 찬탁 운동에 참여하여 민족의 분열을 초래하였다.

76 다음 내용의 국가 체제를 제정한 정권의 개혁 방향과 가장 거리가 먼 것은?

> 제1조 대한국은 세계 만국에 공인되어 온바 자주독립한 제국이니라.
> 제3조 대한국 대황제께서는 무한하온 군권을 지니나니 공법에 이른바 자립정체이니라.
> 제5조 대한국 대황제께서는 국내 육해군을 통솔하고 편제를 정하며 계엄과 명하니라.

① 이소사대(以小事大)　　　　② 동도서기(東道西器)
③ 구본신참(舊本新參)　　　　④ 식산흥업(植産興業)

77 1945년 해방 이후 남·북한의 정치 상황에 대한 설명으로 옳은 것은?

① 1948년 김일성은 남로당과 연안파 인사들을 배제하고 북한 정부를 구성하였다.

② 1965년 한국군은 UN군의 일원으로 베트남에 파병되었다.

③ 1969년 3선 개헌에 성공한 박정희는 간접선거를 통해 1971년 대통령에 당선되었다.

④ 1972년 북한은 사회주의 헌법을 공포하여 수령 유일 지도 체제를 확립하였다.

78 다음 중 위정척사운동이 일어난 순서를 바르게 나열한 것은?

> ㉠ 최익현은 개항반대론 및 왜양일체론의 5불가소를 주장하였다.
> ㉡ 이항로, 기정진 등은 통상반대운동, 주전척화론을 주장하였다.
> ㉢ 위정척사운동은 점차적으로 항일의병으로 계승되었다.
> ㉣ 이만손은 영남만인소에서 유생들과 함께 개화를 반대하였다.

① ㉠ – ㉡ – ㉢ – ㉣

② ㉡ – ㉠ – ㉢ – ㉣

③ ㉡ – ㉠ – ㉣ – ㉢

④ ㉣ – ㉢ – ㉡ – ㉠

79 다음 중 ㈎의 시기에 일어난 일로 옳은 것은?

> 모스크바 3국 외상회의 → 1차 미소공동위원회 → ㈎ → 2차 미소공동위원회 → 대한민국 건립

① 제주도 4·3사건

② 좌우합작운동

③ 5·10 총선거

④ 남북협상

80 다음 중 1920년대 민족운동에 대한 설명으로 옳지 않은 것은?

① 의열단은 무정부주의와 무장투쟁론을 지향하는 테러조직이다.
② 신간회는 민족주의 진영과 사회주의 진영의 연합으로 결성된 민족운동단체이다.
③ 임시정부 내 개조파와 창조파의 갈등은 국민대표회의에서 해소되었다.
④ 물산장려운동, 민립대학설립운동 등 실력양성운동을 전개하였다.

81 다음에 설명하고 있는 나라와의 사건에 대한 설명으로 옳은 것은?

> 잃어버린 문화재를 되찾는 것이 이루어지고 있으며 이 나라와는 외규장각에 있던 도서반환을
> 요구하고 있다.

① 대동강 지역에서 제너럴 셔먼호를 격퇴하였다.
② 이 사건을 계기로 천주교 박해가 이루어졌다.
③ 운요호 사건으로 인하여 강화도조약이 체결되었다.
④ 강화도에서 한성근과 양헌수가 문수산성과 정족산성에서 격퇴하였다.

82 다음 중 현대사회의 주요 사건을 발생순서대로 바르게 나열한 것은?

> ㉠ 6 · 29 선언   ㉡ 지방자치제 전면 실시
> ㉢ 남북유엔 동시 가입   ㉣ 독일의 통일

① ㉠ - ㉡ - ㉢ - ㉣
② ㉡ - ㉢ - ㉠ - ㉣
③ ㉠ - ㉣ - ㉢ - ㉡
④ ㉢ - ㉠ - ㉣ - ㉡

83 갑신정변에 대한 설명으로 옳지 않은 것은?

① 청과의 사대관계를 청산하고 자주적인 근대국가의 건설이 목적이었다.

② 김옥균 등의 젊은 급진파 세력이 주축을 이루었다.

③ 청의 세력을 배제하고 일본군의 힘을 빌려 권력을 장악하려 하였다.

④ 일본의 배신으로 인하여 제물포조약 및 한·일 수호조규속약이 체결되었다.

84 다음 중 근현대의 정치변동에 대한 내용을 시대순으로 바르게 나열한 것은?

> ㉠ 삼군부를 폐지하고 통리기무아문을 설치하여 개혁을 추진하였다.
> ㉡ 고을마다 집강소를 설치하고 폐정개혁 12개 조항에 합의하였다.
> ㉢ 인신매매 금지, 조혼 금지, 과부의 재가허용 등 전통적인 신분제 및 차별관습을 철폐하였다.
> ㉣ 구본신참의 이념을 절충하여 양전사업을 실시하고 지계를 발행하였다.

① ㉠ - ㉡ - ㉢ - ㉣

② ㉡ - ㉠ - ㉢ - ㉣

③ ㉢ - ㉣ - ㉠ - ㉡

④ ㉣ - ㉢ - ㉡ - ㉠

85 다음에서 설명하고 있는 남북공동성명 이후에 일어난 상황으로 옳은 것은?

> 첫째, 통일은 외세에 의존하거나 외세의 간섭을 받음이 없이 자주적으로 해결을 한다.
> 둘째, 통일은 서로 상대방을 반대하는 무력행사에 의거하지 않고 평화적으로 실현한다.
> 셋째, 사상과 이념·제도의 차이를 초월하여 우선 하나의 민족적 대단결을 도모한다.

① 남북조절위원회 구성

② 남북이산가족고향 방문단 상호 교류

③ 금강산 관광

④ 한민족 공동체통일방안 제기

86 다음 중 대통령과 그 시대 정책의 연결이 바르게 짝지어진 것은?

> ㉠ 박정희   ㉮ 베트남 파병
> ㉡ 노태우   ㉯ 북방정책
> ㉢ 김영삼   ㉰ 금융실명제

① ㉠ – ㉰   ② ㉡ – ㉯
③ ㉢ – ㉮   ④ ㉢ – ㉯

87 다음 중 밑줄 친 '나'와 관련이 있는 것은?

> 진실로 백성을 해치는 자가 있으면 비록 공자가 다시 살아난다 하더라도 나는 용서하지 않겠다. 하물며 서원은 우리나라 선현을 제사하는 곳인데 오늘날 도둑의 소굴이 되어 있지 않은가?

① 총융청을 설치하고 비변사 기능을 강화하였다.
② 과거제의 모순을 지적하고 인재선발을 위해 현량과를 실시하였다.
③ 반계수록을 저술하였으며 토지국유화를 통한 민생안정을 주장하였다.
④ 민생안정을 위하여 사창제와 호포제를 실시하였다.

88 다음 설명 중 옳은 것은?

> ㈎ 나는 통일된 조국을 건설하려다 38도선을 베고 쓰러질지언정 일신의 구차한 안일을 위하여 단독정부를 세우는 데는 협력하지 않겠다.
> ㈏ 무기 휴회된 미·소공동위원회가 재개될 기색도 보이지 않으며, 통일정부를 고대하나 여의케 되지 않으니, 우리 남한만이라도 임시정부 혹은 위원회 같은 것을 조직하여 38도선 이북에서 소련이 철퇴하도록 세계 공론에 호소해야 될 것입니다.

① ㈎ – 삼균주의를 포함한 건국 강령을 채택하였다.
② ㈎ – 반민특위(반민족행위특별조사위원회) 활동에 직접 참여하였다.
③ ㈏ – 상하이를 중심으로 무장독립활동을 전개하였다.
④ ㈏ – 모스크바 3상회의에서 결정된 사항을 지지하였다.

89 다음 설명 중 옳은 것은?

> (가) 일본을 상대로 무장투쟁을 벌인다는 것은 공연한 힘의 낭비입니다. 우리는 일본을 압박할 수 있는 강대국을 상대로 일제의 부당성과 우리의 독립열망을 전하여 독립을 얻어내야 합니다.
> (나) 강도 일본이 정치·경제의 양 방면으로 억압해 올 때 무엇으로 실업을 발전시키고 교육을 진흥시킬 수 있습니까? 무장투쟁만이 독립을 쟁취할 수 있습니다.

① (가)는 독립청원운동으로 임시정부 정책의 기본 방향이 되었다.
② (가)는 임시정부 창조파의 주장이다.
③ (나)는 조선의 절대독립을 주장하였다.
④ (나)는 민족개조와 실력양성을 주장하였다.

90 다음에서 설명하는 정부와 관련이 없는 것은?

> 이 정부는 '조국 근대화'의 실현을 가장 중요한 국정 목표로 삼아 경제성장에 모든 힘을 쏟는 경제 제일주의 정책을 펼쳤다. 이로써 수출이 늘어나고 경제도 빠르게 성장함으로써 절대빈곤의 상태에서 어느 정도 벗어날 수 있었다. 그러나 경제개발에 필요한 자본의 대부분은 외국에서 빌려온 것이었고, 개발을 효율적으로 추진한다는 구실로 국민의 자유를 억압하여 민주주의 발전을 저해하였다.

① 한·일협정   ② 남북적십자회담
③ 한·중수교   ④ 유신헌법제정

91 다음과 같은 주장을 한 단체와 관련이 없는 것은?

> • 전국적으로 정치범·경제범을 즉시 석방할 것
> • 서울의 3개월간의 식량을 보장할 것
> • 치안 유지와 건국을 위한 정치활동에 간섭하지 말 것

① 건국동맹을 모체로 한다.
② 송진우·김성수 등이 주도하여 창설되었다.
③ 건국치안대를 조직하여 치안을 담당하였다.
④ 인민위원회로 전환되기도 하였다.

92 다음 조약에 관한 설명으로 옳은 것은?

> • 제1조 조선은 자주국이며 일본과 평등한 권리를 보유한다.
> • 제4조 부산 이외의 2개항을 20개월 이내에 개항한다.
> • 제7조 조선 연해의 측량을 허용하고 지도를 편제하여 안전을 도모한다.

① 이 조약이 체결되기 이전에 대원군이 하야하고 고종의 친정이 이루어졌다.
② 조문에서는 일본의 조선침략의도가 나타나지 않는다.
③ 조약이 체결되면서 위정척사운동은 점차 약화되었다.
④ 조약 체결에 반발하여 동학사상이 창시·유포되었다.

93 다음 중 ㉠의 시기에 해당하는 것은?

> 1860년대 – 1870년대 – ㉠1880년대 – 1890년대

① 최익현이 왜양일체론을 주장하면서 개항을 반대하였다.
② 이항로의 어양척사론을 통해 위정척사사상이 집대성되었다.
③ 보수 유생층에 의해 항일의병운동이 처음으로 발생하였다.
④ 이만손은 영남만인소를 통해 조선책략에 소개된 외교책을 비판하였다.

94 다음과 관련된 단체에 대한 설명으로 옳은 것은?

> • 한·러은행 폐쇄   • 절영도 조차 저지   • 도서 매입 저지

① 국체를 전제군주제에서 공화정으로 바꾸고자 하였다.
② 대한자강회의 구성원들이 천도교의 인물들과 연합하여 만들었다.
③ 관민공동회와 만민공동회를 개최하였다.
④ 무력을 통한 항일독립운동을 전개하였다.

95 다음 중 일본과 체결한 조약의 내용으로 옳지 않은 것은?

① 한일의정서 – 러 · 일전쟁 중 군사기지 사용의 근거가 됨
② 제1차 한일협약 – 외교 · 재정 고문의 채용 의무화
③ 을사조약 – 외교권 박탈과 통감부 설치
④ 정미7조약 – 사법권과 경찰권 박탈

96 다음 시기에 대두된 것은?

> 영국이 러시아의 남하를 견제하기 위해 불법적으로 거문도를 점령하였다.

① 고종이 러시아 공사관으로 거처를 옮겼다.
② 청의 파병에 따라 일본도 파병하였다.
③ 열강들의 조선침략이 격화되면서 한반도 중립화론이 대두되었다.
④ 일본은 청으로부터 할양받은 요동반도를 반환하였다.

97 다음 중 동학농민운동에 관한 설명으로 옳은 것을 모두 고르면?

> ㉠ 1894년 전라북도 전주에서 시작되었다.
> ㉡ 정부는 동학농민군을 무력 진압하기 위해 일본에 파병을 요청하였다.
> ㉢ 일본은 톈진조약에 의해 군사를 파병하였다.
> ㉣ 전통적 지배체제를 부정하는 반봉건적 성격을 지닌다.
> ㉤ 동학농민운동의 주장은 후에 갑오개혁 때 일부 반영되었다.

① ㉠㉡㉢
② ㉠㉢㉤
③ ㉡㉢㉤
④ ㉢㉣㉤

98 다음의 조약이 체결될 당시 우리의 저항으로 옳은 것은?

> • 일본 정부는 한국이 외국과의 사이에 맺어진 모든 조약의 시행을 맡아보고 한국은 일본 정부를 통하지 않고는 어떠한 국제적 조약이나 약속을 맺을 수 없다.
> • 일본 정부는 대표자로 통감을 서울에 두되, 통감은 오직 외교를 관리하고 또 한국의 각 항구를 비롯하여 일본이 필요로 하는 지역에 이사관을 두어 사무일체를 지휘·관리하게 한다.

① 평민 의병장 신돌석이 일월산을 거점으로 활약하였다.
② 의병들이 연합전선을 형성하여 서울진공작전을 시도하였다.
③ 유인석은 격고팔도열읍이라는 격문을 통해 지구전에 대비하고자 하였다.
④ 강제해산된 군인들이 의병활동에 참여하였다.

99 다음 중 남북한 통일외교에 관한 설명으로 옳은 것은?

① 1972년 7월 4일 남북공동성명을 통해 자주적·평화적·민족대단결의 통일원칙에 합의하였다.
② 1997년 '남북 사이의 화해와 불가침 및 교류, 협력에 관한 합의서'를 체결하였다.
③ 6·15남북공동선언에서 남북은 유엔 감시하에 통일방안에 합의하였다.
④ 북한의 고려민주연방공화국 통일방안은 2국가 2체제를 목표로 한다.

100 다음은 19세기 후반 외국과 맺은 불평등조약에 대한 설명이다. 잘못된 것은?

① 개항장에서는 외국 화폐의 사용이 허용되었다.
② 치외법권을 허용함으로써 주권의 일부를 상실하였다.
③ 최초의 불평등조약은 1876년 일본과 맺은 조일수호조규(병자수호조규)이다.
④ 일본과의 조약부터 최혜국대우조항이 포함되어 이후 서구 열강이 조선에서 동일한 이권을 주장할 수 있게 되었다.

101 다음 글의 밑줄 친 부분에 대한 근거로 옳지 않은 것은?

> 흥선대원군이 집정한 1864년에서 1873년까지의 10년간은 대내·외적으로 격동의 시기였다. 대원군 정권의 성격에 관해서는 긍정적 견해와 부정적 견해가 모두 나타나고 있다. 긍정적인 견해는 대체적으로 대원군을 ㉠대외적 위기에 결단력 있게 대응하고, ㉡국내 정치부패에 과감하게 대처하였으며, ㉢조선 사회 문제점을 고치려했던 실천력을 가진 개혁가로 보고 있다. 부정적인 견해는 ㉣대원군이 세계 정세에 어둡고, 봉건제도의 체제적 위기를 국왕의 전제권 강화라는 시대착오적 방법으로 극복하려했다고 보고 있다.

① ㉠ 프랑스와 미국의 침략격퇴
② ㉡ 세도가문 축출과 인재를 고르게 등용
③ ㉢ 재정의 일원화와 문벌폐지
④ ㉣ 통상수교거절정책과 천주교탄압

102 다음 중 3·1운동의 영향과 의의로 옳지 않은 것은?

① 중국 5·4운동에 영향을 주었다.
② 상해에 대한민국 임시정부가 수립되는 계기가 되었다.
③ 일제의 식민통치가 문화통치로 바뀌게 되었다.
④ 1920년대 분리된 사상을 통합하는 민족유일당운동에 영향을 주었다.

103 다음 중 반민족행위특별조사위원회(반민특위)에 관한 설명으로 옳지 않은 것은?

① 이승만은 반공정책으로 반민특위활동을 방해하였다.
② 1948년 제헌국회에서 반민특위법을 실행하기 위해 만들어졌다.
③ 친일파 세력의 방해로 완전히 성공하지 못했다.
④ 국민들은 반민특위에 특별한 관심을 보이지 않았다.

104 다음 중 제헌국회에 대한 설명으로 옳지 않은 것은?

① 남한만의 단독 총선거에 반대한 김구, 김규식은 불참했다.
② 국회의원의 임기는 4년으로 정하였다.
③ 일제시대의 반민족 행위자를 처벌하기 위해 반민족행위처벌법을 제정했다.
④ 1948년 5월 10일 남한만의 단독 총선거로 구성되었다.

105 다음 설명 중 역사적 사실로 옳지 않은 것은?

① 봉오동전투는 1920년대의 대표적인 항일무장투쟁이다.
② 홍범도가 이끄는 대한독립단은 봉오동에서 일본군에 큰 타격을 주었다.
③ 청산리전투에 대한 보복으로 일제는 만주지역 조선민을 학살한 자유시참변을 일으켰다.
④ 김좌진이 이끈 북로군정서를 중심으로 청산리에서 크게 승리를 거두었다.

106 1930년대 이후 일제의 식민지 통치체제에 대한 설명으로 옳지 않은 것은?

① 국민생활 전반의 철저한 통제를 위해 국민정신총동원조선연맹을 결성하였으며, 10호(戶)를 기준으로 애국반(愛國班)을 만들었다.
② 조선 사람의 성명을 일본식으로 강제로 바꾸게 하는 정책을 단행했다.
③ 일본의 국체변혁을 주장하거나 사유재산제도를 부인하는 사회주의 운동의 탄압을 위해 치안유지법이 만들어졌다.
④ 조선의 민족성을 근원적으로 말살하기 위해 어용학자들을 동원하여 일선동조론(日鮮同祖論)을 강조했다.

107 다음과 관련된 단체에 대한 설명으로 옳지 않은 것은?

> 무릇 우리나라의 독립은 오직 자강의 여하에 있을 따름이다. 우리 대한이 종전에 자강의 방법을 강구하지 않아 인민이 스스로 우매함에 묶여 있고 국력이 쇠퇴하여 마침내 오늘의 위기에 다다라 결국 외국인의 보호를 당하게 되었으니, 이는 모두 자강의 도에 뜻을 다하지 않았던 까닭이다. … (중략) … 자강의 방법을 생각해 보면 다름이 아니라 교육을 진작함과 식산흥업에 있다. 무릇 교육이 일어나지 못하면 백성의 지혜가 열리지 못하고 산업이 늘지 못하면 국부가 증가하지 못한다.
>
> – 대한자강회 월보 –

① 교육 및 산업의 진흥을 위한 애국계몽운동을 전개했다.
② 학교의 설립 등 실력양성운동을 전개했다.
③ 입헌정체를 주장했다.
④ 고종의 강제 퇴위를 반대하는 운동을 주도하였다는 이유로 해산되었다.

108 갑신정변의 14개조 혁신 정강의 내용이 아닌 것으로만 묶인 것은?

> ㉠ 지조법을 개정한다.
> ㉡ 탐관오리 및 횡포한 부호를 엄징한다.
> ㉢ 재정기관을 호조로 일원화한다.
> ㉣ 혜상공국을 폐지한다.
> ㉤ 과부의 재가를 허용한다.
> ㉥ 정부와 원한을 씻고 서정에 협력한다.

① ㉠㉡㉣
② ㉠㉤㉥
③ ㉡㉤㉥
④ ㉢㉣㉥

109 다음 중 회담과 그 내용의 연결이 옳지 않은 것은?

① 포츠담선언에서 미·영·중·소에 의한 신탁통치가 결정되었다.
② 카이로회담은 미·영·중의 수뇌들이 모여 우리나라의 독립을 약속한 회담이다.
③ 얄타회담에서 신탁통치기간에 관해 루즈벨트는 30년을, 스탈린은 그보다 짧은 기간을 주장했다.
④ 모스크바 3상회의에서 미국은 조선인 임시정부를 만들어 신탁통치를 하자고 했다.

110 다음 사건에 대한 설명으로 옳은 것은?

> ㉠ 3 · 1운동　　　　　㉡ 6 · 10만세운동　　　　　㉢ 광주학생운동

① ㉠은 비폭력 시위에서 무력적인 저항운동으로 확대되었다.
② ㉡ 이후에 사회주의 사상이 본격적으로 유입되었다.
③ ㉡과 ㉢으로 인해 일제는 식민통치방식을 획기적으로 바꾸었다.
④ 시기적으로 ㉠ – ㉢ – ㉡의 순서로 진행되었다.

111 다음 중 청과 일본 간의 대립촉발원인에 해당되지 않는 것은?

① 임오군란　　　　　　　　② 갑신정변
③ 거문도사건　　　　　　　④ 동학농민운동

112 1940년대 대한민국 임시정부와 가장 관련이 깊은 것은?

① 한인애국단의 조직
② 정치 · 경제 · 교육의 균등을 꾀하는 삼균주의 채택
③ 한국독립군을 창설하여 일본에 정식으로 선전포고
④ 교통국과 연통제의 활성화

113 1960년대 북한의 상황으로 옳은 것은?

① 4대 군사노선을 채택하여 군수공업발전에 박차를 가하였다.
② 3대 혁명운동을 전개하였다.
③ 주체사상을 강조한 사회주의 헌법을 제정하였다.
④ 합작법을 제정하여 외국자본 도입을 적극 추진하였다.

114 다음과 같은 입장에서 이루어진 사건이 아닌 것은?

> 첫째, 이 강화는 일본의 강요에 의해 이루어지는 것이므로 이는 눈앞의 고식(姑息)일 뿐 그들의 탐욕을 당해낼 수 없을 것이다. 둘째, 일단 강화를 맺으면 물자를 교역하게 되는데, 저들의 상품은 모두 음사기완(淫奢奇玩)한 것이고 또 수공업품이므로 무한한 것이나, 우리의 물화는 모두 필수품이며 땅에서 생산되는 유한한 것이므로 우리는 황폐해질 것이다.
>
> — 최익현, 척화의소(斥和議疏) —

① 이항로의 척화주전론   ② 김홍집의 조선책략 유포
③ 홍재학의 만언척사소   ④ 항일의병운동

115 다음 중 광복 이후의 상황들을 시대순으로 바르게 나열한 것은?

> ㉠ 3국 외상이 모스크바에서 한반도 문제를 논의하였다.
> ㉡ 김구와 김규식은 통일정부를 수립하기 위한 남북협상을 추진하였다.
> ㉢ 한국에 임시민주정부를 수립하기 위한 미·소공동위원회가 열렸다.
> ㉣ UN은 선거가 가능한 지역에서 총선거 실시를 결정하였다.

① ㉠ - ㉡ - ㉢ - ㉣   ② ㉠ - ㉢ - ㉣ - ㉡
③ ㉡ - ㉢ - ㉠ - ㉣   ④ ㉡ - ㉢ - ㉣ - ㉠

116 독립운동에 관한 설명으로 옳은 것은?

> ㉠ 국권피탈 후 만주·간도에 독립군 부대를 편성하였다.
> ㉡ 3·1운동이 전국에 확산된 후 무장폭력으로 확대되었다.
> ㉢ 한인애국단의 활동으로 동아시아에 영향을 미쳤다.
> ㉣ 만주독립군을 3부로 재편성하여 만주지역 민정·군정의 기반을 마련하였다.

① 시대순으로 ㉣ - ㉢ - ㉡ - ㉠ 순이다.
② ㉠의 시기에는 국내외 무장항일투쟁이 활발하였다.
③ ㉡은 일제의 토지조사사업, 농민경작권 불인정이 원인의 하나였다.
④ ㉢ 이후 헌병경찰통치가 시행되었다.

117 일본의 민족말살통치 내용에 해당되지 않는 것은?

① 내선일체, 일선동조론을 주장하였다.

② 우리말과 우리글의 교육을 금지시켰다.

③ 우리의 성명을 일본식으로 고치도록 하였다.

④ 학교 교원에게도 제복을 입히고 칼을 차게 하였다.

118 다음 중 대한민국수립 전후 상황으로 옳은 것은?

① 김구가 남북협상을 위해 노력했다.

② 남·북한 공동 총선거의 실시가 결의되었다.

③ 미·소공동위원회가 한반도를 5년 동안 신탁통치하기로 결정하였다.

④ 4·3제주사건은 좌익계 군인들을 중심으로 전개되었다.

119 조선말기 사창제를 시행했던 진정한 의도는?

> • 사창제는 환곡제의 폐단을 없애기 위하여 시행한 제도이다.
> • 덕망있고 경제력이 있는 지방인사에게 운영의 책임을 맡겼다.

① 국가의 지방사족에 대한 통제 강화   ② 국가의 직접 대여를 통한 농민 통제

③ 국가의 재정수입 유지와 민심 안정   ④ 대여시기 조정을 통한 국가 비축미 확보

120 다음은 독립협회의 활동상이다. 이전의 개화운동과 다른점은?

> • 독립문을 세웠다.
> • 최초의 근대적 민중대회인 만민공동회를 개최하였다.
> • 근대적 지식과 국권·민권사상을 고취시켰다.

① 민중을 개화운동과 결합시켜 근대적 민중운동을 전개하였다.

② 신분제 타파를 통한 평등사회로의 이행을 개혁의 중심으로 삼았다.

③ 청의 종주권을 부인하고 사대적 외교자세를 지양할 것을 촉구하였다.

④ 최초로 근대국가의 수립을 목표로 하는 개혁운동이었다.

☞ 정답 및 해설 **P.331**

1 다음의 경제적 구국운동에 대한 설명으로 옳은 것은?

2016. 3. 19 사회복지직 시행

> 남자는 담배를 끊고 부녀자들은 비녀·가락지 등을 팔아서 민족 언론 기관에 다양한 액수의 돈을 보내며 호응했다. 이는 정부가 일본으로부터 빌린 차관 1,300만 원이라는 액수를 상환하여 경제적 독립을 이룩하기 위한 것이었다.

① 보안회가 주도하였다.
② 총독부의 탄압과 방해로 실패하였다.
③ 대구에서 시작되어 전국적으로 확대되었다.
④ '내 살림 내 것으로', '조선 사람 조선 것' 등의 표어를 내걸었다.

2 다음 법령에 대한 설명으로 옳은 것은?

2016. 4. 9 인사혁신처

> 제17관 임시토지조사국은 토지대장 및 지도를 작성하고, 토지의 조사 및 측량한 것을 사정하여 확정한 사항 또는 재결을 거친 사항을 이에 등록한다.

① 토지와 임야를 함께 조사하도록 하였다.
② 토지 등급은 물론 지적, 결수, 지목 등을 신고하도록 하였다.
③ 지역별 지가와 그것의 1.3%를 지세로 하는 과세 표준을 명시하였다.
④ 본 법령에 따라 토지 소유를 증명하는 토지가옥증명규칙과 시행세칙이 공포되었다.

3 다음 법령의 시행 결과에 대한 설명으로 옳은 것은?

2016. 6. 18 제1회 지방직

> 제5조 정부는 다음에 의하여 농지를 매수한다.
> 1. 다음의 농지는 정부에 귀속한다.
>   (가) 법령 및 조약에 의하여 몰수 또는 국유로 된 토지
>   (나) 소유권의 명의가 분명하지 않은 농지
> 2. 다음의 농지는 본법 규정에 의하여 정부가 매수한다.
>   … (중략) …
> 제12조 농지의 분배는 1가구당 총 경영 면적 3정보를 초과하지 못한다.

① 협동조합이 모든 농지를 소유하게 되었다.
② 많은 일반 민유지가 총독부 소유로 되었다.
③ 소작지가 크게 줄어들고 자작지가 늘어났다.
④ 지주 소유 토지를 몰수하여 농민에게 무상으로 분배하였다.

4 다음 자료와 관련된 사업에 대한 설명으로 가장 옳지 않은 것은?

2016. 6. 25 서울특별시

> 만약 지주가 정해진 기한 내에 조사국 혹은 조사국 출장소원에게 신고 제출을 게을리 하거나 신고를 제출하지 아니하는 때는 당국에서 이 토지에 대해 지주의 소유권 유무 등을 심사하여 만약 소유자로 인정하지 못할 경우에는 이 토지를 지주가 없는 것으로 간주하여 당연히 국유지로 편입하는 수단을 집행할 것이니, 일반 토지 소유자는 고시에 의한 신고 제출을 게을리 하지 말도록 하였더라.
>
> – 「매일신보」 –

① 소유권 분쟁을 인정하지 않아 분쟁은 발생하지 않았다.
② 명의상의 주인을 내세우기 어려운 동중·문중 토지의 상당 부분이 조선 총독부의 소유가 되었다.
③ 한·일 병합 조약이 체결된 직후 신속하게 사업이 시작되었다.
④ 사업의 결과 조선 총독부의 재정 수입이 크게 증가하였다.

5 다음 ㉠의 추진 결과 나타난 현상으로 옳지 않은 것은?

2015. 6. 13 서울특별시

> 일본은 1910년대 이후 자본주의 경제가 급속하게 발전하면서 농민들이 도시에 몰려 식량 조달에 큰 차질이 빚어졌다. 이를 해결하기 위해 ___㉠___을 추진하였는데, 이는 토지 개량과 농사 개량을 통해 식량 생산을 대폭 늘려 일본으로 더 많은 쌀을 가져가고 우리나라 농민 생활도 안정시킨다는 목표로 추진되었다.

① 쌀 생산량의 증가보다 일본으로의 수출량 증가가 두드러졌다.
② 만주로부터 조, 수수, 콩 등의 잡곡 수입이 증가하였다.
③ 한국인의 1인당 연간 쌀 소비량이 이전보다 줄어들었다.
④ 많은 수의 소작농이 이를 통해 자작농으로 바뀌었다.

6 다음의 경제 조치에 대한 설명으로 옳지 않은 것은?

2013. 7. 27 안전행정부

> 제1조 : 구 백동화 교환에 관한 사무는 금고로 처리케 하여 탁지부 대신이 이를 감독함
> 제3조 : 구 백동화의 품위(品位) · 양목(量目) · 인상(印象) · 형체(形體)가 정화(正貨)에 준할 수 있는 것은 매 1개에 대하여 금 2전 5푼의 가격으로 새 화폐로 교환함이 가함

① 한국 상인들이 경제적으로 큰 타격을 받았다.
② 일본제일은행이 중앙은행의 역할을 하게 되었다.
③ 액면가대로 바꾸어 주는 화폐교환 방식을 따랐다.
④ 구 백동화 남발에 따른 물가 상승이 이 조치에 영향을 끼쳤다.

7 1960년대의 경제 상황으로 옳지 않은 것은?

2012. 4. 7 행정안전부

① 제1차 경제 개발 5개년 계획이 추진되었다.
② 베트남 파병을 계기로 베트남 특수를 누리게 되었다.
③ 미국의 무상 원조가 경제 개발의 주요 재원으로 활용되었다.
④ 경제 건설에 필요한 재원 조달을 위해 한 · 일협정이 체결되었다.

8 다음은 1890년 대일 무역 실태를 보여주는 표이다. 당시의 경제상황으로 옳지 않은 것은?

2012. 9. 22 하반기 지방직

〈1890년 대일 수출입 상품의 품목별 비율〉

수출 상품		수입 상품	
품목	비율	품목	비율
쌀	57.4%	면제품	55.6%
콩	28.3%		
기타	14.3%	기타	44.4%

※ 자료 : 「통상휘찬」

① 쌀값이 올랐다.
② 면공업 발전에 타격을 주었다.
③ 지주나 부농의 경제적 형편이 어려워졌다.
④ 지방관의 방곡령 발령을 초래하기도 하였다.

9 일제의 경제침탈과 관련된 내용에 대한 설명이다. 옳지 않은 것은?

2011. 6. 11 서울특별시

① 토지사업은 우리 나라를 식민지화 하면서 그에 필요한 제반경비를 마련하기 위한 재정 수입원을 확보하는 것을 목적으로 하였다.
② 1910년에 시작된 토지조사사업은 토지에 대한 지주의 권리만을 인정하여 농민의 경작권을 부정하였다.
③ 회사령의 반포는 일본 자본의 우리 나라 진출을 용이하게 하였다.
④ 토지조사사업의 결과로 지주의 수는 감소하고 자영농의 수가 증가하였다.
⑤ 식민지 수탈정책의 경제구조는 일제의 상품을 수출하고, 한국의 식량을 수탁하도록 바꾸는 것이었다.

10 빈칸 ㉠에 들어갈 내용으로 가장 적절한 것은?

2011. 3. 12 법원행정처

> • 질문 : 산미 증식 계획을 실시하는 과정에서 쌀 생산은 늘어났는데 한국 농민의 생활은 오히려 궁핍해졌습니다. 그 이유는 무엇일까요?
> • 답변 : 여러 요인이 있는데, 그중 하나는 ___㉠___ 때문입니다.

① 토지 조사 사업을 시작하였기
② 미곡 공출 제도를 실시하였기
③ 만주에서 잡곡을 대량 수입하였기
④ 수리 조합비, 비료 대금 등 비용 부담이 늘어났기

11 다음 자료와 관련된 설명으로 옳지 않은 것은?

2010. 4. 10 행정안전부

> • 제1조 일본 정부와 통모하여 한일 합병에 적극 협력한 자, 한국의 주권을 침해하는 조약 또는 문서에 조인한 자와 모의한 자는 사형 또는 무기징역에 처하고 그 재산과 유산의 전부 혹은 2분지 1 이상을 몰수한다.
> • 제3조 일본 치하 독립 운동자나 그 가족을 악의로 살상 박해한 자 또는 이를 지휘한 자는 사형, 무기 또는 5년 이상의 징역에 처하고 그 재산의 전부 혹은 일부를 몰수한다.

① 독립을 방해할 목적으로 단체를 조직했다면 10년 이하의 징역과 재산의 몰수 등이 가능했다.
② 기술관을 포함하여 고등관 3등급 이상의 관공리는 공소시효 경과 전에는 공무원 임용이 불허되었다.
③ 반민족행위를 조사하기 위하여 특별조사위원회를 설치하였다.
④ 일본 정부로부터 작위를 받은 자는 무기 또는 5년 이상의 징역과 재산·유산의 몰수 등이 가능했다.

12 다음 설명 중 옳은 것은?

> ㈎ 토지 소유자는 조선총독이 정하는 기간 내에 주소, 씨명, 명칭 및 소유지의 소재, 지목, 자
> 번호(字番號), 사표(四標), 등급, 지적, 결수(結數)를 임시 토지조사 국장에게 신고해야 한다.
> ㈏ 회사의 설립은 조선총독의 허가를 받아야 한다.

① ㈎는 화폐정리사업의 기반이 되었다.
② ㈎를 시행하면서 자작농이 증가하였다.
③ ㈏는 조선의 민족기업들의 자본축적을 막기 위해 시행되었다.
④ ㈏는 일본의 경제대공황 타개책의 일환이었다.

13 다음과 관련된 설명으로 옳은 것은?

> 지금 우리들의 정신을 새로이 하고 충의를 떨칠 때이니, 국채 1,300만원은 우리 한 제국의 존
> 망에 직결된 것이라. 이것을 갚으면 나라가 존재하고, 갚지 못하면 나라가 망할 것은 필연적
> 인 사실이나, 지금 국고는 도저히 상환할 능력이 없으며, 만일 나라에서 갚는다면 그때는 이
> 미 3,000리 강토가 내 나라, 내 민족의 소유가 못 될 것이다.

① 국가에서 주도하였다.
② 상민, 지식층에서 시작해 전국적으로 확대되었다.
③ 신간회의 주도로 시행되었다.
④ 대한매일신보는 부정적 입장을 취하였다.

14 다음과 같은 노래를 부르던 시기는?

> 신고산이 우루루 화물차 가는 소리에, 금붙이 쇠붙이 밥그릇마저 모조리 긁어 갔고요 어랑어
> 랑 어허야 이름 석자 잃고서 족보만 들고 우누나

① 1901~1910　　　　　　② 1911~1919
③ 1920~1929　　　　　　④ 1930~1945

15 다음의 경제적 구국운동에 대한 설명으로 옳은 것은?

> 일제는 한국을 재정적으로 예속시키기 위해서 우리 정부로 하여금 일본에서 차관을 도입하게 하였다. 그 결과 한국 정부가 짊어진 외채는 총 1,300만 원이나 되어 상환이 어려운 처지에 놓였다. 이에 국민의 힘으로 국채를 상환하여 국권을 회복하자는 경제적 구국운동이 일어났다.

① 대구에서 개최한 국민대회를 계기로 전국으로 확산되었다.
② 일본 상품을 배격하고 국산품을 애용하자는 것이었다.
③ 일제의 경제적 침탈에 대응하여 상인들 중심으로 전개되었다.
④ 총독부의 간교한 방해로 인해 좌절되고 말았다.

16 남한과 북한의 농지개혁법에 대한 설명 중 옳지 않은 것은?

① 남한의 지주들은 산업자본가로 성장하였다.
② 북한은 무상몰수 무상분배의 원칙으로 개혁을 진행하였다.
③ 북한 농민의 생산의욕이 높아졌다.
④ 국민들은 지지하지 않았다.

17 다음 사건들을 일어난 순서대로 옳게 배열한 것은?

> ㉠ 국채보상운동
> ㉡ 보안회의 황무지개관권 요구 철회
> ㉢ 지방관의 곡물유출 금지
> ㉣ 독립협회와 황국중앙총상회의 서울상권수호투쟁
> ㉤ 물산장려운동

① ㉠ - ㉡ - ㉤ - ㉢ - ㉣
② ㉠ - ㉢ - ㉣ - ㉤ - ㉡
③ ㉢ - ㉣ - ㉡ - ㉠ - ㉤
④ ㉣ - ㉡ - ㉠ - ㉤ - ㉢

18 다음 중 제국주의 열강들의 이권침탈의 내용으로 옳지 않은 것은?

① 일본 – 경부선 부설권, 울릉도 삼림채벌권
② 러시아 – 함경북도 경성·종성 광산채굴권
③ 미국 – 운산 금광채굴권, 서울의 전화·시내 전차부설권
④ 영국 – 평안도 은산 금광채굴권

19 다음의 민족운동과 관련된 설명으로 옳지 않은 것은?

> 지금 우리들의 정신을 새로이 하고 충의를 떨칠 때이니, 국채 1,300만 원은 우리 한 제국의 존망에 직결된 것이라. 이것을 갚으면 나라가 존재하고, 갚지 못하면 나라가 망할 것은 필연적인 사실이나, 지금 국고는 도저히 상환할 능력이 없으며, 만일 나라에서 갚는다면 그 때는 이미 3,000리 강토가 내 나라 내 민족의 소유가 못 될 것이다.

① 일제는 대한제국의 화폐정리와 시설개선의 명목으로 차관을 제공하였다.
② 차관제공정책은 대한제국을 재정적으로 일본에 완전히 예속시키려는 것이었다.
③ 일제는 이 운동에 앞장섰던 대한매일신보를 탄압하여 발행자 베델을 추방하려 하였다.
④ 이 운동은 처음 평양에서 조만식 등이 조선물산장려회를 발족시키면서 시작되었다.

20 경제구국운동으로 잘못 연결된 것은?

① 시전상인 – 황국중앙총상회
② 보안회 – 황무지개간권 반대운동
③ 차관 제공 – 물산장려운동
④ 독립협회 – 러시아의 이권침탈저지

21 다음은 개항 이후 외세의 경제침략과정을 서술한 것이다. 우리 민족의 경제적 침탈저지운동에 대하여 연결이 잘못된 것은?

> ㉠ 조선 각지에서 청국상인과 일본상인의 상권침탈경쟁이 치열해졌다.
> ㉡ 제국주의 열강의 경제침탈이 아관파천시기에 특히 극심하였다.
> ㉢ 러 · 일전쟁 이후 일본은 화폐정리와 시설개선의 명목으로 차관을 강요하였다.
> ㉣ 1910년대 일본은 토지조사령을 발표하여 우리나라의 토지를 약탈하였다.

① ㉠ 시전상인들이 황국중앙총상회를 조직하여 상권운동을 전개하였다.
② ㉡ 독립협회의 이권수호운동이 전개되었다.
③ ㉢ 국채보상운동이 전개되었다.
④ ㉣ 일본상인의 농촌시장 침투와 곡물반출 저지운동에 대항하였다.

22 다음 중 청나라와 맺은 상민수륙무역장정에 포함된 내용이 아닌 것은?

① 청의 내정간섭 강화
② 청의 치외법권 인정
③ 조선이 청의 속국임을 확인
④ 부산 이외의 두 곳 개항

23 일제시대에 전개된 다음과 같은 구호를 내세운 운동과 관련이 없는 것은?

> 내 살림 내 것으로, 조선 사람 조선 것으로, 우리는 우리 것으로 살자.

① 노동자, 농민중심의 경제적 구국운동이었다.
② 민족실력양성운동의 한 형태로 전개되었다.
③ 일본상품을 배격하고 국산품을 애용하자는 운동이었다.
④ 민족산업을 육성하여 민족경제의 자립을 도모하자는 운동이었다.

24 다음과 같은 구한말의 역사적 사실들이 공통적으로 추구하고자 했던 목표는?

> • 방곡령의 시행
> • 국채보상운동
> • 독립협회의 이권수호운동
> • 보안회의 황무지개간권 반대운동

① 민족산업을 육성하고자 하였다.
② 외세의 경제적 침탈에 대항하였다.
③ 평등사회를 건설하고자 하였다.
④ 중앙과 지방의 균등한 발전을 추구하였다.

25 일본의 한반도 식민통치에 있어서 시기적으로 세번째에 해당하는 것은?

① 토지조사사업
② 산미증산계획
③ 병참기지화정책
④ 민족말살통치

26 다음 중 사회주의가 반대한 것은?

① 신간회
② 소작쟁의
③ 노동쟁의
④ 물산장려운동

27 다음 중 개항초기 일본상인의 활동내용으로 옳지 않은 것은?

① 농촌에 침투하여 미곡수매에 주력하였다.
② 불평등조약에 의한 약탈무역을 자행하였다.
③ 몰락상인과 불평무사층이 주류를 이루었다.
④ 영국산 면직물을 판매하고 귀금속을 반출해 갔다.

28 다음 활동에 대한 종합적 평가로 타당한 것은?

> • 함경도, 황해도의 방곡령 선포 • 독립협회의 이권수호운동
> • 보안회의 황무지개간권 반대운동 • 국채보상운동

① 열강의 경제적 침략은 한국인의 저항으로 중단되었다.
② 한국정부는 열강의 경제적 침략에 적극 대처하였다.
③ 한국인들의 저항의식은 열강의 침략으로 약화되었다.
④ 열강의 경제적 침략은 한국국민의 저항을 유발시켰다.

29 다음 회사들의 공통점은 어느 것인가?

> • 대한협동우선회사 • 대한철도회사 • 수안금광합자회사

① 1880년대에 설립된 회사들이다.
② 일제의 정책적 지원을 받으며 운영되었다.
③ 민족자본의 토대를 굳히고자 노력하였다.
④ 정부에서 설립한 국영기업체들이다.

30 청·일전쟁 이후 일본이 우리나라 경제를 장악하는 데 동원한 수법으로만 묶은 것은?

> ㉠ 이권탈취 ㉡ 차관제공
> ㉢ 무역독점 ㉣ 금융지배
> ㉤ 거류지무역 ㉥ 중계무역

① ㉠㉡㉢
② ㉠㉡㉢㉣
③ ㉠㉡㉢㉣㉤
④ ㉠㉡㉢㉣㉤㉥

31 일본의 경제적 침략에 대한 저항운동으로서 목적을 달성한 것은?

① 방곡령을 선포하여 곡물의 반출을 금지시켰다.
② 대한매일신보가 국채보상운동을 적극 후원하였다.
③ 황무지개간권 요구에 보안회가 반대운동을 벌였다.
④ 토지조사사업을 반대하는 농민의 저항운동이 일어났다.

32 다음 중 일본의 토지약탈에 관한 내용으로 옳지 않은 것은?

① 개항초기 고리대금의 차압 등을 통해 토지소유를 확대하였다.
② 청·일전쟁 이후 일본 대자본가의 진출로 대규모 농장이 경영되었다.
③ 러·일전쟁을 계기로 경인·경부선을 부설하였고, 국유지를 무상으로 약탈하였다.
④ 군사보안상 군용지 관련 토지는 유상으로 매입하였다.

33 다음과 같은 역사 인식을 뒷받침하기에 적절한 사실은?

> 개항 이후 조선은 자본주의 열강의 경제적 침략에 맞서 자주적으로 근대적인 경제발전을 이룩해야만 하였다. 이를 위하여 한편으로는 외세의 경제침탈을 저지하기 위한 노력을 기울이면서, 다른 한편으로는 근대적 상업자본과 산업자본 및 금융자본을 성장시키기 위한 노력을 전개하였다.

① 서울의 시전상인은 황국중앙총상회를 조직하여 상권수호운동을 전개하였다.
② 객주와 여각 및 보부상은 개항초기에 외국상인과 국내상권을 연결하는 중개무역을 담당하였다.
③ 종래의 화폐를 새로 발행하는 화폐로 교환하는 화폐개혁을 실시하였다.
④ 대한제국정부는 통감부의 설치 이후 일제로부터 시설개선을 위한 명목으로 거액의 차관을 도입하였다.

34 다음 중 한말 국채보상운동에 대한 설명으로 옳지 않은 것은?

① 처음 대구에서 개최한 국민대회를 계기로 전국으로 확산되었다.
② 언론기관이 기금모집에 나서기를 꺼려하여 성과를 거두지 못하였다.
③ 부녀자들도 비녀와 가락지 등을 팔아 이에 호응하였다.
④ 서울을 비롯한 전국으로 확대되었다.

35 방곡령 사건과 관계되는 일로 역사적 사실과 부합되는 것은?

① 방곡령은 함경도와 황해도에서만 선포되었다.
② 방곡령은 양정(糧政)의 자주권 수호를 위한 조치의 하나이다.
③ 방곡령은 정부의 필요에 따라 아무런 제약조건 없이 선포할 수 있다.
④ 방곡령은 사전에 일본정부와 협의에 의하여서만 선포할 수 있었다.

3 근현대의 사회 변동

☞ 정답 및 해설 P.334

1 다음 글을 게재한 신문에 대한 설명으로 옳은 것은?

2016. 3. 19 사회복지직

> 천하의 일이 측량하기 어렵도다. 천만 뜻밖에도 5조약을 어떤 이유로 제출하였는고. 이 조약은 비단 우리나라만 아니라 동양 3국이 분열하는 조짐을 나타내는 것인 즉 이토 히로부미의 본래 뜻이 어디에 있느냐? …(중략)… 오호라 찢어질 듯 한 마음이여! 우리 2,000만 동포들이여! 살았느냐? 죽었느냐? 단군 기자이래 4,000년 국민정신이 하룻밤 사이에 졸연히 망하고 멈추지 않았는가? 아프고 아프도다. 동포여 동포여!

① 오세창 등 천도교 측에서 발행하여 일진회 등의 매국행위를 비판하였다.
② 언론 검열을 피하기 위해 영국인 베델을 발행인으로 초빙하였다.
③ 남궁억이 창간한 국한문혼용체의 신문으로 민족의식을 고취하였다.
④ 윤치호가 주필이 된 후 관민공동회를 주도하는 역할을 수행하였다.

2 1920년대 만주지역 독립운동에 대한 설명으로 옳지 않은 것은?

2016. 4. 9 인사혁신처

① 대종교 계통 인사들이 신민부를 결성하였다.
② 독립군 연합부대가 봉오동 전투에서 승리하였다.
③ 민족 유일당운동의 일환으로 국민부를 결성하였다.
④ 한국독립군이 한·중 연합작전으로 동경성에서 승리하였다.

3 다음 선언문을 강령으로 했던 단체의 활동으로 옳지 않은 것은?

2016. 4. 9 인사혁신처

> 우리는 일본 강도 정치 즉 이족 통치가 우리 조선 민족 생존의 적임을 선언하는 동시에, 우리는 혁명 수단으로 우리 생존의 적인 강도 일본을 살벌함이 곧 우리의 정당한 수단임을 선언하노라.

① 민족혁명당 창당에 가담하였다.
② 경성 부민관에 폭탄을 투척하였다.
③ 일본 제국의회와 황궁을 공격할 계획을 세웠다.
④ 임시정부 요인과 제휴한 투탄 계획을 추진하였다.

4 다음 법령이 시행되던 시기에 볼 수 있는 모습으로 옳은 것은?

2016. 6. 18 제1회 지방직

> 제1조 3개월 이하의 징역 또는 구류에 처하여야 할 자는 그 정상에 따라 태형에 처할 수 있다.
> 제6조 태형은 태로써 볼기를 치는 방법으로 집행한다.
> 제13조 본령은 조선인에 한하여 적용한다.

① 회사령 공포를 듣고 있는 상인
② 경의선 철도 개통식을 보는 학생
③ 동양척식주식회사의 설립식에 참석한 기자
④ 대한광복군정부의 군사 훈련에 참여한 청년

5 다음 사실들을 시기 순으로 바르게 나열한 것은?

2016. 6. 18 제1회 지방직

> ㉠ 김좌진을 중심으로 한 신민부가 조직되었다.
> ㉡ 민족협동전선론에 따라 정우회가 조직되었다.
> ㉢ 노동 조건의 개선을 요구한 원산 노동자 총파업이 일어났다.
> ㉣ 백정의 사회적 차별을 철폐하고자 하는 형평사가 창립되었다.

① ㉠→㉡→㉣→㉢　　　　　　② ㉠→㉣→㉢→㉡
③ ㉣→㉠→㉡→㉢　　　　　　④ ㉣→㉢→㉠→㉡

6 근대의 구국 계몽 운동에 대한 설명으로 가장 옳은 것은?

2016. 6. 25 서울특별시

① 송수만, 심상진은 대한자강회를 조직하고 일본의 황무지 개척에 반발하는 운동을 전개하여 이를 철회시켰다.
② 이종일은 순한글로 간행한 황성신문을 발간하여 정치논설보다 일반 대중을 위한 사회계몽 기사를 많이 실었다.
③ 최남선은 을지문덕, 강감찬, 최영, 이순신 등의 애국 명장에 관한 전기를 써서 애국심을 고취하였다.
④ 고종은 을사늑약의 불법성을 폭로하는 친서를 양기탁과 영국인 베델의 대한매일신보를 통하여 발표하였다.

7 다음은 박은식이 저술한 「한국독립운동지혈사」의 일부분이다. 여기에서 언급된 사건과 관련된 설명으로 옳지 않은 것은?

2014. 4. 19 안전행정부

> 만세시위가 확산되자, 일제는 헌병 경찰은 물론이고 군인까지 긴급 출동시켜 시위군중을 무차별 살상하였다. 정주, 사천, 맹산, 수안, 남원, 합천 등지에서는 일본 군경의 총격으로 수십 명의 사상자를 냈으며, 화성 제암리에서는 전 주민을 교회에 집합, 감금하고 불을 질러 학살하였다.

① 일제는 무단통치를 이른바 '문화통치'로 바꾸었다.
② 독립운동의 중요한 분기점이 된 대규모의 만세운동이었다.
③ 세계 약소민족의 독립운동에도 커다란 자극을 주었다.
④ 파리강화회의에 신규식을 대표로 파견하여 이 사건의 진상을 널리 알렸다.

8 다음 활동을 전개한 단체로 옳은 것은?

2014. 6. 21 제1회 지방직

> 평양 대성학교와 정주 오산학교를 설립하였고 민족 자본을 일으키기 위해 평양에 자기 회사를 세웠다. 또한 민중 계몽을 위해 태극 서관을 운영하여 출판물을 간행하였다. 그리고 장기적인 독립운동의 기반을 마련하여 독립전쟁을 수행할 목적으로 국외에 독립운동 기지 건설을 추진하였다.

① 보안회
② 신민회
③ 대한 자강회
④ 대한 광복회

9 (가), (나)는 조선이 외국과 맺은 조약이다. 이와 관련한 설명 중 옳은 것은?

2014. 6. 21 제1회 지방직

> (가) • 조선국은 자주국으로 일본국과 평등한 권리를 보유한다.
> • 경기, 충청, 전라, 경상, 함경 5도 연해 중에서 통상하기 편리한 항구 두 곳을 택하여 지정한다.
> (나) 이 수륙 무역 장정은 중국이 속방(屬邦)을 우대하는 뜻에서 상정한 것이고, 각 대등 국가 간의 일체 동등한 혜택을 받는 예와는 다르다.

① (가)는 '운요호 사건' 이후 체결된 것이다.
② (가)에는 일본 상인의 내지 통상권에 대한 허가가 규정되어 있다.
③ (나)는 갑신정변 이후 체결된 것이다.
④ (나)에는 천주교의 포교권 인정이 규정되어 있다.

10 다음 선언을 지침으로 삼았던 애국 단체의 활동에 대한 설명으로 옳은 것은?

2014. 6. 21 제1회 지방직

> 우리는 '외교', '준비' 등의 미련한 꿈을 버리고 민중 직접 혁명의 수단을 취함을 선언하노라. 조선 민족의 생존을 유지하자면 강도 일본을 내쫓을지며, 강도 일본을 내쫓을지면 오직 혁명으로써 할 뿐이니, 혁명이 아니고는 강도 일본을 내쫓을 방법이 없는 바이다.

① 이재명이 이완용을 습격해 중상을 입혔다.
② 나석주가 동양 척식 주식 회사에 폭탄을 투척하였다.
③ 장인환이 샌프란시스코에서 외교 고문 스티븐스를 사살하였다.
④ 안중근이 만주 하얼빈 역에서 초대 통감이었던 이토 히로부미를 사살하였다.

11 표 ㈎, ㈏를 통하여 추론할 수 있는 역사적 사실에 대한 옳은 설명을 〈보기〉에서 모두 고른 것은?

2014. 6. 28 서울특별시

㈎ 쌀 생산량과 수출량 (단위 : 만석)			
연도	생산량	수출량	국내 1인당 소비량
1912~1916 평균	1,230	106	1124(0.74석)
1917~1921 평균	1410	220	1190(0.69석)
1922~1926 평균	1450	434	1016(0.59석)
1927~1931 평균	1580	661	919(0.50석)
1932~1936 평균	1700	876	824(0.40석)

㈏ 농가 경영별 농민 계급 구성비율 (단위 : %)				
연도	지주	자작농	자작 겸 소작농	소작농
1916	2.5	20.1	40.6	36.8
1922	3.7	19.7	35.8	40.8
1925	3.8	19.9	33.2	42.2
1928	3.7	18.3	32.0	44.9
1932	3.6	16.3	25.3	52.8

〈보기〉

㉠ 물산장려운동이 확산되었을 것이다.
㉡ 1920년대 이후 소작쟁의가 격화되었을 것이다.
㉢ 미곡공출제와 식량배급제를 실시하였을 것이다.
㉣ 만주산 조, 콩 등 잡곡의 수입이 증대되었을 것이다.

① ㉠, ㉡   ② ㉠, ㉢
③ ㉡, ㉢   ④ ㉡, ㉣
⑤ ㉢, ㉣

12 다음 사건을 순서대로 나열 한 것을 고르시오.

2014. 6. 28 서울특별시

> ㉠ 자유시 참변   ㉡ 봉오동 전투
>
> ㉢ 간도 학살(경신 참변)   ㉣ 청산리 전투

① ㉠ - ㉡ - ㉢ - ㉣   ② ㉠ - ㉢ - ㉣ - ㉡

③ ㉡ - ㉠ - ㉣ - ㉢   ④ ㉡ - ㉣ - ㉢ - ㉠

⑤ ㉢ - ㉠ - ㉡ - ㉣

13 밑줄 친 '개혁'의 내용으로 옳은 것은?

2013. 8. 24 제1회 지방직

> 독립협회가 해산된 후 대한제국은 황제 중심의 근대국가를 수립하기 위하여 노력하였다. …
> (중략) … 대한제국의 <u>개혁</u> 이념은 옛 법을 근본으로 하고 새로운 제도를 참작한다는 것이었다.
> 갑오개혁이 지나치게 급진적으로 진행되었다고 생각하여 점진적인 개혁을 추구한 것이었다.

① 지조법을 개혁하고 혜상공국을 폐지하려 하였다.

② 황제의 군사권을 강화하고자 원수부를 설치하였다.

③ 태양력을 사용하고 건양이라는 연호를 제정하였다.

④ 관민공동회를 종로에서 개최하고 헌의 6조를 채택하였다.

14 밑줄 친 '이들'에 대한 설명으로 옳은 것은?

2012. 9. 22 하반기 지방직

> <u>이들</u>이 받은 교육 내용은 주로 서양의 말과 문장, 탄약 제조, 화약 제조, 제도, 전기, 소총 수
> 리 등이었다. 그러나 이들 가운데에는 자질이 부족하여 교육에 어려움을 느끼다가 자퇴하는
> 사람들도 있었다.

① 갑신정변을 주도하였다.

② 일본에 파견되어 활동하였다.

③ 정부의 재정지원으로 외국에서 3년 간 교육을 받았다.

④ 이들의 활동을 계기로 근대적 병기공장인 기기창이 설치되었다.

15 갑오개혁과 동학농민운동에서 공통적으로 제기된 개혁안으로 옳은 것은?

2011. 4. 9 행정안전부

① 과부가 된 여성의 개가를 허용한다.
② 각 도의 각종 세금은 화폐로 내게 한다.
③ 죄인 자신 이외의 모든 연좌율을 폐지한다.
④ 공채이든 사채이든 기왕의 것은 모두 무효로 한다.

16 다음 정책을 시대순으로 바르게 나열한 것은?

2011. 5. 14 상반기 지방직

> ㉠ 과거제도와 신분제를 폐지한다.
> ㉡ 군대는 친위대와 진위대를 설치한다.
> ㉢ 지방제도는 전국을 23부로 개편한다.
> ㉣ 양전사업을 실시하여 지계를 발급한다

① ㉠ - ㉡ - ㉢ - ㉣   ② ㉠ - ㉢ - ㉡ - ㉣
③ ㉡ - ㉣ - ㉠ - ㉢   ④ ㉢ - ㉣ - ㉠ - ㉡

17 다음은 1945년부터 1950년까지 발생했던 한국현대사의 역사적 기록이다. 시기순으로 바르게 나열한 것은?

2011. 5. 14 상반기 지방직

> ㉠ 미국, 소련, 영국의 외상들이 삼상회의를 개최하고 '한국 문제에 관한 4개항의 결의서'(신탁통치안)를 결정하였다.
> ㉡ 남한에서는 유엔 한국 임시위원단의 감시 아래 총선거가 실시되었다.
> ㉢ 일제의 잔재를 청산하고 민족정기를 바로잡기 위해 반민족 행위 처벌법을 제정하였다.
> ㉣ 북한은 38도선 전 지역에 걸쳐 남침을 감행하였다.

① ㉠ - ㉡ - ㉢ - ㉣   ② ㉠ - ㉡ - ㉣ - ㉢
③ ㉠ - ㉢ - ㉡ - ㉣   ④ ㉡ - ㉠ - ㉢ - ㉣

18 일제 강점기 만주 연해주 등지에서 행해진 무장 독립운동에 대한 설명으로 옳지 않은 것은?

2011. 5. 14 상반기 지방직

① 홍범도의 대한독립군은 봉오동 전투에서, 김좌진의 북로군정서군은 청산리 전투에서 크게 승리하였다.
② 연해주의 자유시로 이동한 독립군은 적색군에 의해 무장 해제를 당하였다.
③ 독립군의 통합운동으로 참의부, 정의부, 신민부가 조직되어 각각 입법부, 사법부, 행정부의 역할을 담당하였다.
④ 1930년대 초 만주에서의 독립 전쟁은 한국 독립군과 조선 혁명군이 중심이 되어 추진되었다.

19 상해임시정부의 활동에 대한 설명으로 옳지 않은 것은?

2011. 6. 11 서울특별시

① 민립대학 설립운동을 전개하였다.
② 연통제를 통해 국내외를 연결하였다.
③ 기관지로 독립신문을 간행하여 배포하였다.
④ 미국에 구미위원부를 미국 국회에 한국 문제를 상정하였다.
⑤ 스위스에서 열리는 만국사회당대회에 조소앙을 파견하여 한국독립승인결의안을 통과시켰다.

20 다음 자료를 이해한 것으로 가장 옳지 않은 것은?

2011. 6. 11 서울특별시

> "우리에게 먹을 것이 없고 의지하여 살 것이 없으면 우리의 생활은 파괴가 될 것이다. …(중략)… 우리는 이와 같은 견지에 서서 우리 조선의 물산을 장려하기 위하여 조선 사람은 조선 사람이 지은 것을 쓰고, 둘째 조선 사람은 단결하여 그 쓰는 물건을 스스로 제작해 공급하기를 목적하노라."
>
> – 산업계 –

① 실력양성운동의 일환으로 추진되었다.
② 이 운동은 1910년대부터 시작되어 해방이 될 때까지 계속 이어졌다.
③ 조선물산장려회를 중심으로 전개되었다.
④ 주로 지식인, 청년, 학생, 부녀자 등 범국민적인 참여를 이끌어냈다.
⑤ 금주단연운동, 토산품 애용운동 등으로 나타났다.

21 다음의 민족운동 단체 중 주 활동 지역이 같은 것 끼리 묶인 것은?

2011. 6. 11 서울특별시

> ㉠ 신한청년당   ㉡ 의열단
> ㉢ 권업회   ㉣ 한인사회당
> ㉤ 동제사

① ㉡㉢㉣   ② ㉠㉡㉤
③ ㉠㉢㉣   ④ ㉢㉣㉤
⑤ ㉠㉡㉢

22 제1차 세계대전 이후의 항일 민족 운동에 대한 설명으로 옳지 않은 것은?

2011. 4. 9 행정안전부

① 일부 민족주의 진영에서는 교육을 통해 실력을 양성하자는 문화운동을 전개하였다.
② 연해주의 신한촌에서는 의병과 계몽 운동가들이 힘을 모아 권업회를 조직하였다.
③ 일제는 친일파를 육성하고 민족주의 세력을 회유하여 민족운동을 분열시켰다.
④ 비타협적 민족주의와 사회주의 세력이 연합하여 신간회를 조직하였다.

23 일제 강점기 농민 운동에 대한 서술로 옳은 것을 모두 고른 것은?

2010. 5. 22 상반기 지방직

> ㉠ 초기 소작쟁의의 요구 사항은 주로 소작권 이동 반대, 소작료 인하 등이었다.
> ㉡ 일본인 농장·지주회사를 상대로 한 소작쟁의는 규모도 크고 격렬해지는 경우가 많았다.
> ㉢ 1920년대 농민들은 자위책으로 소작인조합 등의 농민 단체를 결성하였다.
> ㉣ 소작인조합은 1940년대 이후 자작농까지 포괄하는 농민조합으로 바뀌어갔다.

① ㉠   ② ㉠㉡
③ ㉠㉡㉢   ④ ㉠㉡㉢㉣

24 다음 연설문과 가장 관련이 깊은 역사적 사실은?

> 나는 대한의 가장 천한 사람이고 무지몰각합니다. 그러나 충군애국의 뜻은 대강 알고 있습니다. 이에 나라에 이롭고 백성을 편안하게 하는 길은 관과 민이 합심한 연후에야 가능하다고 생각합니다.

① 우정국 개국 축하연을 계기로 정변을 일으켰다.
② 유교문화를 수호하고, 서양과 일본문화를 배척하였다.
③ '헌의 6조'를 고종에게 올려 시행 약속을 받았다.
④ 구식군대가 신식군대에 비해 차별을 받게 되자 폭동을 일으켰다.

25 일제하에 일어났던 농민·노동운동에 대한 설명으로 옳지 않은 것은?

① 1920년대 소작쟁의는 주로 소작인 조합을 중심으로 전개되었다.
② 1920년대 노동운동 중에서 가장 규모가 큰 투쟁은 원산총파업이었다.
③ 1920년대 농민운동으로 암태도 소작쟁의가 일어났다.
④ 1920년대에 이르러 농민·노동자의 쟁의가 절정에 달하였다.

26 다음 내용의 결과로 나타난 역사적 사실이 아닌 것은?

> 삼국 간섭으로 대륙을 침략하려던 일본의 기세가 꺾이자, 조선 정부 안에서는 러시아의 힘을 빌려 일본의 간섭에서 벗어나려는 움직임이 일어났다.

① 일본은 낭인과 군대를 앞세워 궁중을 침범하여 명성황후를 시해하였다.
② 신변의 위협을 느낀 고종은 러시아 공사관으로 피신하였다.
③ 김홍집 내각이 출범하여 '홍범 14조'를 발표하였다.
④ 박영효는 반역음모가 발각되어 다시 일본으로 망명하였다.

27 4·19 혁명에 대한 설명으로 옳지 않은 것은?

① 이승만 대통령의 독재정치와 장기집권이 배경이 되었다.
② 3·15 부정선거가 도화선이 되었다.
③ 대학교수단의 시국선언은 4월 19일 학생 시위를 촉발시켰다.
④ 학생이 앞장서고 시민이 참여한 민주혁명이었다.

28 1942년 중국 화북지방에서 결성된 조선독립동맹에 대한 설명으로 옳은 것은?

① 조선의용군을 거느리고 중공군과 연합하여 항일전쟁에 참가하였다.
② 조국광복회를 결성하고 보천보전투를 수행하였다.
③ 중국 국민당군과 합세하여 중국 각 지역에서 항일투쟁을 전개하였다.
④ 시베리아지방으로 이동하여 소련군과 합세하여 정탐활동을 전개하였다.

29 조선교육령이 실시되던 시기의 사실로 옳은 것은?

> • 소학교는 국민 도덕의 함양과 국민 생활의 필수적인 보통의 지능을 갖게 함으로써 충량한 황국 신민을 육성하는 데 있다〈제1조〉.
> • 심상소학교 교과목은 수신, 국어(일어), 산술, 국사(일본사), 지리, 이과, 직업, 도화, 수공, 창가, 체조이다. 조선어는 수의 과목으로 한다〈제13조〉.
> • 3대 교육방침은 국체명징(천황 중심의 국가체제를 분명히 하는 일), 내선일체(일본과 조선의 일체화), 인고단련(어려운 것을 참고 여러 번 반복하여 수양함)이다.
> • 교육제도에는 교명을 일본과 동일하게 조정한다.
> ⓔ 보통학교 – 심상소학교, 고등보통학교 – 중학교, 여자고등 보통학교 – 고등 여학교

① 황국신민의 서사 암송을 강요하였다.
② 헌병경찰통치를 실시하였다.
③ 학도지원병제도로 전문학교 학생 이상을 징용했다.
④ 허가제의 회사령을 폐지하고 신고제로 전환하였다.

30 민주화 운동에 대한 설명 중 옳은 것끼리 묶인 것은?

> ㉠ 4 · 19 혁명은 자유당 정권의 부정선거로 인해 발생하였다.
> ㉡ 6 · 3 항쟁은 베트남전의 파병과 관련해서 일어났다.
> ㉢ 5 · 18 민주화 운동을 진압하면서 전두환 정부가 탄생하였다.
> ㉣ 6월 민주 항쟁으로 국민의 요구가 수용되었다.

① ㉠㉡　　　　　　　　　　　② ㉠㉢
③ ㉠㉡㉢　　　　　　　　　　④ ㉠㉢㉣

31 다음에서 설명하는 조직의 강령이나 구호는?

> • 광주학생운동을 지원하였다.
> • 조선민흥회를 모태로 하여 정우회 선원을 계기로 창립되었다.
> • 노동쟁의, 소작쟁의, 동맹휴학 등과 같은 운동을 지도하였다.

① 배우자, 가르치자, 다함께
② 한민족 1천만이 한 사람 1원씩
③ 우리는 기회주의를 일체 부인한다.
④ 내 살림 내 것으로, 조선 사람 조선 것으로

32 다음 중 신간회에 대한 설명으로 옳지 않은 것은?

① 신간회의 영향으로 근우회가 만들어졌다.
② 기회주의자를 배격하였다.
③ 민립대학설립운동을 추진하였다.
④ 광주항일학생운동 때 진상조사단을 파견하였다.

33 다음 중 신간회의 활동으로 옳지 않은 것은?

① 광주학생 항일운동에 조사단 파견
② 민족주의자와 사회주의자들에 의한 민족연합전선 구축
③ 형평운동과 조선형평사 설립
④ 6 · 10만세운동 지원

34 갑오개혁으로 신분해방은 되었으나 사회적으로는 여전한 신분불평등을 해소할 것을 요구하며 진주에서 일어난 백정 신분해방운동으로 옳은 것은?

① 조선형평사
② 집강소
③ 활빈당
④ 조선농민총동맹

35 다음 중 신간회에 관한 내용으로 옳지 않은 것은?

① 좌우협력운동의 양상이 확대되어 1927년 신간회가 조직되었다.
② 김활란 등 여성들이 조직한 근우회가 자매단체로 활동하였다.
③ 신간회는 평양에 자기회사를 설립하고, 평양 · 대구에 태극서관을 운영하였다.
④ 신간회는 당시 진행되고 있던 자치운동을 기회주의로 규정하여 철저히 규탄하였다.

36 다음 사건 이후의 대내외적 정세로 옳은 것은?

> - 흥선대원군은 곧 배환(陪還)하도록 할 것
> - 문벌을 폐지하여 인민평등의 권리를 세울 것
> - 지조법을 개혁할 것
> - 내시부를 혁파할 것
> - 탐관오리를 처벌할 것
> - 환상미를 영구히 면제할 것

① 배상문제로 조선과 일본은 톈진조약을 체결하였다.
② 일본과 청이 비밀리에 한성조약을 체결하였다.
③ 일본이 한반도에서 주도권을 잡는 계기가 되었다.
④ 일본은 조선에 대하여 청과 동등한 파병권을 얻게 되었다.

37 다음의 내용이 발표된 것과 관련된 사실은?

> - 첫째, 통일은 외세에 의존하거나, 외세의 간섭을 받음이 없이 자주적으로 해결되어야 한다.
> - 둘째, 통일은 서로 상대방을 적대하는 무력행사에 의거하지 않고, 평화적 방법으로 실현되어야 한다.
> - 셋째, 사상·이념·제도의 차이를 초월하여 우선 하나의 민족으로서 민족적 대단결을 도모하여야 한다.

① 남북이 동시에 유엔가입과 호혜평등의 원칙하에 모든 국가에 대한 문호개방을 주요 내용으로 하였다.
② 독일 통일의 영향을 받아 자주, 평화, 민주의 한민족공동체통일방안을 제안하였다.
③ 신간회의 강령과 유사한 맥락에서 이루어졌다.
④ 북한정치체제의 붕괴를 전제로 하였다.

38 다음에 대한 설명 중 바른 것은?

> (가) 외국의 교(敎)는, 즉 사(邪)로서 마땅히 멀리해야 하지만 그 기(器)는, 즉 리(利)로서 가히 이용후생의 바탕이 될 것인즉, 농·상·의학·군대·주차(舟車) 등은 어찌 이를 꺼려 멀리하겠는가?
>
> (나) 우리 물품은 백성의 생명이 달린 것이고 땅에서 나는 것으로서 제한되어 있습니다. 저들이 비록 왜인이라고 하나 실은 양적(洋賊)입니다.

① (가)는 흥선대원군의 쇄국정책(통상수교거부정책)을 옹호하였다.
② (가)는 우리의 정신문화를 계승하고, 서양의 물질문화 수용을 주장하였다.
③ (가)는 주리론을 계승하였고, (나)는 주기론을 계승하였다.
④ (나)는 사상과 제도의 전면적 개혁을 주장하였다.

39 다음의 내용을 통하여 추론할 수 없는 것은?

> • 탐관오리는 그 죄상을 조사하여 엄징한다.
> • 노비문서를 소각한다.
> • 왜와 통하는 자는 엄징한다.
> • 토지는 평균하여 분작한다.

① 반외세, 반침략적 성격을 띤 운동이다.
② 봉건제도의 타파를 부르짖었다.
③ 집강소를 설치하여 그들의 의견이 수렴되게 하였다.
④ 시민사회로 전환하는 계기가 되는 운동이다.

40 다음 중 헌의 6조의 내용과 거리가 먼 것은?

① 권력의 독점 방지　　　　② 자강개혁운동 실천
③ 국민의 기본권 확보　　　　④ 공화정치의 실현

41 다음 중 신간회의 기본강령을 바르게 묶은 것은?

> ㉠ 민족산업의 육성운동 전개
> ㉡ 민립대학설립운동 전개
> ㉢ 기회주의자의 배격
> ㉣ 여성 노동자의 권익옹호와 새 생활 개선
> ㉤ 민족의 단결, 정치·경제적 각성 촉구

① ㉠㉡　　　　　　　　② ㉡㉢
③ ㉢㉣　　　　　　　　④ ㉢㉤

42 동학농민운동 당시 폐정개혁안으로 옳은 것은?

> ㉠ 토지는 평균하여 분작한다.
> ㉡ 급히 순사를 두어 도둑을 방지한다.
> ㉢ 전국의 환상미는 영구히 받지 않는다.
> ㉣ 불량한 유림과 양반의 무리를 징벌한다.
> ㉤ 청에 잡혀간 흥선대원군을 곧 돌아오게 한다.

① ㉠㉡　　　　　　　　② ㉠㉢
③ ㉠㉣　　　　　　　　④ ㉢㉣

43 다음 중 갑오개혁과 관련된 내용이 아닌 것은?

① 탁지부에서 재정일원화
② 행정권에서 사법권을 분리
③ 신분제 철폐
④ 지방자치의 실시

44 다음의 내용에 해당되는 공통점을 반영하는 것은?

• 4 · 19혁명	• 동학혁명
• 광주학생항일의거	• 6월민주항쟁

① 집권층의 정권을 유지하기 위해서 행해졌다.
② 위로부터의 사회개혁을 추진한 운동이다.
③ 자본주의적 근대 경제를 건설하려는 움직임이다.
④ 주권재민을 위한 민중운동이었다.

45 갑오개혁의 결과로 행해진 사회적 개혁에 해당하지 않는 것은?

① 공사채의 무효화
② 남녀의 조혼금지
③ 연좌법의 폐지
④ 양자제도의 개정

4 근현대 문화의 흐름

☞ 정답 및 해설 P.338

1 다음 글을 쓴 인물에 대한 설명으로 옳은 것은?

2014. 6. 21 제1회 지방직

> 이른바 3대 문제는 무엇인가. 첫째는 유교계의 정신이 오로지 제왕 측에 있고, 인민 사회에 보급할 정신이 부족함이오, 둘째는 여러 나라를 돌아다니면서 천하를 변혁하려 하는 정신을 강구하지 않고, 내가 동몽(童蒙)을 찾는 것이 아니라 동몽이 나를 찾는다는 생각을 간직함이오, 셋째는 우리 대한의 유가에서 쉽고 정확한 법문을 구하지 아니하고 질질 끌고 되어 가는 대로 내버려 두는 공부만을 숭상함이다.

① '조선심'의 개념을 중시하고 한글을 그 결정체로 보았다.
② '5천년간 조선의 얼'이라는 글을 써서 민족정신을 고취하였다.
③ 실천적인 새로운 유교 정신을 강조하는 유교구신론을 주장하였다.
④ 3·1운동 때 민족 대표 33인의 한 사람이며, 일제의 사찰령에 반대하였다.

2 다음 활동을 펼친 인물로 옳은 것은?

2014. 6. 28 서울특별시

> 1915년에는 국혼을 강조한 「한국통사」를, 1920년에는 전 세계 민중의 힘에 의한 일본의 패망을 예견한 「한국독립운동지혈사」를 지었다.

① 정인보   ② 박은식
③ 안재홍   ④ 신채호
⑤ 백남운

3 20세기 초 종교계의 민족운동에 대한 설명으로 옳지 않은 것은?

2011. 4. 9 행정안전부

① 한용운은 일본 불교계의 침투에 대항하면서 민족 불교의 자주성을 지키기 위해 노력하였다.
② 손병희는 일진회가 동학 조직을 흡수하려 하자, 천도교를 창설하고 정통성을 지키려 하였다.
③ 박은식은 「유교구신론」을 지어 유교가 민주적이고 평등한 종교로 거듭나야 한다고 주장했다.
④ 김택영은 전국의 유림들과 더불어 대동학회를 결성한 후 유교를 통한 애국계몽운동을 펼쳐나갔다.

4 일제 강점기 우리 나라 역사학자들의 역사연구 활동에 대한 설명으로 옳지 않은 것은?

2011. 4. 9 행정안전부

① 안재홍은 우리 나라 역사를 통사 형식으로 쓴 「조선사연구」를 편찬하였다.

② 백남운 등의 사회경제사학자들은 민족주의 사학자들의 정신사관을 비판하기도 하였다.

③ 신채호는 「조선상고문화사」를 저술하여 대종교와 연결되는 전통적 민간신앙에 관심을 보였다.

④ 정인보는 광개토왕릉 비문을 연구하여 일본 학자의 고대사 왜곡을 바로잡는 데 기여하였다.

5 밑줄 친 '이 신문'에 대한 설명으로 옳지 않은 것은?

2011. 4. 9 행정안전부

> 신문으로는 여러 가지 신문이 있었으나, 제일 환영을 받기는 영국인 베델이 경영하는 이 신문이었다. 관 쓴 노인도 사랑방에 앉아서 이 신문을 보면서 혀를 툭툭 차고 각 학교 학생들은 주먹을 치고 통론하였다.
>
> – 유광열, 별건곤 –

① 국민의 힘으로 국채를 갚아야 한다는 운동을 주도하였다.

② 고종은 을사조약의 부당성을 폭로하는 친서를 발표하였다.

③ 양기탁이 신민회를 조직하면서 신민회의 기관지 역할을 하였다.

④ 을사조약 체결을 비판하는 '시일야방성대곡'이라는 사설이 발표되었다.

6 현대 문화의 성장과 발전에 대한 설명으로 옳지 않은 것은?

2010. 4. 10 행정안전부

① 1970년대 이후 무비판적으로 수용하였던 서구 문화에 대한 반성이 일어나면서 전통 문화를 되살리는 노력이 펼쳐졌다.

② 1960년대 이후 정치적 민주화와 사회 경제적 평등을 지향하는 민중 문화 활동이 활발하였다.

③ 1987년 6월 민주 항쟁을 거치면서 언론에 대한 정부의 통제와 간섭은 줄어들고 언론의 자유는 확대되었다.

④ 1980년대 이후에는 고등 교육의 대중화를 위하여 대학이 많이 세워졌다.

7 일제 강점기의 문예 활동과 관련하여 옳지 않은 것은?

2010. 4. 10 행정안전부

① 1920년대 중반에는 신경향파 문학이 대두하여 문학의 사회적 기능이 강조되었다.

② 정지용과 김영랑은 「시문학」 – 동인으로 순수 문학의 발전에 이바지 하였다.

③ 미술에서는 안중식이 서양화를 대표하였다.

④ 영화에서는 나운규가 아리랑을 발표하여 한국 영화 발전에 기여하였다.

8 아래의 「조선사」와 「한국통사」에 대한 설명으로 옳지 않은 것은?

> 「한국통사」는 간행 직후 중국 · 노령 · 미주의 한국인 동포들은 물론이고 국내에서도 비밀리에 대량 보급되어 민족적 자부심을 높여 주고 독립 투쟁정신을 크게 고취하였다. 일제는 이에 매우 당황하여 1916년 조선반도편찬위원회를 설치하고 「조선사(朝鮮史)」 37책을 편찬하였다.

① 「조선사」 편찬자들은 조선의 역사를 정체성, 타율성으로 설명하려 하였다.

② 「한국통사」의 저자는 우리의 민족정신을 '혼'으로 파악하였다.

③ 「조선사」 편찬의 목적은 식민통치를 효율적으로 실시하려는 것이었다.

④ 「한국통사」의 저자는 「조선사연구초」도 집필하여 민족정기를 선양하였다.

9 다음 글을 쓴 역사가에 관한 설명으로 옳은 것은?

> 역사란 무엇이뇨? 인류 사회의 아(我)와 비아(非我)의 투쟁이 시간에서 발전하여 공간까지 확대하는 심적 활동의 상태의 기록이니, 세계사라 하면 세계 인류의 그리 되어 온 상태의 기록이며, 조선사라 하면 조선 민족이 그리 되어 온 상태의 기록이니라.
> 그리하여 아에 대한 비아의 접촉이 많을수록 비아에 대한 아의 투쟁이 더욱 맹렬하여 인류 사회의 활동이 휴식할 사이가 없으며, 역사의 전도가 완결될 날이 없다. 그러므로 역사는 아와 비아의 투쟁의 기록이니라.

① 우리의 민족정신을 '혼'으로 파악하고 '혼'이 담겨있는 민족사의 중요성을 강조하였다.

② 우리 고대 문화의 우수성과 독자성을 강조하여 식민주의 사관을 비판하였다.

③ 한국사가 세계사의 보편적 발전 법칙에 입각하여 발전하였음을 강조하여 식민주의 사관의 정체성 이론을 반박하였다.

④ 「진단학보」를 발간하고 문헌고증을 중시하는 순수 학문적 차원의 역사 연구에 힘썼다.

10 다음은 일제시대 우리 민족의 역사를 재조명하려는 사학자들의 글이다. 연결이 옳은 것은?

> ㉠ 역사란 무엇인가. 인류사회의 아(我)와 비아(非我)의 투쟁이 시간부터 발전하며 공간부터 확대하는 정신적 활동 상태의 기록이니, 세계사라하면 세계 인류의 그리되어 온 상태의 기록이며, 조선 역사라 하면 조선 민족이 그리되어 온 상태의 기록인 것이다.
>
> ㉡ 대개 국교(國敎)·국학·국어·국문·국사는 혼(魂)에 속하는 것이요, 전곡·군대·성지(城池)·함선·기계 등은 백(魄)에 속하는 것이므로 혼의 됨됨은 백에 따라 죽고 사는 것이 아니다. 그러므로 국교와 국사가 망하지 않으면 그 나라도 망하지 않는 것이다.
>
> ㉢ 누구나 어릿어릿하는 사람을 보면 '얼' 빠졌다고 하고, '멍하니 앉은 사람을 보면 '얼'하나 없다고 한다. '얼'이란 이같이 쉬운 것이다. 그런데 '얼' 하나의 있고 없음으로써 그 광대·옹맹함이 혹 저렇기도 하고 그 잔루(孱陋)·구차함이 이렇기도 하니, '얼'에 대하여 명찰통조(明察通眺)함은 실로 거론하기 어렵다 할 수도 있다.
>
> ㉣ 나는 신민족주의 입지에서 이 글을 썼다. 왕장 1인만이 국가의 주권은 전유하였던 귀족 정치기에 있어서도 민족 사상이 없었던 것은 아니오, 자본주의 사회에서도 또한 민족주의란 것이 있다. 그러나 그러한 민족사상은 모두 진정한 의의의 민족주의는 아니었다.

	㉠	㉡	㉢	㉣		㉠	㉡	㉢	㉣
①	신채호	안재홍	정인보	박은식	②	박은식	신채호	문일평	손진태
③	신채호	박은식	정인보	손진태	④	박은식	백남운	손진태	신채호

11 다음 중 개화기 이후의 신문에 대한 설명으로 옳지 않은 것은?

① 황성신문 – 주된 독자층은 유림이었으며, 최초의 국한문 혼용지이다.
② 한성순보 – 시민을 계몽하기 위해 쓰여졌으며, 주로 외국 것을 번역해서 소개했다.
③ 독립신문 – 정부의 지원없이 독립협회 회원에 의해 만들어진 순수한 민간지이다.
④ 제국신문 – 부녀자를 대상으로 간행된 한글신문이다.

12 식민사관에 대항하기 위한 한국사 연구에 대한 내용으로 옳지 않은 것은?

① 백남운은 유물사관에 입각하여 조선사를 세계사적 보편사에 일치시켰다.
② 진단학회는 이병도, 조윤제가 중심이 실증주의 사학 연구에 노력하였다.
③ 신채호는 고대사를 연구하며 조선상고사를 저술하였다.
④ 조선사편수회는 조선사를 편찬하였다.

13 다음은 어느 신문의 사설이다. 밑줄 친 것과 관련된 운동으로 옳은 것은?

> 1931년부터 4년 간에 걸쳐 벌인 <u>브나로드</u> 운동은 대표적인 계몽운동이었다. 남녀 청년학도들이 계몽대, 강연대를 조직하여 삼천리 방방곡곡을 누비며 우리글, 우리 역사를 가르치고 농촌 위생, 농촌경제개발에 앞장섰던 이 운동은 지식인과 학생이 이 땅에서 일으킨 최초의 민중운동이었다.

① 언론사 중심의 문맹퇴치운동이 전개되었다.
② 사회운동계열이 주도하였다.
③ 이 운동의 영향으로 민립대학설립운동이 추진되었다.
④ 이 시기에 언론과 지식인과 학생이 주도한 만세시위가 확산되고 있었다.

14 다음 중 신문에 대한 설명으로 옳지 않은 것은?

① 독립신문 – 영문과 한글로 간행되었다.
② 황성신문 – 장지연의 '시일야 방성대곡'을 게재하였다.
③ 대한매일신보 – 베델과 양기탁에 의해 발행되었고 국채보상운동도 지원하였다.
④ 제국신문 – 카톨릭이 간행하였고 순 한글 주간지였다.

15 다음 중 1930년대 일제의 식민지 지배체제가 아닌 것은?

① 창씨개명, 궁성요배, 신사참배를 강요하였다.
② 황국신민서사 암송을 일본어로 낭독하도록 하였다.
③ 문화통치를 실시하였다.
④ 우리말과 글의 사용금지, 국사교육 금지, 일본어 사용을 강요하였다.

16 일제시대 종교단체에 관한 설명으로 옳은 것은?

① 천주교는 중광단을 조직하였다.
② 천도교는 경향 등의 잡지로 민중계몽에 이바지하였다.
③ 대종교는 남녀평등, 허례허식 폐지 등을 추진하였다.
④ 원불교는 개간사업과 저축운동을 전개하였다.

17 1920년 민립대학설립운동과 관계없는 것은?

① 조선교육회의 고등교육기관 설립 노력
② 언론계와 사회 각계각층의 호응으로 경성제국대학 설립
③ 고등교육열이 구체화된 민족교육운동
④ 조선민립대학 기성회중심의 모금운동

18 다음과 같은 작품들의 공통점은?

• 꿈 하늘   • 삼대
• 최도통전   • 아리랑

① 민족의식을 고취하였다.
② 봉건의식 타파를 주장하였다.
③ 신경향파 문학에 속한다.
④ 문맹퇴치운동에 크게 기여하였다.

19 한말의 동도서기론에 대한 설명으로 옳은 것은?

① 정학과 정도를 지키고 사학과 이단을 물리치자는 주장이었다.
② 서양의 과학기술에 대한 입장이 청의 중체서용론과 동일하였다.
③ 조선책략의 유포에 반발하여 전개된 개화반대주장이었다.
④ 왜양일체론에 입각하여 일본과의 개항을 주장하였다.

20 구한말에 발행된 다음의 신문 중 가장 먼저 간행된 것은?

① 대한매일신보　　　　　② 독립신문
③ 한성순보　　　　　　　④ 황성신문

21 다음과 관련이 있는 민족주의 사학자가 중요시했던 것으로 알맞은 것은?

> 역사란 무엇이뇨, 인류사회의 아(我)와 비아(非我)의 투쟁이 시간부터 발전하여 공간부터 확대하는 심적 활동의 상태가 기록이니.
>
> － 조선상고사 －

① 형(形)　　　　　　　② 혼(魂)
③ 조선의 얼　　　　　④ 낭가사상

22 다음은 일제치하의 어떤 역사가의 역사의식이다. 이 역사가의 한국사 연구의 상반된 경향의 역사서술을 주도하던 어용단체는?

> 옛 사람들이 말하기를 나라는 가히 멸할 수 있으나 역사는 가히 멸할 수 없으니, 대개 나라는 형(形)이나 역사는 혼(魂)이기 때문이다. 지금 한국의 형은 훼손되었다고 하나 혼은 가히 홀로 존재하지 못하겠는가. 혼이 존재하여 불멸하면 형은 때맞춰 부활한다.

① 일진회　　　　　　　② 청구학회
③ 대한자강회　　　　　④ 신간회

23 한말의 종교계에 대한 설명으로 옳지 않은 것은?

① 불교는 통감부의 간섭과 일본불교의 침투로 어려움이 많았다.
② 민족종교로서 설립된 동학은 동학혁명의 실패로 큰 타격을 받았지만, 그 후 나철 등에 의해 교세가 크게 확장되었다.
③ 1886년 프랑스와 조약체결 이후 천주교 포교의 자유가 허용되었다.
④ 유교구신론은 유교를 혁신하여 구국의 정신적 지주로 삼을 것을 박은식이 제창하였다.

24 다음의 서적이나 신문들에서 나타난 공통적인 특성은?

> • 유길준의 서유견문   • 관립학교의 교과서   • 독립신문과 제국신문

① 전통문화의 수호
② 계몽문학의 역할
③ 문체의 변혁에 기여
④ 국 · 한문혼용의 문장 사용

25 다음 개항 후의 종교에 대한 설명으로 옳지 않은 것은?

① 개신교는 학교를 설립하여 우리나라 근대교육의 발전에 기여하였으며, 일제의 신사참배를 거부하여 탄압받았다.
② 동학은 반봉건 · 반침략운동을 전개함으로써 전통사회를 무너뜨리는 데 기여하였다.
③ 불교는 한용운 등이 불교의 자주성 회복과 근대화를 위한 운동을 추진하였다.
④ 유교는 간도, 연해주 등지에서의 항일운동과 밀접한 관련을 가지면서 성장하였다.

26 다음 개항기에 관한 설명으로 바른 것은?

> 개항 이전의 흥선대원군 집권기에도 서양의 침략에 대응하기 위하여 무기제조술에 많은 관심을 기울였다. 개항 이후에는 무기제조술 이외의 산업기술의 수용에도 관심이 높아져 1880년대에는 양잠 · 방직 · 제지 · 광산 등에 관한 기계를 도입하고, 외국기술자를 초빙하는 등 서양의 기술을 도입하는 데 힘썼다.

① 외세배격을 위해 우리의 전통기술 개발을 강조한 내용이다.
② 성리학을 기반으로 한 위정척사세력의 부국강병론을 말한다.
③ 외세의 배격은 물질문화보다는 정신적 신조가 더 중요함을 말한다.
④ 서양의 침략세력에 대응하기 위해 서양의 과학기술을 받아들이자는 이론이다.

27 다음 중 근대시설로서 최초로 만들어진 것만을 골라 묶은 것은?

> ㉠ 신문발간 – 전환국   ㉡ 병원설립 – 광제원
>
> ㉢ 우편사무 – 우정국   ㉣ 철도개통 – 경인선

① ㉠㉡   ② ㉠㉢

③ ㉡㉣   ④ ㉢㉣

28 근대문물의 수용을 바르게 설명한 것으로 묶인 것은?

> ㉠ 외국인들의 침략적 목적으로 추진되었다.
> ㉡ 독립협회활동 후 근대문명에 대한 각성이 높아졌다.
> ㉢ 일본에 의해 서울과 인천 간에 처음으로 전선이 가설되었다.
> ㉣ 경부선과 경인선은 각각 일본과 러시아가 부설하였다.

① ㉠㉡   ② ㉢㉣

③ ㉠㉢㉣   ④ ㉠㉡㉢㉣

29 다음 설명 중 옳지 않은 것은?

① 신사유람단과 영선사의 파견은 근대적 기술 도입에 중요한 계기를 마련하였다.

② 개화파 인사들의 권유로 덕원주민들이 설립한 최초의 근대적 학교는 육영공원이다.

③ 우리나라에서 전통적인 한문체를 탈피하여 국·한문체, 국문체가 보급되기 시작한 것은 갑오개혁 이후이다.

④ 최남선·박은식은 조선광문회를 만들고 민족고전을 정리·간행하였다.

PART

02

정답 및 해설

한국사의 바른 이해

● 1. 역사의 학습목적

1 ①

제시된 글은 역사가의 주관적 입장을 강조하는 '기록으로서의 역사'에 대한 관점이다.
①은 객관적 사실로서의 역사를 강조하는 랑케의 사관이다.

2 ②

제시문은 사실로서의 역사를 설명한 내용이다.
①③④는 기록으로서의 역사이다.

※ 역사의 의미
　　㉠ **사실로서의 역사** : 객관적 의미의 역사, 시간적으로 현재에 이르기까지 일어났던 모든 과거 사건을 의미한다. 이러한 의미에서 역사란 수많은 과거 사건들의 집합체가 된다.
　　㉡ **기록으로서의 역사** : 주관적 의미의 역사, 역사가가 과거의 사실을 토대로 조사·연구하여 주관적으로 재구성한 것을 의미한다. 이 경우 역사는 기록된 자료 또는 역사서와 같은 의미가 된다.

3 ①

① '기록으로서의 역사' 과거의 사실 중에 역사가의 조사와 연구과정을 거쳐 역사적으로 의미가 있는 사실만을 뽑아 주관적으로 재구성한 것을 의미한다. 따라서 역사가의 주관이 개입된다.

4 ④

사관이란 기록된 역사에 대한 생각이나 견해, 의식 등을 말한다. 역사가 과거사실을 볼 때 역사가 자신의 입장, 사실의 선택, 해석원리 등을 포함하므로 전체의 일관성이 필요하다. 그러므로 사관을 염두하지 않으면 주관성에 독자가 몰입될 수 있다.

5 ②

보편성과 특수성
　㉠ **보편성** : 전 세계 사람은 모두 의식주의 생활을 영위하고 있다는 것처럼 일반적으로 모든 사람이 영위하고 있는 것을 보편성이라 한다.
　㉡ **특수성** : 환경 및 지역에 따라 개별적인 언어, 종교, 풍습, 제도 등 또는 우리나라만이 가지고 있는 독특한 문화 등을 말한다.

6 ②

① 과거에 일어난 수많은 사실 중에서 역사가에 의해 선택된 것이 사료이다.
③ 랑케의 객관적 의미의 역사에 대한 설명이다.
④ 제시된 글은 객관적 의미와 주관적 의미의 역사에 대한 설명이다.

7 ②

제시문은 있는 사실 그 자체를 중시하는 '사실로서의 역사', 즉 객관적 역사관을 의미한다. 이는 랑케의 실증주의 사관을 기초로 하고 있으며, 역사가나 제3자에 의한 역사의 재해석과정이나 주관적인 역사의식을 반대하는 입장이다.

8 ④

사실로서의 역사는 객관적 사실, 즉 시간적으로 현재에 이르기까지 일어났던 모든 과거 사건을 의미한다. 기록으로서의 역사는 과거의 사실을 토대로 역사가가 이를 조사하고 연구하여 주관적으로 재구성한 것이다.
①②③ 역사의 의미를 과거에 있었던 사실로 인식한 것이다.
④ 조사되어 기록된 과거로 인식한 것이다.

1 ③

우리의 역사를 바르게 이해하기 위해서는 한국사 전개의 특수성을 옳게 인식하고 그 바탕 위에서 세계사적 보편성과 잘 조화되도록 하여야 한다.

2 ④

④ 세종대왕의 한글창제는 우리나라의 창조적인 문화유산이다.

3 ①

세계화시대의 역사인식은 안으로 민족주체성을 견지하고 밖으로는 외부세계의 변화에 적극적으로 대응하는 동시에 진취적인 역사정신을 갖는 것이다.

4 ③

우리 민족사가 세계사의 조류에 합류하기 시작한 것은 1876년 강화도조약을 통해 문호를 개방한 이후부터였다.

5 ④

역사를 학습할 때 가져야 할 바른 태도로는 우리 민족사의 어두운 부분을 감추거나, 화려했던 부분을 과장하지 않은 사실에 근거하며, 세계사의 보편성 속에서 우리 민족사의 특수성을 이해하는 것이다.

6 ③

유교와 불교는 동아시아 문화권이라 불릴 정도로 중국, 일본 등과의 공통적인 문화요소이다. 이러한 문화는 동아시아 삼국에 전파되어 있으며 각각 발달하면서 그 지역의 역사적 조건과 고유문화에 따라 독특한 모습을 띠게 되었다.
①② 모든 민족의 역사에는 보편성과 특수성이 함께 존재한다.
④ 문화는 생활양식의 총체로, 그 지역 사람들의 생활 속에서 주체적으로 수용된다.

7 ②

ⓒⓔ 우리 불교의 현세구복적이고 호국적인 성향 및 조선의 두레, 계 등과 같은 공동체 조직은 우리 역사의 특수한 성격이라고 볼 수 있다.
ⓐⓓ 세계사의 보편적인 특성이다.

선사시대의 문화와 국가의 형성

● 1. 선사시대의 전개

1 ①

밑줄 친 이 토기는 빗살무늬 토기로 신석기 시대에 사용되었다.
②③④ 청동기 시대

2 ②

① 고인돌은 청동기의 대표적인 유적이다.
③ 전라남도 나주시 복암리 일대에 있는 삼국시대 고분이다.
④ 철기시대 유적이다.

3 ②

• **공주 석장리 유적** : 공주시 석장리동에 있는 구석기 시대 유적으로 사적 제334호이다. 이곳은 1964년~1992년까지 13차례 발굴 조사된 곳으로 남한에서 최초로 발견된 최대 규모의 구석기 유적지이다. 이곳의 구석기 유적은 선사시대 전기, 중기, 후기의 다양한 문화층으로 형성되어 있으며 집터, 불에 탄 곡식낟알 등 주거지와 긁개, 찌르개, 주먹도끼 등의 도구가 여러 점 출토되어 선사문화 연구에 귀중한 자료가 되었다.

• **웅기 굴포리 유적** : 이곳은 1963년 해방 이후 한반도에서 최초로 발견된 구석기 시대 유적지로 함경북도 웅기군 굴포리에 있다. 중기, 후기 구석기 시대 유적들로 이루어져 있으며 여기서 발견된 석기로는 찍개, 긁개, 뾰족개 등이 있다.

4 ③

가락바퀴, 치레걸이, 조개껍데기 가면, 사람 얼굴 조각상과 같은 유물들은 모두 신석기시대를 대표하는 유물들이다. 또한 신석기시대부터 농경이 시작되었기 때문에 이 시대 사회상을 보여주는 보기는 ③번이다.

※ **치레걸이** … 일명 장신구라고도 하며 신체나 의복에 붙여 장식을 하거나 신분의 상징성을 나타내기 위해 만들어진 도구의 총칭을 말한다. 치레걸이는 다른 나라의 경우 구석기시대 때부터 만들어지기 시작했지만 우리나라에서는 아직 구석기시대의 치레걸이가 출토된 적이 없고 신석기시대 이래로 나타난다.

5 ③

팽이처럼 밑이 뾰족하거나 둥글고 표면에 빗살처럼 생긴 무늬가 새겨져 있으며 곡식을 담는데 많이 이용된 유물은 빗살무늬 토기이고 이 토기는 신석기 시대의 대표적인 유물이다.
① 철제 농기구로 농사를 지은 것은 철기시대이다.
② 비파형 동검을 의식에 사용한 것은 청동기시대이다.
④ 고인돌 무덤을 만든 것 역시 청동기시대이다.
⑤ 정복전쟁을 하고 지배계급이 등장한 것은 청동기시대이다.

6 ②

(가)는 동예의 책화에 관한, (나)는 옥저의 골장제(가족공동무덤)에 관한 지문이다.
① 영고라는 제천행사는 부여의 풍습이다. 동예의 제천행사는 10월에 열린 무천이다.
② 민며느리제와 골장제는 옥저의 풍습이다.
③ 옥저와 동예는 중앙 집권 국가가 아닌 읍락에 읍군, 삼로라는 군장이 자기 부족을 지배하는 군장국가단계에 머물렀다.
④ 제가회의는 고구려 귀족의 대표회의이다.

7 ②

① 가락바퀴가 처음 사용된 것은 신석기 시대이다.
③ 청동기 시대 유적은 한반도뿐만 아니라 만주 지역에도 분포되어 있다.
④ 조개껍데기 가면 등의 예술품이 많이 제작된 것은 신석기 시대이다.
⑤ 덧무늬토기는 신석기 시대의 토기이다.

8 ①

㉠ 탄화된 쌀과 보리가 발견된 가장 오래된 유적
지는 기원전 5~6세기로 추정되는 여주 흔암리
로, 벼농사는 대략 청동기 중기인 기원전 8~7
세기 무렵에 본격화되었을 것으로 본다.

㉡ 농사를 시작하여 식량 채집의 단계에서 식량 생
산의 단계로 변화한 것은 신석기시대이다. 따라
서 이를 신석기 혁명이라고 한다.

㉢㉣ 청동기 초기에는 북방 계통의 비파형동검이
출현하였고, 청동기 후기 및 초기 철기에 독자
적인 개성을 지닌 세형동검이 나타나기 시작하
였다.

9 ①

① 청동기시대에는 고인돌과 돌널무덤 등이 만들어
졌다. 반달 돌칼은 곡식의 이삭을 자르는 추수
용 도구로 농경을 더욱 발전시켰다.

②④ 신석기시대

③ 제천 창내 유적은 구석기시대이고, 서울 암사동
유적은 신석기시대이다.

10 ④

④ 반달돌칼은 청동기시대의 유물이다.

11 ④

㉠ 비파형동검 – 청동기

㉡ 미송리식 토기 – 청동기

㉢ 빗살무늬 토기 – 신석기

④ 우리 민족이 최초로 세운 국가는 고조선으로,
고조선은 청동기 문화를 바탕으로 형성되었다.

12 ③

③ 단양 수양개는 구석기 시대를 대표하는 유적지로
주먹도끼, 찌르개 등이 발견되었다. 또 고래와 물고
기 등을 새긴 조각이 발견되었는데, 이를 통하여 당
시의 소박한 솜씨를 엿볼 수 있다.

13 ④

④ 반달돌칼은 청동기시대에 곡식의 이삭을 자르
는 데 사용하던 도구이다.

14 ②

① 경제생활에서 차지하는 비중이 점차 줄어들었
지만 여전히 식량을 얻는 중요한 수단이었다.

② 비파형 동검은 청동기시대의 유물이다.

③ 뼈바늘과 가락바퀴의 출토로 옷이나 그물을 만
들었음을 알 수 있다.

④ 집터는 대개 움집자리로 바닥은 원형이나 모서리
가 둥근 네모꼴이었다.

15 ②

제시문은 신석기시대에 출현한 원시신앙에 대한
설명으로 농경과 정착생활을 하게 되면서 인간이
자연의 섭리를 생각하게 됨으로써 나타난 것이다.
신석기시대의 대표적인 유물로는 빗살무늬토기를
들 수 있다.

① 구석기시대 ③ 청동기시대 ④ 철기시대

※ 신석기시대의 원시신앙

㉠ 애니미즘 : 태양과 물에 대한 숭배가 대표적
이며 자연현상에 영혼이 있다고 믿었다.

㉡ 조상·영혼숭배 : 사람은 죽어도 영혼은 사라
지지 않는다는 믿음이다.

㉢ 샤머니즘 : 인간과 영혼을 연결해 주는 샤먼
(무당)과 그의 주술을 믿었다.

㉣ 토테미즘 : 자기부족의 기원을 특정 동·식물
과 연계하여 숭배하는 믿음이다.

16 ③

㉠은 미송리식 토기, ㉡은 비파형 동검으로 중국의
요령성, 길림성 지방을 포함하는 만주로부터 한반
도 전역에 이르는 넓은 지역에서 출토되고 있다.
이것은 이 두 유물이 청동기시대에 같은 문화권에
속하였음을 보여주며, 이는 고조선의 세력범위와
거의 일치한다. 이 시기에는 계급이 발생하고 권력
과 경제력을 지닌 지배자가 출현하기도 하였다.

② 청동기의 독자적인 발전을 보여주는 유물은 세
형 동검과 잔무늬 거울이다.

17 ①

봉산 지탑리에서는 탄화된 피가 발견되었고, 평양의
남경에서는 탄화된 조가 발견되어, 피나 조와 같은
잡곡류가 이미 신석기시대에 경작되었음을 알려주고
있다. 두 곳 모두 신석기시대의 유적지이다.

④ 신석기시대에 대한 옳은 설명이기는 하나 두 곳의
유적지를 통해서는 그 사실을 유추할 수 없다.

2. 국가의 형성

1 ②

주어진 글과 관련된 나라는 옥저이다.
① 고구려 ③ 변한 ④ 부여

2 ①

ⓒ 고조선 지역에 한의 창해군이 설치된 것은 (나) 시기이다.
ⓔ 비파형동검과 고인돌의 분포를 통하여 통치 지역을 알 수 있는 것은 (가) 시기이다.

3 ④

제시된 자료와 관련된 나라는 부여이다.
①②③ 부여와 관련된 설명이다.
④ 고구려 문자왕 때의 일이다.

4 ④

주어진 지문은 고조선의 8조법에 대한 설명이다.
8조법을 통해 고조선 사회는 개인의 생명을 존중하였으며, 사유 재산을 인정하였고, 화폐를 사용한 것은 물론, 농경 사회였으며, 계급 사회인 동시에 가부장적 사회였음을 알 수 있다.
④ 고조선은 위만의 집권과 철기 문화로 발전하여 세력을 확장시켰으며, 진국과 한나라 사이에서 중계 무역을 하면서 경제적인 이익을 얻었다. 강성해진 고조선을 경계한 한나라는 대군을 보내 공격하였으며, 철기 문화를 기반으로 약 1년간 항전하였으나 왕검성의 함락으로 멸망하였다.
① 고구려 ② 동예 ③ 부여

5 ③

(가)는 '살인자는 사형에 처하고 그 가족은 노비로 삼았다. 도둑질을 하면 12배로 변상케 했다'라는 부분을 통해 부여의 1책 12법임을 알 수 있고 (나)는 '천군', '소도'라는 용어로 보아 삼한에 대한 글임을 알 수 있다.
㉠은 고구려의 관직을 나타내고 있으며 부여의 관직으로는 마가·우가·저가·구가 등이 있었다.

6 ③

㉠, ㉢은 부여의 법과 풍습이다.
ⓒ은 동예, ⓔ은 고구려, ⓜ은 옥저의 풍습이다.

7 ②

① 단군설화를 바탕으로 유추해 볼 때, 단군은 자신의 조상을 곰(웅녀)과 연결하였음을 알 수 있다.
③ 8조법금은 현재 3개 조항만 전해진다.
④ 위만조선 때의 일이다.
⑤ 고조선은 계급분화가 이루어진 사회였다.

8 ①

① 삼한은 철기시대의 국가로 정치적으로는 군장이, 종교적으로는 천군이 수장 역할을 하는 제정분리 사회였다.

9 ③

지문은 동예에 대한 설명이다.
① 부여, ② 삼한, ④ 옥저

10 ③

③ 부여 송국리 선사취락지는 청동기 시대 집터로 다양한 크기의 장방형 움집의 흔적이 남아있다.

11 ①

(가) 부여 (나) 고구려 (다) 옥저 (라) 동예 (마) 삼한

② 부여에 대한 설명이다.
③ 동예에 대한 설명이다.
④ 삼한에 대한 설명이다.
⑤ 옥저와 동예에 대한 설명이다.

12 ①

제시문은 동예에 대한 내용이다.
③ 수렵 사회의 전통을 계승한 영고는 부여의 제천 행사이다.

13 ③

(가) 부여의 순장
(나) 옥저의 민며느리제
(다) 동예의 책화
(라) 삼한의 별읍의 천군

㉠ 부여 제가들의 4출도
ⓒ 고구려의 제가회의
ⓒ 옥저·동예의 군장국가
ⓔ 삼한의 지배자 계급

14 ④

동예 … 읍락이 산과 하천을 경계로 구분되었으며, 함부로 다른 구역으로 들어갈 수 없었으며 만약 다른 읍락민이 구역 내로 침범하면 곧바로 소·말을 물리는 책화를 하거나 노예가 되어야 했다. 동예는 강력한 대군장이 출현하지 못하고, 단지 후·읍군·삼로가 각 읍락을 다스렸다.

15 ④

8조법

㉠ 여자는 정절을 소중히 여긴다는 고조선의 풍습을 덧붙이고 있어 가부장사회가 확립되었으며 간음, 질투 등에 대한 죄목이 있었다.

㉡ 살인자는 즉시 사형에 처하며 상해자는 곡물로 배상을 하였다.

㉢ 남의 물건을 도둑질한 자는 소유주의 집에 잡혀 들어가 노예가 됨이 원칙이나, 자속하려는 자는 50만 전을 내놓아야 한다.

㉣ 사유재산의 보호 및 인간의 노동력은 경제적 가치와 동일한 것으로 인식하고 있다.

㉤ 생산활동에서 개별경영이 성립했음을 알 수 있어 공동체 의식의 탈피를 보여준다.

㉥ 신분적·계급적 경계가 엄격하였고 노예제도가 굳건하게 정착되어 있었다.

16 ④

명도전과 오수전은 중국의 청동기시대에 사용된 화폐로 중국과 활발한 무역관계가 형성되었음을 알 수 있다.

17 ①

(가) 고구려의 데릴사위제 (나) 옥저의 민며느리제

18 ②

② 청동기시대에도 청동제 농기구는 사용되지 않고 주로 목기나 석기를 이용하였다.

19 ③

청동시대에 사용된 반달돌칼은 추수도구로 돌도끼나 홈자귀 등과 같은 개간도구와 함께 농경이 더욱 발전하였음을 보여준다.

20 ④

제시문은 부여에 대한 설명이다. 부여는 3세기경에 선비족의 침입으로 쇠퇴하기 시작하였으며, 물길족의 침입을 받아 494년(문자명왕)에 고구려에 투항하였다.

21 ②

㉡ 우리나라의 청동기는 아연의 합금으로 이루어져 있으며, 북방계통의 동물문형이 나타나는 것으로 보아 중국보다는 만주나 북방의 영향을 받았음을 알 수 있다.

㉣ 거푸집을 이용하여 독자적으로 청동기를 제작하였으며 비파형동검이 세형동검으로, 거친무늬거울은 잔무늬거울로 그 형태가 바뀌었다.

22 ②

(가)는 고구려, (나)는 부여에 관한 설명이다. 중국은 고구려의 잦은 침략과 강인함을 두려워하여 왜곡된 시각에서 고구려사를 부정적으로 묘사하였는바, 그 내용은 "사람들의 성품은 흉악하고 급해서 노략질하기를 좋아하였다."라는 구절에서 살펴볼 수 있다.

① 고구려는 큰 산이 많았고, 부여는 평원이 많았다.

③ 영고(12월)는 부여의 제천행사이고, 동맹(10월)은 고구려의 제천행사이다.

④ 부여는 이후 고구려의 정복과정에 편입되었다.

23 ①

청동기시대에 청동기는 주로 무기제작에 활용되거나 귀족들의 사치품을 만드는 데 이용되었다. 그러나 농기구나 생활용품은 여전히 석기와 목기를 사용하였고 더욱 다양하고 정교해진 간석기 사용이 보편화되었다.

24 ①

제시문은 초기국가 중 삼한에 대한 설명이다. 삼한은 자연조건상 벼농사를 하기에 적합한 지역으로 두레와 같은 공동조직이 발달하였다.

② 부여 ③ 고구려 ④ 동예의 책화

25 ③

① 고조선은 농경과 청동기문화를 배경으로 요령지방에서 B.C. 2333년경에 건국되었다.

② 비파형 동검과 미송리식 토기는 고조선의 세력 범위를 알 수 있게 하는 대표적 유물이다.

④ 삼한은 철제 농기구의 사용으로 농경이 발달하였다.

통치구조와 정치활동

● 1. 고대의 정치

1 ①

ⓐ 660년 ⓑ 668년 ⓒ 671년 ⓓ 675년

2 ②

병부의 설치, 연호 '건원' 사용, 금관가야 정복 등의 신라 법흥왕의 업적이다. 법흥왕은 이외에도 국가 통치의 기본법인 율령을 공포하고, 백관의 공복을 제정하여 관리들의 위계를 분명히 하였다. 또한 골품제도의 정비하고 불교를 공인하여 새롭게 성장하는 세력들을 포섭하고자 하였다.
① 선덕여왕 ③ 진흥왕 ④ 진평왕

3 ②

② 백제가 마한 잔여 세력을 정복하고 수군을 정비하여 요서 지방까지 진출한 것은 4세기 중반 근초고왕 때의 일이다. 웅진 천도는 개로왕 때의 일이다.

4 ③

ⓒ 520년 → ⓑ 538년 → ⓓ 562년 → ⓐ 612년

5 ④

밑줄 친 무덤 주인은 백제의 무령왕이다.
① 백제 성왕 ② 백제 비유왕 ③ 신라 진흥왕

6 ③

(다) 5세기 초 → (라) 5세기 중반 → (가) 6세기 → (나) 7세기

7 ④

빈칸에 들어갈 왕은 발해의 무왕이다.
①③ 발해 문왕 ② 발해 선왕

8 ③

제시문의 밑줄 친 왕은 장수왕으로 5세기 때의 일이다. 장수왕은 백제의 수도인 한성을 함락시키고 한강유역을 완전히 점령하였다. 이 과정에서 백제의 개로왕은 패사하였다.
ⓒ 고구려 장수왕은 수도를 국내성에 평양으로 천도하였다(472)
ⓓ 이 시기에 신라와 백제는 나·제동맹을 체결하였다.
ⓐ 백제가 국호를 남부여로 고친 것은 6세기 성왕 때의 일이다.
ⓑ 금관가야가 중심인 가야연맹은 전기 가야연맹으로 3~4세기 때의 일이다.

9 ④

(가)는 지증왕(500~514), (나)는 진흥왕(540~576) 시기의 사건이다.
④ 법흥왕(514~540)
① 소지왕(479~500)
② 내물왕(356~402)
③ 경덕왕(742~765)

10 ②

② 발해의 무왕은 장문휴의 수군을 통해 당의 산둥반도를 공격하고, 돌궐·일본과 연결하여 당과 신라에 대항하였다.

11 ③

위에 나와 있는 내용들은 중원고구려비에 있는 내용들이다.
① 광개토왕비 : 414년 고구려 제19대 왕인 광개토왕의 훈적(勳績)을 기리기 위해 아들인 장수왕이 세운 비석으로 사면에 모두 글이 기록되어 있는 사면석비(四面石碑)이다. 높이는 약 6.39m로 당시 고구려 수도였던 국내성 동쪽에 광개토대왕릉과 함께 세워졌다. 일명 호태왕비(好太王碑)라고도 한다.
② 집안고구려비 : 2012년 7월 29일 중국 지린(吉林)성 지안(集安)시에서 발견된 고구려 비석이다.

④ **영일냉수리비** : 경상북도 영일군(지금의 포항시)에서 발견된 신라시대 비석으로 현재 국보 제264호이다. 이 비는 절거리라는 인물의 재산소유와 사후 재산 상속 문제를 기록해 놓은 것으로 공문서의 성격을 지니고 있다.

12 ④

④ 중원고구려비를 통해 당시 고구려가 신라를 동이(東夷)라 칭하면서 그 국왕에게 종주국으로서 의복을 하사했다는 내용 등을 알 수 있다.

13 ③

대조영의 뒤를 이어 동북방의 여러 세력을 복속시키고 북만주 일대를 장악한 왕은 발해 무왕 (가)이고 중국으로부터 해동성국이라 불리며 발해의 전성기를 맞이한 왕은 발해 선왕 (나)이다.
㉠ 수도를 중경에서 상경으로 옮긴 왕은 발해 문왕이다.
㉣ 정혜공주의 묘비는 발해 문왕 때 만들어졌다.

14 ②

② 백제 근초고왕은 371년 고구려와의 평양성 전투에서 고구려의 고국원왕을 전사시키고 영토를 확장시켰다.

15 ②

㉤ 371년→㉣ 427년~475년→㉢ 562년→㉠ 642년

16 ③

자료에 밑줄 친 왕은 발해의 2대 왕인 무왕(재위 719~737)이다.
① 발해 선왕(재위 818~830) 때의 일이다.
② 발해를 세운 대조영(재위 698~719)에 대한 설명이다.
④ 발해 문왕(재위 737~793) 때의 일이다.

17 ①

① 제시문은 신라의 지증왕 때의 일로, 우산국 복속은 지증왕 13년인 512년에 이루어졌다.
② 마립간이라는 칭호는 내물왕 때부터 사용되었다.
③ 법흥왕 때의 일이다.
④ 진흥왕 때의 일이다.

18 ②

② 일본과의 교류는 발해 5경 중의 하나인 동경 용원부를 통해 이루어졌다.

19 ②

② 제시된 사료는 고구려의 서옥제에 대한 설명이다. 책화는 동예의 풍속이다.

20 ④

㉣ 백제와 신라의 팽창에 밀려 약화→4세기 말~5세기 초 고구려 광개토대왕의 공격으로 전기 가야 연맹 쇠퇴→㉠ 5세기 고구려 장수왕(479)→㉤ 6세기 백제 성왕(538)→㉢ 6세기 신라 진흥왕(568)

21 ④

㉠ 고구려의 소노부는 전(前) 왕족으로 종묘를 가지고 따로 사직을 모시기도 하였다.
㉢ 영일 냉수리 신라비는 지증왕 4년 신라의 한 지방에서 벌어진 재산 분쟁을 국가가 판결한 내용이 새겨져 있고, 울진 봉평 신라비는 거벌모라(居伐牟羅)와 남미지(男彌只) 지역에서 사건이 발생하자 군대를 동원해서 이를 해결한 뒤, 소를 잡아 의식을 거행하고 사후조치를 취한 내용이 기록되어 있다.

22 ③

③ 삼국 초기의 외교권은 왕에게 속해 있어 각 부는 독자적인 대외교섭권을 갖지 못했다.

23 ①

제시문은 광개토대왕릉비의 내용이다.
②③ 소수림왕의 업적이다.
④ 장수왕의 업적이다.

24 ②

밑줄 친 시기는 5세기 후반으로 고령지방의 대가야를 중심으로 새롭게 형성되었으며 신라와의 결혼동맹으로 국제적 고립에서 벗어나려 하였다.

25 ③

③ 부곡민은 삼국시대가 아닌 고려시대의 신분체계이다.

※ 고려시대의 신분체계 … 귀족→중류층→양인→천민으로 이루어져 있었으며 향, 부곡민들은 양인이지만 집단적으로 차별을 당한 양인이라 할 수 있다. 이들은 법제상으로는 양인이지만 일반 군현의 주민에 비해 과거응시나 교육의 기회의 박탈과 과중한 조세부담 등으로 차별을 당하였다.

26 ③

백제는 왕실의 권위를 높이고 국민의 사상을 통일시키기 위해 동진으로부터 불교를 받아들였는데 그 시기는 침류왕 때이다. 근초고왕은 백제의 중흥기를 이룩한 임금으로 이 시기에는 왕위의 부자 상속이 이루어져 왕권이 크게 강화되었으며 384년에 불교를 공인하고 역사서를 편찬하여 백제왕실의 정통성을 다지기도 하였다.

27 ④

신라하대에 들어와서 중앙정부의 통제력 약화로 인해 촌주들은 중앙관제를 모방해 스스로 관반체제(官班體制)를 형성하였다. 이에 따라 촌주라는 직명은 점차 사라지고 관등명으로 그 신분을 표시하거나 대감(大監)·제감(弟監)·장군(將軍)과 같은 경칭을 쓰면서 세력을 확장시켜 나갔다. 특히 신라하대의 촌주는 선종(禪宗)의 사원과 관련을 맺어 각종 불사(佛事)의 재정적 부담을 담당하는 경우가 많았으며 이것은 촌주층이 과거의 중앙행정기구의 말단이라는 지위를 벗어나 점차 호족(豪族)으로 성장하고 있었음을 나타낸다. 이후 후삼국시대를 거쳐 고려 통일시기에 이르러서는 일부 촌주는 중앙귀족이 되었으며 일부는 지방에 독자적인 세력을 형성하였다.

28 ④

㉠ 신라의 두 화랑이 학문에 전념할 것과 국가에 충성할 것을 맹세한 내용이 새겨져 있는 것으로 552년 또는 612년으로 추정되는 임신년에 만들어진 것이다.
㉡ 경상북도 경주시 남산에서 발견된 신라 때의 비석으로 신라시대에 남산 둘레에 쌓은 성에 대한 내력을 담고 있다.

29 ②

㉡ 설총은 신문왕에게 국왕도 향락을 배제하고 도덕을 엄격히 지켜야 한다는 의미의 우화인 화왕계를 지어 유교도덕의 정치 이념을 제시하였다.
㉢ 황룡사 9층 목탑은 당에서 불법을 공부하던 자장이 귀국하여 9층탑 건립의 필요성을 선덕여왕에게 건의하였다.

30 ③

㉠ 발해의 문화는 귀족중심의 예술로서 고구려의 문화를 토대로 당나라의 문화를 흡수하여 부드러우면서도 웅장하고 건실한 문화를 이루고 있었으며 정혜공주의 묘는 고구려의 전통적 양식의 돌방무덤이다.
㉣ 발해는 신라와 긴밀한 교섭은 없으나 관계 개선을 위한 사신의 왕래 등 친선과 대립이 교차되는 관계에 있었으며 신라는 당의 요청으로 발해의 남쪽을 공격하다가 실패하였다.

31 ②

㉠ 문주왕(5세기)
㉢ 진흥왕(6세기)
㉡ 6세기 말~7세기 초

32 ②

성왕(522~554)
㉠ 사비성의 천도 및 국호를 남부여로 개정
㉡ 불교를 진흥하고 계율을 강조하여 불교교단 정비 및 불상과 불경 일본에 전파
㉢ 신라, 가야와 함께 한강유역을 탈환하여 하류지역 탈환
㉣ 553년 신라의 기습에 한강하류지역 침탈
㉤ 신라와의 관산성 전투에서 성왕 사망

33 ①

삼국시대에는 행정구역과 군관구의 일치로 인하여 행정조직이 그대로 군사조직이었기 때문에 각 군의 장관인 성주가 군대지휘관의 역할도 겸했다.

34 ④

① 신라가 대가야를 정복한 시기는 진흥왕 약 550년이다.
② 살수대첩은 612년에 발발하였다.
③ 신라와 백제의 나제동맹이 결렬된 시기는 554년이다.

35 ②

② 상경비장의 외성 안에 내성을 쌓고 내성 남문에서 외성 남문까지 직선으로 된 주작대로를 세우고 그 좌우로 조와 방을 구획하여 바둑판모양의 도시를 건설하고 9개의 사찰을 세웠다.

※ 3성 6부 제도는 당나라의 문화를 계승한 것에 해당한다.

36 ④

사정부는 신라시대 백관을 감찰하고 형률과 탄핵을 맡아본 관청이며 발해의 감찰기구는 중정대이다.

37 ①

가야는 연맹국가로 철 생산 및 낙랑, 대방, 일본과의 중계무역을 통하여 발전을 이룩하였고 농업과 어업, 철기생산, 수공업 등이 발달하였다. 대가야는 백제와의 전쟁이 악화되어 신라의 법흥왕과 결혼동맹을 맺었으나 추후 신라의 진흥왕에 의해 멸망하였다.

38 ④

고구려의 을지문덕이 수나라 장수 우중문에게 조롱조로 지어 보낸 5언 4구의 고시로 고구려인의 당당한 기세와 웅혼한 기상이 잘 표현된 시이다.

39 ②

ⓐ 부족적 5부가 행정적 5부로 개편된 것은 고국천왕 때이다.
ⓒ 옳은 설명이나 고대국가의 기틀 마련(대외정복 활동·율령반포·불교의 수용)과는 거리가 멀다.
ⓓ 가야는 금관가야로 통합된 것이 아니라 금관가야를 중심으로 연맹체를 형성하였으며, 중앙집권적 고대국가로 발전하지 못하고 해체되었다.

40 ③

① 향리를 인질로 삼아 서울에 있게 한 제도로 지방세력 통제와 관련이 있다.
② 지방문화 육성과 고구려, 백제 귀족들을 감시하기 위해 설치하였다.
③ 신라의 중앙군사제도로 신라인뿐만 아니라 고구려, 백제, 말갈인까지 포함시켜 민족융합적인 성격을 보여주었다.
④ 지방관리를 감찰하기 위하여 파견되었다.

41 ①

제시문은 신문왕에 대한 설명이다. 신문왕은 장인 김흠돌의 역모를 계기로 귀족세력을 숙청하고 전제왕권을 확립하게 되었다. 귀족의 경제적 기반인 녹읍을 폐지하고 관료전을 지급하였으며, 국학을 설립하여 유교정치이념을 확립하였다. 또한 군사조직(9서당 10정)과 지방행정조직(9주 5소경)을 정비하였다.
② 경덕왕 ③ 원성왕 ④ 법흥왕

42 ④

신라는 6세기 진흥왕 때 나·제동맹을 바탕으로 한강유역을 점유하고 있던 고구려를 몰아내고 그 지역을 차지하였다. 이로 인해 나·제동맹은 파기되고 백제의 성왕은 관산성 전투에서 신라에 패하였다. 이후 여·제동맹을 통해 신라를 압박하였다. 신라의 한강유역 점령은 중국과의 대외 교역뿐만 아니라 한강유역 일대의 인적 및 물적 자원을 확보하게 됨으로써 삼국통일 기반의 초석이 되었다.
④ 고구려가 남하정책을 추진한 것은 5세기 장수왕 때의 일이다.

43 ①

① 삼국시대에는 모든 말단 행정단위까지 지방관이 파견되지 못했기 때문에 주요한 지역에 파견된 지방관은 행정뿐만 아니라 군사권까지 부여되었다.
② 지방장관에 군주를 파견한 곳은 신라로 이는 행정과 군사권을 모두 가진 성격이었지만 이후 총관, 도독으로 그 명칭이 변경되면서 점차 행정적 성격만 가지게 되었다.
③④ 통일 이후 신라는 중앙의 9서당과 지방의 10정으로 군사제도를 마련하였다. 9서당은 신라, 고구려, 백제, 말갈인이 포함되어 있고, 10정은 9주에 1개 정씩을 배치하고 북쪽 국경지대인 한주(한산주)에는 2정을 두었다.

44 ④

제시문은 4세기의 상황으로 당시 중국이 5호 16국으로 분립되어 국세가 약화되었던 시기에 한반도 세력이 그 영역을 확대해가는 과정이다.

45 ③

③ 녹읍은 수조권뿐만 아니라 공물수취와 노동력 징발의 권한이 귀족에게 있었기 때문에 왕권이 아닌 귀족의 권한을 증대시켰다. 이에 신문왕은 관료전을 지급하고 이후 녹읍을 혁파하였지만, 경덕왕 때에 다시 부활하였다.

● 2. 중세의 정치

1 ①

밑줄 친 그는 고려의 충선왕이다.
② 충렬왕
③④ 공민왕

2 ②

밑줄 친 왕은 고려의 숙종이다.
① 성종 ③ 태조 ④ 광종

3 ②

② 12목을 설치하여 최초로 지방관을 파견한 것은 고려 성종 때이다.

4 ③

①② 공민왕 ④ 충목왕

5 ①

밑줄 친 왕은 고려의 광종으로 쌍기의 건의를 받아들여 과거제도를 실시하였으며, 문신 유학자를 등용하여 신·구 세력의 교체를 도모하였다.
② 고려 성종은 지방에 12목을 설치하고 지방관을 파견하였다.
③ 고려 태조는 호족을 견제하기 위해 사심관과 기인제도를 실시하였다.
④ 공민왕은 승려 신돈을 등용하여 전민변정도감을 설치하였다.

6 ③

제시문은 최승로의 시무28조로 이 건의를 받아들인 왕은 고려 성종이다. 지방 교육을 위해 12목에 경학박사를 파견한 것은 고려 성종이 실시한 정책이다.
① 정종 ② 현종 ④ 태조

7 ①

최승로의 시무28조는 고려 성종 대에 제안되었고 12목(牧) 또한 고려 성종 대에 최초로 설치되어 각 목(牧)마다 관리가 파견되었다.

8 ①

② 우리나라에서 행정과 사법이 명확하게 분리, 독립하게 된 것은 갑오개혁 이후이다.

③ 고려는 실형주의를 더 우위에 두고 있었다.
④ 고려는 조선과 같이 태형(笞刑), 장형(杖刑), 도형(徒刑), 유형(流刑), 사형(死刑) 이렇게 오형제도(五刑制度)로 이루어져 있다.

9 ②

② 공민왕의 업적으로 위 괄호 안의 국왕(공민왕)과 관련된 내용이다.
① 장례원 : 조선시대 공·사노비문서의 관리와 노비소송을 관장한 관서로 1467년(세조 13)에 처음 시행되어 1764년(영조 40)에 폐지되었다.
③ 동국병감 : 조선 문종 때 편찬한 이민족과의 전쟁, 전란을 기록한 책으로 정확한 편찬자나 편찬연대는 알 수 없다.
④ 과전법 : 1391년(공양왕 3)에 공포된 토지제도로 고려 말 전시과 체제가 무너지고 권문세가들이 자신들의 농장을 확대하면서 불법으로 면세·면역에 대한 특권을 누리게 되자 고려 조정의 재정은 바닥나고 관료들은 녹봉을 제대로 지급받지 못하는 등 여러 사회적 모순이 발생하였다. 이에 신진사대부들의 상소로 과전법이 공포되었다.

10 ②

(나) 서희(942~998)는 거란의 침입(993) 때 활약했던 인물이다.
(가) 윤관(?~1111)은 1107년 20만 대군을 이끌고 여진을 정복하고 고려의 동북 9성을 설치하여 고려의 영토를 확장시킨 인물이다.
(다) 유승단(1168~1232)은 1232년 최우가 재추회의를 소집하여 강화도로 천도를 논의할 때 반대했던 인물이다.

11 ①

제시문에서 설명하고 있는 왕은 공민왕이다.
② 수도를 한양으로 옮긴 것은 조선 태조 때인 1394년이다.
③ 삼군도총제부는 1391년(공양왕 3)에 설치되었다.
④ 고려 충선왕 때 원나라 수도 연경에 설치되었다.
⑤ 1391년(공양왕 3)에 공포되었다.

12 ①

㉠의 정치기구는 도병마사에서 개칭된 도평의사사이다.
② 식목도감에 대한 설명이다.
③ 도평의사사는 회의 기능과 행정 기능을 겸하였으며, 그 밑에 6색장을 두었다.
④ 대간(어사대의 관원 + 중서문하성의 낭사)에 대한 설명이다.

13 ②

② 공민왕은 최고 학부인 성균관을 부흥시켜 순수 유교교육기관으로 개편하고, 과거제도를 정비하여 신진사대부를 대거 등용하였다.
① 충선왕 때의 사실이다.
③ 우왕의 업적이다.
④ 충목왕 때의 사실이다.

14 ①

① 고려는 지방관이 파견된 주현보다 지방관이 파견되지 않은 속현이 더 많았다.

15 ④

지문은 원 간섭 시기 중 충선왕의 즉위 교서로, 열거된 가문들은 당시의 대표적 권문세족을 나타낸다.
④는 공민왕 시기의 업적이다.

16 ①

① (가)는 신라가 삼국통일로 원산만에서 대동강에 이남에 이르는 영토를 차지하였을 때의 국경선이다.
② (나)는 고려 태조의 북진 정책의 결과로 청천강에서 영흥만에 이르는 선까지 영토를 넓혔을 때의 국경선이다.
③ (다)는 고려 덕종~정종 때 거란과 여진을 대비하기 위해 쌓은 천리장성이 경계이다.
④ (라)는 고려 공민왕 때 자주정책으로 강계~갑주~길주에 이르는 지역을 수복했을 때의 국경선이다.
⑤ (마)는 조선 세종 때 김종서 장군이 4군 6진을 개척하여 확보한 국경선이다.

17 ①

① 사심관 제도는 중앙 고관을 자기 출신지에 임명하는 제도로 그 지방의 호족 세력과 함께 연대 책임을 지게 하였다.

18 ④

㉠ 중서문하성 ㉡ 중추원
㉢ 도병마사 ㉣ 식목도감
④ 도병마사와 식목도감은 고려의 독자적인 제도이다.

19 ④

㉡ 이자겸의 난(1126) → ㉠ 묘청의 난(1135) → ㉢ 무신의 난(1170) → ㉣ 조위총의 난(1174)

20 ④

광종은 백관의 공복을 제정하고, 노비안검법과 과거제도를 시행하여 왕권 강화에 힘썼다.
④ 노비환천법은 성종, 사심관 제도는 태조가 시행한 정책이다.

21 ②

㉣ 쌍성총관부 수복(공민왕 5년, 1356) → ㉡ 성균관 부흥(공민왕 16년, 1367) → ㉢ 위화도 회군(우왕 14년, 1388) → ㉠ 과전법 성립(공양왕 3년, 1391)

22 ③

제시문은 고려 공민왕이 왕권을 강화하기 위해 실시한 정책이다. 흥선대원군대원군은 청(淸)나라를 제외한 다른 외국과의 통상 및 교류를 꺼려 통상수교거부정책을 실시하였다.

23 ③

제시문은 고려의 중앙정치조직을 표현한 것이다.
㉣은 조선의 삼사에 대한 설명이다. 고려의 삼사는 화폐 · 곡식출납, 단순회계 등을 담당하는 기구였다.

24 ④

제시문은 고려 공민왕 때 설치한 전민변정도감에 관한 내용이다.
④ 전민변정도감은 권문세족의 경제적 · 군사적 기반을 약화시키고 국가 재정을 확대하려는 목적으로 설치하였다.

25 ④

④ 금의 군신 관계 요구를 이자겸이 수락하여 고려의 북진 정책이 좌절되자 이에 대항하여 묘청이 서경천도운동을 일으켰다.

26 ①

② 강화도와 관련된 내용이다. 삼별초는 강화도에서 진도, 제주도로 옮겨갔다.
③ 강화도와 관련된 내용이다.
④ 거문도와 관련된 내용이다.

27 ④

지도는 철령 이북의 땅을 수복한 고려 공민왕 시기를 나타낸 것이다. 공민왕의 개혁정치가 추진될 당시 중국은 원명의 교체기로서 공민왕은 이러한 시대적 배경을 이용하여 개혁정치를 추진하려 하였으나 미약한 신진사대부 세력으로 인해 큰 성과를 거두지는 못하였다.

28 ③

③ 중서문하성의 낭사에 대한 설명에 해당한다.

※ 중추원의 추밀원에 소속된 추밀은 군기를 관장하고 국정을 총괄하는 권한을 행사하였다.

29 ④

별무반에 관한 설명이다. 12세기 초 부족의 통합으로 세력이 강해진 여진족이 남하하여 정주에서 충돌하였으나, 고려가 패전하였다. 이에 윤관은 신기군, 신보군, 항마군으로 편성된 별무반을 구성하여, 여진족을 정벌하고 동북 9성을 쌓고 사민정책을 실시하였다. 그러나 여진족의 계속된 요구 등으로 동북 9성을 돌려주었다.

30 ③

① 최고의 정치기관은 중서문하성이다.
② 삼사는 전곡의 출납에 대한 회계를 담당하는 기관이다.
④ 발해시대 관리의 비리를 감찰하던 기구이다.

31 ②

① 신분에 의한 가옥제도, 의복제도(백관의 공복), 양천지법 등의 확립을 기초로 엄격한 사회신분제도를 유지하였다.
② 광종 때 불교사상의 통합을 통하여 집권적인 왕권을 강화하고 귀법사를 중심으로 개혁정치를 성원해 줄 사회적 지지력을 얻기 위해 화엄종을 통합하고, 법안종과 천태학을 통한 교종과 선종의 통합을 모색하였다.
③ 무력이 아닌 유교적 학식을 바탕으로 한 정치적 식견과 능력을 갖춘 관료층을 형성하기 위해 실시한 제도로 광종 때 쌍기의 건의로 이루어졌다.
④ 경종 때 실시한 제도로 전국의 토지를 파악하여 수조권을 행사하고 호족을 통제할 수 있었다.

32 ③

ⓒ 현종 때 초조대장경 조판, 7대 실록 편찬, 나성 축조, 천리장성 축조 등이 이루어졌다.
ⓒ 송나라에 다녀온 대각국사 의천의 요청에 따라 선종 3년 흥왕사에 교장도감을 설치하였고 속장경 간행사업은 불서수집여행 후에 이루어졌다.
ⓔ 현종 때 거란과의 전쟁 후 나성과 천리장성을 축조하였다.

33 ④

고려말 학문적 실력을 바탕으로 중앙에 진출한 신진사대부는 성리학을 수용하여 불교의 폐단을 비판하였으며, 개혁정치를 추구하였다. 또한 홍건적과 왜구의 침입을 격퇴하면서 성장한 신흥무인세력과 연합하여 당대의 문제를 해결하고자 하였다.

34 ①

① 국자감의 유학부는 신분에 따라 입학자격이 부여되었으나 잡학부의 경우 평민도 입학할 수 있었다.

35 ②

제시문은 고려말에 등장한 신진사대부에 대한 설명이다.
① 권문세족 ③④ 문벌귀족

36 ②

제시문은 고려시대 어사대의 관원과 중서문하성의 낭사로 구성된 대간제도에 대한 설명이다.

37 ③

고려초기에는 친송정책을 지향하여 이에 대해 거란이 3차에 걸쳐 침입을 했다. 1차 침입시에는 서희가 소손녕과의 외교담판으로 강동 6주를 획득하였고, 2차 침입에서는 양규가 방어했다. 3차 침입에서는 강감찬이 귀주대첩에서 승리함으로써 거란의 침입을 저지하였다.

ⓖ 박서 : 몽고 사신 저고여의 피살사건으로 몽고가 침입했을 때 방어하였으나, 조약이 체결되었다.
ⓔ 김윤후 : 몽고의 2차 침입시 처인성에서 살리타이를 물리쳤다.

38 ②

최승로는 고려 성종 때 시무 28조를 통해 유교정치이념에 입각한 중앙집권화를 강조하였다. 특히 기존까지 정치·사상적 이념으로 강조되어 오던 불교를 배척하여 성종 때에는 일시적으로 연등회와 팔관회가 폐지되기도 하였다. 최승로의 건의로 지방에 대한 중앙집권화도 추구되었는 바 12목의 설치에서 살펴볼 수 있다. 하지만 최승로는 5조 정적평을 통하여 역대 5명의 왕의 업적을 상소하였는 바 광종과 같이 왕권의 전제화 추구만큼은 반대하였다.

ⓜ 북진정책은 고려 태조의 훈요 10조에서 강조된 내용이다.

39 ④

④ 사림원은 충선왕 때의 개혁기구로 이에 기용된 세력은 주로 신진사대부 출신들이었다.

※ 공민왕의 개혁정치
  ㉠ 1차 대외개혁
- 몽고풍을 폐지하고, 관제를 복구하였다.
- 쌍성총관부를 회복하였고, 요동정벌을 계획하기도 하였다.

  ㉡ 2차 내정개혁
- 신돈을 중용하여 권문세족을 혁파하는 데 중점을 두었다.
- 전민변정도감을 설치하여 권문세족이 불법적으로 점유한 토지를 개혁하고, 노비변정사업을 통해 불법적으로 노비가 된 자들을 해방하였다.
- 신진사대부를 중용하여 유학교육을 강화하기도 하였다.

40 ②

제시문은 무신인 최충헌이 왕에게 올린 봉사 10조에 관한 설명이다. 무신정권 이후 사회는 불교의 폐단과 탐관오리 및 무신들의 불법적인 토지겸병으로 인하여 농민들의 생활이 곤궁하였고, 이로 인한 민란이 빈번히 발생하였다. 이를 개혁하기 위한 내용이 최충헌의 봉사 10조에 잘 나타나 있다.

① 만적의 난은 지배층의 농민수탈과는 관련이 없다.
③ 신라말기의 상황에 관한 설명이다.
④ 권문세족에 관한 설명으로 고려말기의 상황이다.

41 ①

①④ 고려 태조의 정책은 취민유도(조세감면)의 민생안정과 호족통합정책으로 요약할 수 있다. 대표적인 호족통합정책으로 기인제도, 사심관제도, 정략혼인, 사성정책 등이 있으며 고구려 계승의식을 표방하며 국호를 고려라 하고 북진정책을 추구하기도 하였다.
② 외척 왕규와 혜종의 후견인인 박술희를 제거하고 서경(평양)의 왕식렴과 연계하여 서경천도를 주장한 사람은 3대 임금인 정종이다.
③ 6두품세력은 고려 개국공신 중 하나이고 이들은 이후 문벌귀족화하였다.

42 ④

㉠ 경종 ㉡ 성종 ㉢ 태조 ㉣ 광종

43 ②

㉠ 천리장성의 축조(1033~1044) : 거란과 여진의 침입을 방어하기 위해 압록강 어귀에서 동해안의 도련포에 이르는 천리장성을 축조하였다.

㉡ 금의 사대요구(1125) : 여진족은 만주 일대를 장악하면서 국호를 금이라 하고(1115), 거란을 멸한 뒤 고려에 군신관계를 맺고자 압력을 가해왔다.
㉢ 몽고와의 연합(1218) : 몽고족이 통일된 국가를 형성하면서(1206) 거란족을 복속시켰다. 이 때 거란족의 일부가 몽고에 쫓겨 고려로 침입해왔고, 이에 고려는 몽고족과 연합하여 거란족을 몰아내었다.
㉣ 여진정벌(1107) : 윤관은 천리장성을 넘어 여진족을 쫓아 버리고 동북지방 일대에 9성을 쌓아 방어하였다.

44 ②

제시문은 태조의 정책 중 지방호족의 회유·견제책과 관련된 내용이다. 훈요 10조는 후대 왕들이 지켜야 할 방안들을 제시한 것으로 정치안정을 도모하기 위해 남겼다.

45 ②

제시문은 고려후기에 등장한 지배세력인 권문세족에 관한 것이다.

① 권문세족은 무신정권이 붕괴된 후 원의 간섭기에 등장한 지배세력이다.
② 권문세족은 폐쇄적인 혼인관계와 관직운용(음서, 정방의 인사권 장악)을 통해 기득권을 유지하였으며, 주로 불법적 방법으로 대토지(농장)를 소유하였다. 또한 고려전기의 문벌귀족들은 관직보다 가문을 중시하는 경향이었으나, 권문세족들은 한미한 가문출신이 많아 관직을 중시하였다.
③ 이자겸은 고려전기 지배세력인 문벌귀족으로, 왕실과 외척관계를 맺고 전횡을 일삼다 축출되었다.
④ 성리학적 소양을 바탕으로 과거를 통해 중앙정계에 진출한 세력은 신진사대부이다. 권문세족은 학문적 소양을 쌓는 데에는 관심이 없었고, 대부분 과거보다는 음서로 관직에 진출하였다.

● 3. 근세의 정치

1 ③

① 최명길은 병자호란이 일어나자 주화론의 입장에서 청과의 강화를 주장하였다.
② 기병 중심의 별무반을 조직한 것은 윤관이며, 남이 장군은 이시애의 반란을 평정하였다.
④ 효종을 도와 북벌을 계획한 것은 송시열이며, 임경업은 병자호란 때 백마산성에서 활약하였다.

2 ④

ⓔ 한산도대첩(1592년 7월)→ⓒ 진주대첩(1592년 10월)→ⓛ 평양성 탈환(1593년 1월)→ⓐ 행주대첩(1593년 2월)

3 ③

제시된 정책을 시행한 왕은 영조이다.
① 정조 ② 철종 ④ 흥선대원군

4 ②

주어진 내용은 조선 현종 때 인선왕후 장씨가 사망하자 자의대비의 복제문제를 두고 일어난 논쟁인 갑인예송에서 남인들이 주장한 내용이다.
② 남인은 기사환국으로 서인을 대거 숙청하고 다시 집권하였다.
① 북인 ③ 서인 ④ 소론

5 ①

① 3포 개항은 1426년 세종 때의 일이다.

6 ④

제시문은 세종이 시행한 의정부서사제에 대한 설명이다. 의정부서사제는 왕이 인사와 군사 두 분야만 친히 관여하고 나머지 6조에서 올라오는 모든 일들은 의정부의 영의정, 좌의정, 우의정이 논의한 후 결정된 사항을 왕이 결재하는 형식으로 왕권과 신권이 조화를 이루었다.

7 ①

주어진 사건은 이조 전랑 자리를 둘러싸고 일어난 김효원과 심의겸의 대립이다. 이를 계기로 기성 사림세력과 신진 사림세력의 갈등이 생기면서 동인과 서인으로 분화되어 붕당정치가 시작되었다.

8 ②

② 인조가 강화도로 피난하여 항전하는 것은 정묘호란의 일이며 병자호란 때에는 남한산성에서 항전하였다.
① 광해군의 중립외교와 관련된 내용이다.
③ 임진왜란 당시 이순신이 이끄는 조선 수군은 옥포에서 첫 승리를 거두었다.
④ 임진왜란 3대 대첩이라 일컫는다.

9 ③

③ 금난전권의 폐지에 대한 내용으로 위에 제시된 국왕(정조)의 업적 중 하나이다.
① 금위영 : 1682년(숙종 8)에 조선 후기 국왕 호위와 수도 방어를 위해 중앙에 설치된 군영으로 금위영은 당시 국가 재정으로 운영되던 훈련도감을 줄여 국가 재정을 충실히 하고 수도 방위에 대한 군사력 확보를 위해 설치한 것이다.
② 청에 대한 북벌론은 효종대에 계획한 것으로 효종은 병자호란으로 인해 얻은 민족적 굴욕을 씻기 위해 북벌론을 계획하였지만 효종이 일찍 죽음으로써 이 계획은 수포로 돌아갔다.
④ 신문고제도 : 조선시대에 원통하고 억울한 일을 풀지 못하고 해결하지 못한 자에게 그것을 소송함으로써 억울함을 풀 수 있도록 하기 위해 대궐에 북을 달아 소원을 알리게 했던 제도로 1401년(태종 1)에 처음 설치되었다. 신문고는 조선시대에 걸쳐 여러 차례 개정 폐지되었다가 1771년(영조 47)에 다시 부활하였다. 이 제도가 활발히 운영된 것은 태종~문종까지로 그 이후로는 일부 소수 지배층들의 이익을 도모하는 용도로 사용되어 유명무실해졌다.
※ 금난전권 … 난전(亂廛)을 금(禁)하는 권리(權利)라는 의미로 국역을 부담하는 육의전을 비롯한 시전상인들이 도성 안과 도성 밖 10리 이내의 지역에서 난전(亂廛)의 활동을 규제하고 특정 상품의 전매 특권을 지킬 수 있도록 조정으로부터 부여받은 상업상의 특권을 말한다. 하지만 오히려 이러한 특권으로 인해 건전한 상공업 발전이 저해되고 도시 소비자나 영세상인 및 소규모 생산자층의 피해가 증가되면서 일부 특권 상인들의 금난전권을 혁파하자는 목소리가 높아졌고 이에 1791년(정조 15) 신해통공으로 육의전을 제외한 일반 시전이 보유하고 있던 금난전권을 혁파하였다.

10 ②

② 위의 글은 1811년(순조 12) 12월부터 이듬해 4월까지 약 5개월 동안 일어난 홍경래의 난에 대한 내용으로 순조는 1801년(순조 1)에 궁방과 관아에 예속되어 있던 공노비를 혁파하였다.

11 ②

ⓐ 무오사화(1498년, 연산군 4) 때의 일이다.
ⓛ 기묘사화(1519년, 중종 14) 때의 일이다.
ⓒ 을사사화(1545년, 명종 즉위년) 때의 일이다.
ⓔ 갑자사화(1504년, 연산군 10) 때의 일이다.

12 ⑤

① 의정부(議政府)는 조선시대 최고 합의 기구이고 조선 후기로 올수록 점점 실권이 약화되었다. 조선시대 최고의 행정집행기관은 육조(六曹)이다.

② 홍문관(弘文館)은 조선시대 궁중의 경서·사적의 관리와 문한(文翰)의 처리 및 왕의 각종 자문에 응하는 일을 담당하던 관서로 사헌부·사간원과 함께 삼사(三司)로 불렸다.

③ 대간(臺諫)이란 감찰 임무를 맡은 대관(臺官)과 국왕에 대한 간쟁 임무를 맡은 간관(諫官)의 합칭으로 조선시대 때 대관은 사헌부(司憲府), 간관은 사간원(司諫院)이었다. 예문관은 조선시대 임금의 말이나 명령을 대신하여 짓는 것을 담당하기 위해 설치한 관서이고 춘추관은 조선시대 시정(時政)의 기록을 관장하던 관서이다.

④ 조선시대의 지방관들은 왕의 대리인 신분으로 각 지방에 대한 행정권·사법권·군사권을 위임받았다.

13 ③

위 지문은 정도전의 「조선경국전」에 나온 왕권과 신권의 조화에 대한 내용이다. 육조 직계제의시행, 사간원의 독립은 모두 왕권강화를 위한 정책이며, 의정부 서사제의 시행이 왕권과 신권의 조화를 추구하는 정책이다.

14 ②

② 동도서기론은 온건개화파, 문명개화론은 급진개화파의 주장이다.

① 위정척사파인 이항로, 기정진 등의 통상반대운동은 대원군의 쇄국정책을 뒷받침하였다.

③ 이만손을 필두로 한 영남 유생들은 수신사로 일본에 다녀온 김홍집이 들여온 「조선책략」의 유포에 반발하여 만인소를 올렸다.

④ 위정척사파인 최익현은 일본과의 강화도 조약 체결에 반발하여 왜양일체론을 주장하였다.

15 ②

② 제시문은 정조가 규장각을 설치한 내용이다. 완탕평론을 실시한 것은 영조이다.

① 정조는 통치규범을 재정리하여 왕권을 강화하고자 하는 목적으로 「대전통편」을 편찬하였다.

③ 초계문신제도는 신진 인물이나 당하관 이하의 중·하급 관리 가운데 능력 있는 자들을 재교육시켜 등용하는 제도로 정조가 실시한 제도이다.

④ 정조는 친위부대인 장용영을 설치하고 이를 통해 군권을 장악, 왕권을 강화하고자 하였다.

16 ①

① 제시된 사료는 박지원의 「허생전」의 일부로, 허생이 유통망을 장악하고 도고상업을 통해 큰 이문을 남겼다는 내용이다. 혜상공국은 1883년(고종 20) 개항 이후 상업 자유화에 밀려 생업에 위협을 받게 된 보부상을 보호하기 위해 설치한 기관으로 제시된 사료보다 이후의 일이다.

> **도고(都庫)**
> 막대한 자본을 바탕으로 상품의 매점매석을 통하여 이윤의 극대화를 노리던 조선후기의 상행위 또는 그러한 상행위를 하던 상인 및 상인조직

17 ④

태조 이성계와 명의 갈등 이유

㉠ 태조 이성계 즉위를 명나라가 승인하는 문제, 통혼문제, 공로(貢路)를 폐쇄한 문제, 여진에 대한 입장 차이, 종계변무에 관한 문제 등

㉡ 이성계와 정도전은 요동수복계획을 추진, 이를 위해 정도전은 「진도」를 작성하고 군사력을 강화하였다. 명은 정도전이 작성한 표전(외교 문서)에 명을 모욕하는 내용과 경박한 문투가 있다는 문제를 내세워 정도전의 소환을 요구하였다.

> **종계변무(宗系辨誣)**
> 명나라의 중요한 문헌에 이성계의 가계(家系)가 잘못 적힌 것을 바로잡는 일로, 명(明)나라 「태조실록」과 「대명회전」에 이성계가 '이인임의 아들'이라고 기록되어 있는데, 이인임은 고려 말의 권신으로 이성계와는 적대 관계에 있었다. 이성계의 가계에 대한 명나라 측의 잘못된 기록은 1588년(선조 21)에 가서야 바로잡게 되었다.

18 ①

제시문은 정조의 「무예도보통지」에 대한 내용이다.
① 정조의 업적
② 흥선대원군의 업적
③ 영조의 업적
④ 고종의 업적

19 ③

㉠ 조선
㉡ 고려
㉢ 통일신라
㉣ 갑오개혁

20 ①

소격서 폐지, 위훈삭제, 방납의 폐단 시정은 조광조의 주장이다.

② 갑자사화는 연산군의 어머니인 폐비 윤씨 문제로 발생한 사화이다.
③ 중종 때 주세붕이 세운 백운동 서원은 이황의 건의로 명종 때 사액되어 소수서원이 되었다.
④ 신언패는 연산군이 언론을 탄압하기 위해 관리들의 목에 걸고 다니도록 만든 것이다.

21 ②

② 영조의 업적이다.

22 ①

제시문은 효종 때의 예송논쟁에 관한 것이다.

① 왕이 직접 나서서 환국을 주도한 것은 숙종 때의 일로 숙종 6년(기사환국)과 숙종 20년(갑술환국)에 두 차례의 환국이 있었다.

23 ④

④ 조선 초기 토지제도는 과전법으로 지주와 소작농이 수익을 반분하는 병작제(병작반수)를 법으로 금지하였다.

24 ④

(가)는 조선 시대 사림파에 대한 설명이다.
〈보기〉의 ⓒⓒ은 훈구파에 대한 설명이다.

※ **사림** … 사림(士林)은 전원에서 유학을 공부하던 문인이자 학자로, 15세기 이후 조선 중기 중앙 정치를 주도한 집단이다. 고려 말 길재(吉再)가 은퇴하여 후진 양성에 힘쓴 결과 그의 고향인 영남 일대에서 많이 배출되었으며, 이들이 조선 유학의 주류를 이루었다. 훈구파에 대립하여 사림파(士林派)라고 불린다.

25 ③

③ 제시문은 홍문관에 대한 설명이다. 홍문관은 사간원, 사헌부와 함께 3사로서 언론 기관의 역할을 하였다.

26 ③

제시된 지도의 빗금 친 부분은 평안북도에 해당하는 곳으로, 병자호란 때 정봉수가 의병을 일으켜 후금의 군대를 물리친 용골산성이 위치하고 있다.

① 경기도 양주 일대
② 경기도 용인 일대
④ 경상북도 영덕 일대

27 ③

㉠ 남인 ㉡ 서인

① 이이의 학맥을 계승한 것은 서인이다.
② 서인은 경신환국을 계기로 노론과 소론으로 분파되었다.
③ 서인은 인조반정을 일으켜 광해군과 북인을 제거하고 인조를 왕으로 옹립하였다.
④ 정여립 모반 사건은 동인이 남인과 북인으로 분화되는 계기가 되었다.

28 ③

㉠ 세종 때 실시된 정책으로 의정부의 기능을 강화시켜 왕권과 신권의 조화를 추구하였다.
㉡ 태종과 세조 때 실시된 정책으로 의정부의 기능을 약화시켜 왕권 강화를 추구하였다.
㉢ 태종 때 실시된 정책으로 대신 견제를 통해 왕권 강화를 추구하였다.
㉣ 성종 때 실시된 정책으로 삼사(사간원, 홍문관, 사헌부)가 완성되고 왕권이 견제되었다.

29 ①

제시된 내용은 서원과 향약을 중심으로 지방 향촌에서의 지위를 강화시키려 한 사림에 대한 것이다. 이들은 향촌을 근거지로 삼고 향촌자치 추구를 통한 향촌지배를 강화하기 위해 서원과 향약을 전국적으로 보급하였으며, 예학과 보학으로 이를 보완하였다.

① 토관제도는 세종 때 김종서와 최윤덕으로 하여금 4군 6진을 개척하고 난 이후 여진족의 침입을 효과적으로 방어하기 위해 삼남 지방의 주민들을 이주시키고 토착민을 토관으로 임명하여 민심을 수습하고자 한 것이다.

30 ④

④ 유향소는 지방의 한량관을 중심으로 구성되어 좌수와 별감을 선출하여 지방향리를 감시하고 풍속교정 및 자치규약을 제정하였다. 지방자치 실현을 위해 존재했던 기구이고 이를 중앙에서 감시하기 위해 경재소를 설치하였다.

31 ③

① 종3품 이상은 당상관이라 하고, 그 이하는 당하관이라 하였다.
② 조선의 품계는 1~9품까지 정과 종으로 이원화되어 18품계를 이루고 있다. 하지만 종6품 이상의 관품은 다시 상계와 하계로 이원화되어 실질적으로는 30단계의 계층적 조직을 이루고 있다.
③ 7품 이하는 참하관으로서 하급관리나 실무관리 등을 말한다. 품계석은 정1품에서 종9품까지 좌우 문반과 무반으로 나뉘어 모두 세워졌다.
④ 지방 수령은 종6품 이상이면 현감에 임명될 수 있었다.

32 ①

조선의 과거제도는 크게 문과와 무과, 잡과로 구성되어 있었다. 법제적으로 응시자격은 모든 양인 이상이면 가능했지만, 실제로 일반 양민은 응시하기가 어려웠고, 중인과 서얼층도 문과 응시에 제한을 받았다. 이에 재가한 여자의 자녀나 서얼은 주로 무과나 잡과에 응시했다. 시험방법은 초시 – 복시 – 전시 3회로 진행되었지만 매번 일정하게 지켜진 원칙은 아니었고 상황에 따라 생략되기도 하였다. 시험의 형식은 정기시인 식년시(3년마다 시행)와 특별시(증광시, 알성시, 별시 등), 취재 등으로 구성되었다.
① 알성시는 임금이 공자에 대한 제례, 즉 문묘제례를 지내면서 성균관에서 보는 특별시험이며, 증광시는 임금의 즉위를 축하(태종 원년)하는 데서 유래되었지만 이후에는 국가의 경사가 있을 경우에도 실시한 시험이다.
③ 조선에서의 음서(문음)는 고려에 비해 자격기준이 축소되어 2~3품 이상의 고관의 자제에게만 부여된 극히 제한적인 특권이었고, 이를 통해 관직에 진출하는 것보다 과거를 통해 관직에 오르는 것을 더 이상적인 모습으로 생각하였다.

33 ③

① 최무선은 자신의 화포를 가지고 전북 진포(오늘날의 금강)에 침입한 왜구를 소탕하였다(진포대첩).
② 조헌은 옥천에서 의병을 조직하고 영규 등의 승병과 합세하여 청주를 탈환하였다.
③ 임진왜란 이후에도 조선은 일본과 기유약조(1609)를 체결하여 부산포에 왜관을 설치하고 무역을 허용하였으며 통신사를 일본에 파견하기도 하면서 교역을 유지하였다.
④ 일본은 러·일전쟁(1904) 중에 독도를 자국 영토로 불법적으로 편입시켰다.

34 ①

제시문은 북인에 대한 설명으로, 임진왜란이 끝난 뒤 북인이 집권하여 광해군을 지지하였다. 광해군은 국제정세의 변화 속에서 명과 후금 사이에 중립외교를 전개하면서 전후복구사업을 추진했다.

35 ②

① 윤비폐출사건
② 연산군 4년(1498) 김종직의 문인인 김일손이 세조를 비방한 '조의제문'을 사초에 실어 훈구파의 반감을 사서 일어났다.
③ 조광조의 개혁정치
④ 대윤, 소윤의 정권다툼

36 ②

정책결정 및 집행과정의 착오와 부정을 막기 위한 간쟁과 감찰기관으로서 사간원과 사헌부를 두었고, 학문적 연구를 토대로 정책결정에 자문하는 역할을 한 홍문관도 언관의 기능을 담당하였으므로 이들 세 기관을 언론 3사라고 하였다. 의정부는 최고 관부로서 재상(영의정·좌의정·우의정)들의 합의를 통하여 국정을 총괄하였다.

37 ③

제시문은 조선시대 태종과 세조 때 시행된 육조직계제에 대한 것으로 이는 왕권을 강화하고 국왕중심의 체제를 정비하고자 실시한 것이었다. 비변사 강화, 서경제도, 도평의사사의 강화는 왕권의 약화를 가져왔다.

38 ①

① 고려시대의 지방행정에 대한 내용으로 지방관이 파견되는 주현을 통하여 간접적으로 중앙정부의 통제를 받았다. 조선시대에는 속현을 폐지하고 전국의 주민을 국가가 직접 지배하기 위하여 모든 군현에 수령을 파견하였다.

39 ④

제시문과 관련된 정치세력은 사림파이다. 15세기 말경 언관직을 맡아 의리와 정통을 숭상하고 도덕정치를 구현하려는 한편, 훈구파의 독주와 비리에 대해 비판적 입장을 지녔으며, 삼사를 중심으로 발언권을 크게 확대시켜 갔다. 16세기에 조광조를 비롯한 당시의 사림은 유교적 도덕국가의 건설을 정치적 목표로 삼아 왕도정치의 이상을 실현하기 위하여 현량과를 실시하여 인물중심으로 사림을 등용하였다. 또한 경연의 강화, 언론활동의 활성화,

위훈삭제, 소격서의 폐지, 소학의 보급, 방납의 폐단 시정 등을 주장하였다.
① 신진사대부
② 신진사대부 중 급진파
③ 훈구파

40 ④

④ 관찰사는 수령의 비행을 견제하고 백성들의 생활을 살피기 위하여 전국 8도에 파견되었다. 감찰권, 행정권, 사법권, 군사권을 가진 중요한 직책이었다.

41 ④

제시문은 신진사대부에 관한 설명이다.
① 신진사대부 중에서 역성혁명을 주장한 강경파는 비교적 소수였으며, 대다수는 고려왕조를 유지하며 점진적 개혁을 주장한 온건파였다.
② 권문세족은 대체로 친원적 성격을 가진 데 비해, 신진사대부는 친명적 성향을 띠었다.
③ 신진사대부 중 역성혁명을 주장한 강경파들은 신흥무인세력과 제휴하여 조선을 건국하였다.

42 ④

④ 과전법을 실시함에 따라 면세·탈세하던 권문세족과 사원의 농장이 혁파되어 공전으로 편입됨으로서 권문세족과 사원들의 경제적 기반이 붕괴되고 국가재원이 마련되었으며, 몰수한 토지를 관료들에게 과전으로 지급함에 따라 신진사대부의 경제적 토대가 마련되었다.

43 ②

향약은 서원과 함께 사림들의 향촌지배력을 강화하는 수단이었다.

44 ②

㉠ 향촌주민 중 면·리·통의 책임자를 선임하여 수령의 정령을 집행하게 함으로써 국가의 통치권이 향촌의 말단까지 미칠 수 있었다.
㉡㉢ 사림세력이 향촌에서의 지배력을 강화하는 수단이었다.
㉣ 호패는 16세 이상의 정남에게 발급한 일종의 신분증명서로 중앙집권의 강화, 인적자원의 확보, 국민동태의 파악을 위해 시행되었다.

45 ③

서원과 함께 지방사림들의 지위를 강화시켜준 것이 향약으로, 이를 통하여 지방사림들은 세력을 확대해 나갔으며 농민에 대한 강한 지배력·통제력을 행사하였다.

4. 정치상황의 변동

1 ④

① 홍경래의 난 : 1811년(순조 11)에 홍경래, 우군칙 등의 주도로 평안도에서 일어난 농민항쟁
② 이인좌의 난 : 1728년(영조 4)에 정권에서 배제된 소론과 남인의 과격파가 연합하여 무력으로 정권을 탈취하려 했던 사건
③ 황사영 백서사건 : 1801년(순조 1)에 천주교도 황사영이 북경에 있던 프랑스 선교사에게 신유박해에 대해 쓴 편지로 인해 발생한 사건으로 이로 인해 천주교에 대한 탄압이 더욱 강화되었음
④ 삼정이정청 : 1862년(철종 13)에 삼정의 폐단을 고치기 위해 임시로 만든 관청

2 ④

밑줄 친 사건은 갑신정변이다.
④ 갑신정변은 청군의 공격을 받은 개화당 세력과 일본군이 철수하면서 실패로 끝났다.

3 ①

대화에 나타난 수취 제도는 대동법이다.
②③ 균역법에 대한 설명이다.
④ 영정법에 대한 설명이다.

4 ④

제시된 기록은 영조의 균역법에 대한 내용이다.
① 숙종 대의 일이다.
② 현종 대의 일이다.
③ 19세기 세도정치에 대한 설명이다.

5 ①

갑인예송 당시 남인들은 기년복(朞年服 : 1년 동안 입는 상복)을 입어야 한다고 주장하였다.
※ 예송논쟁… 조선의 현종과 숙종 대에 효종과 효종비가 승하하자 인조의 계비이던 자의대비의 복상기간을 어떻게 할 것인가를 두고 남인과 서인이 두 차례에 걸쳐 격렬하게 논쟁을 벌였는데 이를 예송 또는 예송논쟁이라 한다.

6 ②

㉠ 갑신정변 14개조 중 제4항의 내용으로 갑신정변 14개조 정강은 1884년에 작성되었다.
㉡ 왕실 사무와 국정 사무를 분리한 것은 제1차 갑오개혁(1894년 7월부터 11월까지) 때이다.
㉢ 대한국 국제 제5조의 내용으로 대한국 국제(大韓國 國制)는 1899년인 광무 2년 8월 14일에 반포된 대한제국 헌법을 말한다.
㉣ 헌의 6조 제3조의 내용으로 헌의 6조는 1896년 7월에 독립협회가 나라의 개혁을 위해 관민공동회를 개최하고 결의한 6개조의 개혁안이다.

7 ③

조선시대 탕평책은 크게 ㉠ 준론탕평(정조)과 ㉡ 완론탕평(영조)으로 나뉜다. 영조는 왕권강화를 위해 어느 당파든 온건하고 타협적인 인물을 등용하여 왕권에 순종시키는 완론탕평을 추구한 것이고 정조는 자신의 아버지 사도세자를 죽음으로 몰아넣은 노론 벽파를 견제하기 위해 당파의 옳고 그름을 명백히 가리는 준론탕평을 추구한 것이다.
① 조선시대 때의 환국(換局)이란 집권 세력이 급변하면서 이에 따라 정국(政局)이 바뀌는 것을 의미하는데 이러한 환국을 시도한 왕은 숙종이다.
② 조선시대 서원을 대폭 정리한 인물은 흥선대원군이다.
④⑤ 초계문신제와 화성 건설은 모두 정조 때 실시되었다.

8 ②

② 공사노비법의 혁파는 1894년 제1차 갑오개혁의 주요 내용 중 하나이다.
①③④⑤ 모두 1884년 갑신정변의 14개조 개혁정강의 일부이다.

9 ③

주어진 자료는 이인좌의 난에 대한 설명이다. 영조는 이 사건을 계기로 탕평파를 구성하고 완론 중심의 탕평 정치를 행하였다.

10 ④

④ 적극적인 탕평책을 추진한 것은 정조이다.

11 ②

선조 때 발생한 임진왜란과 인조 때 발생한 병자호란 사이인 광해군 때는 북인이 집권해 있었고, 이들은 동인 중에서 이황 문인을 제외한 파벌들이 연합한 붕당이었다. 광해군과 북인은 명과 후금사이에서 실리정책을 폈다.

㉠ 임진왜란 말기에 일본의 도요토미 히데요시가 사망하였고, 곧이어 1598년 왜란은 종결되었다. 선조는 임진왜란이 끝난 뒤 1608년에 사망하였다.
㉣ 인조반정으로 권력을 잡은 서인정권은 명에 대한 의리를 주장하며 친명배금 정책을 추진하다가 호란을 야기하였다.

12 ②

이인좌의 난(영조 4년, 1728년) … 경종이 영조 임금에게 독살되었다는 경종 독살설을 주장하며 소론과 남인의 일부가 영조의 왕통을 부정하여 반정을 시도한 것이다. 영조의 즉위와 함께 실각 당했던 노론이 다시 집권하고 소론 대신들이 처형을 당하자 이에 불만을 품은 이인좌 등이 소론·남인 세력과 중소상인, 노비를 규합하여 청주에서 대규모 반란을 일으켜 한성을 점령하려고 북진하다가 안성과 죽산전투에서 오명환이 지휘한 관군에게 패하여 그 목적이 좌절되었다.

13 ②

② 북벌의 대의명분을 강조한 것은 호론에 해당한다.
※ **낙론** … 화이론을 극복하고 북학사상의 내제적 요인으로 인간과 짐승이 본질적으로 같은 품성을 갖는다고 파악하였다. 또한 인간과 자연 사이에 도덕적 일체화를 요구하여 심성위주의 사고에서 벗어나 새로운 물론을 성립시켰으며 이로 인해 자연관의 변화, 경제지학, 상수학 등에 대한 관심을 증대시키고 이를 기반으로 북학사상을 수용하였다. 성인과 범인의 마음이 동일하다는 것을 강조하고 당시 성장하는 일반민의 실체를 현실로 인정하며 이들을 교화와 개혁책으로 지배질서에 포섭하여 위기를 타개해 나가려 하였다.

14 ②

㉡ 영조의 탕평책에 관한 설명으로 이는 정국의 수습, 인재 등용의 확대, 왕권안정 등의 효과를 가져왔다.
㉣ 정조는 이조전랑이 후임자를 천거하는 관행을 폐지하고 신진인물 및 중·하급관리들 가운데 능력 있는 자들을 규장각에서 재교육하고, 정조가 직접 이들을 교육하여 시험성적에 따라 승진시킴으로써 정조 자신의 친위부대를 양성하였다.

15 ①

3사의 언론 기능이 붕당 간의 대립을 격화시키는 기능을 수행하자 영조와 정조의 탕평정치를 거치면서 혁파되었다.

16 ③

제시문은 조선 후기에 대한 설명이다.
① 향리의 권한은 강해졌다.
② 향회에 농민들은 더 많이 참여했다.
④ 수령의 권한은 강해졌다.

17 ①

정조 때의 정책으로 형벌완화정책인 대전통편과 경제구조 개선을 위한 신해통공, 초계문신제도를 실시하여 의정대신의 재교육 및 규장각이라는 엘리트 집단을 양성하고, 장용영이라는 친위부대를 장악하고 스스로 만천명월주인옹과 같은 존재로 규정하고 초월적인 군주로 군림하였다.

18 ②

백두산정계비
㉠ 서쪽은 압록강으로 하고 동쪽은 토문강으로 하니 두 강의 분수령에 비석을 세워 적노라.
㉡ 청나라의 주장
• 두만강은 토문강을 의미하며 두만강 하류에 토문이라는 도시가 있다.
• 서쪽은 압록강이고 동쪽은 토문강이니 송화강은 북쪽에 있고 동쪽에 있는 것은 두만강이므로 토문강이다.
• 북간도는 청나라 시조의 발상지이므로 조선의 땅일리 없다.
㉢ 조선의 주장
• 문헌과 지도를 보면 송화강이 토문강으로 표기되어 있으며 백두산정계비의 위치는 험난한 지형에 의해 송화강 발원지 부근에 세우지 못했다.
• 두만강 하류의 토문이라는 도시는 정계비 한자와 다르다.
• 송화강도 전체적으로 동쪽으로 흐르고 있다.

19 ④

제시된 내용은 독도에 대한 설명이다.
④ 조선과 청은 국경문제를 해결하기 위하여 백두산정계비를 건립하였다.

20 ②

제시문은 윤집의 상소문으로 대의명분을 강조하고 친명배금정책을 추진한 서인정권의 입장이다.
① 북인에 대한 설명이다.
④ 정여립 모반사건으로 동인의 세력이 약화되었으며, 정철의 건저의사건으로 남인과 북인으로 나뉘게 되었다.

21 ④

④ 비변사의 기능은 강화되고 의정부와 6조의 기능은 약화되었다.

22 ④

① 인조반정(1623)은 서인이 중심이 되고 남인이 동조하여 명을 배신하고 폐륜을 저질렀다는 명목으로 광해군과 북인정권을 몰아낸 사건이다.
② 예송논쟁(1659, 1673)은 효종과 효종 비 사후 복상기간을 놓고 서인과 남인세력이 대립한 사건이다.
③ 서인이 노론과 소론으로 분열된 사건은 경신환국(1680)에서 서인이 남인을 물리치고 집권하면서부터이다.

23 ③

① 도당이라고도 불리웠으며 고려초 도병마사의 기능이 확대 발전되어 개편된 기구로 고려말 권문세족의 세력 기반이 되었다.
② 임진왜란 이후 조선 군제 개편의 필요성에 따라 만들어졌고 이후 5군영의 핵심으로 부각되었다.
④ 조선 영조가 탕평책을 실시하는 과정에서 만든 군대로 왕의 호위를 담당하던 군대였다.

24 ③

제시문은 19세기 세도정치기의 권력구조를 설명한 글이다. 홍경래의 난은 19세기 초 몰락한 양반인 홍경래의 지휘하에 영세농민, 중소상인, 광산노동자 등이 합세하여 일으킨 봉기였다.

25 ①

① 영조의 탕평책은 붕당을 원천적으로 해결하지 못하고 강력한 왕권으로 붕당 사이의 치열한 다툼을 일시적으로 억누른 효과밖에 거두지 못했다.

26 ①

훈련도감과 용병제 … 훈련도감의 군인은 용병으로 충원되었다. 용병이란 급료를 받고 복무하는 직업 군인으로서, 상비군의 성격을 띤다. 따라서 훈련도 감의 설치는 군사제도의 변화에 있어서 특히 주목 되는 사실이다. 이는 전란의 위기를 맞아 미봉적으로 채택한 방안이기도 하나, 의무병제 · 농병일치제가 무너지고 용병제 및 상비군제로 바뀌어 가는 하나의 계기가 되었기 때문이다.

27 ①

① 광해군 때 대북파 이원익, 한백겸의 건의로 경기도에서 최초로 대동법이 실시됨으로써 공납의 전세화, 조세의 금납화현상이 대두되었다. 또한 방납의 폐단을 해결하여 국가의 재정이 증대하고, 농민부담이 경감되었다(1608).
② 15세기에 정비되었던 5위제를 5군영제로 개편하였다(임기응변적으로 설치).
③ 15세기의 5위와 영진군체제에 해당된다(17세기에 장번급료병제의 용병제 · 모병제 채택).
④ 비변사의 권한이 강화되어 왕권이 약화되었다.

28 ④

조선왕조의 통치질서는 16세기 중엽 이래로 해이해지더니, 왜란과 호란을 겪으면서 한층 더 와해되어 갔다. 조선후기 양반지배계층은 그동안 양반사회가 안고 있던 모순이 양난으로 인해 드러나자, 체제를 유지하기 위해 비변사를 강화하고 5군영을 설치하는가 하면, 붕당을 조성하여 자신들의 지위를 보다 강화하려 하였다. 결국 이러한 일들은 왕권이 약화되는 결과를 가져왔다

29 ④

탕평론의 본질은 정치적 균형관계를 재정립함에 있었다. 정치적 균형관계가 정립되기 위해서는 각 붕당 사이에서 자율적으로 힘의 균형이 이루어지거나, 그렇지 않으면 왕권에 의해 타율적으로 중재되어야 했다. 영조는 붕당 사이의 균형관계를 조정할 수 있는 힘은 왕권에 있다고 보았다. 이에 영조는 노론과 소론을 조정하면서 일련의 군제개혁과 경제개혁을 단행하여 왕권의 기반을 구축하여 갔다. 이로써 치열하던 정쟁은 어느 정도 억제되었다. 탕평책은 본래 왕권과 신권의 균형, 붕당 상호 간의 조화를 모색하는 데 그 목적이 있었다. 그러나 조선후기의 탕평책은 전제정치의 유지 · 강화를 위한 것이었기 때문에 근본적인 해결책은 아니었다. 또한 왕권을 중심으로 정치세력의 균형을 추구하고 사회체제를 안정시키고자 하였기 때문에 왕의 개인적인 능력에 좌우되었다.

30 ②

조선시대 군역제도는 보법에서 대립제 · 방군수포제로 변화하였고, 이는 다시 군적수포제로 변모하였으며, 또 다시 임진왜란으로 인해 속오군으로 변모하였다.

경제구조와 경제생활

● **1. 고대의 경제**

1 ①
지문의 '청해진' 설치를 통해 장보고에 대한 글임을 알 수 있다. 이 시기의 신라는 당과의 활발한 교역에 의해 산둥반도와 양쯔강 하류 일대에 신라인이 사는 신라방과 이를 관리하는 행정기관인 신라소가 설치되었다.
② 고려 숙종 때 ③ 고려 ④ 고려 후기

2 ②
② 녹읍 : 신라 및 고려 초기 관리들에게 관직 복무의 대가로 일정 지역의 경제적 수취를 허용해 준 특정 지역이다.

3 ①
② 하급관료와 군인의 유가족, 퇴역 군인 등의 생활 보장을 위해 지급되던 토지는 고려의 구분전에 대한 내용이다.
③ 전쟁에서 큰 공을 세운 사람에게 공로의 대가로 지급한 것은 식읍이며, 녹읍은 관료 귀족에게 지급한 일정 지역의 토지이다.
④ 정전 지급으로 귀족에 대한 국왕의 권한을 강화하고 농민 경제를 안정시키려 하였다.

4 ③
녹읍과 관료전에 내용으로 국왕은 관료전을, 귀족은 녹읍을 각각 강화·요구함으로써 국왕과 귀족 사이의 권력 갈등이 있었음을 보여준다.

5 ②
삼국시대에는 퇴비를 만드는 기술이 발달하지 못하여 1년 또는 그 이상 동안 휴경을 하였다.

6 ④
①② 타조법과 도조법, 이앙법(모내기법)은 조선후기에 나타났다.
③ 가축이 배설물, 녹비법, 퇴비생산 등은 고려시대에 나타났다.

7 ④
④ 왕토사상은 국가의 모든 토지가 왕의 소유라는 이념으로 토지에 대한 국가의 공적 지배가 강한 통일신라초기의 사상이다. 이는 통일신라후기 지방호족의 등장과 왕권 약화로 인해 초기와 같이 지배적인 토지이념이 되지는 못했다.

8 ①
제시된 내용은 궁핍한 백성에게 봄에 곡식을 빌려주고 가을에 갚게 하는 춘대추납의 빈민구제제도인 진대법 정책시행의 상황을 설명한 것이다.

9 ①
① 통일신라시대에 정남(16~60세)에게 지급된 토지인 정전(丁田)에 대한 내용이다. 이것은 신문왕 때에 녹읍을 폐지함으로써 귀족세력을 억압한 뒤에 실시된 토지급여이므로 촌주와 같은 중간 지배자의 세력을 막아 국가의 농민에 대한 일원적인 통치가 가능해졌다.

10 ④
④ 신문왕은 귀족의 경제적·군사적 기반을 약화시키기 위해 녹읍을 폐지하고, 관료전을 지급하였으나 귀족의 세력이 강해지면서 경덕왕 16년(757, 신라중대)에 다시 부활하였다.

11 ②
① 촌주가 3년마다 작성하였다.
③ 신라장적은 서원경(청주)과 부근 3개촌의 민정문서이다.
④ 평민 이외에 향·부곡민 및 노비의 노동력을 철저히 기록하여 국가의 부역과 조세기준을 마련하였다.

12 ④

④ 성덕왕 때 정남에게 정전을 주어 경작하게 하고, 국가에 조를 바치게 함으로써 국가의 농민과 토지에 대한 지배력이 강화되었다.

● 2. 중세의 경제

1 ②

㉠ **역분전**: 940년(태조 23) 후삼국 통일에 공을 세운 조신·군사 등에게 관계의 고하에 관계없이, 인품과 공로에 기준을 두어 지급한 수조지

㉡ **전시과**: 976년(경종 1)에 제정한 토지제도(시정전시과)로 이는 이후 정치·경제적 변화에 의해 여러 차례 개정되었다. 시정전시과에서는 관품 외에 인품까지도 고려하였다.

2 ④

㉮는 경정전시과이다.
㉠ 4색 공복을 기준으로 등급을 나눈 것은 시정전시과이다.

3 ①

① 광학보는 고려시대 불법(佛法)을 배우는 사람들을 위하여 설치한 일종의 장학재단이다.

4 ③

해동통보, 활구, 삼한중보, 동국통보 모두 고려시대에 만들어진 화폐이다. 고려의 상업은 도시를 중심으로 발달하였고, 시전을 설치, 국영상점을 두기도 하였다. 개경, 서경, 동경 등 대도시에 서적점, 약점, 주점, 다점 등의 관영상점을 설치하였다. 또한 비정기적인 시장에서는 도시거주민이 일용품을 매매하기도 하였다.
① 조선 후기
② 조선 후기
④ 신라

5 ④

④ 제시된 사료의 내용 중 '다인철소'의 주민들이 공을 세워 '익안폐현'이 되었다는 점으로 미루어보아 소의 주민이 공을 세우면 소가 현으로 승격되었다는 것을 추론할 수 있다.

6 ④

6품 이하 하급 관리의 자손 중 아직 관직에 진출하지 못한 사람에게는 한인전을 지급하였고, 자손이 없는 하급관리와 군인 유가족에게는 구분전을 지급하여 생활대책을 마련해 주었다.

7 ③

① 대외무역에서 가장 큰 비중을 차지한 것은 송과의 무역이었다.
② 2년 3작의 윤작법은 고려후기에 보급되어 조선전기에 일반화되었다.
④ 일본에서 수입된 품목은 수은, 유황 등이었고, 수은, 향료, 산호 등은 아라비아 상인들에 의해 수입되었다.

8 ②

고려시대에는 상품화폐경제가 발달하지 못하였고 상업은 촌락이 아니라 도시를 중심으로 발달하였다.

9 ③

① 개정전시과의 과등별 토지 지급 액수는 시정전시과의 그것보다 적었다.
② 하급 관료와 군인의 유가족에게는 구분전이 지급되었다.
④ 태조는 역분전을 지급하였다.

10 ①

② 공음전은 문벌귀족의 기반이 되었으며, 신진사대부의 경제적 기반 마련을 위해 지급된 토지는 과전이다.
③ 과전은 원칙적으로 세습이 불가능하였으나 죽은 관료의 가족을 위해 지급된 수신전이나 휼양전은 세습이 가능하였다.
④ 과전법은 관등에 따라 차등있게 전지만을 지급하였다.

11 ③

① 주로 직파법이 행해졌으며, 고려말에 남부지역에서 이앙법이 보급되기 시작했다.
② 주인이 없는 진전을 개간한 경우 개간자의 소유로 인정해주었다.
④ 숙종 때 최초의 화폐인 건원중보가 주조되었으나 유통에는 실패하였다.

12　④

① 밭농사에서는 2년 동안 보리·콩·조 등을 돌려 짓기하는 윤작법이 보급되었다.
② 원에서 목화가 전래되었으며, 재배에 성공하였다.
③ 가축의 배설물 등을 이용하는 시비법이 발달하였다.
④ 농상집요는 이암이 보급한 원의 농서로서 중국의 화북지역 농법을 소개하고 있다.

13　③

③ 향과 부곡은 주로 농업을 위주로 하였고, 소는 자기나 제지 등 주로 수공업을 위주로 하였다.

14　③

③ 고려시대 토지제도의 근간은 전시과(田柴科)체제이다. 이는 관리에게 토지를 지급할 때 토지에 대한 수조권만을 지급하고 사망할 경우에는 다시 국가에 반납해야 하는 체제이다. 수조권과 공납, 부역까지 징발할 수 있는 권리를 부여한 것은 신라시대의 녹읍이다.

15　②

㉠ 역분전(태조)
㉡ 경정전시과(문종)
㉢ 시정전시과(경종)
㉣ 개정전시과(목종)

※ 전시과제도
　㉠ 문무관리부터 군인, 한인에 이르기까지 18등급으로 나누어 곡물을 수취할 수 있는 전지와 땔감을 얻을 수 있는 시지를 지급하였다. 이 때 지급된 토지는 수조권만 갖는 토지이다.
　㉡ 관직과 직역에 대한 대가로 지급된 것으로 토지를 받은 자가 사망하거나 퇴직하면 반납하도록 하였으나 공음전, 군인전, 외역전 등은 세습되었다.

16　①

① 몽고침략기 이후 국가에 의해 본격적으로 개간이 장려되었는데 이는 국가의 재정과 농민생활의 안정과 관련이 있는 것이다.

17　④

㉠ 시정전시과
㉡ 개정전시과
㉢ 역분전
㉣ 경정전시과

※ 전시과제도의 정비과정

명칭	시기	지급대상과 기준	특징
역분전	태조 (918~943년)	충성도, 성행, 공로에 따라 개국공신에게 지급	농공행상적 성격
시정전시과	경종 (975~981년)	관직의 고하와 인품을 반영하여 문무·산관에게 지급	역분제를 모체로 한 국가적 규모의 토지제도
개정전시과	목종 (997~1009년)	관리의 품계만을 고려하여 문무직·산관에게 지급	18품 전시과
경정전시과	문종 (1046~1083년)	관리의 품계를 고려하여 현직 관리에게만 지급	전시과 완비, 공음전 병행

18　②

② 공물은 집집마다 토산물을 거두는 제도로, 매년 내야하는 상공과 필요에 따라 수시로 거두는 별공이 있었는데 공물은 조세보다 부담이 컸다.

19　④

④ 모내기법(이앙법)에 관한 소개가 15세기 농사직설에서 언급되었으나, 실제로 농촌에서 보편화된 것은 17세기 이후부터이다.

※ 고려시대 농업기술의 발달
　㉠ 심경법과 윤작의 보급 : 우경에 의한 심경법이 일반적으로 행해지고, 2년 3작의 윤작법이 보급되었다. 심경법은 제초작업에 큰 성과를 보여 주어 휴경기간의 단축과 생산력의 증대를 가져왔다.
　㉡ 시비법의 발달 : 비료로서 가축의 분뇨가 널리 쓰여져 토질을 향상시켰으며, 5곡과 채소가 재배되었다.

20　②

① 甲은 국가로부터 전시과를 지급받았다.
③ 丙은 관직에 오르지 못하면 한인전을 지급받았다.
④ 丁은 상속받은 토지(공음전)를 세습할 수 있다.

● 3. 근세의 경제

1 ②

밑줄 친 이 법은 대동법이다.
② 대동법은 광해군 때 경기도에서 처음 실시하여 숙종 때 전국적으로 확대 실시하였다.

2 ③

제시된 자료에서 밑줄 친 이 제도는 공납의 폐단을 시정하기 위해 시행한 대동법이다.
① 대동법은 현물로 납부하던 공납을 쌀, 포, 동전 등으로 납부할 수 있게 한 것이다.
② 영정법에 대한 설명이다. 대동법의 경우 토지 1결당 12두를 부과하였다.
④ 대동법은 토지를 기준으로 하였다.

3 ①

① 제시된 사료는 정약용의 토지 제도의 개혁 방안인 여전론을 제기하는 내용의 일부이다. 조선 후기에는 광작으로 부를 축적한 부농 및 거상들이 족보를 매입하거나 위조하여 신분을 상승시켰다.

4 ①

① 제시문은 임진왜란과 병자호란이 야기한 농지의 황폐화와 전세 제도의 문란에 대한 설명이다. 조선 정부는 이러한 문제를 해결하기 위하여 토지 개간을 장려하고, 토지 대장인 양안을 재정리하기 위해 양전 사업을 실시하였다.
② 군복무 대신 1년에 2필의 군포를 징수한 군적수포제는 양란 전인 16세기의 일이다.
③ 풍흉의 정도에 따라 조세를 차등 징수하는 연분 9등법은 15세기 세종 때의 일이다.
④ 오가작통제는 조선 전기인 15세기부터 실시했던 농민 통제책이다.

5 ③

(가) 관수관급제(성종)
(나) 과전법(태조)
(다) 직전법(세조)
③ 16세기 중엽 직전법이 폐지되면서 수조권 지급제도가 소멸되고 국가의 토지 지배력이 약화되었으며 지주전호제가 확산되었다.

6 ④

① 정조의 신해통공은 육의전을 제외한 금난전권 폐지이다.
② 경시서는 상인들의 감독, 물가의 조정, 국역의 부과 등을 맡아본 관청이다.
③ 시전은 서울과 대도시에 있었던 관허상인으로 보부상을 관장하지 않는다. 보부상은 지방 장시에 있었던 관허상인이다.

7 ①

지문은 조선 후기 군포의 폐단에 대한 것으로 이 문제를 해결하기 위해 영조가 균역법을 실시하였다.
① 균역법은 양정의 군포 부담을 1년에 2필에서 1필로 줄여주는 것이며, 양반들도 군포를 부담하게 된 것은 흥선대원군 때 호포법이 실시된 이후부터이다.

8 ③

제시문은 15세기 세종의 전분 6등법과 연분 9등법에 대한 내용이다.

9 ②

제시문은 조선 후기 시행된 대동법에 대한 내용이다. 대동법은 공납제도를 폐지하고 대체한 것으로 1결당 12두의 전세를 부과하였다. 대동법은 조선 후기 상품 화폐 경제의 발전에 영향을 주었다.

10 ①

① 대동법은 현물로 내던 것을 토지 결수에 따라 쌀·삼베·무명·화폐 등으로 납부하게 한 제도이다. 대체로 토지 1결당 미곡 12두만 납부하면 되어 농민의 부담이 감소하였다.

11 ②

(가) 대동법 (나) 균역법
대동법 시행으로 공납의 전세화가 이루어 졌고, 공인의 등장, 상품화폐경제의 발달을 불러왔다.
① 전세의 정액화는 영정법의 결과이다.

12 ①

농가집성…17C에 신속이 편행한 조선후기 대표 농서이다. 이 책은 농사직설, 금양잡록, 사시찬요초 외에 구황촬요까지 합편으로 들어가 있어 당시로서는 최고의 종합 농업서적이라 할 수 있다. 농가집성은 벼농사 중심의 농법을 소개하여 이앙법의 일반화에 기여했다.
※ 조선전기 대표적인 농법서는 농사직설이다.

13 ④

ⓔ 공양왕 때 과전법
ⓛ 세종 때 연분 9등법
ⓒ 세조 때 직전법
ⓖ 인조 때 영정법

14 ②

① 시전상인의 독점권에 대한 불만은 17세기 후반에 이르러 사상의 성장으로 나타난 현상이다.
③ 사신들의 왕래에 따른 사무역도 존재하였다.
④ 책임량을 초과한 생산품은 세를 내고 판매하였다.

15 ③

③ 호패법은 16세 이상 60세 이하의 모든 정남에게 지급되었던 일종의 신분증명서로 태종 때부터 실시되었다. 호패법의 실시목적은 군역·요역의 인적·물적 자원을 확보하고 유민의 방지와 국민의 동태를 파악하기 위함이었다. 즉, 이를 통하여 강압적으로 농민의 이탈을 통제하고자 했다.

16 ①

조선시대의 농민은 조세와 부역을 통해 국가재정을 부담하였기 때문에 이들의 안정은 사회의 안정과 곧 직결되는 것이었다. 따라서 정부는 의창·상평창에서 환곡제를 시행하고, 농번기에 농민을 잡역에 동원하지 못하게 하였으며, 흉년에 조세를 감면하는 등의 여러 정책을 실시하였다. 그러나 이러한 정책들은 농민들의 최소한의 생활만 보장해 주는 미봉책에 불과하여 농민의 생활은 여전히 궁색하였고, 농민들은 토지에서 이탈되어 갔다. 따라서 정부는 농민을 효과적으로 통제하기 위하여 오가작통법과 호패법을 실시하여 농토로부터 농민의 이탈을 억제하고자 하였다.

17 ②

민생의 안정을 추구하여 국가의 재정을 확보하고자 한 의도가 있었다.

18 ②

① 선무군관포는 일부 상류층에게 선무군관이란 칭호를 주고 군포 1필을 부과하였던 것이다.
③ 양인 장정이 2필의 군포를 매년 내기 시작한 것은 16세기 중엽에 중종 때 정식화 된 군적수포제가 실시되면서부터이다.
④ 균역법의 실시로 군역을 간접적으로 균등하게 하였으나, 군역을 회피하는 현상을 제거하지는 못하였다.

19 ①

① 조선초기의 수공업은 국가의 통제 아래에 있는 관영수공업체제였다.

20 ④

조선시대 토지제도의 근본이 되는 과전법은 권문세가의 토지를 몰수하여 이를 공전으로 만들어 국가의 경제기반을 강화하려 하였으며, 토지의 일부를 사대부의 경제적 기반을 마련해 주기 위하여 고려말에 시행되었다. 과전법은 세습을 금지하였으나 세습이 실질적으로 행해졌으며, 농장도 금지하였으나 행해지고 있었고, 농민의 경제기반을 확보하기 위하여 농민의 토지에 대한 영구경작권을 인정하였으며, 세금도 10분의 1로 축소하였다. 관리에게 지급하던 토지는 경기도지역에 한하였는데 이는 사전의 확대를 막으려는 의도에서였다.

21 ②

ⓖ 여말 공민왕 때(과전법)
ⓛ 16세기 중엽 명종 때(1556)
ⓒ 15세기 후반 세조 때(직전법)
ⓔ 15세기 후반 성종 때(관수관급제)

22 ①

과전법에서 공전은 국가가 수조권을 가진 땅으로 원래 농민이 소유하고 있던 민전이었다. 사전은 개인에게 수조권을 나누어 준 땅으로 관리들에게 주는 과전, 공신에게 주는 공신전, 관아에 지급된 공해전, 각 학교에 준 학전 등이 있었다.

23 ④

조선초기의 상공업은 국가의 통제 아래 활동이 억제되어 있었다. 조선전기의 수공업은 대체로 관영수공업체제가 중심이었으나 일부 민영수공업과 농촌의 가내수공업도 이루어지고 있었다. 16세기부터는 농업의 발달과 함께 상공업도 점차 국가의 통제로부터 벗어나 비교적 자유로운 활동을 전개하였다. 조선초기에는 저화·조선통보라는 화폐가 있었으나, 쌀과 면포가 교역의 매개로 사용되는 등 화폐의 유통은 부진하였다. 게다가 유교적인 검약생활이 강조되어 물자의 소비도 많지 않았다.

24 ①

②③ 효종 4년에 양척동일법으로 1결당 4두씩으로 통일하였다.
④ 공납의 폐단을 없애기 위해 수미법을 주장하였으며, 영정법은 전분 6등과 연분 9등의 폐단으로 인해 인조 13년(1635)에 실시되었다.

4. 경제상황의 변동

1 ③

임진왜란 후 농민의 공납 부담이 높아지면서 공납의 폐해는 다시 일어났다. 이런 상황에서 광해군이 즉위하자 한백겸은 대공수미법 시행을 제안하고 영의정 이원익이 이를 재청하여 경기도에 한하여 실시할 것을 명하고 선혜법이라는 이름으로 실시되었다. 중앙에 선혜청과 지방에 대동청을 두고 이를 관장하였다.

2 ④

제시된 자료는 조선 후기의 경제 상황에 대한 내용이다.
④ 삼한통보는 고려 숙종 대에 주조된 화폐이다.

3 ②

② 중강후시나 책문후시를 통해 청과의 사무역에 종사한 상인은 의주상인(만상)이다. 경강상인(강상)은 주로 경강(지금의 서울 한강부근)을 근거로 하여 대동미 운수업 및 각종 상업 활동에 종사하였다.

4 ③

이인좌의 난은 1728년에 일어났고 규장각은 1776년에 설치되었다.
③ 균역법은 영조 26년(1750)에 실시한 부세제도로 종래까지 군포 2필씩 징수하던 것을 1필로 감하고 그 세수의 감액분을 결미(結米)·결전(結錢), 어(漁)·염(鹽)·선세(船稅), 병무군관포, 은·여결세, 이획 등으로 충당하였다.
① 당백전은 1866년(고종 3) 11월에 주조되어 약 6개월여 동안 유통되었던 화폐이다.
② 금난전권은 1791년 폐지(금지)되었다.
④ 대동법은 1608년(광해군 즉위년) 경기도에 처음 실시되었다.

5 ⑤

제시된 자료는 조선 후기 이앙법에 대한 내용이다.
⑤ 해동통보는 화폐 유통에 적극적인 경제정책이 추진되던 고려 숙종 때 발행되었다.

6 ④

④ 현직관리에게만 수조권을 지급한 직전법은 조선전기 세조 때 시행되었다. 이후 농장이 확대되어 관리에게 지급할 과전이 부족하게 되자 명종 때 직전법을 폐지하고 오직 녹봉만을 지급하였다.

7 ④

서문은 영조시대 백성에게 큰 부담이 된 군포제도를 개혁한 균역법에 대한 설명이다. 이 시대에는 도성의 중앙을 흐르는 청계천을 준설하는 준천사업을 추진하였고 1730년을 전후하여 서울인구가 급증하고 겨울용 땔감의 사용량이 증가하면서 서울 주변 산이 헐벗게 되고 이로 인하여 청계천에 토사가 퇴적되어 청계천이 범람하는 사건이 발생하였다.

8 ③

조선후기 대동법의 실시 이후 공납청부업자로서 출현한 관허 어용상인인 공인은 선대제적 수공업장을 경영하거나 조총 생산장을 가지고 기술자를 고용하여 공장제 수공업을 운영하였다. 이로 인하여 수공업자들은 대규모 상인의 자본에 의해 공인에게 예속되었다.

9 ②

① 이앙법의 실시로 벼농사가 확대되었으며, 장시의 발달로 상품의 유통이 활발해지면서 상품작물의 재배가 성행하였다.
③ 지대는 정률제인 타조법에서 정액제인 도조법으로 바뀌어 소작인에게 유리해졌다.
④ 양반들의 토지 집적현상이 강화되었다.

10 ①

조선후기의 수취체제
㉠ 영정법 : 전세를 토지 1결당 미곡 4두로 결정하였다.
㉡ 대동법 : 일반적인 교환수단이었던 쌀, 베, 무명 등의 징수납에서 화폐로 대납하게 함으로써 조세 금납화의 기초가 마련되었다.
㉢ 균역법 : 양인층을 안정시키고 국가재정을 확보하기 위하여 실시한 것으로 군포를 1년에 1포로 하였다.

11 ③

③ 청으로부터 수입한 교역품으로는 비단, 모자, 약재, 말, 문방구 등이었으며 일본으로부터 수입한 교역품은 은, 구리, 유황, 후추 등이다.

12 ③

시전상인의 독점적 상행위는 상인계층분화를 일으켰으며 도시 빈민층의 반발을 초래하여 국가가 이를 방지하는 정책을 마련하였다.

13 ④

시전상인들은 금난전권을 바탕으로 나타난 관상도 고로 독점적 상행위를 통해 상인계층의 분화를 일으켰다.

14 ③

① 1년에 2필 납부하던 것을 1년에 1필로 줄였다.
② 연분 9등법과 전분 6등법의 비효율성으로 인하여 영정법을 실시한 결과 농민의 전세율은 감소하였다.
④ 대동법은 토지를 기준으로 징수하므로 양반 지주들이 시행을 반대하여 전국적으로 확대되기까지 약 100여 년이 걸렸다.

15 ③

도고는 조선후기에 출현한 독점적 도매상인으로 막대한 부를 축적한 세력을 말한다. 조선후기 대동법 실시에 따라 나타난 어용상인인 공인은 대동미나 화폐, 포 등을 대납해주면서 막대한 이익을 챙겨 도고로 성장하는 주요세력이 되었고, 일반 사상(私商)들 중에서도 부를 축적하여 도고로 성장하는 세력이 있었다.

16 ③

① 균역법은 군포 2필을 1필로 경감시킴으로써 농민에게 도움을 주었다. 하지만 1필의 부족분은 결작이라 하여 토지 1결당 2필을 납세하게 하였는데 많은 토지를 소유한 양반에게는 오히려 불리한 제도였다.
② 영정법은 풍흉에 관계없이 토지 1결당 4두로 조세기준을 확립함으로써 이전의 전분 6등법, 연분 9등법에 비해 토지를 소유하고 있는 농민들의 부담을 줄여주었다.
③④ 대동법은 이전의 공물 진상을 토지 1결당 12두 또는 지역 사정에 따라 전(錢)이나 포(布)로 대납하게 하여 농민들의 부담을 덜어주고 초반에는 국가재정에도 도움이 되었다.

17 ②

제시된 내용은 공납의 폐단을 지적하는 것이다. 이를 개선하기 위해 대동법이 시행되었다.

18 ③

이앙법의 보급으로 농민들의 경작지 규모의 확대로 광작이 대두하자, 부농층을 발생시킨 반면, 농민의 토지이탈을 가져와 농민층의 분화를 촉진하였고 임노동자의 출현을 초래하였다.

19 ②

제시된 내용은 대동법의 실시를 설명한 것이다. 대동법의 실시는 물품조달을 위한 공인의 등장으로 각 지방에 장시와 상품화폐경제의 발달로 유통경제의 촉진을 가져와 궁극적으로 계층분화, 기존의 신분질서, 경제질서 등 사회 전반의 변화를 초래했다.

20 ②

조선후기의 경제
㉠ **농민경제의 변화**: 이앙법·견종법의 확대로 농업생산력의 증대와 노동력 절감으로 광작이 가능하게 되었고, 광작농업과 담배·인삼·면화 등의 상품작물의 재배로 부를 축적한 일부는 경영형 부농으로 부상하였으나, 대다수의 농민은 토지에서 이탈하여 임노동자나 고공(머슴)으로 전락하기도 하여 농민층의 계층분화를 촉진하였다.
㉡ **상인계층의 변화**: 대동법 실시에 따른 공업자본의 발달, 금속화폐의 전국적 유통, 외국무역의 발달 등으로 도고가 등장하였으며 도고의 성장은 상인계층의 분화를 일으켰다.
㉢ **계층의 분화**: 농민계층과 상민계층의 분화는 조선후기 신분구조의 변화를 일으키게 되는데 부를 축적한 이들은 납속책·공명첩 등으로 양반으로 상승하였고, 노비들도 전쟁에서 공을 세우거나 곡식을 바쳐 상민이 되거나 도망으로 인해 노비의 수가 대폭 감소하였다.

21 ③

대동법 … 농토의 결 수에 따라 봄, 가을에 미곡·포목·전화(동전)로 납부하게 한 제도로, 이로 인해 농민의 부담이 감소되고 상품화폐경제가 발달하였다.

22 ②

제시된 내용은 이앙법(모내기)의 보급에 대한 설명이다. 이앙법으로 제초 노동력이 감소하여 한 농가에서 이전보다 넓은 농토를 경작할 수 있게 되었고(광작), 광작의 보급은 부농층을 발생시킨 반면, 농민의 토지 이탈을 가져와 농민층의 분화를 촉진시켰다.

23 ③

조선후기 선상(船商)은 선박을 이용해서 각 지방의 물품을 구입해와 포구에서 처분하였는데, 운송업에 종사하다가 거상으로 자라난 경강상인이 대표적 선상이었다. 이들은 한강을 근거지로 하여 주로 서남 연해안을 오가며 미곡·소금·어물이나 그 밖의 물품의 운송과 판매를 장악하여 부를 축적하였고, 선박의 건조 등 생산분야까지 진출하여 활동분야를 확대하였다.

사회구조와 사회생활

● 1. 고대의 사회

1 ④

제시된 자료를 통해 유추할 수 있는 신분층은 진골귀족이다. 진골귀족은 식읍·전장 등을 경제적 기반으로 하였다.

①② 6두품에 대한 설명이다.

③ 돌무지덧널무덤은 6세기 전후의 신라 무덤양식이다. 통일신라시대의 무덤양식은 굴식돌방무덤이다.

2 ④

제시된 문서는 통일 신라 시대의 민정문서이다.

④ 고려 시대의 일이다.

3 ①

제시된 자료는 신라 하대 진성여왕 때 발생한 원종·애노의 난에 대한 설명이다.

② 고려 후기

③ 조선 후기

④ 고구려 고국천왕

4 ④

④ 신라와 관련된 내용으로 옳지 않다.

①②③ 고구려와 관련된 내용으로 위의 제시문(고구려의 데릴사위제)에 나와 있는 국가의 사회 모습과 일치한다.

5 ①

통일신라시대 민정문서는 촌주가 매년 조사하여 3년마다 작성하였다.

※ **민정문서**… 신라장적 또는 신라 촌락 문서, 정창원 문서라고도 부른다. 이 문서는 당시 통일 신라의 서원경(지금의 청주) 지방 4개 촌의 경제 상황과 국가의 세무 행정에 대해 기록한 문서로 마을의 둘레, 연호수(烟戶數), 인구, 전답, 마전(麻田), 백자(栢子 : 잣), 추자, 뽕나무 등의 나무 수와 소·말의 수효까지 상세히 기록되어 있어 당시 촌락의 생태를 잘 알 수 있다. 또한

사람은 남녀별로 구분하여 16세에서 60세의 남자 연령을 기준으로 나이에 따라 6등급으로 분류하여 기록하였으며 호(가구)는 사람의 많고 적음에 따라 상상호(上上戶)에서 하하호(下下戶)까지 9등급으로 나누어 파악하였다. 이 민정문서는 3년간의 사망·이동 등 변동내용에 따른 변동이 기록된 점으로 보아 3년 만에 한 번씩 작성된 것으로 추정된다.

6 ③

㈎는 부여, ㈏는 고구려에 대한 설명이다.

① 고구려에 대한 설명이다.

② 동예에 대한 설명이다.

④ 옥저에 대한 설명이다.

⑤ ㈎에만 해당한다.

7 ⑤

주어진 자료에서 밑줄 친 이 나라는 발해이다.

⑤ 발해에서 신라로 가던 대외교통로인 신라도는 8세기 전반에 개설되어 9세기 전반까지 자주 이용된 것으로 추정된다.

8 ③

제시문은 고구려에 대한 내용이다.

① 고조선 ② 부여 ④ 삼한

9 ①

① 고구려 ② 옥저

③ 동예 ④ 고조선

10 ③

③ 6두품은 6관등 아찬까지 오를 수 있었다.

※ **중위제**… 6두품 이하의 승진의 한계를 보완하기 위해 만들어진 관등상의 특진제도이다. 즉, 6두품이 오를 수 있는 아찬에는 중아찬에서 4중아찬까지, 5두품이 오를 수 있는 대나마는 중나마에서 대나마까지 보장한 제도이다.

11 ①

제시된 내용은 6세기 신라 진흥왕 때에 원광법사가 화랑에게 내린 '세속오계'에 관한 것이다. 화랑은 신라의 대표적인 무사집단으로 그 구성원은 귀족에서 평민에 이르기까지 다양했기 때문에 계급 간의 갈등을 조정하는 역할을 담당하였다. 또한 풍류도를 조화시켜 산천을 주유하며 심신연마와 무예연마를 하여 진흥왕의 영토확장에 결정적인 기여를 하였고 이후 신라의 삼국통일의 중요한 기반이 되었다.

④ 유학은 조선시대에 와서야 종교적·정치적으로 활성화되었다.

12 ②

① 신라하대에 농민들은 강압적인 수취로 인해 중앙정부에 대한 불평과 불만이 높아지고 지방에서 반란을 일으켰다.

③ 신라중대에 대한 설명이다.

④ 화백회의의 기능을 강화시키는 것은 귀족세력이다.

※ 6두품의 성향

신라중대(통일 후)	신라하대
• 진골귀족에 대항하여 왕권과 결탁 • 학문적 식견과 실무능력을 바탕으로 국왕 보좌 • 집사부 시랑 등 관직 맡으며 정치적 진출 • 행정실무 담당	• 중앙권력에서 배제 • 호족과 연결 • 합리적인 유교이념 내세움 • 개혁이 거부되자 반신라적 경향 • 선종의 등장에 주된 역할

13 ④

원시사회의 청소년집단에서 기원한 신라의 화랑도는 원광의 세속오계를 계명으로 삼고, 명산대천을 찾아다니면서 제천의식을 행하며, 사냥과 전쟁에 관하여 교육을 받음으로써 협동·단결정신을 기르고 심신을 연마하였다. 또한 이 조직은 귀족자제 중에서 선발된 화랑과 귀족에서 평민까지 망라한 많은 낭도들로 구성되어 여러 계층이 같은 조직 속에서 일체감을 갖고 활동함으로써 계층 간의 대립과 갈등을 조절·완화하는 구실도 하였다.

14 ②

골품제도 … 각 지방의 족장세력을 통합·편제한 것으로 세력의 정도에 따라 신분이 주어진 제도로서 개인신분뿐만 아니라 친족의 등급까지 표시된다. 가옥과 복색, 수레까지 골품에 따라 제한되어 신라인들의 사회활동과 정치활동의 범위까지 결정되며 관

등조직까지 관련을 맺어 편성되었다.

① 골품에 따라 관등이 결정되었다.

③ 공적 출세뿐만 아니라 의식주 생활양식까지 규제하였고 차기(車騎)의 크기까지 제한되었다.

④ 장관과 장군은 진골이 독점하였다.

15 ②

② 반역자는 화형이나 참형, 살인자와 패전자는 사형에 처하고, 절도자는 훔친 물건의 12배로 갚게 하고 소와 말을 죽인 자는 노비로 삼았다.

16 ②

② 화백회의는 청송산, 피전, 오지산, 금강산 등 경주 주위의 네 곳에 회의장소를 두고 4영지라 하여 신성시하였으며, 소도는 삼한시대의 정치적 지배력이 미치지 않는 신성지역이었다.

17 ②

① 대부분 왕족, 귀족중심의 사치품이 수입되었다(비단, 서적, 문방구, 약재, 나전칠기).

③ 향·소·부곡민은 농업 및 수공업에 종사하는 특수천민집단으로서 사노비는 아니었다.

④ 녹읍은 국가에서 귀족에게 부여한 것이다.

18 ④

④ 4영지(청송산, 피전, 오지산, 금강산)는 화백의 회의장소이다.

19 ④

중앙집권국가로 발전하는 과정에서 김씨 왕족이 왕위를 세습(내물왕 때부터)하였고, 김씨 왕족은 왕권을 강화하면서 정복전쟁과정에서 흡수된 족장세력을 통합·편제하기 위해 폐쇄적인 신분제도인 골품제도를 마련하여 통치하였다.

20 ④

④ 신라하대에는 왕권이 약화되고 귀족세력이 강대해져 상대등이 강화되면서 귀족연합정치가 전개되었다.

1 ①

㉠은 고려 시대의 특수행정구역인 '소'이다. 향·소·부곡의 주민은 양인의 신분이었지만 사회적 차별을 받았다.
② 귀족 ③ 향리 ④ 노비

2 ③

밑줄 친 중앙 지배층은 권문세족이다. 권문세족은 무신정권이 붕괴된 이후 새로운 지배세력으로 대두하였고, 음서제로 자신의 지위들을 세습하였으며, 친원세력으로 고위관직을 독점하면서 농장과 노비 소유를 확대하였다.
③ 공민왕은 권문세족들의 경제기반을 약화시키기 위해 전민변정도감을 설치하였다.

3 ④

④ 향·부곡·소 등 특수행정구역의 백성들은 일반 군현민에 비해 과중한 수준의 조세·공납·역을 부담하였다.

4 ④

④ 고려시대 향리들은 지방토착세력들로 중앙의 관리를 공급해주는 역할을 하였고 이들도 과거(科擧)를 통해 관직으로 진출, 신분 상승의 기회가 가능하였다.

5 ①

위에 나온 내용 중 '이번 문서에서는 강화로 도읍을 옮긴 지 40년에 가깝지만, 오랑캐의 풍습을 미워하여 진도로 도읍을 옮겼다'는 내용을 통해 해당 조직이 고려시대 삼별초임을 알 수 있다.
※ **삼별초** … 정확한 설치 연대는 알 수 없으나 고려시대 최씨 정권의 최우 집권기 때 만들어진 야별초가 좌별초·우별초로 나뉘고 후에 몽고의 포로로 잡혀갔던 이들이 돌아와 편성된 신의군이 합쳐져 삼별초가 되었다. 따라서 삼별초의 형성은 최씨 정권 말엽이라 할 수 있지만 그 시작은 최우의 야별초에서 비롯되었다고 볼 수 있다.

6 ④

「동국이상국집」은 고려 후기 문인이었던 이규보가 지은 시문집이다.

㉠, ㉢, ㉣은 모두 고려시대 사회상의 모습이다. ㉡은 성리학의 영향을 받은 조선 후기 사회상의 모습이다.

7 ②

㉡ 평량은 주인과 따로 살며 농업을 하는 외거노비였다.
㉢ 평량의 처는 사노비였고, 국가에 일정량의 신공을 바치는 것은 공노비 중 납공노비이다.

8 ①

② 각 지방에서 가장 유력한 호족인 사심관은 개경에 거주하며 인근 중·소 호족들을 통제하였다.
③ 고려에서 지방관은 성종 때 처음 파견되었다.
④ 상수리는 통일신라의 인질제도이다. 고려의 인질제도는 기인제도이다.

9 ④

독립된 경제생활을 영위할 수 있었던 것은 주인과 따로 살면서 주인의 땅을 경작하는 외거노비만 가능하였다.

10 ②

② 향리들은 문과시험을 통하여 문반귀족으로 신분상승이 가능하였다.

11 ③

㉠㉣은 조선후기의 신분상승에 대한 설명이다.

※ **신분 계층 간의 이동**
㉠ 원 왕실과 혼인한 자는 원으로부터 만호의 직책
㉡ 서리·향리는 문과시험을 통과하여 문반귀족으로 상승
㉢ 양민·천민·노비는 군공을 세워 무반귀족으로 상승
㉣ 향·소·부곡민은 군현으로 승격되면서 양인으로 상승

12 ②

① 태조 때 흑창, 성종 때 의창으로 명명된 춘대추납 빈농구제 시설로 곡식 및 포·소금·간장·된장 등을 저장하여 기근에 대비한 시설로 진대와 진급으로 운영되었다.
③ 약을 제조 및 판매하기 위하여 설치된 관약국을 말한다.
④ 빈민의 구휼 및 요양·치료를 목적으로 한 것으로 정조 때 설치되었다.

13 ①

공주 명학소의 망이, 망소이의 난…천민들의 신분해방운동으로 명학소를 충순현으로 승격시키게 되었으나 이에 굴하지 않고 계속적으로 민란을 일으켜 청주목의 치소를 제외한 모든 군현을 점령하였으나 관군의 토벌작전으로 인하여 마무리되었다.

14 ④

④ 음서를 통해 벼슬을 한 사람에게 관직 승진이나 관품의 제한은 없었으며 대부분 5품 이상의 관직에 오르고, 재상이 되기도 하였다.

※ **음서**…공신, 종실, 5품 이상의 고위 관료의 자손 (아들, 손자, 사위, 동생, 조카 등) 등이 과거를 거치지 않고 관료가 될 수 있는 제도이다.

15 ②

① 가정생활이나 경제적인 측면에서 남녀가 거의 대등하였다.
③ 여성의 재가는 허용되었으며, 그 자식도 사회진출에 차별받지 않았다.
④ 재산은 균분상속되었다.

16 ④

① 향·부곡민들은 비록 신분은 양인이지만 그 역은 일반 양인보다 고되었으며, 많은 부분에서 차별대우를 받았다(身良役賤).
② 문신은 무신보다 동일 품계에서도 경제적·군사적으로 더 우대되었다.
③ 고려의 대표적인 중인계층으로는 향리, 서리, 남반 등이 있었다.
④ 남반은 궁중에서 실무를 담당하는 세력으로 중인층에 해당된다.

17 ①

① 종법질서가 중시된 시기는 조선중기 이후이다. 즉, 가부장적 가족질서가 확립되며 나타난 것이 종법질서이며, 더불어 주자가례의 보급을 통해 예학과 보학이 중시되기도 하였다.

※ **고려시대 여성의 지위**
　㉠ **상속**: 부모의 유산은 자녀에게 골고루 분배되었으며, 아들이 없을 경우 딸이 제사를 받들었다.
　㉡ **가족제도**: 태어난 차례대로 호적에 기재하고, 사위가 처가의 호적에 입적하는 것이 가능했다. 또한 사위와 외손자까지 음서의 혜택을 받았으며 여성의 재가를 허용했을 뿐

아니라 그 소생 자식의 사회적 진출에 차별이 없는 등 남녀에 대한 차별이 없었음을 알 수 있다.

18 ③

향도…불교신앙의 하나로 위기가 닥쳐올 때를 대비하여 향나무를 바닷가에 묻었다가, 이를 통하여 미륵을 만나 구원받고자 하는 염원에서 향나무를 땅에 묻는 활동을 매향이라고 한다. 이 매향활동을 하는 무리를 향도라고 하였다.

19 ②

② 유교적 가부장적 제례는 조선 이후에 정착되었다.

20 ②

② 화척(도살업자), 진척(뱃사공), 재인(광대)은 천민에 속한다. 중인(중류)층은 중앙관청의 서리, 궁중실무관리인 남반, 지방행정의 실무를 담당한 향리, 하급장교 등으로 통치체제의 하부구조를 맡아 중간역할을 담당한 계층이다.

21 ④

① 고려시대 농민의 공동체조직은 향도였고, 조선시대에 와서 민중적인 촌락공동체나 관습은 사림세력이 성장함에 따라 점차 유교적인 향약과 의식의 영향을 받았다. 그리하여 전통적인 향촌규약과 조직체가 향약으로 대치되면서 농민들은 향약을 통해 공동체의식을 다져가게 되었다.
② 상장제례는 유교적 규범을 시행하려는 정부의 의도와는 달리, 민간에서는 대개 토착신앙과 융합된 불교의 전통의식과 도교신앙의 풍속을 따랐다.
③ 고려시대에 부모의 유산은 자녀에게 골고루 분배되었으며, 아들이 없을 경우 양자를 들이지 않고 딸이 제사를 받들었으며, 상복제도에서도 친가와 외가의 차이가 크지 않았다.

22 ①

②③④ 신진사대부에 대한 설명이다.

※ **권문세족**
　㉠ 무신정권이 붕괴되면서 등장한 세력으로 친원적인 성향을 가진다.
　㉡ 경제적으로는 대농장을 소유한 부재지주이다.
　㉢ 음서를 이용하여 관직에 진출하였으며 도평의사사 등의 고위직을 독점하였다.

3. 근세의 사회

1 ③

제시된 자료는 조선 후기의 사회 모습이다.
③ 유향소를 통제하기 위하여 경재소가 설치된 것은 조선 중기인 15세기의 일이다.

2 ①

밑줄 친 우리에 해당하는 계층은 중인 신분이다.
② 형평운동은 백정 출신들이 전개한 신분해방운동이다.
③ 조선 후기 신향(新鄕) 세력에 대한 설명이다.
④ 성종 대에 사림파가 주도한 유향소 복립 운동에 대한 설명이다.

3 ③

① 정도전은 여러 책을 집필하면서 고려 귀족사회의 정신적 지주였던 불교의 사회적 폐단과 철학적 비합리성을 비판, 공격하고 성리학만이 정학(正學)임을 이론적으로 정립해 조선시대 사상적 기반을 다졌다. 또한 조선의 통치 규범을 나타낸 「조선경국전(朝鮮經國典)」은 「주례(周禮)」에서 재상중심의 권력체계와 과거제도, 병농일치적 군사제도의 정신을 빌려왔다.
② 이이에 대한 설명이다.
④ 정약용에 대한 설명이다.

4 ①

성학십도(聖學十圖)는 조선 중기 학자인 이황이 올린 상소문으로 어린 나이에 즉위한 선조가 성군(聖君)이 되기를 바라는 뜻에서 군왕의 도에 관한 학문의 요체를 도식(圖式)으로 설명한 상소문이다.
② 수미법(收米法)은 조선시대 공납의 문제점을 시정하기 위해 공납을 쌀로 거두는 제도를 말한다. 이는 원래 16세기 이이와 조광조 등이 공납의 폐단을 시정하기 위해 주장하였으나 받아들여지지 않고 이후 1608년 광해군 때 이원익에 의해 대동법으로 이어졌다.

5 ③

조선 명종 14년부터 명종 17년까지 주로 활동했던 인물은 임꺽정이다. 임꺽정은 황해도 구월산에 본거지를 만들고 황해도·경기도·강원도 일대에서 주로 활동하였다.

6 ①

① 사림은 조선 전기에는 지방에서 생활하였다. 재야에서 지도자로서 주도한 것은 조선 중기의 일이다.

7 ④

제시된 자료는 칠정산에 대한 것으로 밑줄 친 왕은 세종이다.
④ 「경국대전」은 세조 때 편찬을 시작하여 성종 때 완성되었다.

8 ④

④ 조선 후기 유향소의 총회인 향회는 전통 양반인 구향과 양반 신분을 획득한 부농 출신의 신향의 대립으로 그 지위가 약화되었다.

9 ③

제시문의 '공(公)'은 중인에 대한 설명이다.
① 개시무역은 조선 후기이다.
② 사림 양반과 관계된 내용이다.
④ 양반, 유생들과 관계된 내용이다.

10 ③

① 서얼에 대한 차별은 18세기 영조·정조 시대의 사회적 개혁 분위기 속에서 완화되었다.
② 조선 후기 양반들이 급격히 증가하면서 국가재정확보 차원에서 노비에서 상민으로의 신분 상승도 많아졌다. 특히 공노비의 신분 상승이 두드러졌는데, 1801년 순조 즉위년에는 공노비 66,000여 명이 해방되었다.
④ 조선 후기 「주자가례」가 민간에 보급되면서 성리학적 가족질서가 확립되어 여성의 지위는 하락하였고 재산 상속도 장자 중심으로 이루어졌다.

11 ②

대전통편은 정조 때 편찬된 법전이며, 순조 1년(1801) 공노비 66,000여 명이 해방되어 공노비 제도가 부분적으로 혁파되었다.

12 ①

지문의 '이들'은 기술직 중인에 해당한다.
ⓒ과 ⓔ은 서얼에 대한 설명이다.

13 ②

ⓐ 순조 초 벽파 세력은 훈련도감을 장악하여 자신들의 권력 기반으로 삼았다.

ⓑ 삼성이정청은 임술민란(1862)을 계기로 설치되었다.

14 ③

① 고려와 조선시대는 모계 중심사회가 아니다.

② 고려시대 여성의 지위가 조선시대보다 비교적 높았다.

④ 예학이 발달한 것은 17세기이다.

15 ④

고려시대에는 남자가 결혼하고 부인의 집에서 일정 기간 동안 생활하는 남귀여가혼이 일반적이었으나 조선중기 이후(17세기 이후) 성리학적 의식이 발달하고 부계중심의 가족제도가 확립되면서 결혼 후 남편의 집에서 지내는 친영제가 정착되었다.

16 ③

ⓐ 농민은 양인 신분이기 때문에 과거응시자격이 있으나 과거 준비에는 많은 시간과 비용이 들었으므로 사실상 과거에 응시하는 것은 어려웠다.

ⓓ 서얼은 조선중기 사림 집권 이후 중인보다 더 큰 차별대우를 받아 과거 응시에 많은 제한을 받았다.

17 ②

제시된 내용은 16세기 사림이 집권을 하면서 향촌 사회에서의 지배를 확립하고 예학과 보학의 보급을 통해 가부장적 가족질서를 정립하고자 하는 것이다. 안정된 사회기반과 지배체제를 토대로 이후 사림들은 주기론과 주리론의 해석과 적용문제를 놓고 학파 중심으로 나뉘어 대립하는 경향을 나타내기도 하는데, 이를 통해 성리학적 지배질서를 확립하고자 하는 의도를 엿볼 수 있다.

18 ③

③ 중인층은 당시의 신분 차별로 인하여 문과 응시에 제한을 받았다. 대신 주로 잡과에 응시하여 실무직을 담당하였다.

19 ④

④ 잡색군은 조선초기 일종의 예비군으로서 정규군과 보인(16~60세의 정남)을 제외한 나머지 사람을 대상으로 하였다. 즉, 노비(천민)나 향리, 향도, 생도 등이 그 대상이 되었다.

20 ④

유향소(향청) … 지방자치를 위하여 설치한 기구로 수령을 보좌하고 향리를 감찰하며 향촌사회의 풍속을 바로 잡았으며 수시로 향회를 소집하여 여론을 수렴하면서 백성을 교화하였다.

④ 수도의 행정 및 치안담당을 위해서 한성부가 설치되었다.

21 ④

향약은 조선초 사림들이 성리학적 질서하에 향촌사회를 재정비하려는 자치규약이었다. 향약의 내용은 경제적 상부상조와 미풍양속 계승을 주장하고 있으며 사림들은 이로써 농민들을 통제하여 자신들의 지배력을 강화할 수 있었다.

22 ④

제시된 내용들은 사림들의 지위를 견고하게 구축하고자 하는 의도가 내포된 모습들이다.

ⓐ **보학의 발달**: 보학은 종족의 종적 관계와 횡적 관계를 확인시켜주는 것으로 조선시대 사림들은 족보를 통해서 가족과 친족공동체의 결속을 강화하고 양반으로서의 신분적 우위성을 유지하기 위해 보학에 관심이 컸고, 보학은 양반문벌제도를 강화시켰다.

ⓑ **예학의 발달**: 왕실 위주의 국가질서론과 주자가례에 대한 학문적 연구로 인하여 발달하게 된 예학은 가족 및 종족상호 간에 상장제례의식을 바로잡는 등의 성과도 있었으나, 지나친 형식화와 사림간의 정쟁의 구실을 제공하는 등의 부정적 측면도 있었다.

ⓒ **서원의 설립**: 서원은 성리학을 연구하고 선현에 대하여 제사하는 기능을 하였는데, 향촌 사회에 유교와 학문을 보급하는 효과가 있었다.

ⓓ **향약의 시행**: 향약은 향촌자치규약으로서 사림이 향약의 간부인 약정(約正)에 임명되었는데, 향촌질서를 규율하였고 이를 어긴 자는 향촌에서 추방시킬 수도 있었다.

● **4. 사회의 변동**

1 ②

제시된 내용은 조선 후기의 사회 모습이다.

①③ 고려 시대

④ 서원이 설립되기 시작한 것은 조선 중종 때이다.

2 ②

향회의 약화로 인하여 수령에 대한 견제세력이 사라지면서 수령을 중심으로 한 관권이 강화되고 관권을 맡은 향리의 영향력이 커졌다.

3 ③

지문에서 설명하는 조직은 향약이며, ③의 상두꾼은 향도에서 비롯한 것이다.

4 ④

④ 농민 봉기가 전국적으로 일어나자 정부는 삼정이정청을 두고 부세제도의 개혁을 시도하였지만, 근본적인 개혁에는 실패하였다.

5 ②

① 서북민(평안도민)에 대한 차별로 인해 양반층 형성이 미미하였으며, 경제가 발달하여 신향층이 많았음에도 불구하고, 이들은 관권의 수탈 대상이 될 뿐이었다.
② 홍경래의 난은 서북지역에서 제한적으로 발생한 봉기였다.
③④ 홍경래 등의 지도부는 서북민 차별이라는 슬로건을 내걸고 봉기하였지만, 사실상 당시 서북지역에 조성되고 있었던 지역적 시장권과 서울을 중심으로 한 특권상인들이 장악한 시장권 사이의 대립이라는 것이 내재되어 있었다.

6 ③

서문의 사건인 홍경래의 난은 19세기 초 몰락한 양반 홍경래의 지휘 하에 영세농민, 중소농민, 광산노동자 등이 합세하여 일으킨 봉기이다. 19세기에는 임진왜란을 계기로 기능이 강화된 비변사가 권력의 핵심이 되어 인사권을 장악하였다.

7 ④

제시된 표를 통하여 조선후기의 신분변동을 유추할 수 있다. 납속과 공명첩을 통해 양반이 점차 증가하였으며, 상민과 노비는 감소하였다. 이로 인해 양반의 사회적 권위는 약화되고 신분체계가 흔들리게 되었다.
④ 서얼허통에 이어 중인층도 소청운동을 전개하였으나 실패하였다.

8 ④

제시된 내용은 조선후기 이앙법과 광작을 통해 부를 축적한 부농세력이 새로운 향촌지배세력[新鄕

으로 등장하게 되는 과정에서 나타난 것이다. 그들은 막대한 재력을 통해 향직을 매입하고 그 과정에서 기존의 재지사족과 다툼을 벌이기도(향전) 하였다. 결과적으로 부농의 신분상승이 이루어지면서 양반의 수는 증가하고 그들이 향안에 등록되고 향회에 참여하며 새로운 향촌 지배세력이 되었다. 이 과정에서 관권과 결탁하여 향촌사회에서 관권이 강화되고 향리의 세력도 강화되었다.

9 ②

① 조선후기 양반 중에는 몰락 양반이 발생하여 이전처럼 향촌에서 독점적 지위를 행사하지는 못했다.
② 조선후기에는 이앙법의 보급과 광작의 실시로 기존 농민층에서 부농으로 성장하는 세력이 나타났다. 이들은 막대한 부를 기반으로 새로운 향촌지배세력이 되었고, 일부는 신분매입을 통해 상층신분으로 이행하기도 하였다.
③ 양민층의 신분상승으로 전체 양민의 수는 감소했으며, 천민도 순조 때 공노비 해방을 통해 그 수가 감소하였다.
④ 중인과 서얼층은 정조 때 규장각 검서관으로 등용되며 중앙관직 진출이 가능해졌고, 이후 소청 및 통청운동을 전개하며 신분해방을 도모하였다.

10 ①

① 조선말기의 세도정치하에서는 관직매매가 성행하였고, 그에 따라 수령직의 매매도 성행하였다. 따라서 수령직에 오른 이들은 더 많은 이익을 챙기기 위해 향리와 향임으로 하여금 더 많은 조세수취를 하였으며, 부농층으로 새로운 향촌지배세력이 된 신향세력은 이전의 재지사족 출신인 구향들을 몰아내고 수령과 결탁하여 그 지위를 보장받았다. 결과적으로 이전 시기보다 수령의 권한은 기형적으로 강화되었다.
② 수령과 향리는 지방에서의 세력 유지에 집중하였다.
③ 이전의 재지사족은 신향에게 밀려 몰락 양반이 되는 자가 많았다.
④ 신향세력은 수령과 결탁하여 향회를 주도하고 그 지위를 보장받았다.

11 ④

㉠ 서얼층 ㉡ 중인층 ㉢ 양반층
④ 조선후기 양반인구의 증가와 붕당 간의 갈등이 심화되면서 기존 양반 중심의 지배체제는 점차 해체되어 갔다.

12 ④

신분상승운동의 목적
㉠ **군포부담의 면제** : 자신과 자손의 군역부담을 면할 수 있었다.
㉡ **지배층의 수탈 탈피** : 양반층의 수탈을 피하고 부를 축적하는 과정에서 편의를 확보할 수 있었다.
㉢ **향촌사회에서 지위행세** : 양반신분이 됨으로써 나름대로 행세를 할 수 있었다.

13 ①

㉣ 성리학과 같은 전통사회의 질서와 가치규범에 도전하여 천주교나 실학사상 등 지배체제의 모순을 해결하기 위한 진보적 사상이 제시되었다.
㉤ 폐단을 노출한 붕당정치는 세도정치로 이어져 행정기강과 수취체제의 문란으로 농민이 도탄에 빠지는 등 정치면에서는 근대지향적 움직임을 보이지 못하고 있었다.

14 ④

사회질서가 동요하는 가운데에서도 지배층은 사회변화의 움직임을 외면하고, 오히려 자신들의 지위를 보다 공고히 하고자 성리학적 지배질서를 강화했다.
①② 조선후기 지배체제를 유지하기 위한 방편으로서 정치적으로 비변사의 기능 강화, 군사적으로 5군영과 속오군체제의 정비, 경제적으로 영정법·대동법·균역법 시행 등으로 개혁을 추진하여 사회변화에 대처하려 하였다.

15 ①

② 기술직을 담당하거나 행정실무를 맡고 있던 중인층은 사회적으로 그 역할이 커졌으며 신분상승을 추구하였다.
③ 공노비가 해방되었다.
④ 양반의 수는 늘어나고 상민과 노비의 수는 줄어들었다.

16 ①

7세기에 이르러 모순을 드러낸 조선왕조의 지배체제에 대하여 기대할 수 없게 된 피지배층의 새로운 질서의 모색결과로서, 농민의 각성에 의한 내재적 역량으로 근대지향적인 발전적 움직임을 보여준다.

17 ①

임진왜란으로 인해 토지대장과 호적이 대부분 없어져 국가재정이 궁핍해졌고 식량이 부족하자 이를 해결하기 위하여 공명첩이 대량으로 발급되어 신분제의 동요를 가져왔다.

18 ②

제시된 내용은 서구열강의 침투와 서학을 배격하기 위해 창시된 동학에 관한 것이다.
①④ 동학은 철학적으로 주기론에 가까워, 이황의 학통(주리론)을 계승한 남인계열과는 철학계통을 달리한다. 동학은 경주지방의 몰락양반인 최제우가 지배체제의 모순이 심화되고, 서양세력의 접근으로 위기의식이 고조되고 있던 상황에서 농민들의 당면문제를 해결해 주고자 1860년에 창시하였다.
③ 동학은 반침략적·반봉건적 성격을 강하게 띠고 있으며, 동학농민군은 지주·부호·양반 등 향촌사회의 유력자까지 공격하여 농촌사회의 역량을 분산시켰다.
※ **동학의 교리 및 사상**
㉠ **종합적인 성격** : 전통적인 민족신앙을 바탕으로 유교, 불교, 도교, 천주교의 교리까지도 수용
㉡ 동학은 그 철학적인 바탕을 주기론에 두었고 관념론을 배격
㉢ 종교적으로 동학은 샤머니즘과 도교에 가까워 부적과 주술을 사용
㉣ 평등주의와 인도주의를 지향
㉤ **현세구복적 성격** : 질병치료, 길흉에 대한 예언 등 민간신앙적 요소를 받아들여 현세구복적 성격을 가짐

19 ④

성리학 자체가 봉건적 질서를 중시하는 배타적 학문으로서 근대화와는 거리가 멀다. 또한 성리학학파의 분화와 붕당의 형성은 봉건적 정치권력을 차지하려는 전근대적 정치현상의 모습이다.

20 ④

동학은 유교와 불교가 조선후기에 전개되고 있는 사회변동과 민중이 직면하고 있는 현실을 개선할 수 있는 능력을 상실한 가운데, 민중을 위한 종교로 나타났던 것이다. 또한, 서학(천주교)의 유포에 대한 대응적인 성격이 강하였다. 동학은 천주교나 불교와 같이 절대 유일신 신앙을 토대로 하는 내세관이 확립된 종교는 아니다. 단지, 운수사상을 내세워 조선왕조의 멸망을 예언하고 참다운 민중 중심의 새로운 사회가 개창된다는 현세 위주적인 신앙체계를 가지고 있다.

민족문화의 발달

● 1. 고대의 문화

1 ①

① 가야는 철광석 생산이 풍부하고 제작기술이 발달했지만 철로 만든 불상이 유행하지는 않았다. 철불은 신라시대 때부터 만들어지기 시작하여 고려 초기에 많이 제작되었다. 현존하는 가장 오래된 철불은 통일신라시기의 철제여래좌상이다.

2 ③

① 불국사 3층 석탑(석가탑) : 통일신라 석탑의 전형으로, 아름다운 비례미를 가진다(국보 제21호).
진전사지 3층 석탑 : 형태는 통일신라 석탑의 전형이고, 기단과 탑신에 부조로 새긴 불상으로 진전사의 화려함을 엿볼 수 있다(국보 제122호).
② 감은사지 3층 석탑 : 동일한 구조의 탑 두 개가 동서로 놓여있다. 통일신라의 가장 오래된 석탑이다(국보 제112호).
④ 원각사지 10층 석탑 : 조선 세조 때 대리석으로 만든 석탑으로 조선 초기의 대표적인 석탑이다(국보 제2호).

3 ④

밑줄 친 이 사상은 풍수지리사상이다.
④ 초제는 도교적 행사이다.

4 ④

④ 겸익은 백제 성왕 때의 승려이다.

5 ①

㉠은 원효, ㉡은 의상이다.
① 원효는 아미타 신앙에 근거하여 불교 대중화의 길을 열었다.

6 ④

④ 돌무지무덤 ①②③ 굴식돌방무덤

7 ②

위에 설명된 사상은 신라 하대에 유행한 선종(禪宗)에 관한 것으로 선종은 문자에 의존하지 않고 오직 좌선만을 통해 부처의 깨달음에 이르려는 종파이다. 6세기 초에 인도에서 중국으로 건너 온 보리달마를 초조(初祖)로 한다. 선종사상은 절대적인 존재인 부처에 귀의하려는 것이 아니라 각자가 가지고 있는 불성(佛性)의 개발을 중요시하는 성향을 지녔기에 신라 하대 당시 중앙정부의 간섭을 배제하면서 지방에서 독자적인 세력을 구축하려한 호족들의 의식구조와 부합하였다. 이로 인해 신라 말 지방호족의 도움으로 선종은 크게 세력을 떨치며 새로운 사회의 사상적 토대를 마련하였다.

8 ④

주어진 자료에서 설명하고 있는 왕릉은 백제의 무령왕릉이다.
① 고구려의 강서대묘에 대한 설명이다. 무령왕릉 내부에는 벽화가 없다.
② 통일신라 무덤 특징이다.
③ 고구려 무덤의 특징이다.
⑤ 천마도가 발견된 것은 신라 시대 고분인 천마총이다.

9 ④

④ 제시된 사료는 통일신라 때 화엄종을 개창한 의상에 대한 내용이다.
① 통일신라 때 활동한 승려 원효의 저서이다.
② 통일신라 때 당에서 활약한 승려 원측의 저서이다.
③ 고려 초기 송에서 공부한 제관의 저서이다.

10 ②

제시된 그림은 고구려 굴식돌방무덤인 강서대묘의 사신도 중 현무도이다.
② 신라의 돌무지덧널무덤은 지하에 무덤광을 파고 상자형 나무덧널을 넣은 뒤 그 주위와 위를 돌로 덮은 다음 그 바깥을 봉토로 씌운 귀족의 특수 무덤으로 벽화가 나올 수 없는 구조이다.

11 ②

지문은 임신서기석으로 화랑도들이 유교경전을 공부하였음을 알려주는 신라의 금석문이다.

② 고구려 장수왕 때 지방에 설치한 사립학교이다. 경당에서는 한학(漢學)뿐 아니라 무술 교육도 병행하였다.

12 ④

지문은 문무왕 시기 의상에 관한 내용이다. 의상의 화엄종은 신라 중대 왕권전제화에 기여하였다.

① 진표, ② 원효, ③ 원측

13 ③

① 우리 나라에 담배가 전래된 것은 16~17세기경으로, 임진왜란 때 일본에 의해 유입되었다고 전해지지만 정확한 것은 아니다.

② 목화는 고려 말 문익점이 원나라에 다녀오는 길에 붓대 속에 목화 종자를 숨겨와 우리 나라에 도입하였다.

④ 이규경의 「오주연문장전산고」에 따르면 보면 감자는 19세기 초 청나라에서 들어왔다. 고추는 임진왜란 때 일본을 통하여 들어온 것으로 알려져 있다.

14 ①

제시문의 이 무덤은 무령왕릉을 말한다. 무령왕릉은 중국 남조의 영향을 받아 연꽃 등 화려한 무늬의 벽돌로 내부를 쌓은 벽돌무덤이다.

② 경주 황남동 고분(천마총)에서 발견된 천마도장니에 대한 설명이다.

③ 고구려의 굴식 돌방무덤에 대한 설명이다.

④ 통일신라시대의 독특한 무덤양식이다.

15 ①

지문의 내용은 통일신라시대 화엄종을 개창한 승려 의상에 관한 설명이다.

②④ 원효에 관한 설명이다.

③ 의상 또한 원효와 마찬가지로 아미타 신앙을 중시하였지만, 아미타 신앙을 보급해 대중화에 기여한 것은 원효에 해당한다. 하지만 아미타 신앙과 함께 현세에서의 고난을 구제 받고자 하는 관음신앙을 이끌어 불교의 대중화에 기여했다고 한다면 의상에 해당한다. '의상은 아미타 신앙과 더불어 관음 신앙을 바탕으로 불교 대중화에 기여했다.'라는 지문이 2005년 국가직 문제에서 옳은 지문을 찾는 정답으로 기출 되었다.

※ 의상

ㄱ 화엄종 개창 : '일즉다 다즉일'의 논리. 일체불리 또는 원융이라고도 한다.

ㄴ 화엄사상 : 전제왕권 강화에 기여 → 고려시대 천태종의 기반

ㄷ 부석사 건립

ㄹ 저서 : 화엄일승법계도

16 ③

광개토대왕릉비에 북위를 크게 무찔렀다는 기록은 없다.

① 울진 봉평신라비 : 6C 법흥왕 때 울진 지역의 중대한 사건을 처리하고 관련자를 처벌한 것을 기록한 비석으로, 법흥왕 때 율령반포와 관련이 있다.

② 임신서기석 : 진평왕 때 두 명의 화랑이 학문에 전념할 것을 국가에 충성할 것을 다짐하며 새긴 비석으로 유학의 발달을 알 수 있다.

④ 사택지적비 : 백제 의자왕 때 사택지적이 불당을 건립하면서 세운 비석으로, 인생의 무상함을 한탄하는 내용이 있어 백제에 도교가 전래되었음을 알 수 있다.

17 ③

③ 신라하대에는 선종의 유행으로 조형미술이 쇠퇴하였다.

18 ④

도교에 관한 설명이다.

ㄴ 초제 : 도교의 제천 행사이다.

ㄷ 백제 금동대향로 : 사비시대의 유물로 도교와 불교사상이 융합되어 있다.

ㄹ 팔관회 : 고려시대에 실시된 행사로 도교의 제천 행사, 불교 및 민간 신앙의 융합적인 성격을 지닌다.

19 ②

설명하는 고분양식은 고구려의 굴식돌방무덤에 관한 것이다.

① 널방이 없고 벽화가 없다(고구려 광개토대왕릉이라는 견해와 장수왕릉이라는 의견이 있음).

③ 백제의 돌무지무덤에 해당한다.

④ 신라의 돌무지무덤으로 천마도는 벽화가 아닌 마구에 그린 그림이다.

20 ②

② 상경의 구조는 당의 수도인 장안성을 모방한 것이다.

21 ③

③ 돌사자상은 불교와 관련있다.

22 ④

제시된 내용은 신라말기 도선과 같은 선종 승려들이 중국에서 들여온 풍수지리설에 대한 설명으로 국토의 효율적인 이용과 관련된다. 고려시대에는 서경길지설과 한양명당설(남경길지설)이 대두하였고, 조선시대에는 한양천도와 양반사대부의 묘지선정에 영향을 미쳐 산송문제가 발생하기도 하였다.

① 경주중심의 지리개념에서 벗어나 지방중심으로 국토를 재편성하자는 주장으로 발전하여 신라말기 정부의 권위를 약화시키는 구실을 하였다.

② 도교에 대한 내용이다.

③ 고려초기에는 개경과 서경이 명당이라는 설이 유포되어 서경천도와 북진정책 추진의 이론적 근거가 되었으나, 문종을 전후한 시기에는 북진정책의 퇴조와 함께 새로이 한양명당설(남경길지설)이 대두하였다.

23 ②

제시된 내용은 선종에 대한 설명으로 선종은 삼국통일 전후에 전래되었으나 교종의 위세에 눌려 관심의 대상이 되지 못하였다. 그러나 신라말기에 귀족사회의 분열이 심화되고 지방세력들이 일어나는 변화에 발맞추어 크게 기반을 넓혔다.

24 ②

② 신라 말의 풍수지리설은 그 때까지 경주를 중심으로 하여 운영해 오던 행정조직을 고쳐 국토를 지방중심으로 재편성할 것을 주장(송악길지설)하는 것으로까지 발전하여, 경주중심의 신라정부의 권위를 약화시키는 구실을 하였다.

25 ①

통일 전 신라의 무덤양식은 수혈식 적석 목곽분(돌무지덧널무덤)이었다. 돌무지덧널무덤은 지상이나 지하에 시신과 껴묻거리를 넣은 나무덧널을 설치하고 그 위에 댓돌을 쌓은 다음 흙으로 덮는데, 널방(현실)이 없어서 벽화가 그려질 수 없었으나, 이 때문에 도굴이 어려워 많은 껴묻거리가 그대로 남아 있다.

26 ①

고구려의 사신도는 도교의 방위신을 그린 것으로서 죽은 자의 사후세계를 지켜주리라는 믿음을 표현하고 있고, 백제의 산수문전(산수무늬벽돌)은 자연과 더불어 살고자 하는 사람들의 생각을 담고 있으며, 금동용봉봉래산향로(백제금동대향로)는 신선들이 사는 이상세계를 형상으로 표현한 것이다.

27 ④

① 당의 3성 6부제도를 수용하였지만, 그 명칭과 운영은 발해의 독자성을 유지하였다.

② 당의 수도인 장안을 본떠 건설하였다.

③ 반가사유상은 연화대 위에 걸터앉아 오른쪽 다리를 왼쪽 다리 위에 포개얹고, 가볍게 숙인 얼굴은 오른손으로 괸 채 명상하는 형태의 불상형식으로 신라에서 발전되었다.

④ 발해의 문화는 전통적인 고구려문화의 토대 위에서 당의 문화를 흡수하여 재구성한 것이므로 발해의 문화 속에서는 고구려적인 요소가 강하게 나타나 있다. 온돌장치 또는 와당, 석등 등 미술양식이나 돌방무덤의 구조가 고구려적 색채를 뚜렷이 드러내고 있다.

28 ②

① 무령왕릉은 중국 남조의 영향을 받은 벽돌무덤(전축분)으로 1971년 공주 송산리에서 발견되었다.

② 천마총은 경주 황남동에 있는 돌무지덧널무덤으로 널방(현실)을 갖지 않는 무덤의 구조상 벽화는 나올 수 없으며, 천마도는 벽화가 아니라 부장품인 말 안장에 그려진 그림이다.

③ 강서고분은 굴식돌방무덤으로 도교의 영향을 받은 사신도가 색깔의 조화를 이루고 있을 뿐만 아니라 정열과 세련미가 넘쳐 흐른다.

④ 쌍영총은 용강 소재의 굴식돌방무덤으로 서역계통의 영향을 받은 전실과 후실 사이의 팔각 쌍주와 두팔 천정이 당대 건축예술의 솜씨를 보여주며, 여인도와 기사도의 벽화가 있다.

29 ③

③ 의상은 화엄일승법계도를 저술하여 화엄종을 창설·정립하였으며, 그의 화엄사상은 전제정치를 뒷받침하는 것으로 이해되기도 한다.

30 ②

① 신라의 영토확장과 대외적 발전에 관련된 기념비이다.

② 신라의 화랑도가 3년 안에 시·상서·예전을 습득할 것과 국가가 위기에 처했을 때 목숨을 바쳐 충성할 것을 맹세한 내용이 적힌 금석문이다.

③④ 고구려의 세력확장에 따라 세운 비이다.

2. 중세의 문화

1   ③

(개)는 인종 때 김부식에 의해 저술된 「삼국사기」이며, (내)는 충렬왕 때 일연에 의해 저술된 「삼국유사」이다.
③ 「삼국사기」는 신라 계승의식을 강조하였으며 「삼국유사」는 단군조선을 계승한 자주의식에 입각하여 서술되었다.

2   ③

제시된 내용을 주장한 인물은 지눌이다.
① 의천   ② 의상   ④ 원효

3   ③

③ 고려 문종의 아들인 의천은 송과 요의 대장경 주석서를 모아 속장경을 편찬하였다. 금나라가 세워진 것은 고려 예종 때이다.

4   ①

제시된 지문은 고려 때 최충이 설립한 9재학당에 대한 설명이다. 9재학당에서는 9경 3사를 중심으로 한 과거시험을 위한 교육이 주를 이루었다.
② 김부식   ③ 최승로   ④ 정도전 및 신진사대부

5   ④

① 「삼국유사」는 1281년(충렬왕 7)경에 일연에 의해 편찬되었다.
② 「삼국사기」는 신라 정통 의식을 반영하였다.
③ 「동명왕편」은 고구려의 시조 동명왕의 건국 이야기를 수록하였다.

6   ④

교관겸수는 고려 대각국사 의천의 주장으로 불교에서 교리체계인 교(敎)와 실천수행법인 지관을 함께 닦아야 한다는 사상으로 교관병수(敎觀並修)라고도 한다.
④ 정혜쌍수는 고려 보조국사 지눌이 주장하였다.

7   ⑤

㉠ 지눌은 천태종이 아닌 조계종이다.
㉡ 지눌의 제자 혜심이 주장하였다.

8   ④

위 지문에 관한 역사서는 일연의 「삼국유사」이다. 최초로 단군의 건국신화를 수록하였다.
② 김부식의 「삼국사기」에 관한 설명이다.
③ 이규보의 「동명왕편」에 관한 설명이다.

9   ④

④ 제시된 사료는 신부식이 「삼국사기」를 편찬하면서 올린 글로, 몽골 침략 이전인 고려 인종 때인 1145년에 편찬되었다. 몽골 침략 위기를 겪으며 우리의 전통 문화를 올바르게 이해하려는 움직임에서 편찬된 저서로는 일연의 「삼국유사」, 이승휴의 「제왕운기」 등이 있다.

10   ③

③ 고려 전기 팔각원당형의 승탑은 신라 후기 승탑의 팔각원당형을 계승한 여주 고달사지 승탑이다. 법천사 지광국사 현묘탑은 평면사각형이다.

11   ②

㉠ 6세기 백제 성왕(552) → ㉢ 통일신라 → ㉡ 고려 전기 성종(982) → ㉢ 고려 중기 인종(1145)

12   ③

제시문은 고려 성종의 관리 교육제도 중 하나인 문신월과법에 대한 내용이다.
③ 음서제도는 문무관 5품 이상관의 자녀에게 과거를 거치지 않고 관리가 되도록 하는 제도이다.
①②④는 모두 교육과 관련된 제도이다.

13   ②

② 속장경(교장)은 대장경(초조대장경)의 속편으로 경(經), 율(律), 논(論) 삼장이 아니라 그 주석서인 장소(章疏)를 모아 간행한 것이다. 경(經), 율(律), 논(論) 삼장의 불교경전을 모아 간행한 것은 대장경이다.

14   ④

④ 소(所)수공업은 관영수공업과 함께 고려 전기에 실시되던 것이다. 고려 후기에는 사원수공업과 민간수공업이 발달하였다.

15 ②

(가) 혜심(고려 1178~1234)
(나) 지눌(고려 1158~1210)
(다) 의상(신라 625~702)
(라) 의천(고려 1055~1101)

16 ②

고금상정예문 … 고려 인종 때 최윤의 등 17명이 펴낸 유교의 예에 관한 책으로 고려 고종 때 다시 복간되었다. 이규보의 동국이상국집에 고금상정예문을 1234년(고종 21) 활자로 찍었다고 한 것을 보아 우리나라 최초의 금속활자본으로 추정된다.

① 고려초기 광종 시기
③ 원 간섭기 충선왕 시기
④ 고려말기 후왕 시기

17 ④

관촉사석조미륵보살입상 … 우리나라에서 제일 큰 불상으로 높이가 18m에 이르며 고려시대의 불상양식을 대표하는 작품이다. 머리에는 원통형의 높은 관(冠)을 쓰고 있고, 그 위에는 이중의 네모난 갓 모양으로 보개가 모서리에 청동으로 만든 풍경이 달려있다. 체구에 비하여 얼굴이 큰 편이며, 토속적인 느낌을 주며, 양 어깨를 감싸고 있는 옷은 옷주름 선이 간략화되어 단조롭다. 불상의 몸이 거대한 돌을 원통형으로 깎아만든 느낌을 주며, 대형화된 신체에 비해 조각수법은 이를 따르지 못하고 있음을 알 수 있다.

18 ①

ⓒ 신라의 화랑에게 세속오계를 가르친 승려는 원광법사이다.
ⓔ 화엄사상을 바탕으로 한 승려는 의상대사이며, 원측은 당에서 유식불교를 연구하여 법상종의 기반을 마련하였다.

19 ③

③ 성불사 응진전은 석왕사 응진전과 더불어 대표적인 다포 양식의 건물이다.

20 ②

삼국사기와 삼국유사
㉠ **삼국사기(김부식)** : 대표적인 기전체 사서로 본기, 열전, 지, 연표로 구성되어 있으며, 삼국을 '우리'라고 서술하여 객관적·합리적 의식을 나타냈다. 하지만 고조선을 인식하면서도 상고사

에 대한 서술을 배제한 점, 개서주의에 입각하여 우리 전통사를 유교사관으로 고치거나 탈락시킨 점은 한계점으로 지적되고 있다.
㉡ **삼국유사(일연)** : 고려후기에 편찬된 사서로 구성은 서문, 기이편, 효선편으로 되어 있다. 서문에서는 자주적 의식 표방, 기이편에서는 불교에 바탕을 둔 신이한 이야기, 효선편은 유교사상을 바탕으로 하고 있다. 하지만 중국측 사료를 지나치게 신뢰한 것은 그 한계점으로 지적될 수 있다.

21 ②

제시된 내용은 고려시대 관학에 관한 내용이다. 국자감은 대표적인 국립대학으로 신분에 따른 차별적 교육을 실시했다. 유학부는 문무 7품 이상의 자제가 입학 가능하였고 잡학부는 문무 9품 이하 및 서민의 자제들도 입학할 수 있었다. 향교는 지방관리의 자제와 서민을 대상으로 한 지방교육기관이다. 국가에서는 관학을 장려하기 위해 서적포(숙종)를 설치하거나 예종 때 7재(전문강좌), 양현고(장학제도)를 시행하기도 하였다.

② 향음주례(鄕飮酒禮)는 조선시대 향촌의 유생들이 향사당, 향교, 서원 등에서 행한 일종의 행사로 향촌 양반들의 결속력을 다지는 데 기여를 하였다.

22 ③

제시된 내용은 고려후기 교선통합을 시도하며 조계종을 창시한 보조국사 지눌에 관련된 설명이다. 그는 고려 불교계의 타락을 비판하며 이를 시정하고 궁극적으로 선종의 입장에서 교종을 통합함으로써 새로운 불교운동인 신앙결사운동을 전개하였다. 수선결사로 대표되는 이 운동에서 지눌은 정혜쌍수(定慧雙修 : 선정과 지혜를 같이 수행), 돈오점수(頓悟漸修 : 깨달음)를 강조했다.

① 의천 ② 의상 ④ 원효

23 ①

화쟁사상은 신라중대 원효가 '십문화쟁론'에서 주장한 것으로 당시 다양한 불교이론들을 하나로 통합하게 하는 계기를 마련하였다. 이를 위해 경전의 폭넓은 이해를 강조하며 일심(一心)사상을 강조하였다. 원효의 이러한 사상은 이후 고려의 의천과 지눌에게 계승되었다. 의천은 천태종을 창시하여 교종 중심의 선종통합을, 지눌은 조계종을 창시하여 선종 중심의 교종통합을 추구하였다.

24 ④

④ 법천사 지광국사 현묘탑은 대표적인 부도(사리탑)로 이전의 신라시대 양식과는 많은 차이점이 나타난다. 즉, 신라시대 부도의 형태가 대체로 8각원형을 이루고 있는 반면에 지광국사 현묘탑은 4각형을 기본으로 하고 있기 때문에 삼국시대에서 통일신라시대까지의 일반적인 석탑과 유사한 양식으로 만들어졌다.

25 ④

제시된 사상과 주장은 모두 불교 종파 통합과 관련된 내용이다. 원효는 '십문화쟁론'에서 여러 불교의 교리를 통합하려 노력하였고, 이후 고려의 의천과 지눌은 원효의 사상을 바탕으로 교선 통합에 앞장서게 되었다.

26 ③

③ 서적포를 설치하여 도서출판을 담당하였으며, 문적원은 발해에서 서적 간행 및 보관을 담당하던 기구이다.

27 ③

③ 화쟁사상을 말하며 천태종과 관련이 있다. 정혜쌍수와 돈오점수는 조계종의 핵심교리이다. 조계종은 송광사를 중심으로 무신정권의 후원을 받으면서 선종을 위주로 교종과의 조화를 꾀하려는 사상으로, 심성의 도야를 강조하여 성리학을 받아들일 수 있는 사상적 기반이 되었다.

28 ③

대각국사 의천 … 해동 천태종의 창시자로 국청사를 창건하고 새로 중건된 흥왕사의 주지가 되어 속장경을 간행하였으며, 원효의 화쟁사상을 토대로 교종의 입장에서 선종을 통합하여 이론과 실천의 양면을 강조하는 교관겸수를 제창하였다. 석원사림을 저술하였다.
③ 정혜결사는 보조국사 지눌의 결사이다.

29 ②

② 무신집권 이후 불교계에서 기존의 타락상을 비판하면서 승려 본연의 자세확립을 주장하는 새로운 종교운동인 신앙결사운동이 전개되었고, 원의 간섭기에 들어서자 불교계의 개혁운동의 의지가 퇴색하고 귀족세력과 연결되어 다시 폐단을 드러냈다.

30 ①

① 잡학인 율학·서학·산학은 8품 이하 자제와 평민자제가 입학하였으며, 국자감에서 교육하였다. 율학·서학·산학 이외의 나머지 기술교육은 해당 관서에서 실시하였다.

● **3. 근세의 문화**

1 ②

밑줄 친 왕은 조선의 세종으로, 제시된 내용은 세종 때 만든 칠정산에 대한 설명이다.
② 금양잡록은 조선 성종 때 강희맹이 편찬하였다.

2 ①

② 광해군 때 한백겸이 편찬한 역사지리서이다.
③ 정조 때 안정복이 편찬한 역사서이다.
④ 광해군 때 허준이 편찬한 의학서이다.

3 ②

① 이암이 원에서 들여온 농서는 「농상집요」이다. 「농가집성」은 조선 효종 대의 문신인 신속이 편술한 농서이다.
③ 「산림경제」는 조선 후기 실학자 홍만선이 저술한 농서이다. 박세당이 과수, 축산 등을 소개한 농서는 「색경」이다.
④ 「과농소초」는 박지원이 저술한 농서로 농법과 농구의 개량, 농시의 중요성 등을 강조하고 있다.

4 ②

② 현재 안견의 몽유도원도(夢遊桃源圖)는 일본 덴리대학(天理大學) 중앙도서관에 소장되어 있으며 우리나라에서는 2009년 한국박물관 개관 100주년 기념 특별전으로 전시된 적이 있었다.

5 ④

④ 신미양요는 1871년(고종 8)에 미국 극동함대가 강화도에 쳐들어 온 사건이며 프랑군이 침입한 사건은 병인양요(1866, 고종 3)이다. 또한 병인양요 때 프랑스 군이 약탈해 간 조선 왕실 의궤는 2011년 프랑스 국립도서관에 있던 것을 우리나라가 5년 단위 임대 형식으로 반환받았다.

6 ①

① 세종 대 농업기술의 발전성과를 반영한 영농의 기본 지침서는 「농사직설(農事直說)」이고 「농가집성(農歌集成)」은 1655년(효종 6)에 신속이 편술한 농서(農書)이다.

7 ③⑤

제시된 자료는 조선의 세종이 도입한 공법에 대한 내용이다.
③ 「농상집요」는 원나라의 농서로 고려 후기 때 이암이 소개하였다.
⑤ 팔도도는 태종 때 제작된 전국지도이다.

8 ②

② 종두법을 최초로 소개한 것은 조선 후기 정약용의 「마과회통」이다. 지석영은 개화기 때 종두법을 연구하였다.

9 ①②

제시문은 서거정의 「동문선」으로 성종(1478) 때 편찬된 시문선집이다.
① 성종 때 사창제를 폐지하였다.
② 세조의 업적이다.

10 ①

지문은 세조 때 시작되어 성종 때 완성된 조선의 기본법전인 「경국대전」에 대한 내용이다.
② 「국조오례의」는 성종 때 편찬된 국가의례서이다.
③ 「국조보감」은 실록 내용 중 중요한 사항만을 요약한 것으로 세조 때 최초로 완성되었다.
④ 세종 때 설순은 성리학적 가치관을 널리 알리기 위하여 그림으로 「삼강행실도」를 제작하였다.

11 ④

제시문은 이제마의 「동의수세보원」에 나오는 사상의학에 관한 내용이다.
① 조선 후기 허준이 전통 의학을 정리하여 저술한 의서이다.
② 조선말에 황도연이 저술한 의서로, 종래의 의학처방을 일목요연하게 정리하였다.
③ 조선 후기 정약용이 홍역을 연구한 것을 담은 의서로, 박제가와 함께 종두법에 대해 실험하기도 하였다.

12 ③

③ 분청사기는 회색 또는 회흑색 태토 위에 백토를 분장한 다음 유약을 입혀서 구워낸 자기로 조선 전기에 유행하다가 16세기 이후 점차 쇠퇴하였다.

13 ②

② 호락논쟁은 조선 후기 노론 내부에서 일어난 사상 논쟁으로, 성리학에서 인성(人性)과 물성(物性)이 같은지 혹은 다른지에 대한 것이다.

14 ③

ⓒ 동문휘고 : 조선 후기의 외교문서모음집으로, 정조 8년 왕명을 4년간에 걸쳐 편찬되었다.
ⓓ 전운옥편 : 강희자전(康熙字典)의 체재를 본떠서 만든 한자사전으로, 정조 때 편찬되었다.

15 ②

㉠ 동궐도 : 순조 연간에 도화서 화원들이 그린 것으로 추정. 조선왕조의 정궁(正宮)인 경복궁 동쪽에 위치하고 있는 창덕궁과 창경궁을 조감도 형식으로 그린 조선후기 대표적인 궁궐 그림.
ⓛ 고사관수도 : 15C 사대부 화가 강희안의 작품으로 인물의 내면세계를 표현한 작품.
ⓒ 송하보월도 : 16C 노비출신 화가 이상좌의 작품으로 강인한 정신과 굳센 기개를 표현한 작품.

16 ①

② 분청사기는 15C에 유행하였고, 16C에 들어 백자가 유행하였다.
③ 고려시대에 사원 건축이 발달하였고, 조선시대에 궁궐, 관아, 성문, 학교 건축이 발달하였다.
④ 서예는 양반들의 필수 교양이었다.

17 ①

혼일강리역대국도지도는 조선 태종 때 권근 등에 의해 제작된 우리나라 최초의 세계지도이다. 17세기에 마테오리치의 곤여만국전도가 한국에 들어오기 전까지 사실상 유일한 세계지도였다. 중화적세계관에 기초하면서도 우리나라를 중국과 거의 대등하게 표현하였고, 이슬람 사회에서 전래된 지리적 지식을 바탕으로 교류가 전혀 없던 유럽, 아프리카 등의 나라들까지 지도에 나타났다.
② 세종 때 편찬되었다.
③④ 성종 때 편찬되었다.

18 ①

의궤 … 조선시대에 왕실이나 국가의 주요 행사의 내용을 정리·기록한 책으로 훗날에 참고하기 위한 목적에서 제작되었다. 각 책의 제목은 해당 행사를 주관한 임시 관서의 명칭에 '의궤'를 붙여 표시하는 것이 일반적이다. 현재 가장 오래된 의궤로는 1600년에 만들어진 의인왕후의 장례에 대한 것이다. 의례에 작성되는 주요 행사로는 왕비·세자 등의 책봉(冊封)이나 책례(冊禮), 왕실 구성원의 결혼, 선대 인물들의 지위를 높이는 추숭(追崇)이나 존호가상(尊號加上), 빈전이나 혼전의 마련에서 능원의 조성 및 이장에 이르는 각종 상례(喪禮), 신주를 태묘에 모시는 부묘를 비롯한 제례(祭禮)가 있다. 필요에 따라 채색의 반차도와 같은 그림도 실었으며, 보통 임금의 열람을 위하여 고급재료로 화려하게 만드는 어람용 1부가 포함되며 나머지는 관련 관서 및 사고에 나누어 보관하도록 하였다. 이 중 어람용을 포함하여 1860년대 이전의 의궤 중 강화도 외규장각에 보관되던 많은 수가 병인양요 때 프랑스군에 약탈당하였다. 2007년 6월 '조선왕조의궤'로 세계기록유산에 지정되었다.

19 ①

② 태종 때 주자소를 설치하고 구리로 계미자를 주조하였다.
③ 세종 때 중국의 농서인 제민요술, 농상집요, 사시찬요, 화북농법 등을 참고하고 노인들의 실제 경험을 토대로 체계화한 농사기술책인 농사직설을 편찬하였다.
④ 태종 때 만든 비거도선은 날쌔고 작은 전투용 배를 말한다.

20 ④

제시된 내용은 훈민정음해례로 자주성을 강조하고 있다.
㉠ 농상집요는 고려말 이암이 보급한 원의 농서이다.

21 ①

㉤ 군주를 중심으로 서술되었으며 조선왕조와 관련하여 불리한 기사는 생략되었다.
㉥ 기전체 형식으로 발해사를 최초로 서술하였으며, 반도사관에서 탈피하였다.

22 ③

① 15세기에 편찬된 역사서이다.
② 경국대전은 세조 때부터 시작하여 예종 때 완성되어 성종 2년(1471)에 반포되었다.
④ 칠정산 내·외편은 세종 때 간행된 역법서이다.

※ **조선방역지도** … 명종 12년(1557)에 제작된 것으로 추정되는 조선시대의 지도로 지도제작에 관련된 사람들의 관직과 성명이 기록되어 있다. 각 군과 현의 색을 다르게 표시하였으며 산과 강의 경계도 정확하게 표시되어 있는 국내에 현존하는 최고(最古)의 지도이다.

23 ①

① 고려사절요는 연대별로 서술한 대표적인 편년체 역사서이다.

24 ④

① 주기론은 서경덕과 이이에 의해 발전했으며, 주리론은 이언적과 이황에 의해 발전했다.
② 주기론은 현실개혁문제에 관심이 있었으며, 주리론은 도덕과 심성도야에 있었다.
③ 주기론은 김장생, 조헌 등에 의해 계승되었으며, 주리론은 김성일, 유성룡 등에 의해 계승되었다.

25 ③

① 조선후기 영조 때 이중환이 편찬한 지리지로 총론, 사민총론, 복거총론, 팔도총론으로 구성되어 있다.
② 조선후기 순조 때 정약용이 편찬한 지리지로 역대 국가의 영토와 수도에 대한 오류를 시정하고 우리 강역에 관한 고찰을 새롭게 하였다.
③ 성종 때 편찬된 백과사전식 지리지로 각 도의 지도와 함께 지리적 일람, 풍속, 인물, 성곽, 역참, 봉수 등에 관한 기록이 자세히 기록되어 있다. 이후 중종 때 신증동국여지승람이 증보 개편되어 편찬되었다.
④ 조선 성종 때 제작된 지리지로 현존하지 않고 있어 내용 파악이 불가능하다.

26 ④

④ 조선시대는 사회적으로는 유교주의적 국가기초를 확립하고, 경제적으로는 국가재정과 노동력을 확보하기 위하여 정책적으로 불교를 억압하였다.

※ 조선시대의 불교

㉠ 태조 : 도첩제를 실시하여 인위적으로 승려수를 제한하였다.

㉡ 세종 : 선·교 양종으로 통합하고 36본산만 인정하였다.

㉢ 성종 : 도첩제마저 폐지하여 출가를 일체 금하였다.

㉣ 중종 : 승과를 폐지하고 승려들의 사회적 신분을 격하시키는 등 불교에 대한 압박이 가중되고 있었다.

27 ③

① 경국대전은 세조~성종 때 최항, 노사신 등이 편찬한 조선의 기본법전으로 유교정치이념을 기반으로 하여 통치규범을 성문화하기 위해 추진된 것이다.

② 팔도지리지는 세종 때 윤회, 신색에 의해 저술된 최초의 인문지리서로 이러한 지리서의 편찬은 중앙집권과 국방력을 강화하기 위해 편찬된 것이다.

③ 농사직설은 세종 때 정초가 우리나라의 기후·풍토에 맞는 농사기술과 품종 등의 개발을 위하여 올벼·늦벼·밭벼 등의 재배법, 씨앗저장법, 토질의 개량법 등 구체적인 내용을 담고 있으며, 모내기법을 다른 지방에 소개하는 등 여러 지방의 경험 많은 농부들의 지식과 비결을 망라하여 편찬되었다.

④ 향약집성방은 세종 때 유효통 등이 저술한 의학서로 우리 풍토에 알맞은 약재와 치료방법을 개발·정리하여 편찬된 것이다.

28 ③

제시된 내용은 16세기의 사실이다.

③ 15세기의 미술에 대한 설명이다.

※ 16세기의 미술 … 15세기의 전통을 토대로 다양한 화풍이 발달하여 강한 필치의 산수를 이어가기도 하고, 선비들의 정신세계를 사군자로 표현하기도 하였다. 삼절로 일컬어지는 이정(대나무), 황집중(포도), 어몽룡(매화)과 이상좌, 이암, 신사임당 등이 있다.

29 ①

16세기에는 사림의 존화주의적·왕도주의적 정치의식과 문화의식이 반영되어 새로운 경향의 사서가 편찬되었고, 단군보다 기자를 더 숭상하면서 기자조선에 대한 연구를 심화시켰다. 이이의 기자실기가 대표적 저술이다.

30 ④

주리파와 주기파

구분	주리파	주기파
출신	영남출신(영남학파)	기호출신(기호학파)
선구자	이언적	서경덕, 김시습
내용·특징	주관적·정신적·내향적이며, 도덕적 원리문제를 중시	객관적·물질적·외향적이며, 경험적 현실세계를 중시
대표자	이황	이이
후계자	정구, 유성룡, 김성일	성혼, 김장생, 조헌
이론	이기이원론	일원적 이기이원론
예법	주자가례	가례집람
붕당	동인→남인	서인→노론
영향	위정척사사상	북학파, 개화사상

31 ④

제시된 내용은 예학과 보학의 발달배경에 대한 내용이다.

㉠ 예학의 발달 : 가족과 종족 상호 간의 상장제례 의식을 바로잡고 유교주의적 가족제도를 확립시켰으나, 지나치게 형식에 사로잡힌 감이 있었고 사림간의 정쟁의 구실로 이용되었다.

㉡ 보학의 발달 : 종족의 사회적 위상을 지키려는 양반문벌제도를 강화하였다.

32 ④

주기파는 물질적, 객관적, 외향적이다.

①②③은 주리파의 특징이다.

33 ①

조선초기의 학풍의 영향으로 농학·천문·역법·기상·측량·수학의 발달을 가져왔는데, 토지측량기구인 규형이 제작되어 지도제작과 양전사업에 이용되었다.

34 ①

조선왕조실록 … 태조부터 철종까지 25대에 걸친 왕의 실적을 편년체로 쓴 책이다. 왕의 사후에 춘추관 내에 실록청을 두고 왕의 정치와 관계된 자료(사초, 시정기, 승정원일기, 비변사등록, 일생록, 개인의 문집이나 일기)를 모아 편년체로 편찬하여 4대사고(춘추관, 충주, 전주, 성주)에 보관하도록 하였으나, 임진왜란을 거치면서 전주사고를 제외하고 타 사고는 모두 소실되었기 때문에 이를 기반으로 하여 광해군은 실록을 재편찬하여 5대사고(서울 춘추관, 강화도 마니산에서 정족산으로 이전, 경상북도 봉화군 태백산, 평안북도 영변군 묘향산에서 적상산으로 이전, 강원도 평창군 오대산)에 보관하도록 하였다. 그러나 이것도 전란을 거치는 과정에서 소실되거나 일본으로 유출되어서 현재 국내에는 태백산본과 정족산본만이 전하고 있다.

35 ③

진경산수화를 개척한 사람은 정선이다. 정선은 조선의 독특한 산수화기법을 개발, 강렬한 흑색으로 질량감 있게 그린 금강산도, 인왕산도를 남겼다.

36 ①

조선시대에는 사치와 낭비를 막고 신분질서를 유지하기 위한 소박한 건축물이 지어졌다. 조선시대의 공공건물이나 서원건축 등은 유교적 검약정신이 강조되어 검소한 특징이 있다. 어느 건물이나 건물 자체의 균형뿐만 아니라 자연과의 조화를 추구하면서도 위엄을 갖추었다. 조선시대의 건축이 규모가 작다고 해서 고려시대보다 건축기술이 퇴보한 것은 아니다.

37 ②

삼강행실도는 중국과 한국의 서적에서 군신, 부자, 부부의 삼강에 모범이 될만한 충신, 효자, 열녀를 골라 편집한 책이다. 효행록은 효도를 고취하기 위하여 쓴 책으로 고려말에 쓰여진 것이 세종 때 개정되었다. 국조오례의는 국가적 제사에 관한 길례, 가례, 국상, 국빈을 맞는 빈례 등에 관한 의식을 정리한 책이다. 경국대전은 조선왕조의 기본법전으로서 조선말기까지 이 법전의 기본정신이 유지되었다. 제시된 도서들은 유교적인 질서를 확립하기 위하여 편찬되었으며, 삼강행실도와 효행록은 민간보급을 위해 만들어졌고, 국조오례의와 경국대전은 국정운영을 위하여 만들어졌다.

38 ①

제시된 내용들은 모두 16세기 사림들이 정치의 주도권을 장악하게 되면서 나타난 것이다. 서원은 16세기에 사림들에 의해 설립, 보급되었다. 실학이 발달한 것은 조선후기의 일이고, 경국대전의 편찬과 훈민정음의 창제는 15세기 관학파들의 업적들이다.

39 ④

혼의는 천체관측기구, 규형과 인지의는 토지측량기구, 자격루는 물시계, 상명산법은 수학교재이고, 칠

정산은 역법교재이다. 모두 농업기술을 장려하기 위한 과학기구와 교재들이다.

● **4. 문화의 새 기운**

1 ①

① 조선 후기의 대표적인 강목체 역사서로는 안정복의 「동사강목」, 유계의 「여사제강」 등이 있다.

2 ③

㈎ – 이승훈, ㈏ – 안정복, ㈐ – 김대건
※ 보기의 인물
  • 이가환 : 조선 후기의 문신이자 학자로 남인 중 청남 계열의 지도자로 부상하였으나 천주교 신봉으로 인해 1801년(순조 1) 옥사하였다.
  • 이기경 : 조선 후기의 문신으로 이조좌랑 등을 지냈다. 주자학과 다르다 하여 천주교를 배척하는 데 앞장섰다.
  • 황사영 : 조선 후기의 천주교도로 신유박해 때 산중으로 피신하여 조선의 천주교 박해 실상을 알리는 「백서」를 작성하였고, 이것이 발각되어 사형되었다.

3 ②

① 유형원이 저술한 「반계수록」은 백과사전적 성격을 지니지 않는다.
③ 박지원이 청에 다녀온 후 기록한 것은 「열하일기」이며, 「연기」는 홍대용이 청나라에서 견문한 바를 기록한 것이다.
④ 안정복의 「동사강목」은 고조선부터 고려말까지를 다룬 책이다.

4 ②

위의 내용은 담헌 홍대용의 「의산문답(醫山問答)」의 일부로 그는 이 책을 통해 지구는 둥글며 하루에 한 바퀴를 돈다고 설명하였다. 이를 지전설(地轉說) 또는 지동설(地動說)이라고 한다.
② 임하경륜(林下經綸) : 조선 시대 실학자 홍대용이 쓴 책으로 여기에는 그의 경국제민(經國濟民)을 위한 여러 가지 개혁안들이 제시되어 있다.

5 ①

① 정약전은 신유사옥(1801)으로 인해 흑산도로 귀양을 간 후 그 곳에서 자산어보를 지었다.

6 ①

ㄱ 정약용은 여전론(閭田論)과 정전론(井田論)을 주장하였고 균전론을 주장한 사람은 유형원이다.
ㄴ 박제가가 「북학의(北學議)」에서 주장한 내용이다.

7 ③

지문의 내용은 조선후기 중상주의 실학자인 유수원의 우서의 내용이다.
③ 교정청은 1894년 동학농민운동 이후 정부에서 개혁을 추진하기 위해 설치한 개혁 기구이다.

8 ③

동사강목 … 17세기 이후 축적된 국사연구의 성과를 계승 발전시켜 역사인식과 서술내용 면에서 가장 완성도가 높은 저술로서 정통론인식과 문헌고증방식의 양면을 집대성한 대표적인 통사이다. 단군→기자→마한→통일신라→고려까지의 유교적 정통론을 완성하였으며 위만조선을 찬탈왕조로 다루고 발해를 말갈왕조로 보아 우리 역사에서 제외시켰는데 이는 조선의 성리학자로서의 명분론에 입각한 것이었다.

9 ③

서문은 조선후기 유득공의 발해고에 대한 내용으로 반도사관 탈피와 남북극시대를 설정하여 신라의 삼국통일을 불완전한 것으로 규정하였다. 또한 발해와 신라를 대등한 국가로 인식하여 남의 신라와 북의 발해를 남북극시대라 부를 것을 처음으로 제안하였으며, 이 시기는 정조 1784년에 해당한다.
① 조선중기 ② 고려후기 ④ 조선전기

10 ②

열하일기(허생전, 호질), 방경각외전(양반전, 민옹전) 등은 실학정신의 간접표현으로 꾸밈없는 문체로 북벌론과 화이사상의 허구성, 무위도식하는 양반의 위선 등을 폭로하는 등 주제와 문체면에서 커다란 변화를 일으킨 박지원의 작품으로 이들은 모두 한문학에 해당한다.

11 ④

진경산수화 … 18세기 인왕재색도, 금강전도, 압구정도 등에서 정선은 바위산은 선으로 묘사하고 흙산은 묵으로 묘사하는 조선 고유의 화법을 창안하였는데 이를 진경산수화라고 한다. 진경산수화는 중국의 북방화법의 특징적인 기법인 선묘와 남방화법의 특징적인 기법인 묵법을 이상적으로 조화시킨 것을 말한다.

12 ③

제시문은 박지원에 대한 설명이다. 박지원은 중상학파로서 「과농초소」, 「한민명전의」 등을 통해 영농방법의 혁신과 상업적 농업을 장려하였다. 또한 청에 다녀와 「열하일기」를 저술하였으며 상공업의 진흥을 강조하고 화폐유통의 필요성을 주장하였다.

13 ③

18세기 노론 내부의 호락논쟁 … 인간과 사물의 본성이 다르다는 인물성이론을 주장한 충청도 지역의 호론과 인간과 사물의 본성이 같다는 인물성이론을 주장한 서울 경기지역의 낙론 사이의 논쟁으로 호론은 위정척사 사상, 낙론은 북학사상과 연결되었다.

14 ④

① 고려사 – 기전체
② 삼국사기 – 기전체
③ 동국통감 – 편년체

15 ③

인물성동론은 북학파 형성에 영향을 주었다.

※ **호락논쟁**
ㄱ 18세기 노론 내부에서 발생한 철학논쟁으로 주기론적 호론과 주리론적 낙론으로 나눌 수 있다.
ㄴ 충청도 중심의 호론은 인물성이론(人物性異論)을 주장하며, 기(氣)의 차별성을 강조하여 기존의 지배질서를 강화하였다. 권상하, 한원진, 윤봉구 등이 중심이 되었으며, 화이론과 위정척사로 이어졌다.
ㄷ 서울·경기 중심의 낙론은 김창협, 이간, 이재 등이 중심이 되어 인물성동론(人物性同論)을 주장하며, 이(理)의 보편성을 강조하였다. 화이론을 극복하였으며, 새로운 자연관을 성립시켜 북학사상의 기반이 되었다. 19세기에는 기정진, 이항로 등에 의해 위정척사의 배경이 되기도 하였다.

16 ①

조선초기에는 일정한 형식없이 보고들은 이야기를 기록한 문학인 설화 문학(패관 문학)이 발달하여 서거정의 필원잡기와 성현의 용재총화, 강희맹의 촌담해이 등의 작품이 저술되었다.

17 ①

ㄷ 정약용 – 아방강역고
ㄹ 신경준 – 강계고

18 ④

① 세종실록지리지의 부족한 점을 보완하기 위하여 양성지가 만든 것이 팔도지리지이다.
② 동국지리지를 인용하여 만든 것이 신경준의 강계고이다.
③ 택리지와 아방강역고는 한국의 전통적 역사 지리서이다.

19 ③

서설은 북학의에 나타난 박제가의 소비관에 대한 내용으로 북학의는 항목별로 시대의 당면한 문제를 논하면서, 청의 문물도입이 부국강병임을 강조한 저서이다.

※ 박제가 … 북학의를 저술하여 청나라 문물의 적극적 수용을 주장하고, 청과의 통상 강화, 수레와 선박의 이용, 상공업의 발달을 주장하였다. 절검보다 소비를 권장하여 생산의 자극을 유도하였다.

20 ③

위의 서설은 조선 영조 27년에 실학자 청담 이중환이 저술한 택리지에 대한 내용이다.

① 조선 인조 때의 문신 신속이 엮은 농업서적을 말한다.
② 조선 숙종 때 돌에 새긴 천문도의 탁본으로 숙종 때의 천문도는 태조 때의 천문도를 다시 새 돌에 새긴 것이다.
③ 조선 영조 27년에 그려진 그림으로 이제까지의 산수화가 중국의 것을 모방하여 그린 것에 반하여 직접 경치를 보고 그린 실경 산수화일 뿐만 아니라 그 화법에 있어서도 우리나라의 산수를 너무나도 잘 표현한 것이다.
④ 조선 순조 때 한진서가 한국 역대 지리의 고증을 위하여 자료를 모아 서술하고, 자신의 의견을 부기한 책을 말한다.

21 ④

제시된 내용은 북학파인 박제가의 저서 「북학의」로 청나라의 문물을 도입하여 민생안정과 부국강병을 꾀할 것을 주장하였으며, 근검보다는 소비를 권장하여 생산을 자극해야 한다고 주장하였다.

22 ④

① 한치윤의 저서로 중국과 일본의 문헌을 바탕으로 객관적으로 저술하여 국사 인식의 폭을 넓혔다.
② 이이의 저서로 기자를 성인으로 추앙하고 왕도정치를 강조한 것으로 사림의 존화주의적 의식이 잘 나타난다.

③ 안정복의 저서로 정통 인식론과 문헌고증을 집대성한 대표적인 통사로 우리 역사의 정통론을 체계화하였다.

23 ①

제시된 계보는 양명학을 바탕으로 성립된 강화학파를 나타낸 것이다. 양명학은 중국의 왕양명에 의해 성립한 학문으로 기존의 이기론인 성리학을 비판하고, 양지(良知)와 양심(良心)의 덕목을 강조하며 지행합일(知行合一)을 실천덕목으로 주장하였다. 조선의 양명학은 중종 때 수용되어 정제두가 강화학파를 성립하여 체계화되었고, 소론 계열 학자들이 그 중심이 되었다. 이후 정인보, 박은식, 김택영 등의 독립운동가들에게도 영향을 주었다.

② 남인 ③ 노론 ④ 북인

24 ①

유형원은 대표적인 중농주의 실학자로 토지의 국유화를 통한 토지재분배를 주장하였으며, 대신 신분에 따른 차등지급을 주장하면서 완전한 지배체제를 부정하지는 않았다. 반계수록에서도 이와 같이 노비세습제 철폐를 주장하였지만, 노비체제 자체를 부정하지는 않았다는 점에서 아직까지는 기존의 지배계급 의식을 완전히 떨치지는 못했음을 알 수 있다. 즉, 성리학적 한계를 극복하지 못하는 한도 내에서 노비들의 처우개선만을 주장하고 있다.

25 ①

① 홍대용은 중상학파로 부국강병(기술혁신, 문벌타파, 성리학 극복 주장), 균전제를 주장하였고 저서로는 담헌연기, 임하경륜, 의산문답 등이 있다.
② 박제가는 중상학파로 청과의 통상강화, 수레와 선박의 이용, 상공업의 발달을 주장했으며, 저서로는 북학의가 있다.
③ 유형원은 농업중심 개혁론의 선구자로 균전론(관리 · 선비 · 농민 등 신분에 따른 차별적 토지분배)을 주장하였고, 농병일치의 군사조직과 사농일치의 교육제도 확립을 주장하였다. 저서로는 반계수록이 있다.
④ 이익은 중농학파로 한전론[토지 소유의 양(하한선)을 제한(매매가 불가능한 영업전 설정)]과 폐전론(화폐유통금지 주장)을 주장하였다. 그리고 국가의 빈곤 · 피폐 등을 6개의 좀(폐단)으로 규정하고 이의 시정을 주장하였으며 저서로 성호사설이 있다.

26 ④

① 한당유학이라고도 하며 경전의 자구 해석에 치중하는 학문적 경향이다.
② 남송의 주희가 창안한 학문으로 인간의 본성을 이기(理氣)로 구분하여 탐구하는 학문적 성향이다. 이후 신진사대부와 조선시대 학문의 주된 경향이 되었다.
③ 명대의 왕수인(왕양명)이 창안한 학문으로 성리학을 비판하였고 조선에서는 정제두가 수용하여 독창적인 강화학파를 형성했으며 지행합일의 실천원리를 제시하였다.
④ 고증학은 청에서 수용된 학문적 경향으로 고전에 대한 실증적 탐구방법을 제시하였고 조선에서는 김정희가 실사구시의 바탕 위에 금석문을 연구하였다.

27 ②

북학파 … 홍대용·박지원·박제가·이덕무로 대표되는데, 청나라의 문물을 적극적으로 수용하여 부국강병과 이용후생에 힘쓰자고 주장하였다. 상공업을 장려하고 상인의 도고행위·자유방임에 의한 물가앙등을 규제할 것과 생산증가를 위해 기술·농기구의 개발과 농업경영의 전문화·상업화를 주장하였다. 또한 신분제의 폐지와 분업, 즉 양반 문벌제도의 비생산성을 비판하여 직업의 평등을 주장하고 새로운 관리양성을 위해 과거제의 철폐를 주장했다.

28 ③

㉠ 정선의 인왕제색도와 금강전도는 자연의 모습을 직접 답사한 후 원근법을 이용하여 사실적으로 묘사한 진경산수화이다.
㉡ 신윤복의 풍속화는 도회지 양반의 풍류생활과 남녀 간의 애정을 세련되고 섬세하게 표현하였다.
㉢ 김홍도는 서민생활을 주소재로 하여 소탈하고 소박한 삶을 그려내었다.
③ 신윤복·김홍도의 풍속화와 같은 예술품의 변화는 사회·경제적 발달에 따른 변화를 반영하는 것이었다.

29 ②

제시된 내용은 대표적 중상학파인 홍대용의 의산문답 중 지구자전설을 설명한 것이다. 지구의 1일 1주 회전설을 주장하였고, 지구가 우주의 중심이 아니라는 무한우주론을 내세워 중국중심의 성리학적 세계관을 비판하고 있다.

※ **홍대용** … 임하경륜, 의산문답 등을 저술하였으며, 균전제, 기술의 혁신과 문벌제도의 철폐, 성리학 극복을 주장하고, 중국 중심의 세계관을 비판하였다.

근현대사의 흐름

● 1. 근현대의 정치 변동

1　①

좌우합작 7대원칙(1946. 10)

㉠ 조선의 민주독립을 보장한 3상회의 결정에 의한 남북을 통한 좌우합작으로 민주주의 임시정부를 수립할 것

㉡ 미·소공동위원회 속개를 요청하는 공동성명을 발할 것

㉢ 토지개혁에 있어서 몰수·유조건 몰수·체감매상(遞減買上) 등으로 토지를 농민에게 무상으로 분여하며, 시가지의 기지 및 대건물을 적정 처리하며, 중요산업을 국유화하며, 사회 노동법령 및 정치적 자유를 기본으로 지방자치제의 확립을 속히 실시하며, 통화 및 민생문제 등을 급속히 처리하며, 민주주의 건국과업 완수에 매진할 것

㉣ 친일파·민족반역자를 처리할 조례를 본 합작위원회에서 입법기구에 제안하여 입법기구로 하여금 심의·결정하여 실시케 할 것

㉤ 남북을 통하여 현 정권 하에 검거된 정치운동자의 석방에 노력하고 아울러 남북·좌우의 테러적 행동을 일체 즉시로 제지토록 노력할 것

㉥ 입법기구에 있어서는 일체 그 기능과 구성방법을 본 합작위원회에서 작성하여 적극적으로 실행을 기도 할 것

㉦ 전국적으로 언론·집회·결사·출판·교통·투표 등 자유를 절대로 보장하도록 노력할 것

2　②

임시정부 당시 많은 내부적 문제를 해결하기 위한 조직 개편을 위해 1923년 1월에 각지의 국민대표들이 모인 가운데 국민대표회의가 개최되었다. 이후 1925년 박은식이 대통령으로 선출되었으며 헌법개정안을 제출하여 대통령제를 폐지하고 국무령을 중심으로 한 의원내각제로 바꾸고 이상룡을 국무령으로 추대한 후 대통령을 사임하였다.

3　①

제시된 결정문은 모스크바3상회의의 결정문이다. 이 결정문의 주요 내용은 우리나라에 대한 신탁통치와 독립의 유예에 대한 것으로, 차후의 문제는 미·소 공동위원회를 통하여 처리하기로 합의하였다.

4　①

① 방곡령 규정이 합의된 통상 협약은 1883년의 개정 조·일 통상장정이다. 1876년의 조·일 통상장정은 무관세, 무항세, 무제한 양곡 유출의 규정을 포함한 불평등 조약이다.

5　③

제시된 사건은 임오군란이다.

① 정미의병　② 동학농민운동

④ 을미의병, 의사을병

6　②

제시된 내용이 포함된 개혁은 1894년에 일어난 제1차 갑오개혁이다.

② 독립협회는 1896년에 창립되었다.

7　③

③ 고종은 연호를 광무, 국호를 대한제국으로 정하고 환구단에서 황제 즉위식을 거행하였다.

8　②

제1차 한·일 협약(1904) … 공식명칭은 '외국인 용빙(傭聘)협정'으로 한일협정서라고도 한다. 러시아와 전쟁을 일으킨 일본은 한국정부를 무력으로 강압해서 한일의정서를 체결하고 한반도를 군사기지로 확보하고, 전쟁이 일본에 유리하게 기울자 한국의 재정·외교의 쇄신을 위하여 외국고문을 초빙해야 한다고 주장하며 외국인 용빙(傭聘)협정 체결을 강요하였다. 이에 일본인 재정고문 1명과 일본이 추천하는 외국인 외교고문 1명을 초빙한다는 내용의 제1차 한·일 협약이 체결되었다.

9 ②

㉣ 제주 4·3 사건은 1948년에 일어난 사건으로 대한민국 정부 수립(1948년 8월 15일) 이전이다.
㉠ 1948년 10월
㉡ 1949년 제정, 1950~1957년 시행
㉢ 1949년 6월
㉤ 1948년 10월

10 ②

㈑ 1968년 → ㈒ 1972년 7월 → ㈐ 1972년 11월 → ㈎ 1973년 → ㉮ 1979년

11 ④

'그들'이 추진했던 정책은 갑신정변이다.
㉠ 동학농민운동의 '폐정개혁안에 들어있는 내용이다.
㉡ 갑신정변 이후 러시아와 조·러 비밀협약(1886)을 맺었다.

※ 신정부 강령 14개조
　㉠ 대원군을 가까운 시일 안에 돌아오게 하고 청에 조공하는 허례의 행사를 폐지할 것
　㉡ 문벌을 폐지하여 인민 평등의 권리를 제정하고 능력에 따라 관리를 등용할 것
　㉢ 지조법을 개혁하여 간사한 관리를 뿌리 뽑고 백성의 곤란을 구제하며, 국가 재정을 넉넉하게 할 것
　㉣ 규장각을 폐지할 것
　㉤ 급히 순사를 두어 도둑을 막을 것
　㉥ 혜상공국(보부상 조직)을 폐지할 것
　㉦ 그 전에 유배, 금고된 사람들을 사정을 참작하여 석방할 것
　㉧ 4영을 합쳐 1영으로 하고 영 중에서 장정을 뽑아 근위대를 설치할 것, 육군 대장은 세자를 추대할 것
　㉨ 재정은 모두 호조에서 관할케 하고 그 밖의 재무 관청은 폐지 할 것
　㉩ 대신과 참찬은 합문 안의 의정부에서 회의 결정하고 정령을 공포해서 시행할 것
　㉪ 정부는 6조 외의 불필요한 관청은 모두 없애고 대신과 참찬이 협의해서 처리케 할 것

12 ②

② 삼정이정청은 1862년(철종 13)에 임술민란을 비롯한 삼남지방의 농민봉기와 관련하여 삼정의 폐단을 고치기 위해 임시로 만들어진 관청이다.

13 ②

을미사변(1895) – 아관파천(1896) – 대한제국 수립(1897)

② 독립협회 결성(1896)
① 단발령 공포(1895년 을미개혁)
③ 홍범14조(1894년 제2차 갑오개혁)
④ 춘생문 사건 발발(1985.11)

14 ②

주어진 지문은 대한자강회 취지서이다. 대한자강회는 국민교육을 강화하고 국력을 배양하여 독립의 기초를 다진다는 취지로 조직되었으며, 월보를 간행하는 등의 계몽운동을 전개하였다. 1907년 고종 황제의 퇴위와 순종 황제의 즉위를 반대하는 국민운동을 전개하자 통감부에 의해 강제 해산되었다.
① 독립협회 ③ 실력양성운동 ④ 보안회

15 ③

㈎ 1942년 → ㈏ 1945년 10월 → ㈐ → ㈑ 1948년 7월 17일
③ 1945년 8월 ① 1946년 ②④ 1948년 2월

16 ④

한국광복군이 일본에 선전포고를 한 것은 맞지만 조선의용군과 연합하여 선전포고를 한 것은 아니며 태평양 전쟁이 발발한 후 한국광복군이 창설되고 1942년에 김원봉이 조직한 조선의용대를 흡수하였다.

17 ④

㉠ 조선인민당, ㉡ 한국민주당, ㉢ 국민당

18 ④

④ 4·19혁명 이후 허정, 장면을 중심으로 한 과도정부가 수립되었고 1960년 6월 15일 에 는 내각책임제(의원내각제)를 골자로 한 제3차 개헌이 실시되었다.

19 ②

㉠ 한국광복군은 1940년 중국 충칭에서 조직되었다.
㉡ 대한광복군정부는 1914년 러시아 블라디보스토크에 세워졌던 망명 정부이다.
㉢ 봉오동 전투는 1920년 6월 7일 만주 봉오동에서 홍범도의 대한독립군이 일본 정규군을 대패시킨 전투이다.
㉣ 영릉가 전투는 1932년 4월 남만주 일대에서 활동하던 조선혁명군이 중국 요령성 신빈현 영릉가에서 일본 관동군과 만주국군을 물리친 전투이다.

20 ①

① 김구는 「삼천만 동포에게 읍고함」이란 글을 통해 통일 정부 수립을 위한 남북 협상을 추진하였다.
② 한국 민주당은 처음에는 조선인민공화국의 타도와 충칭의 대한민국임시정부를 우리의 정부로 맞아들이겠다는 것을 당면한 대방침으로 삼고 임시정부 환국 후에도 그것으로 일관하였으나 1946년 제1차 미·소공동위원회가 결렬되는 무렵부터 이승만의 남한단독정부 수립운동에 동조하여 김구의 임시정부와 정치노선을 달리하게 되었다.
③ 독립촉성중앙협의회는 1945년 10월 23일 이승만을 중심으로 좌·우익을 망라한 민족통일기관 형성을 위해 조직된 정치단체이다.
④ 조선건국준비위원회를 조직하고 위원장으로 활동한 사람은 여운형이다.

21 ①

대한민국 임시정부는 1940년 9월 중국 충칭에서 광복군을 창립하였다.
① 건국강령 발표는 1941년에 하였다.
② 국무령 중심의 내각책임제는 1925년 대한민국 임시정부의 임시헌법(제2차 개헌) 때 채택하였다.
③ 구미위원부는 1919년 미국 워싱턴에서 설립된 대한민국 임시정부의 외교담당 기관이다.
④ 국민대표회의는 1923년 중국 상하이에서 열렸다.
⑤ 독립신문은 대한민국 임시정부의 기관지로써 1919년 8월에 창간되어 1925년 9월에 폐간되었다.

22 ③

① 1991년 12월 31일 남·북한은 국제적 쟁점이었던 한반도 비핵화 문제를 타결, 채택한 「한반도 비핵화에 관한 공동선언」을 발표하였다.
② 남·북한 동시 유엔 가입에 합의한 것은 1991년이다.
④ 2000년 6·15 남·북 공동선언 이후 남·북 정상 간의 회담이 이루어졌다.
⑤ 7·4 남·북 공동성명(1972), 남·북 간 화해와 불가침 및 교류 협력에 관한 협의서(1992), 6·15 남·북 공동선언(2000) 순이다.

23 ⑤

대한제국은 1897.10부터 1910.8까지 존속하였던 조선왕조의 국가이다.
⑤ 군국기무처는 조선말기(1894년) 때 갑오개혁을 추진하였던 최고 정책 결정 기관이다.
① 상무사(商務社)는 1899년 상업과 국제무역, 기타 상행위에 관한 업무를 관장하기 위해 설립되었던 기관이다.

② 양전지계사업(量田地契事業)은 대한제국 정부에서 1898년 이후 전국토지의 정확한 규모와 소재를 파악하여 그에 의해 합리적인 조세 부과와 예산편성을 가능하게 하고 이를 통해 각종 개혁 사업을 추진하여 근대화를 이루고자 했던 사업을 말한다.
③ 대한제국 선포이후 많은 외국어학교가 설립되었다.
④ 서북철도국은 1902년 서울과 신의주 사이에 경의선을 부설하기 위해 궁내부에 설치한 관서로 1904년 일본이 러일전쟁 수행의 일환으로 군용철도를 부설하기 시작하면서 폐지되었다.

24 ⑤

⑤ 암태도 소작쟁의는 1923년 8월부터 1924년 8월까지 전라남도 신안군 암태도의 소작인들이 벌인 소작농민항쟁으로 1년여 간에 걸친 이 쟁의는 '지주와 소작인회 간의 소작료는 4할로 약정하고 지주는 소작인회에 일금 2,000원을 기부한다.', '1923년의 미납소작료는 향후 3년간 분할상환한다.', '구금 중인 쌍방의 인사에 대해서는 쌍방이 고소를 취하한다.', '파괴된 비석은 소작인회의 부담으로 복구한다.' 등 4개항이 약정되면서 소작인측의 승리로 일단락되었다.

25 ②

신민회의 이회영, 이시영, 이상룡은 삼원보에서 자치기관인 경학사를 조직하고 신흥강습소를 설립하였다. 신흥강습소는 신흥학교로 변화, 본부를 옮기며 신흥무관학교로 명칭을 바꾸었다. 경학사가 대흉년으로 해산된 뒤, 부민단을 조직하였다.
② 이종호, 김익용, 강택희 등이 연해주 지역에 설립한 독립운동단체이다.

26 ③

③ 제시된 사료는 이광수가 동아일보에 게재한 '민족적 경륜'의 내용 중 일부이다. 이광수는 1920년대 초반 타협주의로 전향하면서 일제의 식민 지배를 인정하고 자치를 추구해야한다는 자치론을 전개하였다.
① 이광수의 자치론은 신채호 등 무장투쟁론자들에게 비판을 받았다.
② 1930년대 이후 혁명적 노동자, 농민운동의 구호이다.
④ 1920년대 초반 대한민국 임시정부의 독립운동 노선이다.

27 ③

제시된 사료는 독립운동가 이동휘의 활동에 대한 설명이다. 이동휘는 신민회, 대한광복군 정부 설립, 한인 사회당 등에 참여하였다.

③ 대동보국단은 박은식, 신규식이 1915년 상해에 설립한 독립운동단체로 「진단」이라는 잡지를 발간하였다.

28 ②

(가) 신채호 (나) 박은식

① 이승만 ③ 한용운 ④ 신채호

29 ①

(가) 7·4남북공동성명(1972)
(나) 6·15남북공동선언(2000)

① 6·15남북공동선언(2000) 이후에 열린 제1, 2차 남북장관급회담에서 경의선 철도(서울~신의주)와 도로(문산~개성)를 연결하기로 합의하였다.

30 ③

지문의 '주석 중심제로 정부 체제를 개편'한 것을 통해 4차 개헌(1940)임을 알 수 있다. 주석 중심제는 임시정부가 중경에 안착한 후 본격적인 대일 항전을 위하여 1940년 개헌한 내용이다. 대한민국 건국 강령은 1941년에 발표하였다.

① 1931년, ② 1923년, ④ 1929년

31 ②

지문은 '신탁통치반대 국민총동원위원회'의 반탁 시위 선언문이다. 1945년 12월 개최된 모스크바 삼국 외상 회의에서 4개국(미국, 영국, 중국, 소련) 신탁통치 소식이 전해지자 김구 등 임정세력이 중심이 되어 '신탁통치반대 국민총동원위원회'가 조직되어 신탁통치 반대운동을 전개하였다.

32 ③

지문은 1876년 체결된 강화도조약 중 치외법권에 관련된 것이다.

① 갑신정변 이후 청·일 간 체결된 톈진조약(1884)의 내용이다.
④ 임오군란 이후 체결된 제물포조약(1882)의 내용이다.

33 ①

지문은 진주민란(1862)에 대한 내용이다. 세도정치 시기 삼정의 문란으로 촉발된 단성, 진주의 민란은 이후 전국적으로 확산되었다(임술농민봉기).

②③④는 동학농민운동의 폐정개혁안에 대한 내용이다.

34 ①

제시문은 한반도에 임시정부 수립을 준비하기 위해 설치된 미소공동위원회에 대한 내용이다. 카이로 선언은 미국, 영국, 중국의 3국이 이집트 카이로에 모여 일본의 식민지였던 한반도의 독립국가로 승인할 것을 공식적으로 합의하였다. 해방 이후 이 원칙을 실현하기 위해 모스크바 3상회의가 열렸고 '한국에 미·소공동위원회를 설치하고 일정기간의 신탁통치에 관하여 협의한다.'는 내용이 포함된 모스크바협정이 발표되었다.

35 ②

제시문은 1932년 윤봉길이 상하이 홍커우 공원에서 일본군 요인을 폭살한 의거의 영향에 대한 내용이다. 이 사건을 계기로 만보산 사건으로 인해 나빠진 한국과 중국의 관계가 회복되어 중국 영토 내에서의 한국 독립운동의 여건이 좋아졌고, 중국 국민당 총통이었던 장제스가 상하이 대한민국 임시정부를 지원해주는 계기가 되었다.

36 ③

㉠ 농촌진흥운동(1932)
㉡ 학도지원병제도(1943)
㉢ 회사령 철폐(1920)
㉣ 토지조사사업(1912)

37 ②

제시문은 1991년 12월 13일 서울에서 열린 제5차 고위급회담에서 남북한이 화해 및 불가침, 교류협력 등에 관해 공동 합의한 남북기본합의서의 내용이다.

38 ①

(가) 제2공화국
(나) 제3공화국
(다) 노태우 대통령 집권기

39 ④

제시된 표는 정미의병과 관련된 자료이다.

④ 신돌석은 을사의병(1905) 때 활약한 의병장이다.

40 ④

④ '주체사상'은 김일성과 노동당의 독재를 강화하기 위해 강조된 것으로 1970년 노동당 제5차 대회에서 주체확립에 대해 규정하였다.

41 ②

제시문은 1927년 조직된 신간회에 대한 설명이다. 신간회는 '민족 유일당 민족협동전선'이라는 표어 아래 민족주의를 표방하고 있으며, 민족주의 진영과 사회주의 진영이 제휴하여 창립한 민족운동단체이다.

① 보안회에 대한 설명이다.
③ 민립대학기성회에 대한 설명이다.
④ 조선물산장려회에 대한 설명이다.
⑤ 신민회에 대한 설명이다.

※ 신간회의 3대 강령
　㉠ 우리는 정치적·경제적 각성을 촉진한다.
　㉡ 우리는 단결을 공고히 한다.
　㉢ 우리는 기회주의를 일체 부인한다.

42 ③

신문지법과 태형령은 1910년 일본의 무단통치기에 시행되었다.

① 1930년대　③ 1940년대　④ 1930년대

43 ①

㉢ 병인양요(1866)
㉡ 신미양요(1871)
㉠ 강화도 조약(1876)
㉣ 조청상민수륙무역장정(1882)
㉤ 갑신정변(1884)

44 ①

제시문은 대한민국 임시헌장 선포문이다. 대한민국 임시정부는 3·1운동이 일어난 이후 조직적이고 체계적인 독립 운동 추진의 필요성 인식으로 조직되었다.

45 ③

제시문의 이곳은 연해주(러시아 블라디보스토크)이다.

③ 대조선 국민군단은 미국 하와이에서 창설되었다.

46 ①

① 대한제국의 개혁 때는 재정 업무를 탁지부에서 궁내부 내장원으로 이관하였다. 재정일원화가 탁지부로 이관된 것은 갑오개혁 때이다.

47 ②

㈎ 갑신정변 14개조 정강　㈏ 독립협회 헌의 6조

② 갑신정변의 실패원인으로는 일본에의 의존, 청군의 개입, 민중적 지지 기반 취약, 정세 판단 미숙 등을 꼽을 수 있다.

48 ①

동학농민운동(1894년 2월)→㈎→1차 갑오개혁(1894년 7월)→㈏→을미개혁(1895년)

① 교정청은 자주적인 내정개혁을 위해 1894년 6월에 고종이 설치한 기구이다.

49 ④

㈎ 민립대학설립운동　㈏ 물산장려운동

④ 성과를 거두지 못하자 일제와 타협적인 자세로 변하였다.

50 ③

제시문은 독립협회에 관한 설명으로 러시아, 프랑스, 독일 등 열강의 이권침탈에 대한 비판적인 시각을 보인다. 그러나 일본이나 미국 등의 이권침탈 행위는 자원개발로 받아들이는 한계가 있다.

51 ②

제시문은 대한민국 임시정부 수립을 위한 협의단체 선정문제에 관한 것이다.

② 미국과 소련 양측이 합의를 보지 못하고 첨예하게 대립하여 미·소 공동위원회가 결렬되어, 이후 한반도 문제가 UN에 이관되었다.

52 ④

(가) 1904년 8월 1차 한일협약
(나) 1904년 2월 한일의정서
(다) 1907년 7월 한일신협약

④ (나), (가), (다) 순서로 체결된 후 한일병합조약이 체결되었다. 한일병합조약은 1910년 8월 일본의 강압 아래 대한제국의 통치권을 일본에 양여함을 규정한 한국과 일본 간의 조약이다.

53 ②

(가) 대한자강회 (나) 신민회

② 대한자강회는 교육과 산업을 통한 국권 회복을 위해 결성되었다. 실력양성운동, 일진회의 성토, 고종황제 강제퇴위 반대운동 등을 전개하다가 통감부에 의해 해산되었다.

54 ⑤

① 보부상을 지원하기 위해 상무사를 조직하였다.
② 세수 확보를 목적으로 양전 사업을 실시하였다.
③ 무관학교를 설립하여 고급장교를 양성하였다.
④ 북변도 관리를 설치하여 간도교민의 보호하였다.
⑤ 중국연호가 폐지된 것은 갑오개혁 때의 일이다.

55 ④

ⓒ 조일수호조규부록(1976년)
ⓖ 조미수호통상조약(1882년 5월)
ⓔ 제물포조약(1882년 8월)
ⓒ 조영통상조약(1883년)

56 ③

③ 통감부 설치 후 일제는 1907년 8월 23일에 간도용정에 간도통감부 출장소를 설치하고, 간도는 조선의 영토이며 출장소를 설치한 것은 간도조선인을 보호하기 위한 것이라 천명하고 청과 외교교섭을 시작했다.

57 ④

제시문은 갑신정변 때 개화당 정부의 14개조 혁신 정강의 내용이다.

58 ④

제시문의 내용은 1922년 제2차 조선 교육령이다. 이는 3·1운동 이후 격화된 한국인의 반일감정을 무마하고자, 일제가 문화통치의 일환으로 실시한 것이다.

① 1910년대 ② 1940년대 ③ 1930년대

59 ①

미국은 신탁통치 실시에 가장 적극적인 나라였다.

60 ②

반민족 행위 처벌법 … 1948년 7월 17일에 공포된 헌법 제101조의 "국회는 1945년 8월 15일 이전의 악질적인 반민족 행위를 처벌하는 특별법을 제정할 수 있다."는 규정에 의해 구성된 국회 특별법 기초위원회는 반민족자의 범위와 처벌 규정을 놓고 수차례의 논란을 거듭한 끝에 1948년 9월 22일 전문 3항 32조로 된 법안을 제정하였다. 법이 제정된 이후 반민족 행위 특별 조사 위원회가 출범하고, 1948년 10월부터 친일반민족행위자들에 대한 예비조사를 시작으로 의욕적인 활동을 벌였으나 친일파와 결탁한 이승만 정부의 방해, 친일세력의 특위위원 암살 음모, 친일경찰의 6·6 특경대습격사건, 김구 선생의 암살, 그리고 반민특위 법의 개정으로 1949년 10월에 해체되었다.

※ 4·19혁명은 이승만정권의 부정부패와 3·15일 부정선거 등이 원인이 되어 1960년 4월 19일에 절정을 이룬 항쟁이다. 따라서 4·19혁명의 영향으로 반민족 행위 처벌법이 제정되었다고 볼 수 없다.

61 ①

ⓒ 1976년 3월 1일 박정희 정부의 퇴진을 요구하는 재야 단체의 '민주구국선언문'
ⓖ 1981년 1월 15일 민주정의당 창당 선언문
ⓛ 1987년 6월 10일 '박종철 고문 살인·조작 은폐 규탄 및 호헌 철폐 국민대회 선언문'
ⓔ 1989년 전국 교직원 노동조합 발기 선언문

62 ②

ⓖ 1991년 남북 기본 합의서
ⓔ 1998년 금강산 관광
ⓛ 2000년 6월 1차 남북 정상회담
ⓜ 2000년 11월
ⓒ 2007년 10월 제2차 남북 정상회담

63 ②

1949년 우리나라 정부의 농지 개혁에 대한 내용에 해당한다.

① 유상 몰수, 4유상 분배의 방식으로 이루어졌다.
③ 신한공사는 미군정기 농지 개혁의 주체이며, 대한민국정부에서 추진하였다.
④ 북한은 1946년 3월 일본인, 민족반역자, 5정보 이상의 토지를 가진 지주의 땅을 모두 몰수하여 노동력의 차이에 따라 무전농민에게 무상으로 분배되어 지주들은 큰 타격을 입고 소작빈농은 하층 중농의 수준으로 향상하게 되는 농지 개혁을 단행하였으므로 우리나라가 북한의 영향을 받았다고 볼 수 있다.

64 ③

대한민국헌법 전문… 유구한 역사에 빛나는 우리 대한민국은 3·1운동으로 건립된 대한민국임시정부의 법통과 불의에 항거한 4·19민주이념을 계승하고, 조국의 민주개혁과 평화적 통일의 사명에 입각하여 정의·인도와 동포애로써 민족의 단결을 공고히 하고, 모든 사회적 폐습과 불의를 타파하며, 자율과 조화를 바탕으로 자유민주적 기본질서를 더욱 확고히 하여 정치·경제·사회·문화의 모든 영역에 있어서 각인의 기회를 균등히 하고, 능력을 최고도로 발휘하게 하며, 자유와 권리에 따르는 책임과 의무를 완수하게 하여, 안으로는 국민생활의 균등한 향상을 기하고 밖으로는 항구적인 세계평화와 인류공영에 이바지함으로써 우리들과 우리들의 자손의 안전과 자유와 행복을 영원히 확보할 것을 다짐하면서 1948년 7월 12일에 제정되고 8차에 걸쳐 개정된 헌법을 이제 국회의 의결을 거쳐 국민투표에 의하여 개정한다.

65 ④

서문은 1941년 대한민국 임시정부가 태평양전쟁 발발 후 즉각 일본에게 선전포고를 한 내용이다.

㉠ 1943년 ㉡ 1936년 ㉢ 1940년 ㉣ 1944년

66 ④

제시문은 폐정개혁 12개조의 일부이다. 동학농민운동은 개혁정치를 요구하고 외세의 침략을 물리치려 한 아래로부터의 반봉건적·반침략적 민족운동이라는 성격을 가진다. 동학농민의 요구는 갑오개혁에 일부 반영되었으며 농민군의 잔여세력은 항일의병항쟁에 가담하게 되었다.

67 ④

④ 서문은 대한독립선언서의 내용으로 1918년 조소앙이 집필한 것이다.

※ **조소앙**(1887. 4. 10~1958. 9. 9)… 한국의 정치가 및 독립운동가로 1922년 김구, 안창호와 함께 시사책진회를 결성하고 1928년 한국독립당을 창당하였다. 1937년 한국광복전선 결성시 한국독립당 대표로 참가하였으며, 1948년 단독정부 수립에 반대하고 남북협상에 참가하였다.

68 ④

1948년 7월 17일 제헌헌법에는 국회단원제를 명시하였다. 국회양원제는 제1차 개헌에서 명시하였으나 양원제를 채택하여 실시한 것은 제3차 개헌이었다.

69 ①

제시문은 온건개혁파와 동도서기론에 관련된 내용이다. 온건개혁파는 청과의 사대관계를 유지하며 점진적인 개혁을 주장하였다.

70 ①

㉢ 단독정부수립을 주장한 이승만은 남북연석회의에 참석하지 않았다.
㉣ 미국은 남북제정당 사회단체 연석회의를 지원하지 않았다.

71 ④

갑신정변 이후부터 동학농민봉기에 이르는 시기까지는 청나라 상인들은 상민수륙무역장정에 의해 우리나라에 전국적으로 거주하고 영업을 하였으며, 정치적 후원 및 금융지원 등으로 인하여 청과의 무역이 일본과의 무역보다 월등히 높았다.

72 ①

조선건국준비위원회… 여운형이 조선건국동맹을 모체로 발족시킨 단체로 여운형, 안재홍 등 우익세력과 중간노선의 인물들 그리고 박헌영 등의 좌익세력, 장안파 공산당 등도 참가하여 조선건국동맹에 이은 또 하나의 좌우합작단체로의 성격을 지니고 있으나 송진우 등 일부 우익세력은 불참한 상태로 출범하였다. 이들은 건국치안대를 조직하여 치안을 담당하였고, 식량대책위원회를 설치하여 식량확보에도 주력하는 등의 활동을 벌였다. 8·15 직후 전국적으로 145개의 지부를 결성하였고 완전한 독립국가의 건설, 민주주의 정권의 수립, 대중생활의 확보 등의 건국강령과 선언을 발표하면서 본격적으로 건국 작업에 돌입하였다.

73 ④

④ 1930년대 전반 민족해방운동의 수단으로 활발히 진행된 한국사 운동으로 민족주의자인 안재홍, 정인보, 문일평과 사회주의자인 백남운, 최익한을 중심으로 이루어졌다. 민족의 고유성을 학문·사상적 방법으로 재정립하여 민족문제 인식의 심화를 추구하고 식민사학과 마르크스주의 사학에 대응하는 사론을 세워나갔다. 조선학 운동의 주창자들은 자주적 근대사상 및 학문적 주체성을 실학에서 찾아내어 실학을 연구하기도 하였다.

74 ②

ⓐ 1910년대   ⓑ 1930년대
ⓒ 1940년대   ⓓ 1920년대

75 ④

좌익 세력은 처음에는 반탁이었으나 후에 찬탁으로 태도를 바꾼다.

76 ①

제시된 자료는 대한제국에서 선포한 대한국국제 9조의 일부이다. 제1조에서 대한국이 자주독립한 제국이라고 밝히고 있으므로 작은 나라가 큰 나라로 섬긴다는 뜻의 이소사대는 적절하지 않다.

77 ④

① 남로당과 연안파 인사들을 포함한 갑산파·소련파로 북한 정부를 구성하였다.
② 베트남에 파병은 했으나 UN군의 일원은 아니었다.
③ 유신헌법 통과(1972. 10) 후 통일주체 국민회의를 통해 당선되었다.

78 ③

위정척사운동의 전개
ⓐ 1860년 병인양요 시기 이항로와 기정진은 양물금단, 양화배척 등의 통상반대운동 및 척화주전론을 주장하였다.
ⓑ 1870년 강화도조약 체결 당시 최익현은 왜양일체론과 개항불가론을 주장하였다.
ⓒ 1881년 퇴계 이황의 종손인 이만손은 영남만인소에서 개화에 거센 반발을 일으켰다.
ⓓ 1890년 을미사변 및 단발령을 계기로 의병운동으로 양상이 바뀌어 갔다.

79 ②

1차 미소공동위원회(1946. 3. 26~5. 6)와 2차 미소공동위원회(1947. 5. 21~10. 21)의 사이에 나타난 사건으로는 1946. 5. 15 위조지폐사건, 1946. 7. 25 김규식, 안재홍, 여운형의 좌우합작운동, 1946. 10 대구인민항쟁 등이 있다.

80 ③

독립운동 전체의 방향전환을 논의하고 임시정부를 통일전선정부로 만들기 위하여 국민대표회의가 개최되었으나 개조파와 창조파의 대립으로 인하여 국민대표회의는 성과를 거두지 못하였으며 창조파와 개조파는 임시정부에서 이탈한 뒤 서서히 세력을 잃고 말았다.

81 ④

병인양요 … 1866년 9월 프랑스 선교사의 처형을 구실로 프랑스 함대가 강화읍을 점령하고 외규장각 도서 및 은, 문화재 등을 약탈하고 외규장각을 불태워버린 사건이다. 문수산성에서 한성근이, 정족산성에서 양헌수가 프랑스 군대를 격퇴하였다.

82 ③

ⓐ 1987년 6월 29일 민주정의당 대표 노태우가 국민들의 민주화와 직선제 개헌요구를 받아들여 발표한 특별선언을 의미한다.
ⓑ 지방자치의 전면적 실시는 문민정부 출범 후 실시된 1995년 6월 27일 4대 지방선거(기초의회, 광역의회, 기초단체장, 광역단체장)에 의하여 비로소 시작되었다.
ⓒ 1991년 9월 18일 열린 제46차 유엔 총회에서 남·북한이 각기 별개의 의석을 가진 회원국으로 유엔에 가입하였다.
ⓓ 1990년 10월 나타난 독일의 국가적 통일로 제2차 세계대전 후 동독과 서독으로 분단되었다가 서독을 중심으로 독일 연방 공화국을 이루게 되었다.

83 ④

④ 제물포조약과 한·일 수호조규속약이 체결된 것은 임오군란 때의 일이다.

84 ①

ⓐ 1880년   ⓑ 1894년 7월
ⓒ 1894년 8월   ⓓ 1898년

85 ①

1972. 7. 4 남북공동성명 … 1972년 7월 4일 남북한 당국이 국토분단 이후 최초로 통일과 관련하여 합의발표한 역사적인 공동성명을 말한다. 이 시기에는 자주, 평화, 민족적 대단결의 통일을 위한 3대 원칙, 남북한 제반교류 실시, 남북 적십자 회담 협조, 서울과 평양 사이 상설직통전화 개설, 남북조절위원회 구성 등이 이루어졌다.

86 ②

(가) 한국은 박정희대통령 정권시절 박정희대통령의 제안으로 베트남파병을 시작하였으며 베트남전쟁이 치열해지기 시작한 1964년부터 휴전협정이 조인된 1973년까지 8년간에 걸쳐 자유 베트남을 돕기 위하여 국군을 파견하였다.

(나) 북방정책은 1973년 6·23선언으로부터 시작되었으며, 본격적으로 정부의 대외정책의 기조로 설정된 것은 1988년 노태우대통령의 취임사에서였다.

(다) 금융실명제는 김영삼 대통령의 정책 중 하나로 '금융실명거래 및 비밀보장에 관한 긴급명령'에 의거하여 1993년 8월 이후 모든 금융거래에 도입되었다.

87 ④

제시된 글은 흥선대원군이 서원을 철폐하면서 내린 철폐령의 전문이다.

① 인조   ② 조광조   ③ 유형원

88 ①

(가) 김구의 3천만 동포에게 읍고
(나) 이승만의 정읍발언

① 김구는 1941년 한국독립당의 건국강령으로 조소앙의 삼균주의를 채택하였다.
② 반민특위는 1948년 친일파의 반민족적 행위를 처벌하기 위해 설치된 특별기구로 김구와는 직접적인 관련이 없다.
③ 이승만은 주로 외교독립론을 주장하였으며, 김구는 1926년 상하이에서 애국단을 조직하여 항일투쟁을 전개하였다.
④ 이승만과 김구는 모두 모스크바 3상회의에서 결정된 신탁통치에 반대하였다.

89 ③

(가) 이승만을 중심으로 하는 외교독립론으로 열강에게 부탁하여 일본을 몰아내고자 한 독립청원운동이다. 외교독립론으로 인해 임시정부 내부에서 개조파와 창조파가 갈라지게 되었다.

(나) 이동휘를 중심으로 하는 독립전쟁론(무장투쟁론)으로 외교독립론을 비판하고 무장투쟁을 통해 독립을 쟁취해야 한다고 주장하였다.

① 독립청원운동 이외에도 무장투쟁론, 준비론 등의 주장으로 인하여 임시정부의 분열이 발생하였다.
② 임시정부가 분열되자 새로운 독립추진기구를 만들자고 주장한 것이 창조파이다.
④ 타협적 민족주의에 대한 설명이다.

90 ③

제4·5공화국(1963~1979)에 해당하는 박정희 정권에 대한 설명이다.

① 1961년부터 진행되었으며 1965년 6월에 한·일 기본조약 및 제협정이 조인되었으며, 그 해 8월 국회에서 통과되었다.
② 1971년 대한적십자사에서 남북한 이산가족찾기를 위한 남북적십자회담을 북한의 조선적십자회에 제의하였으며, 북한의 동의에 의해 회담이 진행되었다.
③ 중국과 국교가 수립된 것은 1992년 노태우 정권 때의 사실이다.
④ 유신헌법은 7차로 개정된 헌법으로 1972년 10월에 개헌안이 공고되었으며, 11월에 국민투표를 거쳐 12월 27일에 공포·시행되었다.

91 ②

제시된 내용은 건국준비위원회에서 일본에 요구한 다섯 가지 중 세 가지이다. 건국준비위원회는 1944년 형성된 건국동맹을 모체로 하여 위원장에는 여운형이, 부위원장에는 안재홍이 취임하였다. 건국치안대를 조직하여 치안유지를 담당하였으며, 식량대책위원회는 식량확보를 위해 노력하였다. 또한 지방에 지부를 설치하여 조직을 확대하였다. 그러나 내부에서 분열이 발생하여 좌익세력이 인민공화국을 선포하면서 사실상 해체되었으며 지방의 지부들은 인민위원회로 개편되었다.

② 송진우·김성수 등 민족주의 우파계열은 건국준비위원회에 참여하지 않았다.

92 ①

제시된 조문은 1876년에 체결된 강화도조약(병자수호조약)의 주요내용이다.

① 1873년 대원군이 하야하고 고종의 친정이 이루어졌다.
② 일본은 청의 종주권을 부인하고, 개항요구, 조선 연해의 측량 허용 등을 규정하여 정치적·군사적 영향력을 증대시켜 조선침략의 발판을 마련하였다.

③ 1860년대 통상반대운동을 전개하던 위정척사파는 1870년 문호개방을 전후해서는 개항불가론을 주장하면서 개항반대운동을 전개하였다. 이후 개화반대운동은 항일의병운동으로 계승되었다.
④ 동학은 1860년 최제우에 의해 창도되었다.

93 ④

① 1870년대 ②⑤ 1860년대 ③ 1895년

94 ③

제시된 내용은 1896년 창립된 독립협회의 활동에 관한 것이다. 왕실 및 보수관료층, 개화파 등이 모여 만든 단체로 고종의 환궁을 요구하고 이권수호운동, 민중계몽운동 등과 같은 자주국권운동과 입헌군주제, 상업진흥을 통한 경제 발전과 같은 자강개혁운동을 전개하였다. 또한 관민공동회 · 만민공동회를 주최하여 시민들의 참여를 높였다.

95 ④

④ 일제는 고종의 헤이그 밀사파견을 구실로 고종을 강제퇴위시키고 순종을 옹립한 후 입법권과 행정권, 관리임용권을 박탈하는 한일신협약(정미7조약, 1907)을 체결하였다.

96 ③

영국이 러시아의 남하를 막기 위해 1885년부터 1887년까지 거문도를 점령하는 등 조선에 대한 열강들의 침략이 격화되자 조선중립론이 대두되었다. 독일인 부들러의 경우 스위스를, 유길준은 벨지움과 불가리아를 모델로 하는 중립화안을 제안하였다.

97 ④

㉠ 1894년 전라도 고부 군수 조병갑의 횡포와 착취에 항거하기 위해 봉기하였다.
㉡ 정부는 처음 청나라에 파병을 요청하였으며 청의 군대가 파병되자 일본에서는 톈진조약을 들어 일본군도 파병하게 된다. 이로 인해 청 · 일전쟁이 발발하게 되었다.

98 ①

제시된 내용은 외교권을 박탈하고 통감정치를 결정한 을사조약(1905)이다. 이 조약이 체결되자 최익현 · 이상설 등은 조약파기를 위한 상소를 올렸으며, 민영환 · 조병세 등이 자결하였다. 학생들은 동맹휴학하고 상인들은 상점의 문을 닫았으며, 언론에서는 을사조약의 무효를 주장하였다. 또한 고종은 1907년에 개최된 헤이그 만국평화회의에 밀사를 보내어 조약의 부당함을 알리고자 하였으나 실패하였다.

②④ 정미7조약(1907)
③ 을미사변(1895)

99 ①

② 남북기본합의서는 남북 사이의 화해와 불가침, 교류 · 협력 및 비핵화선언을 내용으로 1991년에 체결되었다.
③ 6 · 15남북공동선언은 연합제와 연방제통일안의 공통성 인정, 경제교류 및 이산가족 상봉 확대를 내용으로 한다.
④ 북한의 연방제통일안은 1국가 2체제이고, 남한의 통일안은 1국가 1체제이다.

100 ④

④ 운요호 사건을 계기로 맺은 강화도조약(1876)은 우리나라가 외국과 체결한 최초의 근대적 조약이자 불평등조약이다. 불평등조약의 핵심은 영사재판권(치외법권) 인정과 우리 해안에서의 자유로운 측량권 허용, 개항장에서의 조계 설정 등으로 나타난다. 하지만 최혜국대우조항은 없고, 이는 조미수호통상조약(1882)부터 나타나기 시작했으며, 이후에 체결된 서양 열강과의 조약에서는 모두 최혜국대우조항이 포함되어 있다.

101 ③

흥선대원군의 개혁정치는 대내적으로는 세도정치 타파를 통한 왕권 강화, 대외적으로는 통상수교거부정책의 실시로 요약된다. 세도정치 타파를 위해 비변사의 기능을 축소하고 의정부와 삼군부의 기능을 강화했으며, 서원 철폐 및 능력 중심의 인재 등용을 통한 왕권 강화를 동시에 추구하였다. 그리고 호포법 실시와 전정사업, 사창제 실시로 민생안정 및 국가재정을 확보하기도 하였지만 왕실의 위엄을 세우기 위해 경복궁 중건사업을 실시하는 과정에서 민생피폐 및 당백전 발행의 문제점을 낳기도 하였다. 대외적으로는 병인양요, 신미양요를 잘 대처한 후 전국에 척화비(斥和碑)를 세워 통상수교거부의지를 더욱 강화시켜 나갔다.

③ 재정의 일원화와 문벌폐지는 갑신정변 14개조 정강에서 제시된 내용이다.

102 ④

1919년에 있었던 3·1운동은 윌슨의 '민족자결주의' 원칙과 2·8독립선언 등의 영향을 받아 계급을 초월한 전 민중이 일제의 무단통치에 항거한 혁명적 사건이다. 이로 인하여 일제는 무단통치를 기만적인 문화통치로 전환하였으며, 중국이나 인도의 독립운동에도 영향을 끼쳤다. 또한 독립운동의 중요한 분수령이 되는 사건으로 이후 상해임시정부가 국내외를 통합하여 단일 정부 지향점으로 구성되고 이는 세계에 우리 독립의지를 천명하는 계기가 되었다.

④ 민족유일당운동(1927)은 1920년대 국내의 사회주의 계열과 민족주의 계열이 통합하여 신간회와 근우회를 구성하게 되었던 것으로 3·1운동과는 직접적인 관련이 없다.

103 ④

반민족행위특별조사위원회는 1948년 제헌국회가 반민족행위처벌법을 제정함으로써 이를 처리하기 위해 만든 특별기구이다. 즉, 일제시대 친일파로 활동한 이들을 처벌하기 위해 조직되었으며 초기 활동은 국민들의 열렬한 지지를 받으며 진행되었다. 하지만 친일파 세력의 음모와 조작, 이승만 대통령의 친일파 처단보다 당시 좌익세력의 척결을 주장하는 반공정책 등으로 인하여 성공하지 못하였다.

104 ②

제헌국회는 1948년 5월 10일 남한만의 단독 총선거(5·10총선거) 실시로 구성된 초대 국회이다. 이 선거에서 198명의 국회의원이 선출되었으며, 대통령에 이승만, 부통령에 이시영이 선출되었다. 제헌국회는 제헌헌법을 제정하였는데 국회의원의 임기는 2년, 대통령의 임기는 4년으로 정하였다. 그리고 일제시대 반민족행위자를 처벌하기 위한 반민족행위처벌법이 제정되었으나 이후 제대로 실시되지 못하였으며, 남한만의 단독 총선거에 반대한 김구와 김규식은 참여하지 않았다.

② 당시 국회의원의 임기는 2년이었다.

105 ③

③ 봉오동전투와 청산리전투 이후 일본군이 만주지역의 조선인을 대량 학살한 사건은 간도참변(1920)이다. 자유시참변(1921)은 소련 적색군의 배신으로 우리 독립군이 무장해제 당한 사건이다.

※ 봉오동전투와 청산리전투
ⓐ 봉오동전투(1920) : 대한독립군(홍범도), 군무도독부군(최진동), 국민회군(안무) 연합
ⓑ 청산리전투(1920) : 김좌진의 북로 군정서군과 국민회 산하 독립군의 연합부대

106 ③

1930년대 일제의 식민통치는 민족말살정책으로 황국신민화를 강화하였다. 그 일환으로 실시된 것이 일본식 성명 사용 강요, 황국신민서사 암송 강요, 식민사관 보급, 국어·국사교육 금지 등이었으며, 내선일체(內鮮一體) 및 일선동조론(日鮮同祖論)을 주장하였다. 한편 대륙침략 및 태평양전쟁을 전후로 하여 국가총동원령을 내려 강제징용, 징병, 정신대, 학도병, 공출을 자행하는 등의 병참기지화 정책을 동시에 실시하였다.

③ 치안유지법은 1925년에 제정된 법으로 반일세력, 특히 사회주의 세력을 철저히 감시하기 위해 만들어졌다.

107 ③

제시된 글은 윤효정, 장지연이 헌정연구회를 발전시켜 조직한 대한자강회의 취지서이다. 이들은 윤치호를 초대 회장으로 내세우고, 교육과 식산흥업을 주장한 대표적인 애국계몽운동단체이다. 즉 교육진작과 산업부흥의 실력양성을 통해 독립할 것을 주장하였다. 하지만 일제가 고종을 강제퇴위시킨 것에 대한 반대운동을 전개하다가 해산되었다.

③ 입헌정체의 주장은 급진개화파의 갑신정변과 갑오개혁, 독립협회의 주장에서 살펴볼 수 있다.

108 ③

ⓑⓓⓕ 동학농민운동 폐정개혁안 12개조에서 제시된 내용이다.

109 ①

① 포츠담선언(1945. 7)은 카이로회담에서 결정된 우리나라의 독립을 재확인한 공동선언이며, 미·영·중·소에 의해 남북한을 각각 5개년간씩 신탁통치한다는 결정을 내린 것은 모스크바 3상회의(1945. 12)에서이다.

110 ①

① 비폭력주의를 원칙으로 하였으나 점차 무력적인 저항으로 변모되었다.
② 우리나라의 사회주의는 레닌의 약소민족 지원약속과 3·1운동의 영향으로 대두되었다.
③ 일제는 3·1운동을 계기로 1910년대의 무단정치에서 1920년대 문화정치로 그 통치 방식을 변경하였다.
④ 시기적으로 ⓐ 3·1운동(1919) - ⓑ 6·10만세운동(1926) - ⓒ 광주학생항일운동(1929) 순으로 전개되었다.

111 ③

① 임오군란을 계기로 청의 내정간섭이 심화되었다.
② 갑신정변을 통해 청으로부터의 독립을 꾀했으나 실패하였고, 그 후 일본에 더욱 의존하게 되었다.
③ 거문도사건은 영국과 러시아의 대립을 촉발한 사건이다.
④ 동학농민운동 저지를 위해 청일 양국의 군대가 개입되었으며, 이 운동의 실패로 일제에 의한 식민지화를 재촉하는 결정적 계기가 마련되었다.

112 ②

① 한인애국단은 김구에 의해 1925년에 조직되었다.
② 조소앙에 의해 주장되었던 삼균주의는 1941년 임정에 의해 건국강령으로 채택되었다.
③ 대한민국 임시정부는 한국광복군을 창설하여 일본에 정식으로 선전포고를 하였다.
④ 교통국과 연통제는 대한민국 임시정부 수립초기에 활용된 연락체제들이다.

113 ①

1960년대에 북한은 중공업·경공업의 병진정책을 추진하였고, 천리마운동을 전개하였으며, 4대 군사노선과 주체노선을 강조하였다.

② 1958년 ③ 1948년 ④ 1993년

114 ②

제시된 내용은 최익현의 왜양일체론에 의한 '5불가소'이다. 운요호사건 이후에 강화도조약의 체결을 앞두고 일본과의 수교와 개항을 반대하는 논리로 제기된 척사론이다.
② 조선책략은 청의 주일외교관 황준헌의 저서로 조선이 러시아의 침략을 막는 방법으로 '친중국, 결일본, 연미방'의 외교전략을 적극 주장하며 개화노선을 제시한 책이다. 최익현은 척화주전론을 주장한 이항로의 사상을 계승하였으며, 조선책략 유포에 반발하여 이만손의 영남만인소를 시작으로 홍재학의 만언척사소를 통해 개화반대운동이 전개되었다.

115 ②

㉠ 모스크바 3국 외상회의(1945. 12) : 임시민주정부의 수립, 미·소공동위원회 설치, 최고 5년간의 한반도 신탁통치 등을 결정하였다.
㉡ 남북협상(1948. 4) : 남한만의 선거로 단독정부가 수립되면 남북의 분단이 계속될 것을 우려하여 남북한이 협상을 통해서 통일정부를 수립하자고 남북협상을 추진하였으나 실패하였다.

㉢ 제1차 미·소공동위원회(1946. 3) : 미국과 소련의 의견대립으로 결렬되었고, 1947년까지 진행되었다.
㉣ 유엔 소총회(1948. 2) : 남한의 단독선거와 단독정부수립을 인정하는 것이었다.

116 ②

① ㉠ 국권피탈(1910. 8)→㉡ 3·1운동의 발생(1919. 3)→㉣ 3부의 편성[육군주만참의부(1924), 정의부(1925. 1), 신민부(1925. 3)]→㉢ 한인애국단(1926)의 활동 순서이다.
② 국권피탈(1910. 8)을 전후하여 국내 민족지도자들은 독립의군부, 대한광복회, 조선국권회복단 등을 조직하였으며, 일제의 무자비한 탄압을 피하기 위해 비밀결사운동으로 전개되었다. 수많은 애국지사들이 간도와 연해주, 만주 등 국외 각지에 독립운동기지를 건설하여 무장독립전쟁을 수행하였다. 대표적인 독립운동기지로 남만주의 삼원보, 밀산부, 한흥동, 블라디보스토크의 신한촌을 들 수 있다.
③ 일제의 토지조사사업은 1910년대의 일이며, 3·1운동 이후 무장폭력의 확산은 1920년대 해당한다.
④ 1910~1919년에 헌병경찰통치가 행해졌으며, 한인애국단은 1926년에 조직되었다. 한인애국단의 활동(윤봉길의 상해 홍커우 공원 투탄)으로 중국정부가 상해임시정부를 지원하는 계기가 되었다.

117 ④

①②③ 일제는 중국침략을 본격화하면서 후방지원이라는 현실적 이유 때문에 한민족의 정체성을 부정하고 조선인을 일본인화하려는 황국신민화 정책을 본격적으로 추진하였다. 황국신민화정책에는 이 외에도 신사참배·궁성요배·국민복착용 강요, 조선어신문·잡지 폐간 등이 있다.
④ 1910년대 일제는 무단통치수단으로 총독부의 관리와 학교 교원들에게 제복을 입히고 칼을 차게 하였다.

118 ①

② 김구, 김규식 등은 남한의 단독선거가 남북의 영구적 분단을 초래할 것을 우려하여 남·북 총선거를 실시하려고 시도했으나 실패하였다.
③ 모스크바 3국 외상회의에서 한국 임시민주정부를 수립하기 위해 미·소공동위원회를 설치하고, 한국을 최고 5년간 미·영·중·소 4개국이 신탁통치를 하기로 결정하였다.
④ 제주도 4·3사건은 좌·우익의 대립이 격화되어 일어난 사건으로, 남한의 5·10총선거 반대, 미군철수 등을 주장하며 시위하던 제주도민들에 대해 미군정과 토벌대가 무차별로 가혹하게 대처하면서 확대된 사건이다.

⑤ 1948년 5 · 10총선거로 구성된 제헌국회의 간접
　선거로 대통령을 선출하였다.

119　③

조선후기에는 국가재정이 악화됨에 따라 환곡이자에
대한 재정의존도가 높아져, 전세 · 군역세와 함께
삼정의 하나가 되었다. 이후 19세기 세도정치기에
삼정의 문란이 극심하였고 그 중 환곡의 폐해가
가장 심하였는데, 진주민란은 환곡의 폐단이 직접
적인 계기가 되기도 하였다. 이에 대해 대원군은
내정개혁을 단행하면서 환곡제를 사창제로 전환하
여 관이 관여 없이 동리단위로 자치적으로 운영하
도록 하였다. 사창제의 실시로 환곡의 폐단이 완전
히 사라지거나 농민의 생활향상이 이루어진 것은
아니었으나, 환곡제 실시에 수반되었던 탐관오리의
수탈이 배제되어 국가의 원곡이 보존될 수 있었으
며, 이자수입이 늘어나 재정수입이 증대되는 결과
를 가져왔다.

120　①

① 독립협회는 서재필 · 윤치호 · 이상재 · 남궁억 등
　의 진보적 지식인들이 지도부를 형성하였고, 도
　시 서민층이 주요 구성원을 이루었다. 또한 강
　연회와 토론회를 개최하고 신문과 잡지의 발간
　을 통하여 근대적 지식과 국권 · 민권사상을 고
　취시켜 민중을 계도하였다.
②③④ 독립협회 창립(1896) 이전인 갑신정변이나
　갑오 · 을미개혁에서 시도되었던 일이다.

● **2. 근현대의 경제 변동**

1　③

국채보상운동 … 1907년 대구에서 서상돈 등의 제안
으로 일본에서 도입한 차관 1,300만 원을 갚아 주
권을 회복하고자 발단된 주권수호운동이다. 그러나
이와 같은 운동이 전국적으로 확대되자 일제는 일
진회를 통해 이를 공격하고 국채보상기성회의 간사
양기탁을 횡령죄를 씌워 구속하는 등의 방해로 탄
압하여 더 이상의 진전 없이 좌절되었다.
① 보안회는 일제의 황무지 개간권 탈취에 대항하
　기 위해 결성된 단체이다.
② 국채보상운동은 통감부의 방해로 실패하였다.
④ 물산장려운동에 대한 설명이다.

2　②

제시된 법령은 1912부터 1918년까지 실시한 토지
조사사업의 내용이다.

① 농경지에 한해 시행되었다.
③ 1918년 지세령 개정
④ 대한제국의 양전사업 내용

3　③

제시된 법령은 농지개혁법이다. 농지개혁법의 시행으로
지주의 권한이 줄어들고 자기 땅을 가진 소작농이 증가
하였다.
② 토지조사사업에 대한 설명이다.
④ 농지개혁법은 유상매입, 유상분배를 원칙으로
　한다.

4　①

제시된 자료는 1910년대에 실시한 토지조사사업에
관련된 내용이다.
① 일본에 의해 국유지로 편입된 토지에 대하여 다
　수의 분쟁이 발생하였다.

5　④

㉠은 1920년대에 실시한 산미증식계획이다. 산미
증식계획으로 증산량보다 많은 양을 수탈해 갔기
때문에 조선의 식량 사정은 악화되어 만주에서 잡
곡을 수입하게 되었다. 이 사업의 결과, 수리조합
비와 토지개량사업비를 농민에게 전가하여 농민의
몰락이 가속화되었고 많은 수의 자작농이 소작농
으로 바뀌었다.

6　③

지문의 경제조치는 1905년부터 시작된 화폐정리사
업이다. 일제는 백동화를 정리하면서 액면가로 바꾸
어주지 않고, 질이 떨어진 구화는 적은 값으로 바
꾸어 주었다.

7　③

③ 미국의 무상 원조는 한국전쟁 직후인 50년대에
집중적으로 이루어졌으며, 60년대에 들어서는 점
차 유상차관으로 전환되었다.

8　③

1890년대 청과 일본 상인의 경제적 침략 속에서
지주나 부농은 쌀의 수출을 통해 자신의 부를 축
적하였다.

9 ④

④ 토지조사사업의 결과 실제로 토지를 소유해왔던 농민이 토지에 대한 권리를 잃고 영세소작인 또는 화전민으로 전락하였다.

10 ④

산미증식계획으로 쌀 생산이 늘어났지만 수탈 역시 증가하였고, 수리조합비·비료대금·곡물 운반비 등의 증산비용을 농민에게 전가하여 농민들의 삶은 오히려 궁핍해졌다.

11 ②

반민족 행위 처벌법 … 광복 이후 친일파 청산을 위해 1948년에 제정되었다.

① 제4조 내용
② 제5조 일본치하에 고등관 3등급 이상, 훈 5등급 이상을 받은 관공리 또는 헌병, 헌병보, 고등경찰의 직에 있던 자는 본법의 공소시효 경과 전에는 공무원에 임명될 수 없다. 단 기술관은 제외된다.
③ 반민족 행위 처벌법이 제정된 후 국회의원 10명으로 구성된 반민족 행위 특별 조사 위원회가 구성되었다.
④ 제2조 일본정부로부터 작을 수한 자 또는 일본 제국의회의 의원이 되었던 자는 무기 또는 5년 이상의 징역에 처하고 그 재산과 유산의 전부 혹은 2분지 1이상을 몰수한다.

12 ③

㉠ 토지조사사업
㉡ 회사령

① 화폐정리사업은 1905년 시행되었으며, 토지조사사업은 1910년 실시되었다.
② 일제가 정한 양식에 의해 신고를 하지 않으면 토지소유권을 인정해주지 않았으며, 지주의 소유권만을 인정하고 관습적으로 인정되던 개간권, 도지권과 같은 농민의 권리는 인정해주지 않았다. 또한 토지조사사업으로 식민지 지주제가 확립되었다.
③ 일제는 회사의 설립을 허가제로 하는 회사령을 시행하여 민족산업의 발전과 자본축적을 방해하였다.
④ 일제는 1920년대 후반 발생한 세계 경제대공황을 타개하기 위해 병참기지화 정책을 실시하였다.

13 ②

제시된 내용은 1907년에서 1908년에 전개된 국채보상운동의 취지문이다. 일본에서 제공한 차관을 갚아 경제적인 예속을 피하고자 서상돈의 발의로 김광제 등이 국채보상기성회를 조직하여 전국적으로 확대되었다. 전국민의 호응으로 많은 돈을 모았으나 일제의 방해로 실패하였다.

④ 대한매일신보에 국채보상국민대회취지문이 발표되었으며 이를 비롯한 황성신문·제국신문 등이 국채보상운동에 적극 참여하였다.

14 ④

일제는 1931년 만주사변을 수행하면서 조선을 대륙 침략을 위한 병참기지화 하였다. 공업원료 증산을 위해 남면북양정책을 실시하였으며, 일본 – 조선 – 만주를 하나의 블록으로 묶어 경제공황을 타개하고자 하였다. 중·일전쟁(1937)을 일으킨 후에는 국가총동원령을 내리고 조선에서의 물적·인적자원 수탈을 강화하였다. 태평양전쟁(1941) 이후에는 무기제작을 위해 금속 그릇까지 강제공출해갔다.

15 ①

제시문은 1907년에 전개된 대표적 경제구국운동인 국채보상운동이다. 국채보상운동은 대구 광문사의 김광제, 서상돈을 중심으로 국채보상기성회가 조직되어 전국적인 구국운동으로 확산되었다. 이는 외채 1,300만 원을 국민 스스로의 힘으로 갚을 것을 주장하였으며, 당시 민족지인 대한매일신보가 이를 홍보하였다. 하지만 일제 통감부의 방해로 성공하지는 못했다.
② 1920년대 초반에 전개된 물산장려운동에 대한 설명이다.
③ 시전상인을 중심으로 조직된 황국중앙총상회에 관한 설명이다.
④ 총독부는 1910년에 세워진 기구이고, 국채보상운동을 방해한 단체는 통감부이다.

16 ④

해방 이후 진행된 남북한의 농지개혁에서 북한은 무상몰수 무상분배의 원칙으로, 남한은 유상몰수 유상분배의 원칙으로 진행되었다. 남한의 경우에는 지주들이 농지개혁 이전에 미리 토지를 매도하여 토지를 자본화하고 이를 산업에 투자함으로써 산업자본가로 성장하게 되었다. 공통점은 이로 인하여 지주제가 철폐되고 농민들은 경작권을 회복할 수 있게 됨으로써 생산의욕이 높아지는 계기가 되었다.

17 ③

ㄱ 1907
ㄴ 1904
ㄷ 1889(방곡령 선포)
ㄹ 1898
ㅁ 1920년대 초반부터 시작

18 ①

① 울릉도의 삼림채벌권은 러시아의 이권침탈과 관련이 있다.

※ **제국주의 열강별 이권침탈**
ㄱ **일본** : 경원선 부설권, 경부선 부설권, 황해도·충청도 금광채굴권 등
ㄴ **러시아** : 함경북도 종성·경성 광산채굴권, 두만강·압록강·울릉도 삼림채벌권
ㄷ **미국** : 운산 금광채굴권, 갑산 광산채굴권, 서울의 전등·전화·전차부설권, 경인선 부설권(이후 일본에 매각)
ㄹ **영국** : 평안도 은산 금광채굴권
ㅁ **프랑스** : 경의선 부설권

19 ④

④ 제시문은 국채보상운동에 대한 내용으로 일제 강점기의 물산장려운동과는 직접적인 연관이 없다. 국채보상운동은 우리 경제 파탄을 목적으로 도입된 일본 차관을 상환하려는 전국적 움직임이었다.

20 ③

③ 물산장려운동은 조선물산장려회가 주동이 된 민족경제의 자립을 기하려는 민족운동으로 일본 상품의 배격과 국산품애용운동이다. 일본의 차관제공에 맞선 운동이 국채보상운동이다.

21 ④

④ 1910년대 토지조사사업은 국권피탈 후의 식민지 경제체제의 일로 한국인의 토지를 약탈하고 지주층을 회유하기 위한 목적으로 시행되었으나, 방곡령(1889)은 당시 일본이 자본주의 발달의 초기과정에서 농촌의 피폐에 따른 식량부족을 해결하기 위하여 곡물을 싼 값으로 수입해갔다. 이에 곡물가격이 폭등하자 지방관이 곡물유출을 금지하는 방곡령을 내렸다. 그러나 일본이 조·일통상장정에 의거, 항거함에 따라 배상금을 물고 실효를 거두지 못하였다.

※ **경제적 침탈에 맞선 구국운동**
ㄱ **곡물유출** : 방곡령 시행
ㄴ **이권탈취** : 독립협회의 이권수호운동
ㄷ **금융지배** : 조선·한성·천일은행 등을 설립하여 저항
ㄹ **차관제공** : 국채보상기성회가 조직되어 국채보상운동 전개
ㅁ **토지약탈** : 보안회의 황무지개간 요구철회운동
ㅂ **상권침탈** : 서울상인들의 상권수호운동과 황국중앙총상회 설립

22 ④

조·청상민수륙무역장정(1882)의 체결은 청의 종주권을 재확인하고, 청의 상인들이 조선 내에서 거주·영업·여행을 자유롭게 할 수 있도록 허용하였다. 이는 일본의 경제적 침투를 능가한 것이었다.

④ 부산, 원산, 인천 등 세 항구의 개항은 강화도조약 때 이루어졌다.

23 ①

1922년 조만식 등이 중심이 되어 서북지방의 사회·종교·교육계의 인사들을 규합하여 조선 물산장려회를 발족시켰고, 그 이듬해 서울에서도 조직되었다. 이는 민족산업을 육성함으로써 민족의 자립을 기하려는 민족운동으로 국산품애용운동, 소비 절약운동을 실천하였다. 지주와 자본가들이 주축이 된 당시 박영효 등 친일파들이 적극 참여하였고, 소작·노동쟁의를 지휘한 사회주의계열에서는 이념상 반대하였으며, 1920년대 말 이후 일제의 탄압과 회유로 변질하였다.

24 ②

일본으로의 무제한 곡물유출을 금지하고자 내려진 방곡령(1889), 러시아와 프랑스 등의 이권침탈을 좌절시킨 독립협회(1890년대 말), 일제의 황무지개간권 요구를 저지한 보안회(1904), 대구 기성회가 주도하고 대한매일신보가 후원한 국채보상운동(1907) 등은 구한말에 전개되었던 일련의 경제적 구국운동이다.

25 ③

만주사변(1931)과 중·일전쟁(1937)을 계기로 일제는 한반도를 대륙침략의 기지로 삼기 위하여 병참기지화정책을 추진하였다.

26 ④

④ 물산장려운동은 국산품 애용을 뒷받침할 민족
산업과 생산력이 보잘 것 없었기 때문에 오히려
물가만 올려 자본가만 이익을 얻는 결과를 낳게
되었고, 진행과정에서 박영효·유성준 같은 친일파
들이 참가하여 운동의 목적도 흐려져 갔다. 또한
애초의 취지와는 달리 일제와 타협하는 모습이 나
타나면서 이상재와 같은 비타협민족주의자와 좌파
진영의 비판을 받게되고 민중도 외면하였다.

27 ①

개항초기 일본상인의 활동
㉠ 개항초기에는 일본상인들의 활동범위가 개항장
에서 10리 이내로 제한되어 조선상인을 매개로
하는 거류지무역의 형태를 띠었다.
㉡ 이 시기의 일본상인들은 대부분 쓰시마섬과 규슈
지방 출신으로 몰락상인과 불평무사층이 많았다.
㉢ 일본상인들은 불평등조약의 내용을 배경으로 일
본정부의 정책적인 지원을 받으면서 약탈적인
무역활동을 일삼았다.
㉣ 일본상인들은 주로 영국의 면직물을 조선에 판
매하고 조선에서 곡물, 귀금속, 쇠가죽 등을 반
출해 가는 중계무역으로 큰 이익을 취하였다.

28 ④

제시문은 이권수호운동에 관한 내용이다. 이러한
활동은 열강의 이권침탈을 저지시킨 반면 방곡령
과 같이 배상금을 물어주는 경우도 있었다. 그러나
이러한 이권수호운동은 꾸준히 계속되었음을 알
수 있다.

29 ③

문호개방 이후 일본자본가들이 조선에 진출하여
대규모의 운수회사를 설립하고 해상과 육상의 운
수업을 지배해 갔다. 이에 국내기업가들은 해운회
사, 철도회사, 광업회사 등을 성립하여 민족자본의
토대를 굳히고자 노력하였다.

30 ②

㉣㉤ 개항초기 일본상인의 활동형태에 해당된다.

31 ③

③ 보안회는 황무지개간권 요구에 대해 가두집회
를 비롯한 거족적인 반대운동을 벌여 일제의 토지
약탈음모를 분쇄하였다.

32 ④

④ 군용지로 필요한 지역에 대해서는 거의 제한없
이 무상으로 차지하였고, 군용지를 핑계로 주둔지
근처의 토지를 대량으로 약탈하기도 하였다.

33 ①

① 상회사의 대두는 근대적 상업자본을 발전시키
기 위한 노력의 결과였다.

34 ②

② 국채보상운동은 국채보상기성회를 중심으로 각종
애국계몽단체와 언론기관(황성신문, 국제신문, 대한
매일신보 등)이 모금운동에 참여하였다.

35 ②

방곡령은 지방관이 한발이나 수해 또는 병란시에
관내 거주민의 생활을 안정시키기 위하여 곡물의
관리유출을 금지할 수 있는 고유권한이다. 개항 이
후 곡물의 일본 유출이 늘어나면서 곡물가격이 폭
등하고 흉년이 겹쳐 함경도, 황해도 등지의 지방관
들이 방곡령을 내리게 되었다.

● **3. 근현대의 사회 변동**

1 ③

주어진 글은 황성신문에 실린 장지연의 「시일야방
성대곡」이다. 황성신문은 국민지식의 계발과 외세
침입에 대한 항쟁의 기치 아래 1898년 남궁억에
의해 창간되었다. 문자는 국한문혼용체로 순한글로
제작되는 신문들의 전통을 깨 한학 식자층 독자들
의 환영을 받았다.
① 만세보 ② 대한매일신보 ④ 독립신문

2 ④

④ 한국독립군이 한·중 연합작전으로 동경성에서
승리한 것은 1930년대이다.

3 ②

제시된 선언문은 신채호의 '조선혁명선언'으로 의열
단의 강령이다.
② 한인애국단에 대한 설명이다.

4 ④

제시된 법령은 조선태형령으로, 일본의 무단통치 시기인 1912년에 제정되었다.
④ 대한광복군정부는 1914년에 블라디보스토크에 세워진 망명 정부이다.
① 1910년 ② 1906년 ③ 1908년

5 ③

② 1923년 → ㉠ 1925년 → ㉡ 1926년 → ㉢ 1929년

6 ④

① 송수만 삼상진이 조직한 것은 보안회이다.
② 이종일이 순한글로 간행한 것은 제국신문이다.
③ 을지문덕, 강감찬, 최영, 이순신 등의 전기를 쓴 것은 신채호이다.

7 ④

④ 파리 강화 회의는 1919년 1월 18일에 개최되어 1920년 1월 21일까지 간격을 두고 열렸으며 우리나라에서는 1919년 1월에 신한청년당이 김규식을 파리강화회의에 파견해 조선의 독립을 요구하였지만 실패하였다.

8 ②

신민회는 교육구국운동의 일환으로 정주의 오산학교, 평양의 대성학교, 강화의 보창학교 등을 설립하였고 그 외 여러 계몽 강연이나 학회운동 및 잡지·서적 출판운동, 그리고 민족산업진흥운동, 청년운동, 무관학교 설립과 독립군 기지 창건 운동 등에 힘썼다.

9 ①

㈎ 조선이 일본과 체결한 강화도 조약(1876, 고종 13)에는 '조선국은 자주 국가로 일본국과 동등한 권리를 보유한다.(제1조)', '경기·충청·전라·경상·함경 5도 중에서 연해의 통상하기 편리한 항구 두 곳을 골라 개항한다.(제5조)'를 비롯하여 '일본국 항해자들이 수시로 조선국 해안을 측량하여 도면을 만들어서 양국의 배와 사람들이 위험한 곳을 피하고 안전히 항해할 수 있도록 한다.(제7조)'와 같은 내용이 들어있다.
㈏ 또한 조선이 청나라와 체결한 조중상민수륙무역장정(1882, 고종 19) 첫머리에는 '이 수륙무역장정은 중국이 속방(屬邦)을 우대하는 뜻에서 상정한 것이고, 각 대등 국가 간의 일체 균점하는 예와는 다르다'라고 적혀 있다.
② 일본 상인의 내지 통상권에 대한 허가가 규정된 것은 '조일수호조규부록'과 '조일수호조규속약'에서이다.

③ 조중상민수륙무역장정(1882년)은 갑오개혁(1884년) 이전에 체결되었다.
④ 천주교의 포교권 인정은 프랑스와의 수교 때(1886)이다.

10 ②

신채호의 조선혁명선언을 지침으로 삼은 애국단체는 의열단이고 의열단은 1919년 11월 만주에서 조직되었다.
① 이재명이 이완용을 습격한 것은 1909년 12월이다.
③ 장인환이 외교 고문 스티븐스를 사살한 것은 1908년 3월이다.
④ 안중근이 이토 히로부미를 사살한 것은 1909년 10월이다.

11 ④

일제강점기에 시행된 산미증식계획(1920~1934)으로 1920년대 이후 소작쟁의가 격화되었고(㉡) 일제의 과도한 수탈로 쌀이 부족해지자 만주에서 재배한 조, 콩 등을 수입해 식량부족을 해결하려 하였다.(㉢)
㉠ 물산장려운동은 1920년대 일제의 경제적 수탈 정책에 맞서 전개하였던 범국민적 민족경제 자립실천운동이다.
㉣ 미곡공출제와 식량배급제는 일제가 민족말살통치기에 실시한 제도이다.

12 ④

㉠ 자유시 참변은 1921년 6월 러시아 스보보드니에서 러시아의 붉은 군대가 대한독립군단 소속 독립군들을 포위, 사살한 사건이다.
㉡ 봉오동 전투는 1920년 6월 만주 봉오동에서 독립군 부대가 일본 정규군을 대패시킨 전투이다.
㉢ 간도 학살(경신 참변)은 1920년 10월~1921년 4월까지 일본군이 봉오동 전투, 청산리 전투 등에서 독립군에게 패배한 것에 대한 보복으로 간도에 거주하는 한인들을 무참히 학살한 사건을 말한다.
㉣ 청산리 전투는 1920년 10월 21일부터 10월 26일 동안 약 5일 동안 김좌진·나중소·이범석 등이 지휘하는 북로군정서군과 홍범도가 지휘하는 대한독립군 등을 주력으로 한 독립군부대가 일본군을 청산리 일대에서 대파한 전투이다.

13 ②

제시된 자료에서 밑줄 친 개혁은 대한제국의 광무개혁이다.
① 갑신정변에 대한 설명이다.
③ 을미개혁에 대한 설명이다.
④ 독립협회에 대한 설명이다.

14 ④

탄약 제조, 화약 제조, 제도, 전기, 소총 수리 등 청의 무기제조법과 근대적 군사훈련법을 배우도록 청에 파견된 것은 영선사(1881)이다. 유학생들은 1882년 1월 톈진의 기기국에 배속되어 화약탄약 제조법, 기계 조작법 등 근대적 군사 지식뿐 아니라 자연과학 및 외국어 등도 학습하였다. 임오군란의 발발로 소기의 성과를 거두지 못하고 1년 만에 귀국하였으나, 이를 계기로 서울에 근대적 무기제조 기구인 기기창이 세워지게 되었다.

15 ①

칠상과부의 개가를 허용하는 내용은 동학 농민군의 폐정 개혁안 12조의 한 조항으로 갑오개혁 때 반영되었다.
②③ 갑오개혁에 해당하는 내용이다.
④ 동학농민운동 개혁안이다.

16 ②

㉠ 1차 갑오개혁(1894년 6월~12월)
㉡ 을미개혁(1895년 8월~1896년 2월)
㉢ 2차 갑오개혁(1894년 12월~1895년 7월)
㉣ 광무개혁(1897년~1904년)

17 ①

㉠ 모스크바 3상회의(1945. 12)
㉡ 5 · 10 총선거(1948. 5. 10)
㉢ 반민족 행위 처벌법(1948. 9. 22)
㉣ 한국전쟁(1950. 6. 25)

18 ③

③ 참의부, 정의부, 신민부는 입법, 사법, 행정의 역할이 아닌 각각 하나의 정부로서의 모습을 갖추었다.

19 ①

① 민립대학 설립 운동은 민립대학기성회의 활동으로 국내에서 발생하였다.

20 ②

② 제시문은 물산장려운동에 관한 사료이다. 물산장려운동은 1920년대 시작되었다.

21 ②

㉠ 신한청년당 : 1918년 상하이에서 조직된 항일독립운동 단체로, 해외 독립운동단체 중 가장 오래 된 것이다.
㉡ 의열단 : 1919년 11월 만주 길림성에서 조직되었지만 곧 상하이로 이주, 활동한 항일 무력독립운동 단체이다.
㉢ 권업회 : 1911년 러시아 블라디보스토크 신한촌(新韓村)에서 조직된 항일독립운동 단체이다.
㉣ 한인사회당 : 1918년 이동휘가 러시아 하바로프스크에서 조직한 우리 나라 최초의 사회주의 정당이다.
㉤ 동제사 : 1912년 신규식 등이 국권회복운동을 위해 중국 상하이에서 조직 · 활동한 단체이다.

22 ②

② 권업회(勸業會)는 1911년 러시아 블라디보스토크 신한촌(新韓村)에서 조직된 항일독립운동 단체로 제1차 세계대전 이후 항일 민족 운동과는 관계없다.

23 ③

㉣ 1920년대 초에 농민들은 소작인 조합 등의 농민 단체를 결성하였고, 1920년대 후반에 자작농까지 포괄하는 농민 조합을 결성하였다.

24 ③

제시문의 1898년 독립협회가 주관한 관민공동회에서 백정 박성춘이 연설한 연설문의 내용 중 일부이다. 독립협회는 1898년 10월 29일 열린 관민공동회에서 6개항의 국정개혁안(헌의 6조)을 결의하여 고종의 재가까지 받아내었지만 보수파의 반격으로 결국 뜻을 이루지 못하였다.

25 ④

농민 · 노동운동이 절정에 달한 시기는 1930~1936년으로 부산진 조선방직 노동자 파업, 함남 신흥탄광 노동자 파업, 평양 고무공장 노동자 총파업 등이 대표적이다.

26 ③

③ 삼국 간섭 전의 2차 갑오개혁에 대한 내용이다.

27　③

4·19 혁명의 직접적인 원인은 3월 15일 정·부통령 선거의 사전계획에 의한 부정선거에 투표 당일 마산에서 부정선거에 항의하는 시위가 발생한 것이 전국적으로 확산된 것이다. 이로 인하여 이승만 정권은 배후에 공산세력이 개입한 혐의가 있다고 조작하여 사태를 수습하려 하였고 4월 11일 마산에서 김주열의 시체가 발견되면서 이승만 정권을 타도하려는 투쟁으로 전환되었다. 4월 19일 학생과 시민들의 대규모 시위에 의하여 정부는 비상계엄을 선포하였으나 군부의 지지가 없고 제야인사들의 이승만 퇴진요구 및 대학교수의 시국선언 발표·시위에 의해 자유당 정권은 붕괴되었다.

28　①

조선독립동맹… 중국 화북지방에서 1942년 7월 사회주의 계열인 김두봉, 무정 등이 결성하였고, 조선의용대 화북지대를 조선의용군으로 개편하여 요문구, 백초평, 화순 등지에서 일본군과 격전을 벌였다.

29　①

서문은 조선교육령에 대한 내용이다.

※ **일본의 교육정책**
　㉠ 1910년대 : 헌병경찰 통치시대로 제1차 교육령(1911년)이 내려졌다.
　㉡ 1920년대 : 1919년 3·1 운동이 일어났으며 제2차 교육령이 내려졌다. 일제는 일시적인 유화책으로 문화통치를 내세우며 민족분열 정책을 시도했다.
　㉢ 1930년대 : 민족 말살 통치기간으로 제3차 교육령이 내려져 학교를 노동력 공급의 장으로 전환하였으며 우리말 역사교육을 금지시키고 황국 신민의 서사 암송을 강요하였다.

30　④

6·3 항쟁은 굴욕적인 한·일 정당회담에 대한 반대로 일어났으며 한·일 협정 체결 후인 1965년 베트남 군사파병이 일어났다.

31　③

제시된 내용은 좌·우익 합작노력에 의해 1927년에 결성된 신간회에 대한 설명이다.
① 브나로드 운동
② 민립대학설립운동
④ 물산장려운동

※ **신간회의 강령**
　㉠ 우리는 정치적·경제적 각성을 촉구한다.
　㉡ 우리는 단결을 공고히 한다.
　㉢ 우리는 기회주의를 일체 부인한다.

32　③

③ 민립대학설립운동은 실력양성론의 일환으로 1920년대 초반에 추진되었으나 일제의 탄압과 경성제국대학이 설립되면서 실패하였다.

33　③

신간회(1927)는 민족주의 계열과 사회주의 계열의 독립지사들이 결성한 단체로서 '기회주의 배격, 정치적·경제적 각성 촉구, 단결을 공고히 함을 강령으로 하고 있다. 주된 활동은 전국의 지회를 중심으로 하였으며, 1929년 광주학생항일운동에 대해 진상조사단을 파견하여 이를 알리고자 하였다. 하지만 1930년대 초 내부 이념대립과 갈등으로 해체되었다.
③ 조선형평사(1923)를 통해 형평운동을 전개한 주된 세력은 과거의 백정 출신들이다.

34　①

진주에서 일어난 백정신분해방운동은 조선형평사가 주도하였다.

35　③

③ 신민회에 대한 내용으로서 신민회는 안창호·양기탁·이동녕 등이 사회 각계각층의 인사를 망라하여 조직한 비밀결사단체이다. 실력배양으로 독립역량 강화를 달성하고자 교육·문화·산업에 치중하였으며, 국외의 독립운동기지 건설에 선구적 역할을 하였다. 민족의 실력을 양성하기 위한 시책으로 민족교육기관(대성학교, 오산학교)과 민족기업(평양 자기회사, 대구 태극서관)에 역점을 두어 활동하였다.

36　④

제시된 내용은 갑신정변 때의 14개조 개혁정강으로 개화당의 세력기반 미약, 후원을 약속한 일본의 배신, 청의 개입 등으로 3일만에 무너져 실패로 돌아가고 말았다.
① 일본은 자국민의 피해보상과 공사관 신축비 부담을 내용으로 조선과 한성조약을 체결하였다(1884. 11).
②④ 청·일 양국은 조선에서 청·일 양국군의 철수와 장차 조선에 파병할 경우 상대국에 미리 알릴 것 등을 내용으로 하는 텐진조약을 체결하였다(1885. 3). 이로써 일본은 청국과 동등하게 조선에 대한 파병권을 획득하였으며, 이것은 나중에 청·일전쟁이 일어나게 되는 직접적인 요인이 되었다.
③ 청의 내정간섭이 더욱 심해졌고 보수세력의 장기집권이 가능하게 되었다.

37 ③

제시문은 7 · 4남북공동성명의 민족통일의 3대원칙이다. 적십자회담으로 인도적인 면에서 협상의 길을 연 남북한은 분단 이후 처음으로 1972년에 7 · 4남북공동성명을 서울과 평양에서 동시에 발표하여 신간회의 강령(민족유일당, 민족협동정신)과 유사한 맥락에서 민족통합을 목표로 하여 민족역량의 강화를 추구하였고, 통일문제를 협의하기 위한 남북조절위원회의 설치에 남북한이 합의하였다.

① 6 · 23평화통일선언(1973)
② 한민족공동체 통일방안(1989)

38 ②

(개는 온건개화파, 동도서기론과 관련되며, (내는 위정척사운동의 왜양일체론과 관련된 내용이다.
① 흥선대원군의 통상수교거부정책은 위정척사운동이 뒷받침하였다.
③ (개는 주기론을, (내는 주리론을 계승하였다.

39 ④

제시문은 동학농민운동 때의 폐정개혁 12조 중의 일부이다. 동학농민운동은 안으로 봉건적 체제에 반대하여 노비문서의 소각, 토지의 평균분작 등 개혁정치를 요구하였고, 밖으로는 외세의 침략을 물리치려고 한 반봉건 · 반침략적이며, 밑으로부터의 근대민족운동의 성격을 띤 것이다.
④ 독립협회의 내용이다.

40 ④

④ 독립협회는 관민공동회에 정부 대신들을 합석시켜 국권수호와 민권보장 및 정치개혁을 내용으로 하는 헌의 6조를 결의하여 국왕의 재가를 받았다. 독립협회는 서구식 입헌군주제의 실현을 목표로 하였고 이에 보수세력은 고종에게 독립협회가 왕정을 폐지하고 공화정을 실시하려 한다고 모함하여 박정양 내각을 무너뜨리고 황국협회를 이용하여 독립협회를 탄압하였으며, 이로 인하여 독립협회는 3년만에 해산되고 말았다.

　※ 관민공동회의 헌의 6조
　　㉠ 외국인에게 의지하지 말고 관민이 한마음으로 힘을 합하여 전제황권을 견고하게 할 것
　　㉡ 외국과의 이권에 관한 계약과 조약은 각 대신과 중추원 의장이 합동 날인하여 시행할 것
　　㉢ 국가재정은 탁지부에서 전관하고, 예산과 결산을 국민에게 공표할 것
　　㉣ 중대 범죄를 공판하되, 피고의 인권을 존중할 것
　　㉤ 칙임관을 임명할 때에는 정부에 그 뜻을 물어서 중의에 따를 것
　　㉥ 정해진 규정을 실천할 것

41 ④

㉡ 조선교육회 ㉣ 근우회

　※ 신간회 강령
　　㉠ 정치적 · 경제적 각성을 촉구함
　　㉡ 단결을 공고히 함
　　㉢ 기회주의를 일체 부인함

42 ③

㉡㉢㉤ 갑신정변 때의 14개조 정강에 해당한다.

43 ④

　갑오개혁의 내용
　㉠ 정치면 : 청의 종주권 부인, 국정의 분리(국왕의 전제권 제한), 과거제 폐지, 신분의 구별없이 인재를 등용하는 새로운 관리임용법 실시, 사법권을 행정권에서 분리, 지방관의 권한 축소
　㉡ 경제면 : 재정의 일원화, 조세의 금납제, 도량형 통일
　㉢ 사회면 : 신분제 철폐, 노비제 폐지, 봉건적 폐습의 타파(조혼금지, 과부의 재가허용, 적서의 차별금지, 고문과 연좌법 폐지)
　㉣ 군사면 : 훈련대의 창설 · 확충과 사관양성소의 설치 등이 한때 시도되었으나, 일본이 조선의 군사력 강화나 군제개혁을 꺼려했기 때문에 큰 성과를 거두지 못함

44 ④

제시문은 민중이 중심이 되어 사회개혁을 추진하고 한단계 발전된 사회로 전진하는 중요한 계기가 되었다.

45 ①

① 공사채의 무효화는 동학의 1차 봉기 후 폐정개혁 12개조에 포함된 내용이다.

● **4. 근현대 문화의 흐름**

1 ③

박은식은 유교구신론이라는 논문으로 통해 유교의 개량과 구신(求新)을 주장하였다.
① 문일평에 대한 보기이다.
② 정인보에 대한 보기이다.
④ 한용운에 대한 보기이다.

2 ②

「한국통사」, 「한국독립운동지혈사」를 지은 사람은 박은식이다.

3 ④

④ 김택영은 구한말의 한문학자로 1908년 일본의 침략에 불복하고 중국으로 망명하였다. 대동학회는 이완용 등이 설립한 구한말 대표적인 친일 유교단체이다.

4 ①

① 「조선사연구」는 정인보의 저술이다.

5 ④

제시문은 잡지 '별건곤'의 일부로, 양기탁과 베델이 간행한 대한매일신보를 소개하고 있는 부분이다. 대한매일신보는 을사조약의 부당성을 폭로하고 일본의 국권 침탈에 저항하였으며, 국채보상운동을 주도하기도 하였다.
④ 황성신문에 해당하는 내용이다.

6 ②

1960년대에 문화 대중화·참여문학론이 대두하였고, 1970년대에 현실비판, 민주화 운동의 실천, 민족 통일 문제 등의 민중문학론이 대두하고 민중문학 운동이 전개되었다.

7 ③

안중식은 일제강점기 때 한국화를 대표하는 화가이다. 서양화는 고희동, 이중섭 등의 대표 화가가 있다.

8 ④

한국통사는 박은식이 1914년에 완성한 것으로 우리의 지리적 환경과 단군, 부여, 고구려, 발해사 등의 역사의 대강을 다룬 1편과 대원군 집권 후부터 대한제국이 성립되기 이전의 역사를 다룬 2편, 대한제국의 성립 이후에서 국망까지의 역사를 서술한 3편으로 되어 있다. 조선사연구초는 신채호가 1924~1925년에 완성한 것으로 낭가사상의 대표적 인물로 묘청을 강조하여 묘청의 서경천도운동을 조선역사의 1천년 아래 1대 사건으로 평가한 것이다.

9 ②

서문은 신채호의 조선상고사에 대한 내용이다. 신채호는 부여 및 고구려 중심의 전승체계와 전후삼한설을 근간으로 하여 한국고대사를 새롭게 체계화하였다. 신채호는 역사를 아(我)와 비아(非我)의 투쟁의 기록으로 인식하고 있다. 유교와 낭가사상,

사대와 보수, 지주·자본가와 농민·무산계층의 대립구조를 강조하는 조선상고사는 민족의 대외경쟁에 초점을 맞춘 항일독립운동을 뒷받침하는 의미를 지니고 있다.

10 ③

㉠ 역사를 '아(我)와 비아(非我)의 투쟁'으로 인식한 사학자는 신채호이다.
㉡ 일제로부터의 자주독립을 강조하며 혼백(魂魄)의 정신을 주장한 것은 박은식이다.
㉢ 민족의 '얼'을 강조하였던 사상가는 정인보이다.
㉣ 신민족주의는 자본주의나 사회주의 사상을 비판하며 등장한 학문체계로 대표적인 학자로는 손진태와 안재홍 등이 있다.

11 ②

② 한성순보(1883)는 우리나라 최초의 신문으로 한문으로 간행된 관찬신문이다. 개화세력이 중심이 되어 서양의 문물 소개 및 정부의 정책 등을 기사화했으며 주된 독자층은 한문을 읽을 수 있는 양반층이나 관리층을 대상으로 하였다.

12 ④

④ 조선사편수회(1925)는 조선사편찬위원회(1922)가 확대 개편된 단체로 조선의 역사를 왜곡하고 일본의 식민통치를 합리화하기 위해 일본이 만든 역사 편찬기관이다.

13 ①

'브나로드'는 '민중 속으로'라는 러시아 말에서 유래된 것으로 일제강점기에 동아일보사가 주축이 되어 전국적 문맹퇴치운동으로 전개되었다. 브나로드 운동은 문자교육과 계몽활동(미신타파, 구습제거, 근검절약 등)을 병행한 대표적인 농촌계몽운동이다.

14 ④

④ 카톨릭이 간행한 순 한글 주간지는 1906년에 간행된 경향신문이다.

15 ③

③ 3·1운동 이후 일제는 문화통치를 표방하였으나, 1930년대 이후에는 민족말살통치를 실시하였다.

16 ④

① 대종교 ② 천주교 ③ 원불교
④ 박중빈이 창시한 원불교는 불교의 현대화와 생활화를 주창하며 개간사업과 저축운동을 전개하여 민족의 자립정신을 일깨우는 한편, 남녀평등·허례허식의 폐지 등 새생활운동을 전개하였다.

17 ②

② 민립대학설립운동은 일제가 경성제국대학을 설립한 후 이를 구실로 탄압함으로써 중단되었다(1924)

18 ①

단재 신채호는 뛰어난 문장력을 바탕으로 민족의식을 고취하는 소설인 '꿈 하늘'과 국가를 위기에서 구해 낸 을지문덕·최도통(최영)·이순신에 관한 전기를 저술하였다. 횡보 염상섭은 소설 삼대에서 전통적인 가부장·사회주의자·독립운동가로 구성된 주인공들의 갈등을 통해, 춘사 나운규는 영화 아리랑을 통해 민족의식을 고취시켰다.

19 ②

동도서기론은 우리의 정신문화는 지키되 서양의 기술은 받아들이자는 서양기술문명수용론으로 중국의 중체서용론, 일본의 화혼양재론 등과 같다.
①③④ 반침략·반외세적 자주운동인 위정척사운동에 대한 설명이다.

20 ③

① 대한매일신보는 1905년 영국인 베델이 창간하였다.
② 독립신문은 1896년 서재필, 윤치호 등이 발간한 우리나라 최초의 현대식 국문판 신문이다.
③ 한성순보는 1883년 박영효 등 개화파가 박문국을 설치하고 발간한 것으로 관보의 성격을 띤 최초의 신문이다.
④ 황성신문은 1898년에 발행되었다.

21 ④

민족주의 주체사학의 기반을 확립한 신채호는 조선상고사에서 역사를 '아(我)와 비아(非我)의 투쟁'으로 보았고, 조선사연구초에서는 묘청의 난을 낭가사상(화랑정신)의 대표로 평가하였다.

22 ②

제시문은 박은식의 한국통사에서 혼이 담겨있는 민족사의 중요성을 강조한 것으로, 청구학회를 중심으로 한 일본 어용학자들의 왜곡된 한국학 연구에 대항하였다.

23 ②

② 동학은 1905년 손병희에 의해 천도교로 개칭되었고, 나철은 단군신앙을 발전시켜 대종교를 창립하였다(1909).

24 ④

국·한문체나 한글을 전용함으로써 전통적인 한문체를 탈피하여 국민을 계몽하고 주체적 문화의식을 가지게 하였다.

25 ④

④ 대종교에 대한 설명이며, 이 시기에 유교는 외세에 저항하는 반침략적 성격이 강하였으나 시대의 흐름에 역행한다는 비판을 받게되어 개혁을 주장하였다.

26 ④

서양과학기술의 우월성이 인정됨에 따라 우리의 정신문화는 지키되 서양의 과학기술은 받아들이자는 동도서기가 개화의 목표로 설정되었다.

27 ④

㉠ 우리나라 최초로 신문(한성순보)을 발간한 곳은 박문국이다(1883).
㉡ 최초의 근대식 병원은 광혜원으로, 선교사인 알렌(Allen)이 운영하였다(1885).
㉢ 우정국은 1884년에 각 항구의 서신왕래와 국내의 우편사무를 취급하기 위해 최초로 설치된 것으로, 갑신정변으로 중단되었다가 1896년에 다시 운영되었다.
㉣ 경인선은 최초로 부설된 철도로 일본에 의해 이루어졌다(1899).

28 ①

㉢ 전신은 청에 의해 서울과 인천 사이에 전선이 가설됨으로써 시작되었다(1885).
㉣ 경인선은 1896년에 최초로 미국인 모스(J. Morse)가 부설권을 얻어 착공했으나 자금난으로 일본 회사에 이권이 전매되어 1899년에 노량진과 제물포간에 부설되고 다음 해 서울까지 연장되었다. 이어 러·일 전쟁 중 일본의 군사적목적에 의해 경의선, 경부선 등이 개통되었다.

29 ②

② 원산학사에 대한 설명으로 육영공원은 최초의 관립학교로서 상류층 자제들에게 근대교육을 실시하였다.

최근기출문제분석

2017. 4. 8 인사혁신처 시행

1 ㉠과 ㉡ 두 인물의 공통된 신분상의 특징으로 옳은 것은?

- ┌─ ㉠ ─┐ 은(는) 신문왕에게 화왕계를 통하여 조언하였다.
- ┌─ ㉡ ─┐ 은(는) 진성여왕에게 시무책 10여 조를 올렸다.

① 왕이 될 수 있는 신분이었다.
② 자색(紫色)의 공복을 착용하였다.
③ 중앙 관부의 최고 책임자를 독점하였다.
④ 관등 승진에서 중위제(重位制)를 적용받았다.

> **TIP** ㉠ 설총, ㉡ 최치원으로 두 인물은 6두품이었다.
> ④ 중위제는 아찬 이상 승진할 수 없는 6두품의 불만을 해소하기 위한 조치였다. 6두품 아찬의 경우4
> 중, 5두품 대나마의 경우에도 9중의 중위제를 적용받았다.
> ① 성골과 진골
> ②③ 진골

2 (개)~(대)는 고구려의 발전 과정을 시기 순으로 나열한 것이다. (내)에 들어갈 내용으로 옳은 것만
을 〈보기〉에서 모두 고른 것은?

> (개) 낙랑군을 차지하여 한반도로 진출하는 발판을 마련하였다.
> (내)
> (대) 평양으로 도읍을 옮기고, 백제의 수도인 한성을 함락하였다.

<보기>

ㄱ 태학을 설립하였다.　　　　　　　　　ㄴ 진대법을 도입하였다.

ㄷ 천리장성을 축조하였다.　　　　　　　ㄹ 신라를 도와 왜를 격퇴하였다.

① ㄱ, ㄴ　　　　　　　　　　　　　　② ㄱ, ㄹ

③ ㄴ, ㄷ　　　　　　　　　　　　　　④ ㄷ, ㄹ

> **TIP** (가) 낙랑군 축출 – 미천왕 14년(313)
>
> (다) 평양 천도 – 장수왕 15년(427), 한성 함락 – 장수왕 63년(475)
>
> ㄱ 태학 설립 – 소수림왕 2년(372)
>
> ㄴ 진대법 도입 – 고국천왕 16년(194)
>
> ㄷ 천리장성 축조 – 보장왕 6년(647)
>
> ㄹ 신라의 왜구 격퇴 – 광개토대왕 10년(400)

3　다음 제도를 시행한 목적에 해당하는 것만을 〈보기〉에서 모두 고른 것은?

> • 무릇 민호(民戶)는 그 이웃과 더불어 모으되, 가족 숫자의 다과(多寡)와 재산의 빈부에 관계없이 다섯 집마다 한 통(統)을 만들고, 통 안에 한 사람을 골라서 통수(統帥)로 삼아 통 안의 일을 맡게 한다.
>
> • 1리(里)마다 5통 이상에서 10통까지는 소리(小里)를 삼고, … (중략) … 리(里) 안에서 또 이정(里正)을 임명한다.
>
> — 「비변사등록」 —

<보기>

ㄱ 농민들의 도망과 이탈 방지

ㄴ 부세와 군역의 안정적인 확보

ㄷ 재지사족 중심의 향촌 자치 활성화

ㄹ 향권을 둘러싼 구향과 신향 간의 향전 억제

① ㄱ, ㄴ　　　　　　　　　　　　　　② ㄱ, ㄹ

③ ㄴ, ㄷ　　　　　　　　　　　　　　④ ㄷ, ㄹ

> **TIP** 제시된 내용은 5가작통법에 대한 설명이다. 5가작통법은 농민의 도망과 이탈을 방지하여 부세와 군역을 안정적으로 확보하기 위해 시행하였다.

4 갑신정변 이후 국내외 정세로 옳지 않은 것은?

① 독일 부영사 부들러는 조선의 영세 중립국화를 건의하였다.

② 러시아의 남하정책에 대응하여 영국 함대가 거문도를 불법 점령하였다.

③ 조·청 상민수륙무역장정을 체결하여 청나라 상인에게 통상 특혜를 허용하였다.

④ 청·일 양국 군대가 조선에서 철수하는 것 등을 내용으로 하는 톈진조약이 체결되었다.

> **TIP** ③ 조·청 상민수륙무역장정은 1882년 임오군란을 계기로 체결되었다.

5 다음 발의로 개최된 ㉠에 대한 설명으로 옳은 것은?

> 베이징 방면의 인사는 분열을 통탄하며 통일을 촉진하는 단체를 출현시키고 상하이 일대의 인사는 이를 고려하여 개혁을 제창하고 있다. … (중략) … 근본적 대해결로써 통일적 재조를 꾀하여 독립운동의 신국면을 타개하려고 함에는 다만 민의뿐이므로 이에 □□□㉠□□□의 소집을 제창한다.

① 창조파와 개조파 등의 주장이 대립되었다.

② 한국국민당을 통한 정당정치 실시가 결정되었다.

③ 삼균주의를 바탕으로 한 건국강령이 채택되었다.

④ 파리강화회의에 김규식을 파견하는 것이 논의되었다.

> **TIP** ㉠은 상하이 임시정부의 국민대표회의이다. 국민대표회의는 새 정부를 수립하자는 창조파와 임시정부 조직만을 개조하자는 개조파의 대립으로 결렬되었다.

6 (가)~(라) 시기에 있었던 사실로 옳은 것은?

	(가)	(나)	(다)	(라)	
연산군 즉위	중종 즉위	효종 즉위	영조 즉위	정조 즉위	

4.③ 5.① 6.③

① (가) – 현량과를 실시하였다.　② (나) – 무오사화와 갑자사화가 일어났다.

③ (다) – 두 차례에 걸친 예송이 일어났다.　④ (라) – 신해통공으로 금난전권을 폐지하였다.

> **TIP** ① 현량과 실시(중종) → (나)
> ② 무오사화, 갑자사화(연산군) → (가)
> ④ 금난전권 폐지(정조) → (라) 이후

7 다음 자료에 나타난 나라에 대한 설명으로 옳은 것은?

> 해마다 10월이면 하늘에 제사를 지내는데, 밤낮으로 술을 마시고 노래 부르며 춤을 추니 이를 무천이라 한다. 또 호랑이를 신(神)으로 여겨 제사지낸다. 읍락을 함부로 침범하면 노비와 소, 말로 변상하는데, 이를 책화라 한다.

① 후·읍군·삼로 등이 하호를 통치하였다.

② 국읍마다 천신에 대한 제사를 주관하는 천군이 있었다.

③ 사람이 죽으면 가매장한 다음 뼈만 추려 목곽에 안치하였다.

④ 아이가 출생하면 돌로 머리를 눌러 납작하게 하는 풍습이 있었다.

> **TIP** 자료에 나타난 나라는 동예이다.
> ②④ 삼한 ③ 옥저

8 밑줄 친 '이 기구'가 설치된 왕 대에 있었던 사실로 옳은 것은?

> 조정은 중국의 화약 제조 기술을 터득하여 <u>이 기구</u>를 두고, 대장군포를 비롯한 20여 종의 화기를 생산하였으며, 화약과 화포를 제작하였다.

① 복원궁을 건립하여 도교를 부흥시켰다.

② 흥덕사에서 직지심체요절을 간행하였다.

③ 교장도감을 설치하여 속장경을 간행하였다.

④ 시무 28조를 수용하여 유교정치를 구현하였다.

> **TIP** 밑줄 친 이 기구는 고려 우왕 3년(1377)에 최무선의 건의에 따라 설치된 화통도감이다.
> ① 예종 ③ 선종~숙종 ④ 성종

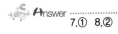
Answer 7.① 8.②

9 다음 건의문이 결의된 이후에 일어난 사실로 옳은 것은?

> 1. 외국인에게 의지하지 말고, 관·민이 힘을 합하여 전제 황권을 견고하게 할 것
> 2. 외국과의 이권에 관한 조약은 각 대신과 중추원 의장이 합동 날인하여 시행할 것
> 3. 국가 재정은 탁지부에서 전관하고, 예산과 결산을 국민에게 공포할 것
> 4. 중대 범죄를 공판하되, 피고의 인권을 존중할 것
> 5. 칙임관을 임명할 때에는 정부의 자문을 받아 다수의 의견에 따를 것
> 6. 정해진 규정을 실천할 것

① 군국기무처를 중심으로 개혁이 추진되었다.

② 황제권 강화 작업의 일환으로 원수부가 설치되었다.

③ 고종이 러시아 공사관으로 거처를 옮기게 되었다.

④ 서재필을 중심으로 민중 계몽을 위한 독립신문이 창간되었다.

> **TIP** 제시된 건의문은 1898년 10월 관민공동회에서 독립협회가 채택한 헌의 6조이다. 그러나 보수파의 반발로 독립협회는 해산되었고 고종은 황제권 강화 작업의 일환으로 1899년 대한국국제를 선포하면서 원수부를 설치하였다.
> ① 1894년 1차 갑오개혁
> ③ 1896년 아관파천
> ④ 1896년 독립신문 창간

10 독도가 우리나라 영토임을 입증하는 근거로만 옳게 짝지어진 것은?

① 이범윤의 보고문 – 은주시청합기

② 대한제국 칙령 제41호 – 삼국접양지도

③ 미쓰야 협정 – 시마네 현 고시 제40호

④ 조선국교제시말내탐서 – 어윤중의 서북경략사 임명장

> **TIP** ② 대한제국 칙령 제41호에서는 울도군수가 석도(오늘날의 독도)를 관장하도록 했다. 삼국접양지도에는 울릉도와 독도가 우리나라의 영토로 표기되어 있다.
> ① 이범윤의 보고문은 간도를 시찰한 후 작성된 것이다.
> ③ 미쓰야 협정은 만주의 독립군 근절을 위해 총독부 경무국장 미쓰야와 만주의 경무국장 간에 체결한 협정이다.
> ④ 어윤중은 서북경략사로 임명되어 간도에 파견되었다.

11 다음에서 설명하는 화폐가 사용된 시기의 경제 상황으로 옳은 것은?

> 초기에는 은 1근으로 우리나라 지형을 본떠 만들었는데 그 가치는 포목 100필에 해당하는 고액이었다. 주로 외국과의 교역에 사용되었으며 후에 은의 조달이 힘들어지고 동을 혼합한 위조가 성행하자, 크기를 축소한 소은병을 만들었다.

① 이앙법이 전국적으로 보급되었다.
② 책, 차 등을 파는 관영상점을 두었다.
③ 동시전이 설치되어 시장을 감독하였다.
④ 청해진이 설치되어 무역권을 장악하였다.

> **TIP** 제시문에서 설명하는 화폐는 고려 숙종 때 만들어진 활구(은병)이다.
> ① 조선 후기
> ③ 신라 지증왕
> ④ 신라 흥덕왕

12 밑줄 친 '그'에 대한 설명으로 옳은 것은?

> 그는 이성계를 추대하여 조선 왕조를 개창한 공으로 개국 1등 공신이 되었으며, 의정부를 중심으로 하는 재상 중심의 관료정치를 주창하였다. 그리고 「불씨잡변」을 저술하여 불교의 사회적 폐단을 비판하였다.

① 왜구의 소굴인 쓰시마 섬을 정벌하였다.
② 백성들의 윤리서인 「삼강행실도」를 편찬하였다.
③ 여진족을 두만강 밖으로 몰아내고 6진을 개척하였다.
④ 「조선경국전」을 편찬하여 왕조의 통치 규범을 마련하였다.

> **TIP** 밑줄 친 그는 정도전이다.
> ① 이종무
> ② 세종의 명에 따라 설순 등
> ③ 김종서

13 밑줄 친 '이곳'에서 전개된 민족운동으로 옳은 것은?

> 1903년에 우리나라 공식 이민단이 <u>이곳</u>에 도착하였다. 이주 노동자들은 사탕수수 농장, 개간 사업장, 철도 공사장 등에서 일하며 한인 사회를 형성하여 갔다. 노동 이민과 함께 사진 결혼에 의한 부녀자들의 이민도 이루어졌다. 또한 한인합성협회 등과 같은 한인 단체가 결성되었다.

① 독립운동 기지인 한흥동이 건설되었다.
② 독립운동 단체인 권업회가 조직되었다.
③ 자치 기관인 경학사와 부민단이 만들어졌다.
④ 군사 양성 기관인 대조선 국민군단이 창설되었다.

> **TIP** 밑줄 친 이곳은 하와이다.
> ① 밀산부(러시아와 만주의 국경)
> ② 연해주
> ③ 서간도

14 다음과 같이 주장한 조선후기의 실학자에 대한 설명으로 옳은 것은?

> 천체가 운행하는 것이나 지구가 자전하는 것은 그 세가 동일하니, 분리해서 설명할 필요가 없다. 생각건대 9만 리의 둘레를 한 바퀴 도는 데 이처럼 빠르며, 저 별들과 지구와의 거리는 겨우 반경(半徑)밖에 되지 않는데도 오히려 몇 천만 억의 별들이 있는지 알 수가 없다. 하물며 은하계 밖에도 또 다른 별들이 있지 않겠는가!

① 「북학의」에서 소비를 권장하여 생산을 촉진하자고 주장하였다.
② 「임하경륜」에서 성인 남자에게 2결의 토지를 나누어 주자고 주장하였다.
③ 「반계수록」에서 신분에 따라 토지를 차등 있게 재분배하자고 주장하였다.
④ 「우서」에서 상업적 경영을 통해 농업 생산성을 높여야 한다고 주장하였다.

> **TIP** 제시문은 지전설과 함께 홍대용이 주장한 무한우주론에 대한 설명이다. 홍대용은 「임하경륜」에서 성인 남자에게 2결의 토지를 나누어 주자는 균전제를 주장하였다.
> ① 박제가 ③ 유형원 ④ 유수원

15 다음 조칙이 발표된 이후의 상황에 대한 설명으로 옳은 것만을 〈보기〉에서 모두 고른 것은?

> ≪관보≫ 호외
>
> 짐이 생각건대 쓸데없는 비용을 절약하여 이용후생에 응용함이 급무라. 현재 군대는 용병으로서 상하의 일치와 국가 안전을 지키는 방위에 부족한지라. 훗날 징병법을 발표하여 공고한 병력을 구비할 때까지 황실시위에 필요한 자를 빼고 모두 일시에 해산하노라.

> 〈보기〉
> ㉠ 신돌석과 같은 평민 출신의 의병장이 처음으로 등장하였다.
> ㉡ 단발령의 실시로 위정척사 사상에 바탕을 둔 의병 운동이 시작되었다.
> ㉢ 연합 의병 부대인 13도 창의군이 결성되어 서울 진공작전을 계획하였다.
> ㉣ 일본군의 '남한 대토벌 작전'으로 의병 부대의 근거지가 초토화되었다.

① ㉠, ㉡
② ㉠, ㉣
③ ㉡, ㉢
④ ㉢, ㉣

TIP 제시된 내용은 한일신협약(정미7조약) 체결 수 통감부의 대한제국 군대 해산과 관련된 것이다.
㉢ 정미의병 때 연합 의병 부대인 13도 창의군이 결성되어 서울 진공 작전을 계획하였으나 실패하였고
㉣ 이에 일본은 남한 대토벌 작전으로 의병 부대의 근거지를 초토화하였다.
㉠ 을사의병 ㉡ 을미의병

16 국권이 침탈되기까지의 과정을 시기 순으로 바르게 나열한 것은?

> ㉠ 헤이그 특사 파견을 문제 삼아 고종 황제를 강제로 퇴위시켰다.
> ㉡ 일본인 메가타를 재정 고문으로, 미국인 스티븐스를 외교 고문으로 임명하도록 하였다.
> ㉢ 대한제국의 사법권을 빼앗고 감옥 사무를 장악하였다.
> ㉣ 통감이 추천한 일본인을 대한제국의 관리로 임명하도록 하였다.

① ㉠→㉡→㉢→㉣
② ㉡→㉠→㉣→㉢
③ ㉡→㉢→㉠→㉣
④ ㉣→㉡→㉠→㉢

TIP ㉡ 제1차 한일협약(1904) → ㉠ 헤이그 특사로 고종 퇴위(1907) → ㉣ 순종 즉위 후 한일신협약(1907) → ㉢ 기유각서(1909)

Answer
15.④ 16.②

17 다음의 자료에 보이는 시기의 경제 상황에 대한 설명으로 옳지 않은 것은?

> 황해도 관찰사의 보고에 따르면, 수안군에는 본래 금광이 다섯 곳이 있었다. 올해 여름에 새로 39개소의 금혈을 뚫었는데, 550여 명의 광꾼들이 모여들었다. 도내의 무뢰배들이 농사를 짓지 않고 다투어 모여들 뿐만 아니라 다른 지방에서 이익을 좇는 무리들도 소문을 듣고 몰려온다. … (중략) … 금점을 설치한 지 이미 여러 해가 된 곳에는 촌락이 즐비하고 상인들이 물품을 유통시켜 큰 도회지를 이루고 있다.

① 밭농사에서는 견종법이 보급되었다.
② 면화, 담배 등 상품 작물을 재배하였다.
③ 일부 지방에서 도조법으로 지대를 납부하였다.
④ 개간을 장려하기 위해 사패전을 부농층에 분급하였다.

> **TIP** 제시문은 조선 후기 광산 개발과 관련된 내용이다.
> ④ 고려 말의 일이다.

18 다음에 나타난 사상에 대한 설명으로 옳지 않은 것은?

> 신(臣)들이 서경의 임원역 지세를 관찰하니, 이곳이 곧 음양가들이 말하는 매우 좋은 터입니다. 만약 궁궐을 지어서 거처하면 천하를 병합할 수 있고, 금나라가 폐백을 가지고 와 스스로 항복할 것이며, 36국이 모두 신하가 될 것입니다.

① 서경 천도 운동의 배경이 되었다.
② 문종 때 남경 설치의 배경이 되었다.
③ 하늘에 제사 지내는 초제의 사상적 근거가 되었다.
④ 공민왕과 우왕 때 한양 천도 주장의 근거가 되었다.

> **TIP** 제시문은 묘청의 풍수지리 사상에 따라 서경 천도를 주장하는 내용이다.
> ③ 초제의 사상적 근거는 도교이다.

Answer
17.④ 18.③

19 다음 주장을 한 인물에 대한 설명으로 옳은 것은?

> 계급투쟁은 민족의 내부 분열을 초래할 것이며, 민족의 내쟁은 필연적으로 민족의 약화에 따르는 다른 민족으로부터의 수모를 초래할 것이다. 계급투쟁의 길은 우리가 반드시 취해야 할 필요는 없고, 민족 균등이 실현되는 날 그것은 자연 해소되는 문제다. … (중략) … 이 세계적 기운과 민족적 요청에서 민족사관은 출발하는 것이며, 민족사는 그 향로와 방법을 명백하게 과학적으로 지시하여야 할 것이다.
>
> — 「조선민족사 개론」 —

① 「조선상고사」와 「조선사연구초」를 저술하였다.
② 대동사상을 수용한 유교 구신론을 주장하였다.
③ 「진단학보」를 발간한 진단학회의 발기인으로 활동하였다.
④ 「5천년간 조선의 얼」이라는 글을 동아일보에 연재하였다.

> **TIP** 제시문은 손진태의 「조선민족사 개론」이다.
> ① 신채호 ② 박은식 ④ 정인보

20 고려시대 의주에 대한 설명으로 옳지 않은 것은?

① 청천강변에 위치하며 도호부가 설치된 곳이다.
② 강동 6주 가운데 하나인 흥화진이 있던 곳이다.
③ 요(遼)와 물품을 거래하던 각장이 설치된 곳이다.
④ 요(遼)와 금(金)의 분쟁을 이용하여 회복하려고 시도한 곳이다.

> **TIP** ① 의주는 압록강변에 위치하며 도호부가 설치되지 않았다.
> ※ **도호부** … 고려·조선시대 지방 행정기구로, 고려 초에는 군사적 요충지에 설치하였으나 점차 일반 행정기구로 변화하였다.

1 한반도 선사시대에 대한 설명으로 옳지 않은 것은?

① 구석기시대 전기에는 주먹도끼와 슴베찌르개 등이 사용되었다.
② 신석기시대 집터는 대부분 움집으로 바닥은 원형이나 모서리가 둥근 사각형이다.
③ 신석기시대 사람들은 조개류를 많이 먹었으며, 때로는 장식으로 이용하기도 하였다.
④ 청동기시대의 전형적인 유물로는 비파형동검·붉은간토기·반달돌칼·홈자귀 등이 있다.

> **TIP** ① 구석기시대 전기에는 주먹도끼와 찍개 등이 사용되었고, 슴베찌르개는 후기에 사용되었다.

2 다음 자료를 쓴 역사가의 활동으로 옳은 것은?

> 역사란 무엇이뇨. 인류 사회의 아와 비아의 투쟁이 시간부터 발전하며 공간부터 확대하는 심적 활동의 상태의 기록이니, 세계사라 하면 세계 인류의 그리되어 온 상태의 기록이며, 조선사라 하면 조선 민족의 그리되어 온 상태의 기록이니라.

① 「여유당전서」를 발간하여 조선후기 실학자들을 재평가하였다.
② 을지문덕, 최영, 이순신 등 애국명장의 전기를 써서 애국심을 고취하였다.
③ 「조선사회경제」를 저술하여 세계사적 보편성 속에서 한국사를 해석하였다.
④ '5천 년간 조선의 얼'이라는 글을 동아일보에 연재하여 민족정신을 고취하였다.

> **TIP** 제시된 사료는 신채호의 「조선상고사」 총론의 일부이다. 「조선상고사」는 단군시대로부터 백제의 멸망과 그 부흥운동까지를 주체적으로 서술하였다.
> ② 신채호는 「을지문덕전」, 「최도통전」, 「이순신전」 등을 저술하여 애국심을 고취하였다.
> ① 정약용 ③ 백남운 ④ 정인보

Answer

1.① 2.②

3 군사제도가 실시된 시기순으로 바르게 나열한 것은?

	중앙	지방
㉠	9서당	10정
㉡	5위	진관체제
㉢	5군영	속오군
㉣	2군과 6위	주현군과 주진군

① ㉠→㉡→㉢→㉣　　　② ㉠→㉣→㉡→㉢
③ ㉡→㉠→㉢→㉣　　　④ ㉡→㉣→㉠→㉢

> **TIP**
>
> | 시기 | 중앙 | 지방 |
> |---|---|---|
> | ㉠ 통일신라 | 9서당 | 10정 |
> | ㉡ 조선 전기 | 5위 | 진관체제 |
> | ㉢ 조선 후기 | 5군영 | 속오군 |
> | ㉣ 고려 | 2군과 6위 | 주현과 주진군 |
>
> 따라서 ㉠→㉣→㉡→㉢ 순이다.

4 (개), (내)의 특징을 가진 국가에 대한 설명으로 옳은 것은?

> (개) 옷은 흰색을 숭상하며, 흰 베로 만든 큰 소매 달린 도포와 바지를 입고 가죽신을 신는다.
> (내) 부여의 별종(別種)이라 하는데, 말이나 풍속 따위는 부여와 많이 같지만 기질이나 옷차림이 다르다.
>
> ─ 「삼국지」 위서 동이전 ─

① (개) – 혼인풍속으로 민며느리제가 있었다.
② (내) – 제사장인 천군이 다스리는 소도가 있었다.
③ (개) – 남의 물건을 훔쳤을 때는 12배로 배상하게 하였다.
④ (내) – 단궁이라는 활과 과하마 · 반어피 등이 유명하였다.

> **TIP** (개)는 부여, (내)는 고구려이다.
> ① 옥저 ② 삼한 ④ 동예

5 다음 글을 지은 사람들의 공통점으로 옳은 것은?

> ㈎ 낭혜화상백월보광탑비문(朗慧和尙白月葆光塔碑文)
> ㈏ 대견훤기고려왕서(代甄萱寄高麗王書)
> ㈐ 낭원대사오진탑비명(郎圓大師悟眞塔碑銘)

① 골품제를 비판하고 호족 억압을 주장하였다.
② 국립 교육기관인 태학(太學)에서 공부하였다.
③ 신라뿐만 아니라 고려왕조에서도 벼슬하였다.
④ 당나라에 유학하여 빈공과(賓貢科)에 급제하였다.

> **TIP** ㈎ 최치원, ㈏ 최승우, ㈐ 최언위의 글이다.
> ④ 최치원, 최승우, 최언위는 신라 3최로 6두품 출신의 학자이다. 당나라에 유학하여 빈공과에 급제하였다.

6 다음 밑줄 친 '대사'에 대한 내용으로 옳지 않은 것은?

> 이 엔닌은 <u>대사</u>의 어진 덕을 입었기에 삼가 우러러 뵙지 않을 수 없습니다. 저는 이미 뜻한 바를 이루기 위해 당나라에 머물러 왔습니다. 부족한 이 사람은 다행히도 <u>대사</u>께서 발원하신 적산원(赤山院)에 머물 수 있었던 것에 대해 감경(感慶)한 마음을 달리 비교해 말씀드리기가 어렵습니다.
>
> － 「입당구법순례행기」 －

① 법화원을 건립하고 이를 지원하였다.
② 당나라에 가서 서주 무령군 소장이 되었다.
③ 회역사, 견당매물사 등의 교역 사절을 파견하였다.
④ 웅주를 근거지로 반란을 일으켜 장안(長安)이라는 나라를 세웠다.

> **TIP** 지문에서 밑줄 친 '대사'는 장보고이다.
> ④ 김헌창에 대한 설명이다.

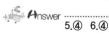

7 다음 (가)에서 이루어진 합의제도를 시행한 국가의 통치체제로 옳은 것은?

> 호암사에는 [(가)](이)라는 바위가 있다. 나라에서 장차 재상을 뽑을 때에 후보 3, 4
> 명의 이름을 써서 상자에 넣고 봉해 바위 위에 두었다가 얼마 후에 가지고 와서 열어 보고 그
> 이름 위에 도장이 찍혀 있는 사람을 재상으로 삼았다.
>
> — 「삼국유사」 —

> ㉠ 중앙정치는 대대로를 비롯하여 10여 등급의 관리들이 나누어 맡았다.
> ㉡ 중앙관청을 22개로 확대하고 수도는 5부, 지방은 5방으로 정비하였다.
> ㉢ 16품의 관등제를 시행하고, 품계에 따라 옷의 색을 구별하여 입도록 하였다.
> ㉣ 지방 행정 조직을 9주 5소경 체제로 정비하였다.
> ㉤ 중앙에 3성 6부를 두고, 정당성을 관장하는 대내상이 국정을 총괄하도록 하였다.

① ㉠, ㉡

② ㉡, ㉢

③ ㉢, ㉣

④ ㉣, ㉤

> **TIP** (가)는 정사암으로, 지문은 백제의 정사암 회의에 대한 설명이다.
> ㉡ 6세기 백제 성왕의 업적이다.
> ㉢ 3세기 백제 고이왕의 업적이다.
> ㉠ 고구려 ㉣ 통일신라 ㉤ 발해

8 다음 글을 쓴 사람에 대한 설명으로 옳은 것은?

> 오늘날 백성을 다스리는 자는 백성에게서 걷어들이는 데만 급급하고 백성을 부양하는 방법은
> 알지 못한다. …… '심서(心書)'라고 이름 붙인 까닭은 무엇인가? 백성을 다스릴 마음은 있지만
> 몸소 실행할 수 없기 때문에 그렇게 이름 붙인 것이다.

① 우리나라에서 처음으로 지전설을 주장하였다.

② 「농가집성」을 펴내 이앙법 보급에 공헌하였다.

③ 홍역 관련 의서를 종합해 「마과회통」을 저술하였다.

④ 조선시대의 역사를 서술한 「열조통기」를 편찬하였다.

> **TIP** 제시된 사료는 정약용의 「목민심서」의 일부이다.
> ① 김석문 ② 신속 ④ 안정복

9 다음 상황이 나타난 시기에 볼 수 있는 모습으로 옳은 것은?

> 대외 무역이 발전하면서 예성강 어귀의 벽란도가 국제 무역항으로 번성했으며, 대식국(大食國)으로 불리던 아라비아 상인들도 들어와 수은·향료·산호 등을 팔았다.

① 해동통보와 은병(銀瓶) 같은 화폐를 만들어 사용하였다.
② 인구·토지면적 등을 기록한 장적(帳籍, 촌락문서)이 작성되었다.
③ 개성의 송상은 전국에 송방(松房)이라는 지점을 개설해서 활동하였다.
④ 지방 장시의 객주와 여각은 상품의 매매뿐 아니라 숙박·창고·운송 업무까지 운영하였다.

> **TIP** 제시된 내용은 고려 전기의 무역 상황이다. 고려 숙종대에는 화폐에 대하여 적극적인 정책을 채택하여 숙종 7년에는 해동통보 1만 5천 개를 발행하기도 하였다.
> ② 통일신라 ③④ 조선 후기

10 ㈎와 ㈏의 인물에 대한 〈보기〉의 설명으로 옳은 것은?

> ㈎는 "교(敎)를 배우는 이는 대개 안의 마음을 버리고 외면에서 구하고, 선(禪)을 익히는 이는 인연을 잊고 안의 마음을 밝히기를 좋아하니, 모두 한쪽에 치우친 것으로 두 극단에 모두 막힌 것이다."라고 주장하였다.
> ㈏는 "정(定)은 본체이고 혜(慧)는 작용이다. 작용은 본체를 바탕으로 존재하므로 혜가 정을 떠나지 않고, 본체가 작용을 가져오게 하므로 정은 혜를 떠나지 않는다."라고 주장하였다.

> 〈보기〉
> ㉠ ㈎와 ㈏는 서로 다른 방법으로 교종과 선종의 통합을 시도하였다.
> ㉡ ㈎와 ㈏는 지방 호족과 연합하여 신라 정부의 권위를 약화시켰다.
> ㉢ ㈎는 불교와 유교 모두 도를 추구한다는 점에서 같다는 유·불 일치설을 주장하였다.
> ㉣ ㈏는 수선사 결성을 제창하여 불교계의 개혁을 추진하였다.

① ㉠, ㉡
② ㉠, ㉣
③ ㉡, ㉢
④ ㉡, ㉣

TIP (개) **의천** : 교선일치를 역설하며 천태종을 개창하였다
　　　 (내) **지눌** : 정혜결사(定慧結社)를 조직해 불교의 개혁을 추진했으며, 돈오점수(頓悟漸修)와 정혜쌍수(定慧雙修)를 주장하며 선교일치를 추구하였다.
　　　 ㉡ 선종　㉢ 혜심

11 조선시대 도성 한양에 대한 설명으로 옳지 않은 것은?

① 경복궁 근정전의 이름은 정도전이 지었다.
② 경복궁의 동쪽에 사직이, 서쪽에 종묘가 각각 배치되었다.
③ 유교사상인 인·의·예·지 덕목을 담아 도성 4대문의 이름을 지었다.
④ 도성 밖 10리 안에는 개인의 무덤을 쓰거나 벌채를 하지 못하도록 규제하였다.

TIP ② 고대 도성의 주요시설을 배치하는 원칙의 하나인 좌묘우사의 원칙에 따라 경복궁의 동쪽에 종묘를, 서쪽에 사직을 배치하였다.

12 밑줄 친 제도에 대한 설명으로 옳은 것은?

> 국왕이 말했다. "나는 일찍부터 <u>이 제도</u>를 시행해 여러 해의 평균을 파악하고 답험(踏驗)의 폐단을 영원히 없애려고 해왔다. 신하들부터 백성까지 두루 물어보니 반대하는 사람은 적고 찬성하는 사람이 많았으므로 백성의 뜻도 알 수 있다."

① 토지의 비옥도에 따라 조세를 차등 징수하였다.
② 풍흉에 상관없이 1결당 4~6두를 조세로 징수하였다.
③ 토지 소유자에게 1결당 미곡 12두를 조세로 징수하였다.
④ 토지 소유자에게 수확량의 10분의 1을 조세로 징수하였다.

TIP 제시된 사료에서 '나'는 세종대왕으로 밑줄 친 '이 제도'는 공법이다.
① 공법은 토지가 비옥한가 메마른가에 따라 6개의 등급으로 나누고, 다시 그 해의 농사의 풍흉에 따라 9개의 등급으로 나누어 세율을 조정하여 1결당 20두에서 4두까지 차등있게 내도록 하였다.
② 영정법에 대한 설명이다.
③ 대동법에 대한 설명이다.

Answer ....
11.② 12.①

13 임진왜란의 전개 과정에 대한 설명으로 옳지 않은 것은?

① 휴전협상이 진행되는 동안 조선은 훈련도감을 설치해 군대의 편제를 바꾸었다.

② 조선군은 명나라 지원군과 연합하여 일본군에게 뺏긴 평양성을 탈환하였다.

③ 전세가 불리해지고 도요토미 히데요시가 죽자 일본군이 철수함으로써 전란이 끝났다.

④ 첨사 정발은 부산포에서, 도순변사 신립은 상주에서 일본군과 맞서 싸웠지만 패배하였다.

> **TIP** ④ 상주에서 일본군과 맞서 싸운 인물은 이일이다. 조선은 북상하는 왜군에 맞서기 위해 이일을 순변 사로 임명하였지만, 이일이 상주에 도착하였을 때 상주목사 김해는 이미 도주하였고 군사들도 달아난 상태로 결국에는 패배하였다.

14 다음 지시에 따라 실시된 제도로 옳은 것은?

> 왕이 양역을 절반으로 줄이라고 명령했다. "…… 호포(戶布)나 결포(結布) 모두 문제가 있다. 이제 1필을 줄이는 것으로 온전히 돌아갈 것이니 경들은 1필을 줄였을 때 생기는 세입 감소분 을 보충할 방법을 강구하라."

① 지조법을 시행하고 호조로 재정을 일원화하였다.

② 토산물로 징수하던 공물을 쌀이나 무명, 동전 등으로 통일하였다.

③ 황폐해진 농지를 개간하도록 권장하고 전국적인 양전 사업을 시행하였다.

④ 일부 양반층에게 선무군관이라는 칭호를 주고 군포 1필을 납부하게 하였다.

> **TIP** 영조 26년(1750) 종래 인정(人丁) 단위로 2필씩 징수하던 군포가 여러 폐단을 일으키고, 농민 경제를 크게 위협하자 2필의 군포를 1필로 감하기로 하는 한편, 균역청을 설치, 감포에 따른 부족재원을 보충 하는 대책으로 어전세·염세·선세 등을 균역청에서 관장하여 보충한다는 등의 균역법이 제정되어 1751년 9월에 공포되었다.
> ④ 선무군관포는 양역의 부과 대상에서 빠져 있는 피역자를 선무군관으로 편성하여 다시 수포한 것이다.

15 우리나라 족보에 대한 설명으로 옳지 않은 것은?

① 조선후기에 부유한 농민들은 족보를 사거나 위조하기도 하였다.

② 조선초기의 족보는 친손과 외손을 구별하지 않고 모두 수록하였다.

③ 현존하는 가장 오래된 족보는 성종 7년에 간행된 「문화류씨가정보」이다.

④ 조선시대에는 족보가 배우자를 구하거나 붕당을 구별하는 데 중요한 자료로 활용되기도 하였다.

> **TIP** ③ 현존하는 가장 오래된 족보는 성종 7년(1476)에 간행된 「안동권씨성화보」이다. 「문화류씨가정보」는 1562년에 간행되었다.

16 다음 (가)~(라)를 내용으로 하는 헌법이 적용되던 시기에 일어난 사건으로 바르게 연결한 것은?

> (가) 대통령의 임기는 7년이며 중임할 수 없다.
> (나) 대통령과 부통령은 국회에서 무기명 투표로 각각 선거한다.
> (다) 대통령과 부통령의 임기는 4년으로 하며, 1차 중임할 수 있다. 단, 이 헌법 공포 당시의 대통령에 대하여 중임 제한을 적용하지 아니한다.
> (라) 6년 임기의 대통령은 통일 주체 국민회의에서 선출된다.

① (가) – 남한과 북한은 함께 유엔에 가입하였다.

② (나) – 판문점에서 휴전 협정이 체결되었다.

③ (다) – 평화통일론을 주장한 진보당의 정당등록이 취소되었다.

④ (라)– 민족 통일을 위한 남북 공동 성명이 발표되었다.

> **TIP** (가) 1980년 10월 8차 개헌
> (나) 1948년 7월 17일 제헌헌법
> (다) 1954년 11월 2차 개헌(사사오입 개헌)
> (라) 1972년 12월 7차 개헌(유신헌법)
> ③ 1958년 1월 진보당이 북한의 주장과 유사한 평화통일론을 주장하였다는 혐의로 정당등록이 취소되고 위원장 조봉암이 사형을 당했다.
> ① 남북 유엔 가입은 1991년 9월이다.
> ② 판문점에서 휴전 협정이 체결된 것은 1953년 7월이다.
> ④ 1972년 7월 4일 분단 이후 최초로 조국 통일과 관련한 남북 공동 성명을 발표하였다.

17 다음 자료가 조선 조정에 소개된 이후에 일어난 사건으로 옳지 않은 것은?

> 러시아를 막을 수 있는 조선의 책략은 무엇인가? 중국과 친하고 〔親中〕 일본과 맺고 〔結日〕 미국과 연합해 〔聯美〕 자강을 도모하는 길 뿐이다.

① 육영공원(育英公院)을 설립해 서양의 새 학문을 교육했다.
② 임오군란이 일어나고 제물포조약이 체결되어 일본에 배상금을 지불하였다.
③ 개화파가 우정총국 개국 축하연을 이용해 정변을 일으켜 정권을 장악하였다.
④ 최익현은 일본과 통상을 반대하는 「오불가소(五不可疏)」를 올렸다.

> **TIP** 제시된 사료는 1880년 수신사 김홍집이 일본에서 귀국하며 가져 온 「조선책략」의 일부이다.
> ④ 최익현이 「오불가소」를 올린 것은 강화도 조약 체결(1876)로 인한 개항에 반대한 것이다.
> ① 1886년 ② 1882년 ③ 1884년

18 다음 자료에 나타난 사상을 정립한 인물에 대한 설명으로 옳지 않은 것은?

> 우리나라의 건국정신은 삼균제도(三均制度)의 역사적 근거를 두었으니 선조들이 분명히 명한 바 「수미균평위(首尾均平位)하야 흥방보태평(興邦保泰平)하리라」 하였다. 이는 사회 각층 각급의 지력과 권력과 부력의 향유를 균평하게 하야 국가를 진흥하며 태평을 보유(保維)하려 함이니 홍익인간(弘益人間)과 이화세계(理化世界)하자는 우리 민족의 지킬 바 최고 공리(公理)임

① 한국독립당을 창당하였다. ② 임시정부의 국무위원이었다.
③ 제헌 국회의원에 당선되었다. ④ 정치 · 경제 · 교육의 균등을 주장하였다.

> **TIP** 제시된 사료는 대한민국 건국강령의 일부로 삼균제도는 조소앙에 의해 정립되었다.
> ③ 조소앙은 남한 단독 정부 수립에 반대하여 제헌 국회의원 선거에 불참하였다.

19 **시대별 교육문화의 변화에 대한 설명으로 옳지 않은 것은?**

① 미군정기 : 미국식 민주주의 교육과 6-3-3학제가 도입되었다.

② 1950년대 : 경제적 어려움 속에서도 초등학교 의무교육제가 시행되었다.

③ 1960년대 : 입시과열을 막기 위해 중학교 무시험 추첨제가 도입되었다.

④ 1970년대 : 국가주의 이념을 강조한 국민교육헌장이 제정되었다.

> **TIP** ④ 국민교육헌장은 우리나라의 교육이 지향해야 할 이념과 근본 목표를 세우고, 민족중흥의 새 역사를 창조할 것을 밝힌 교육지표로, 1968년 12월 5일에 반포되었다.

20 **다음 법령에 대한 설명으로 옳지 않은 것은?**

> 제1조 일본 정부와 통모하여 한·일 합병에 적극 협력한 자, 한국의 주권을 침해하는 조약 또는 문서에 조인한 자와 모의한 자는 사형 또는 무기 징역에 처하고, 그 재산과 유산의 전부 혹은 2분의 1 이상을 몰수한다.
> 제2조 일본 정부로부터 작위를 받은 자 또는 일본 제국 의회의 의원이 되었던 자는 무기 또는 5년 이상의 징역에 처하고 그 재산과 유산의 전부 혹은 2분의 1 이상을 몰수한다.
> 제3조 일본 치하 독립운동자나 그 가족을 악의로 살상·박해한 자 또는 이를 지휘한 자는 사형, 무기 또는 5년 이상의 징역에 처하고 그 재산의 전부 혹은 일부를 몰수한다.

① 이 법령에 따라 특별 재판부가 설치되었다.

② 이 법령의 제정은 제헌헌법에 명시된 사항이었다.

③ 이 법령에 따라 반민족행위자들이 실형을 선고받았다.

④ 이 법령은 여수·순천 10·19 사건 직후에 국회에서 통과되었다.

> **TIP** 제시된 사료는 1948년 9월 제정된 「반민족행위처벌법」이다.
> ④ 여수·순천 사건은 1948년 10월 19일 전라남도 여수에 주둔하던 국방경비대 제14연대에 소속의 군인들이 제주 4·3 사건 진압을 거부하며 일으킨 반란 사건이다.

03

2017. 6. 24 제2회 서울특별시 시행

1 조선 후기에 전개된 국학 연구에 대한 설명으로 옳지 않은 것은?

① 유희는 「언문지」를 지어 우리말의 음운을 연구하였다.
② 이의봉은 「고금석림」을 편찬하여 우리의 어휘를 정리하였다.
③ 한치윤은 「기언」을 지어 토지제도의 개혁을 주장하였다.
④ 이종휘는 「동사」를 지어 고구려사에 대한 관심을 고조시켰다.

> **TIP** ③ 「기언」은 허목의 시문집이다. 한치윤의 저서로는 「해동역사」가 있다.

2 조선 후기 경제 변화에 대한 설명으로 옳지 않은 것은?

① 소라 불리는 특수지역에서 수공업이 이루어졌다.
② 도고라 불리는 독점적 도매상인이 활동하였다.
③ 인삼 · 담배 등의 상품작물이 널리 재배되었다.
④ 금광 · 은광을 몰래 개발하는 잠채가 번창하였다.

> **TIP** ① 고려시대의 소는 중앙정부에서 필요로 하는 각종 물품을 생산 · 공급하는 기구였으며, 주민의 신분은 공장(工匠)이었다. 자기소(磁器所) · 철소(鐵所) · 은소(銀所) · 금소(金所) · 동소(銅所) · 사소(絲所) · 지소(紙所) · 주소(紬所) · 와소(瓦所) · 탄소(炭所) · 염소(鹽所) · 묵소(墨所) 등 수공업 생산의 중요 부분을 차지하였다.

3 다음 지도와 같이 영토 수복이 이루어진 왕대에 일어난 사실은?

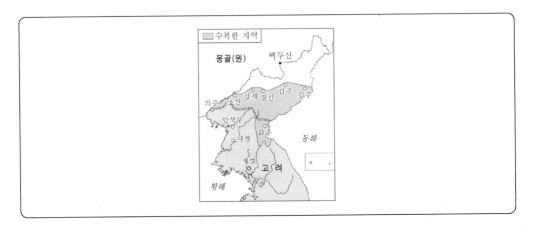

① 과전법의 시행   ② 철령위의 설치

③ 이승휴의 「제왕운기」 편찬   ④ 전민변정도감의 설치

> **TIP** 지도는 고려 공민왕대의 영토 수복을 보여주고 있다. 공민왕은 전민변정도감을 설치하여 권문세족이 부당하게 빼앗은 토지를 원래의 주인에게 돌려주고, 억울하게 노비가 된 양민을 해방시켰다.
> ① 공양왕 ② 우왕 ③ 충렬왕

4 고려시대 토지제도에 대한 설명으로 옳은 것은?

① 6품 이상의 관리는 전시과 이외에도 공음전을 받아 자손에게 물려줄 수 있었다.

② 전시과에서는 문무관리, 군인, 향리 등을 9등급으로 나누어, 토지를 주었다.

③ 후삼국을 통일한 태조 왕건은 공신, 군인 등을 대상으로 그들의 공로에 따라 차등을 두어 역분전을 지급하였다.

④ 국가는 왕실 경비를 마련하기 위해서 공해전을 지급하였다.

> **TIP** ① 공금전은 5품 이상의 관리에게 주었다.
> ② 전시과에서는 관등을 18품계로 나누어 그 고하에 따라 토지를 나누어 주었다.
> ④ 공해전은 경비 충당을 목적으로 중앙과 지방의 관아에 지급한 토지이다. 왕실 경비 마련을 위한 토지는 내장전이다.

Answer 3.④ 4.③

5 (가), (나) 문서에 대한 설명으로 옳은 것은?

> (가) 조선 인민의 노예 상태에 유의하여 적당한 시기에 맹세코 조선을 자주 독립시킬 것을 결의 한다.
> (나) 조선 임시 정부의 구성을 원조할 목적으로 먼저 그 적절한 방안을 마련하기 위하여 남조선 합중국 관구와 북조선 소련 관구의 대표자들로 공동위원회가 설치될 것이다.

① (가)는 포츠담 회담에서 발표되었다.
② (나)의 결정에는 미국, 영국, 소련이 참여하였다.
③ (나)의 결정에 따라 좌우합작위원회가 만들어졌다.
④ (가), (나)는 8 · 15 해방 직전에 발표되었다.

> **TIP** (가) 카이로 회담(1943. 11), (나) 모스크바 3상회의(1945. 12)
> ② 1945년 12월 소련 수도 모스크바에서 개최된 미국 · 영국 · 소련 3국의 외상회의로, 5년 동안 4개국(미국 · 영국 · 중국 · 소련)에 의한 신탁통치가 결정되었다.
> ① 포츠담 회담은 제2차 세계 대전 종결 직전인 1945년 7월에 연합국인 미국 · 영국 · 소련의 수뇌부가 독일 포츠담에 모여 개최한 회담이다. 이 회의에서 일본의 무조건 항복과 한국의 독립을 담은 포츠담 선언이 발표되었다.
> ③ 좌우합작위원회는 1946년 1차 미 · 소 공동위원회의 결렬 이후 만들어졌다.

6 거문도 사건이 전개된 동안, 당시 사람들이 볼 수 있었던 모습은?

① 당오전을 발행하는 기사
② 한성순보를 배포하는 공무원
③ 서유견문을 출간한 유길준
④ 일본과의 무관세 무역을 항의하는 동래 부민

> **TIP** 거문도 사건은 고종 22년(1885) 3월 1일부터 1887년 2월 5일까지 약 2년간 영국이 러시아의 조선 진출을 견제하기 위해 거문도를 불법 점령한 사건이다.
> ① 1883~1894년
> ② 1883~1884년
> ③ 1895년
> ④ 1876년 조 · 일 통상 장정

7 다음은 「고려사」에 나타난 고려 중기 두 세력의 대표적 인물의 주장이다. 이들에 대한 설명으로 옳은 것을 〈보기〉에서 고르면?

> (가) 제가 보건대 서경 임원역의 땅은 풍수지리를 하는 사람들이 말하는 아주 좋은 땅입니다. 만약 이곳에 궁궐을 짓고 전하께서 옮겨 앉으시면 천하를 다스릴 수 있습니다. 또한 금나라가 선물을 바치고 스스로 항복할 것이고 주변의 36나라가 모두 머리를 조아릴 것입니다.
>
> (나) 금년 여름 서경 대화궁에 30여 개소나 벼락이 떨어졌습니다. 서경이 만일 좋은 땅이라면 하늘이 이렇게 하였을 리 없습니다. 또 서경은 아직 추수가 끝나지 않았습니다. 지금 거동하시면 농작물을 짓밟을 것이니 이는 백성을 사랑하고 물건을 아끼는 뜻과 어긋납니다.

> 〈보기〉
> ㉠ (가) 국호를 대위, 연호를 천개로 정하고 반란을 일으켰다.
> ㉡ (가) 칭제 건원과 요나라 정벌을 주장하였다.
> ㉢ (나) 개경 중심의 문벌 귀족세력의 대표였다.
> ㉣ (나) 편년체 역사서인 「삼국사기」를 편찬하였다.

① ㉠, ㉢

② ㉠, ㉡, ㉢

③ ㉠, ㉢, ㉣

④ ㉠, ㉡, ㉢, ㉣

TIP (가) 묘청(서경파) (나) 김부식(개경파)
㉡ 서경파는 칭제 건원과 금나라 정벌을 주장하였다.
㉣ 김부식의 「삼국사기」는 기전체 역사서이다.

8 밑줄 친 '그'에 대한 설명으로 옳은 것은?

> 그는 「묘종초」를 설법하기 좋아하여 언변과 지혜가 막힘이 없었고, 대중에게 참회를 닦기를 권하였다. …(중략)… 대중의 청을 받아 교화시키고 인연을 맺은 지 30년이며, 결사에 들어온 자들이 3백여 명이 되었다.

① 강진의 토호세력의 도움을 받아 백련사를 결성하였다.
② 불교계 폐단을 개혁하기 위해 9산 선문의 통합을 주장하였다.
③ 이론의 연마와 실천을 아울러 강조하는 교관겸수를 제창하였다.
④ 깨달은 후에도 꾸준한 실천이 필요하다는 돈오점수를 중시하였다.

> **TIP** 밑줄 친 그는 요세이다. 요세는 강진의 토호세력의 도움을 받아 백련사를 결성하여 대중에게 참회를 닦기를 권하였다.
> ② 보우 ③ 의천 ④ 지눌

9 다음과 같은 남북합의가 이루어진 정부에서 일어난 사실은?

> 제1조 남과 북은 서로 상대방의 체제를 인정하고 존중한다.
> 제2조 남과 북은 상대방의 내부 문제에 간섭하지 아니한다.
> 제3조 남과 북은 상대방에 대한 비방, 중상을 하지 아니한다.
> 제4조 남과 북은 상대방을 파괴, 전복하는 일체 행위를 하지 아니한다.

① 남북조절위원회 회담   ② 금융실명제 전면 실시
③ 남북정상회담 개최   ④ 북방외교의 적극 추진

> **TIP** 제시된 내용은 노태우 정부(1988~1993) 때 체결된 남북 기본합의서(1991. 12. 13)이다.
> ① 1972년 7 · 4 남북 공동 선언
> ② 1993년 김영삼 정부
> ③ 1차 2000년 김대중 정부, 2차 2007년 노무현 정부

10 다음 중 단군조선의 역사를 다룬 책으로 옳은 것은?

① 「삼국사기」
② 「표제음주동국사략」
③ 「연려실기술」
④ 「고려사절요」

> **TIP** ② 표제음주동국사략 : 조선 중종 때 유희령이 「동국통감」을 대본으로 하여 단군으로부터 고려시대까지를 간략히 줄여 찬술한 통사
> ① 삼국사기 : 1145년(인종 23)경에 김부식 등이 고려 인종의 명을 받아 편찬한 삼국시대의 정사로 기전체 역사서
> ③ 연려실기술 : 조선 후기의 학자 이긍익이 지은 조선시대 사서
> ④ 고려사절요 : 조선 전기 문종 2년 김종서 등이 편찬한 고려시대의 역사서

11 삼국 통일 과정에서 나타난 사건을 순서대로 바르게 나열한 것은?

> ㈎ 나 · 당 연합군이 평양성을 함락시켰다.
> ㈏ 신라가 매소성에서 당군을 크게 물리쳤다.
> ㈐ 계백의 저항에도 불구하고 사비성이 함락되었다.
> ㈑ 백제 · 왜 연합군이 나 · 당 연합군과 백강에서 전투를 벌였다.

① ㈏ − ㈎ − ㈐ − ㈑
② ㈏ − ㈐ − ㈎ − ㈑
③ ㈐ − ㈑ − ㈎ − ㈏
④ ㈑ − ㈐ − ㈎ − ㈏

> **TIP** ㈐ 660년 백제 멸망→㈑ 660년 백제 멸망 후→㈎ 668년→㈏ 675년

12 임진왜란으로 발생한 문제를 해결하기 위해 광해군 재위기간 중에 추진된 정책에 해당하지 않는 것은?

① 토지 대장과 호적을 새로 정비하였다.
② 공납제도의 문제점을 보완하기 위해 대동법을 실시하였다.
③ 임진왜란 때 활약한 충신과 열녀를 조사하여 추앙하였다.
④ 진관 체제에서 제승방략 체제로 변경하였다.

> **TIP** ④ 진관 체제는 각 요충지마다 진관을 설치하여 진관을 중심으로 독자적으로 적을 방어하는 체제로 작은 규모 전투에는 유리하지만 큰 규모의 적이 침입할 경우에는 문제점이 많다. 중종 때 삼포왜란, 명종 때 을묘왜변을 겪으며 각 지역의 군사를 한 곳에 집결시켜 한 사람의 지휘하에 두게 하는 제승방략 체제를 실시하였다.

13 ㈎의 사건에 대한 설명으로 옳은 것은?

> 심문자 : 작년 3개월간 무슨 사연으로 고부 등지에서 민중을 크게 모았는가?
> 답변자 : 고부 군수의 수탈이 심하여 민심이 억울하고 통한스러워 의거를 하였다.
> 심문자 : 흩어져 돌아간 후에는 무슨 일로 봉기하였는가?
> 답변자 : 안핵사 이용태가 의거 참가자 대다수를 동학도로 몰아 체포하여 살육하였기 때문이다.
> 심문자 : ㈎ 이후 다시 봉기를 일으킨 이유는 무엇인가?
> 답변자 : 일본이 군대를 거느리고 경복궁을 침범하였기 때문이다.

① 일본군이 풍도의 청군을 공격하면서 성립하였다.
② 법규교정소를 설치한다는 내용이 들어 있었다.
③ 집강소 및 폐정개혁에 관한 규정이 포함되었다.
④ 제물포 조약을 근거로 실행한 것이다.

> **TIP** ㈎는 1894년 동학 농민 운동 당시 농민군이 전주를 점령하고 정부와 맺은 조약인 전주화약이다. 전주화약에서 전라도 지방의 개혁 사무를 담당할 자치 기구인 집강소의 설치와 농민군이 제시한 폐정 개혁안 실시가 합의되었다.

14 다음 자료와 관련된 사건을 순서대로 바르게 나열한 것은?

> ㉠ 무엇보다 우리는 이른바 4 · 13 대통령의 특별 조치를 국민의 이름으로 무효임을 선언한다.
> ㉡ 우리 시민군은 온갖 방해에도 불구하고 여러분의 안전을 끝까지 지킬 것입니다. 또한 협상이 올바른 방향대로 진행되면 우리는 즉각 총을 놓겠습니다.
> ㉢ 오늘의 이 시점에서 저는 사회적 혼란을 극복하고, 국민적 화해를 이룩하기 위하여 대통령 직선제를 택하지 않을 수 없다는 결론에 이르게 되었습니다.

① ㉠ - ㉡ - ㉢
② ㉡ - ㉠ - ㉢
③ ㉡ - ㉢ - ㉠
④ ㉢ - ㉡ - ㉠

> **TIP** ㉡ 5 · 18 민주화운동(1980) → ㉠ 6 · 10 민주항쟁(1987) → ㉢ 6 · 29 민주화선언(1987)

15 다음의 협약 이후 일어난 일로 옳지 않은 것은?

> • 한국 정부는 시정 개선에 관하여 통감의 지도를 받을 것
> • 한국 정부의 법령 제정 및 중요한 행정상의 처분은 미리통감의 승인을 거칠 것
> • 한국 고등 관리의 임면은 통감의 동의로써 이를 행할 것
> • 한국 정부는 통감이 추천하는 일본인을 한국 관리에 임명할 것

① 13도 창의군의 서울진공작전   ② 고종의 헤이그 특사 파견
③ 대한제국 군대 해산   ④ 대한제국 경찰권 박탈

> **TIP** 제시된 내용은 1907년 7월의 한·일신협약이다.
> ② 고종은 1905년 11월 제2차 한·일협약(을사조약)의 무효를 밝히기 위해 헤이그에 특사를 파견하였다.

16 밑줄 친 '왕'에 대한 설명으로 옳은 것은?

> 왕은 왕권 강화를 위해 중앙집권체제를 강화하고, 변방중심에서 전국적인 지역 중심 방어체제로 바꾸는 등 국방을 강화하였다. 또 국가재정을 안정시키기 위해 과전을 현직 관료에게만 지급하기 시작하였다.

① 「경국대전」의 편찬을 마무리하여 반포하였다.
② 간경도감을 두어 「월인석보」를 언해하여 간행하였다.
③ 6조 직계제를 채택하고 사간원을 독립시켜 대신을 견제하였다.
④ 대마도주와 계해약조를 맺어 무역선을 1년에 50척으로 제한하였다.

> **TIP** 밑줄 친 왕은 세조이다.
> ① 성종 ③ 태종 ④ 세종

17 밑줄 친 '이 책'의 저자에 대한 설명으로 옳은 것은?

> <u>이 책</u>은 왕과 사대부를 위해 왕도정치의 규범을 체계화한 것으로 통설, 수기, 정가, 위정, 성현도통 등으로 구성되어 있다. <u>이 책</u>은 성리학의 정치 이론서인 「대학연의」를 보완함으로써 조선의 사상계에 널리 영향을 미쳤다.

① 경과 의를 근본으로 하는 실천적 성리학풍을 강조하였다.

② 기대승과 8차례 편지를 통해 4단과 7정에 대한 논쟁을 벌였다.

③ 이보다 기를 중심으로 세계를 이해하고 노장사상에 개방적이었다.

④ 사림이 추구하는 왕도정치가 기자에서 시작되었다는 평가를 담은 「기자실기」를 저술하였다.

> **TIP** 밑줄 친 이 책은 율곡 이이의 「성학집요」이다. 이이는 사림이 추구하는 왕도정치가 기자에서 시작되었다는 평가를 담은 「기자실기」를 저술하였다.
> ① 조식 ② 이황 ③ 서경덕

18 밑줄 친 '그'의 활동에 대한 설명으로 옳은 것은?

> 그는 만동묘와 폐단이 큰 서원을 철폐하도록 명령을 내렸다. 선비들 수만 명이 대궐 앞에 모여 만동묘와 서원을 다시 설립할 것을 청하니, 그가 크게 노하여 병졸로 하여금 한강 밖으로 몰아내도록 하였다.

① 갑오개혁 당시 군국기무처의 총재관으로 활동하였다.

② 갑신정변 당시 청군의 원조를 요청하였다.

③ 임오군란 직후 통리기무아문을 폐지하였다.

④ 강화도 조약 체결 직전 화서학파의 적극적인 지지를 받았다.

> **TIP** 밑줄 친 그는 흥선대원군이다. 임오군란으로 재집권한 흥선대원군은 통리기무아문을 폐지하고 삼군부에 그 기능을 담당하도록 하였다.
> ① 김홍집
> ② 명성황후
> ④ 화서학파는 위정척사 운동을 주도하였지만, 흥선대원군의 서원 및 만동묘 철폐에 반대하였다.

19 대한민국 임시 정부에 대한 설명으로 옳지 않은 것은?

① 국내 항일 세력들과 연락하기 위해 연통제를 운영하였다.

② 국외 거주 동포에게 독립 공채를 발행하였다.

③ 만주 지역의 무장 투쟁 세력들도 참여하였다.

④ 임시 정부 수립 직후 임시 의정원을 구성하였다.

> **TIP** ④ 임시 의정원은 대한민국 임시정부의 입법부 역할을 맡았던 기관으로 1919년 4월 10일 개원했으며 대한민국 임시정부의 사전조직이기도 했다. 우리나라 최초로 주권재민을 천명한 임시헌법을 제정, 의회 민주주의제도 성립의 기초가 되었다.

20 ㉠~㉣에 대한 설명이 바르게 연결된 것은?

> ㉠ 농경이 발달하였고, 어물과 소금 등 해산물이 풍부하였다.
> ㉡ 도둑질을 하면 물건 값의 12배를 변상하게 하였다.
> ㉢ 산과 내마다 각기 구분이 있어서 함부로 들어가지 못하였다.
> ㉣ 국읍에 각각 한 사람씩 세워 천신의 제사를 주관하게 하였다.

① ㉠ - 10월에 동맹이라는 제천 행사를 실시하였다.

② ㉡ - 형이 죽으면 형수를 아내로 삼는 풍습이 있었다.

③ ㉢ - 족내혼과 함께 민며느리제라는 혼인 풍속이 있었다.

④ ㉣ - 상가, 고추가 등이 제가회의를 열어 국가 대사를 결정하였다.

> **TIP** ㉠ 옥저, ㉡ 부여, ㉢ 동예, ㉣ 삼한
> ①④ 고구려 ③ 옥저

2018. 4. 7 인사혁신처 시행

1 시대별 지방 행정 제도에 대한 설명으로 옳은 것은?

① 통일신라 - 촌의 행정은 촌주가 담당하였다.
② 발해 - 전국 330여 개의 모든 군현에 수령을 파견하였다.
③ 고려 - 촌락 지배 방식으로 면리제가 확립되었다.
④ 조선 - 향리 통제를 위하여 사심관을 파견하였다.

> **TIP** ② 조선 시대에 관한 설명이다.
> ③ 조선 시대에 관한 설명이다.
> ④ 고려 시대에 관한 설명이다.

2 다음 (갑)과 (을)의 담판 이후에 있었던 (을)의 활동으로 옳은 것은?

> (갑) 그대 나라는 신라 땅에서 일어났고 고구려 땅은 우리의 소유인데 그대들이 침범했다.
> (을) 아니다. 우리야말로 고구려를 이은 나라이다. 그래서 나라 이름도 고려라 했고, 평양에 도읍하였다. 만일 땅의 경계로 논한다면 그대 나라 동경도 모두 우리 강역에 들어 있는 것인데 어찌 침범이라 하겠는가.

① 9성 설치　　　　　　　　　② 귀주 대첩
③ 강동 6주 경략　　　　　　　④ 천리장성 축조

> **TIP** (갑)은 소손녕, (을)은 서희로 거란의 1차 침입 당시의 담판 내용이다.
> ① 예종 때 윤관이 별무반을 이끌고 여진족을 정벌한 후 동북 지역에 9성을 설치하였다.
> ② 귀주 대첩은 거란의 3차 침입 때인 1019년의 일이다.
> ④ 천리장성은 거란과 여진의 침입을 방어하기 위한 것으로 1033년에 시작하여 1044년에 완공하였다.

3 밑줄 친 ⊙의 결과에 해당하는 사실로 옳은 것은?

> (영락) 6년 병신(丙申)에 왕이 직접 수군을 이끌고 백제를 토벌하였다. (백제왕이) 우리 왕에게 항복하면서 "지금 이후로는 영원히 노객(奴客)이 되겠습니다."라고 맹세하였다. … (중략) … ⊙10년 경자(庚子)에 왕이 보병과 기병 5만 명을 보내어 신라를 구원하게 하였다.

① 고구려가 신라 내정간섭을 강화하였다.
② 백제가 고구려의 평양성을 공격하였다.
③ 신라가 관산성 전투에서 백제 성왕을 살해하였다.
④ 금관가야가 가야 지역의 중심 세력으로 대두하였다.

> **TIP** 제시된 자료는 광개토대왕릉비문의 기록이다.
> ② 4세기 백제 근초고왕
> ③ 6세기 신라 진흥왕
> ④ 3세기 경

4 (개)와 (내)를 주장한 각 인물에 대한 설명으로 옳은 것은?

> (개) 우리는 남방만이라도 임시 정부 혹은 위원회 같은 것을 조직하여 38도선 이북에서 소련이 철퇴하도록 세계 공론에 호소해야 할 것이다.
> (내) 나는 통일된 조국을 달성하려다 38도선을 베고 쓰러질지언정 일신의 구차한 안일을 위하여 단독 정부를 세우는 데는 협력하지 아니하겠다.

① (개) – 5 · 10 총선거에 불참하였다.
② (개) – 좌우 합작 7원칙을 지지하였다.
③ (내) – 탁치 반대 국민 총동원 위원회를 조직하였다.
④ (내) – 남조선 과도 입법 의원의 의장을 역임하였다.

> **TIP** (개) 1946년 6월 이승만, 정읍발언
> (내) 1948년 2월 김구, 3천만 동포에게 읍고함
> ① 5 · 10 총선거에 불참한 것은 김구이다.
> ② 이승만은 좌우합작 운동을 지지하지 않았다.
> ④ 김규식에 관한 설명이다.

Answer 3.① 4.③

5 다음 (가)에 대한 설명으로 옳지 않은 것은?

예전에 성종이 ⬚(가)⬚ 시행에 따르는 잡기가 정도(正道)에 어긋나는데다가 번거롭고 요란스럽다 하여 이를 모두 폐지하였다. … (중략) … 이것을 폐지한 지가 거의 30년이나 되었는데, 이때에 와서 정당문학 최항이 청하여 이를 부활시켰다.

① 국제 교류의 장이었다.
② 정월 보름에 개최되었다.
③ 토속 신에게 제사를 지냈다.
④ 훈요 10조에서 시행할 것을 강조하였다.

> **TIP** (가) 팔관회
> ② 연등회에 관한 설명이다.

6 다음과 같이 주장한 인물에 대한 설명으로 옳은 것은?

달은 하나이나 냇물의 갈래는 만 개가 된다. … (중략) … 나는 그 냇물이 세상 사람들이라는 것을 안다. 빛을 받아 비추어서 드러나는 것은 사람들의 상이다. 달이라는 것은 태극이요, 태극은 나이다.

① 『해동농서』를 편찬하도록 하였다.
② 갑인예송에서 왕권을 강조하며 기년복을 주장하였다.
③ 이순신에게 현충이라는 시호를 내리고 강감찬 사당을 건립하였다.
④ 민간의 광산개발 참여를 허용하는 설점수세제를 처음 실시하였다.

> **TIP** 제시된 글은 정조의 개인 문집인 '홍재전서'이다.
> ② 현종 때의 일로, 남인은 기년복을 주장하였다.
> ③ 숙종 ④ 효종

7 밑줄 친 '국왕'의 재위 기간에 있었던 일로 옳은 것은?

> 지금 국왕께서 풍속을 바꾸려는 데에 뜻이 있으므로 신은 지극하신 뜻을 받들어 완악한 풍속을 고치고자 합니다. … (중략) … 『이륜행실(二倫行實)』로 말하면 신이 전에 승지가 되었을 때에 간행할 것을 청했습니다. 삼강이 중한 것은 아무리 어리석은 부부라도 모두 알고 있으나, 붕우·형제의 이륜에 이르러서는 평범한 사람들이 제대로 모르는 경우가 있습니다.

① 주세붕이 백운동 서원을 세웠다.
② 김시습이 『금오신화』를 저술하였다.
③ 『국조오례의』가 편찬되고 『동국여지승람』이 만들어졌다.
④ 문화와 제도를 유교식으로 갖추기 위해 집현전을 창설하였다.

> **TIP** 제시된 글은 '중종실록'의 기록이다.
> ① 중종 때 풍기군수 주세붕에 의해 백운동 서원이 최초로 건립되었다.
> ② 세조 ③ 성종 ④ 세종

8 다음의 법률에 근거하여 실시된 식민지 정책으로 옳지 않은 것은?

> 제4조 정부는 전시에 국가총동원상 필요하다고 인정될 때에는 칙령이 정하는 바에 따라서 제국 신민을 징용하여 총동원 업무에 종사하도록 할 수 있다.
> 제7조 정부는 칙령이 정하는 바에 따라 노동 쟁의의 예방 혹은 해결에 관한 명령, 작업소 폐쇄, 작업 혹은 노무의 중지 … (중략) … 등을 명할 수 있다

① 물자통제령을 공포하여 배급제를 확대하였다.
② 육군특별지원병령을 제정하여 지원병을 선발하였다.
③ 금속류회수령을 제정하여 주요 군수 물자를 공출하였다.
④ 국민징용령을 공포하여 강제적인 노무 동원을 실시하였다.

> **TIP** 제시된 글은 1938년에 4월에 공포되고, 5월 5일부터 시행된 제정된 「국가 총동원법」이다.
> ② 육군특별지원병제는 국가 총동원법 시행 이전인 1938년 2월에 공포되었다.

 **Answer** ·······
7.① 8.②

9 ㈎ 시기에 해당되는 사실로 옳은 것은?

> 방금 안핵사 이용태의 보고에 따르면 "죄인들이 대다수 도망치는 바람에 조사하지 못하였다."
> 라고 하였다.
>
> 『승정원일기』
>
> ↓
>
> | ㈎ |
> | --- |
>
> ↓
>
> 전봉준은 금구 원평에 앉아 (전라) 우도에 호령하였으며, 김개남은 남원성에 앉아 좌도를 통
> 솔하였다.
>
> 『갑오약력』

① 논산에서 남·북접의 동학군이 집결하였다.
② 우금치 전투에서 동학군이 일본군과 격전을 벌였다.
③ 동학교도가 궁궐 앞에서 교조 신원을 주장하는 집회를 열었다.
④ 백산에서 전봉준이 보국안민을 위해 궐기하라는 통문을 보냈다.

> **TIP** 고부 민란(1894. 1) → ㈎ → 전주화약, 집강소 설치(1894. 5)
> ④ 백산에서 전봉준이 보국안민을 위해 궐기하라는 통문을 보낸 것은 1984년 3월의 일이다.
> ① 남·북접의 논산 집결(1894. 9)
> ② 우금치 전투(1894. 11)
> ③ 서울 복합 상소(1893. 2)

10 ㈎ 기구가 존속한 시기의 사람들이 볼 수 있었던 사실로 적절한 것은?

> 지주는 조선 총독이 정하는 기간 내에 [㈎] 혹은 그것의 출장소 직원에게 신고해야 한
> 다. 만약 제출을 태만히 하거나 신고서를 제출하지 않을 시에는 당국에서 해당 토지에 대해
> 소유권의 유무 등을 조사하다가 소유자를 알지 못하는 경우에 지주가 없는 것으로 간주하여
> 국유지로 편입할 수 있다.

① 조선청년연합회에 출입하는 일본인 고문
② 신문에 연재 중인 소설 무정을 읽는 학생
③ 연초 전매 제도에 따라 조합에 수매되는 담배
④ 의열단에 가입하는 신흥 무관 학교 출신 청년

11 밑줄 친 '이 지도'에 대한 설명으로 옳지 않은 것은?

> 1402년 제작된 <u>이 지도</u>는 조선 학자들에 의해 제작된 세계 지도이다. 권근의 글에 의하면 중국에서 수입한 '성교광피도'와 '혼일강리도'를 기초로 하고, 우리나라와 일본의 지도를 합해서 제작하였다고 한다.

① 유럽과 아프리카 대륙까지 묘사하였다.
② 중국이 세계의 중심이라는 중화사상이 반영되었다.
③ 이 지도의 작성에는 이슬람 지도학의 영향이 있었다.
④ 우리나라에 해당하는 부분은 백리척을 사용하여 과학화에 기여하였다.

12 다음 왕의 재위 기간에 있었던 사실로 옳은 것은?

> • 왕 원년 : 소판 김흠돌, 파진찬 흥원, 대아찬 진공 등이 반역을 도모하다가 사형을 당하였다.
> • 왕 9년 : 달구벌로 서울을 옮기려다 실현하지 못하였다.
> 　　　　　　　　　　　　　　　　　　　　　　　　　　　　　－『삼국사기』－

① 사방에 우역을 설치하였다.
② 수도에 서시와 남시를 설치하였다.
③ 국학을 설치하여 유학을 교육하였다.
④ 관료에게 지급하는 녹읍을 부활하였다.

13 다음은 발해사에 대한 중국과 러시아 입장이다. 한국사의 입장에서 이를 반박하는 증거로 적절한 것은?

> • 중국 : 소수 민족 지역의 분리 독립 의식을 약화시키려고, 국가라기보다는 당 왕조에 예속된 지방 민족 정권 차원에서 본다.
> • 러시아 : 중국 문화보다는 중앙 아시아나 남부 시베리아의 영향을 강조하여 러시아의 역사에 편입시키려 한다.

① 신라와의 교통로   ② 상경성 출토 온돌 장치

③ 유학 교육 기관인 주자감   ④ 3성 6부의 중앙 행정 조직

> **TIP** 발해 건국 주도 세력이 고구려계 유민이며, 고구려 계승 의식을 표명한 것을 근거로 들어야 한다. 온돌 장치, 연화무늬와당, 이불병좌상, 정혜공주묘, 모줄임천당 등이 있다.
> ③④ 당나라의 영향을 받았다.

14 신라 문무왕의 유언이다. 밑줄 친 ㉠~㉣의 내용과 부합하지 않는 것은?

> 과인은 운수가 어지럽고 전쟁을 하여야 하는 때를 만나서 ㉠ 서쪽을 정벌하고 ㉡북쪽을 토벌하여 영토를 안정시켰고, ㉢배반하는 무리를 토벌하고 ㉣협조하는 무리를 불러들여 멀고 가까운 곳을 모두 안정시켰다.
>
> -『삼국사기』-

① ㉠ - 태자로서 참전하여 백제를 멸망시켰다.

② ㉡ - 당나라 군대와 함께 고구려를 멸망시켰다.

③ ㉢ - 백제 부흥 운동을 주도한 복신을 공격하였다.

④ ㉣ - 임존성에서 저항하던 지수신의 투항을 받아주었다.

> **TIP** 제시된 자료는 '삼국사기'에 등장하는 문무왕의 유언이다.
> ④ 지수신은 고구려로 망명하였다.
> ① 백제 멸망(660년)
> ② 백제 멸망 이후(668년)
> ③ 백제 멸망 직후(660년)

15 다음은 대한제국 시기에 설립된 어느 회사에 관한 내용이다. 밑줄 친 '이 회사'에 대한 설명으로 옳은 것은?

> • <u>이 회사</u>의 고금(股金, 주권)은 액면 50원씩이고, 총 1천만 원을 발행하고, 주당 불입금은 5년간 총 10회 5원씩 나눠서 낸다.
> • <u>이 회사</u>는 국내 진황지 개간, 관개 사무와 산림천택(山林川澤), 식양채벌(殖養採伐) 등의 사무 이외에 금·은·동·철·석유 등의 각종 채굴 사무에 종사한다.

① 종로의 백목전 상인이 주도가 된 직조 회사였다.
② 역둔토나 국유 미간지를 약탈하려는 국책 회사였다.
③ 황무지 개간권 요구에 대응하여 설립된 특허 회사였다.
④ 외국 상인과의 상권 경쟁을 위해 시전 상인이 만든 척식 회사였다.

> **TIP** '이 회사'는 1904년에 설립된 농광회사이다.
> ① 종로직조사(1900년)
> ② 동양 척식 주식 회사(1908년)
> ④ 황국 중앙 총상회(1898년)

16 조선 성리학의 학설이나 동향을 시기순으로 바르게 나열한 것은?

> ㉠ 현실세계를 구성하는 기를 중시하여 경장(更張)을 주장하였다.
> ㉡ 우주를 무한하고 영원한 기로 보는 '태허(太虛)설'을 제기하였다.
> ㉢ 정지운의 『천명도』 해석을 둘러싸고 사단칠정 논쟁이 시작되었다.
> ㉣ 향약 보급 운동과 함께 일상에서의 실천 윤리가 담긴 『소학』을 중시하였다.

① ㉡→㉠→㉣→㉢
② ㉡→㉣→㉠→㉢
③ ㉣→㉡→㉢→㉠
④ ㉣→㉢→㉡→㉠

> **TIP** ㉣ 중종(16세기 초) → ㉡ 중종(1544년) → ㉢ 명종(1559년) → ㉠ 선조(16세기 후반)

17 일제강점기 조선인의 생활 모습으로 옳지 않은 것은?

① 도시 외곽의 토막촌에는 빈민이 살았다.
② 번화가에서 최신 유행의 모던걸과 모던보이가 활동하였다.
③ 몸뻬를 입은 여성들이 근로보국대에서 강제 노동을 하였다.
④ 상류층이 한식 주택을 2층으로 개량한 영단 주택에 모여 살았다.

> **TIP** ④ 영단 주택은 1940년대 노동자의 주택난을 해결하기 위해 보급한 주거지다.

18 ㈎와 ㈏는 외국과 맺은 각서이다. 두 각서 사이에 있었던 사실로 옳은 것은?

> ㈎ 일본 측은 한국 측에 무상원조 3억 달러, 유상원조(해외경제협력기금) 2억 달러, 그리고 수출입은행 차관 1억 달러 이상을 제공한다.
> ㈏ 미국 정부가 한국과 약속했던 1억 5천만 달러 규모의 차관 공여와 더불어 … (중략) … 한 국의 경제 발전을 돕기 위한 추가 AID차관을 제공한다.

① 경부 고속 국도가 개통되었다.
② 마산에 수출 자유 지역이 건설되었다.
③ 국가 기간 산업인 울산 정유 공장이 가동되었다.
④ 유엔의 지원으로 충주에 비료 공장을 설립하였다.

> **TIP** ㈎ 1962년 김종필 · 오히라 메모
> ㈏ 1966년 브라운 각서
> ①② 1970년 ③ 1964년 ④ 1950년대 후반

19 다음은 고려시대 진화의 시이다. 이 시인과 교류를 통해 자부심을 공유한 인물의 작품은?

> 서쪽 송나라는 이미 기울고 북쪽 오랑캐는 아직 잠자고 있네.
> 앉아서 문명의 아침을 기다려라, 하늘의 동쪽에서 태양이 떠오르네.

① 삼국사기   ② 동명왕편
③ 제왕운기   ④ 삼국유사

TIP 제시된 글은 고려시대 문인인 진화가 금나라에 사신으로 가는 도중에 지은 한시다. 진화는 고려 무신 집권기(12세기) 때 활동하였던 문신이다.
② 이규보는 무신집권기 때 활동한 문신이다.
① 인종 ③④ 충렬왕

20 다음 해외 견문 기록을 시기순으로 바르게 나열한 것은?

> ㉠ 『표해록』   ㉡ 『열하일기』
> ㉢ 『서유견문』   ㉣ 『해동제국기』

① ㉠→㉡→㉣→㉢   ② ㉠→㉣→㉢→㉡
③ ㉣→㉠→㉡→㉢   ④ ㉣→㉢→㉠→㉡

TIP ㉣ 1471년 → ㉠ 1488년 → ㉡ 1780년 → ㉢ 1895년

1 다음은 각 유물과 그것이 사용되던 시기의 사회 모습에 대한 설명이다. 옳은 것만을 모두 고르면?

> ㉠ 슴베찌르개 – 벼농사를 짓기 시작하였고 나무로 만든 농기구를 사용하였다.
> ㉡ 붉은 간토기 – 거친무늬거울을 사용하여 제사를 지내거나 의식을 거행하였다.
> ㉢ 반달 돌칼 – 농사를 짓기 시작했지만 아직 지배와 피지배 관계는 발생하지 않았다.
> ㉣ 눌러찍기무늬 토기 – 가락바퀴와 뼈바늘을 이용하여 옷이나 그물을 만들어 사용하였다.

① ㉠, ㉡   ② ㉠, ㉢

③ ㉡, ㉣   ④ ㉢, ㉣

> **TIP** ㉠ 슴베찌르개는 구석기 후기에 사용하였다. 벼농사가 시작된 것은 청동기 시대다.
> ㉢ 반달 돌칼은 청동기 시대에 사용하였다. 제시된 설명은 신석기 시대에 관한 설명이다.

2 다음과 같은 불교 사상의 영향을 받아 만들어진 문화재는?

> 이 불교 사상은 개인적 정신 세계를 추구하는 경향이 강하였기 때문에 지방에서 독자적인 세력을 이루어 성주나 장군을 자처하던 자들로부터 큰 호응을 받았다.

① 성덕대왕신종   ② 쌍봉사 철감선사탑

③ 경천사지 십층석탑   ④ 금동미륵보살 반가사유상

> **TIP** 제시된 글은 선종에 관한 설명이다.
> ① 신라 중대 경덕왕 때 주조를 시작해 혜공왕 때 완성되었다.
> ③ 고려 후기 충목왕 때 건립되었다.
> ④ 삼국 공통의 불상으로 세련된 귀족 문화를 엿볼 수 있다.

3 밑줄 친 '이곳'에서 일어난 일로 옳은 것은?

> 고려 정종 때 이곳으로 천도 계획을 세웠으나 실현되지 못했고, 문종 때 이곳 주위에 서경기 4도를 두었다.

① 이곳에서 현존 세계 최고의 직지심체요절이 간행되었다.
② 지눌이 이곳을 중심으로 수선사 결사 운동을 전개하였다.
③ 조위총이 정중부 등의 타도를 위해 이곳에서 반란을 일으켰다.
④ 강조가 군사를 이끌고 이곳으로 들어와 김치양 일파를 제거하였다.

> **TIP** 밑줄 친 '이곳'은 서경이다.
> ① 우왕 때 청주 흥덕사에서 간행했다.
> ② 지눌은 공산에서 권수정혜결사문을 발표하고, 순천 송광사를 중심으로 수선사 결사 운동을 하였다.
> ④ 강조가 개경에서 군사를 이끌고 이곳으로 들어와 김치양 일파를 제거하고 목종을 폐위하고 현종을 즉위시켰다.

4 밑줄 친 '운동'에 대한 설명으로 옳은 것은?

> 조선 사람은 조선 사람이 만든 물건만 쓰고 살자고 하는 운동이 일어나고 있다. 그렇게 하면 조선인 자본가의 공업이 일어난다고 한다. … (중략) … 이 운동이 잘 되면 조선인 공업이 발전해야 하지만 아직 그렇지 않다. … (중략) … 이 운동을 위해 곧 발행된다는 잡지에 회사를 만들라고 호소하지만 말고 기업을 하는 방법 같은 것을 소개해야 한다.
>
> — 개벽 —

① 조선총독부가 회사령을 폐지하는 계기가 되었다.
② 원산총파업을 계기로 조직적으로 전개될 수 있었다.
③ 조만식 등에 의해 평양에서 시작되어 전국으로 확산되었다.
④ 조선노농총동맹의 적극적 참여로 대중적인 기반이 확충되었다.

> **TIP** 밑줄 친 '운동'은 물산장려운동(1922)이다. 물산장려운동은 3 · 1운동 후 개화한 근대 지식인층 및 대지주들이 중심이 되어 물자 아껴쓰기 및 우리 산업 경제를 육성시키자는 기치 아래 민족정신을 일깨우며 앞장서 벌여 나간 운동이다.

Answer
3.③ 4.③

5 (가) 시기에 해당되는 사실로 옳은 것만을 〈보기〉에서 모두 고르면?

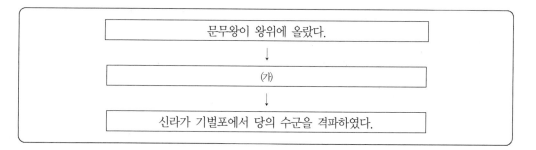

| 문무왕이 왕위에 올랐다. |
| ↓ |
| (가) |
| ↓ |
| 신라가 기벌포에서 당의 수군을 격파하였다. |

〈보기〉
㉠ 신라가 안승을 고구려왕에 봉했다.
㉡ 당나라가 신라를 계림대도독부로 삼았다.
㉢ 신라가 황산벌 전투에서 백제군을 무찔렀다.
㉣ 보장왕이 요동 지역에서 고구려 부흥을 꾀했다.

① ㉠, ㉡   ② ㉠, ㉢
③ ㉡, ㉣   ④ ㉢, ㉣

TIP 문무왕 즉위(661년) → (가) → 기벌포 싸움(676년)
㉠ 674년 ㉡ 663년 ㉢ 660년 ㉣ 668년

6 삼국 시대의 정치 제도에 대한 설명으로 옳은 것만을 모두 고르면?

㉠ 삼국의 관등제와 관직제도 운영은 신분제에 의하여 제약을 받았다.
㉡ 고구려는 대성(大城)에는 처려근지, 그 다음 규모의 성에는 욕살을 파견하였다.
㉢ 백제는 도성에 5부, 지방에 방(方)−군(郡) 행정제도를 시행하였다.
㉣ 신라는 10정 군단을 바탕으로 영역을 확장하고 삼국통일을 이룩하였다.

① ㉠, ㉡   ② ㉠, ㉢
③ ㉡, ㉣   ④ ㉢, ㉣

7 성격이 유사한 것끼리 옳게 짝지은 것은?

① 대대로 – 대내상   ② 중정대 – 승정원

③ 2성 6부 – 5경 15부   ④ 기인 제도 – 녹읍 제도

8 다음 각 문화재에 대한 설명으로 옳지 않은 것은?

① 화엄사 각황전은 다층식 외형을 지녔다.
② 수덕사 대웅전은 주심포 양식의 건물이다.
③ 부석사 무량수전은 배흘림 기둥을 갖고 있다.
④ 덕수궁 석조전은 서양 고딕 양식의 건물이다.

9 고려에서 행한 국가제사에 대한 설명으로 옳지 않은 것은?

① 태조 때에 환구단(圜丘壇)에서 풍년을 기원하는 제사를 올렸다.
② 성종 때에 사직(社稷)을 세워 지신과 오곡 신에게 제사를 지냈다.
③ 숙종 때에 기자(箕子) 사당을 세워 국가에서 제사하였다.
④ 예종 때에 도관(道觀)인 복원궁을 세워 초제를 올렸다.

10 다음에서 설명하는 인물의 저술로 옳은 것은?

> • 종래의 조선 농학과 박물학을 집대성하였다.
> • 전국 주요 지역에 국가 시범 농장인 둔전을 설치하여 혁신적 농법과 경영 방법으로 수익을 올려서 국가 재정을 보충할 것을 제안했다.

① 색경   ② 산림경제
③ 과농소초   ④ 임원경제지

> **TIP** 제시된 글에서 설명하고 있는 인물은 서유구이다. 『임원경제지』는 홍만선의 『산림경제』를 토대로 한국과 중국의 저서 900여 종을 참고하여 엮어낸 백과전서다.
> ① 1676년 박세당이 지은 농서이다.
> ② 조선 숙종 때 실학자 홍만선이 엮은 농서 겸 가정생활서이다.
> ③ 조선 후기에 농업정책과 자급자족의 경제론을 편 실학적 농촌경제 정책서이다.

11 밑줄 친 '대의(大義)'를 이루기 위해 효종이 한 일로 옳은 것은?

> 병자년 일이 완연히 어제와 같은데, 날은 저물고 갈 길은 멀다고 하셨던 성조의 하교를 생각하니 나도 모르게 눈물이 솟는구나. 사람들은 그것을 점점 당연한 일처럼 잊어가고 있고 대의(大義)에 대한 관심도 점점 희미해져 북녘 오랑캐를 가죽과 비단으로 섬겼던 일을 부끄럽게 생각지 않고 있으니 그것을 생각한다면 그 아니 가슴 아픈 일인가.
>
> — 『조선왕조실록』 —

① 남한산성을 복구하고 어영청을 확대하였다.
② 훈련별대를 정초군과 통합하여 금위영을 발족시켰다.
③ 명과 후금 사이에서 실리를 추구하는 중립외교 정책을 펼쳤다.
④ 호위청, 총융청, 수어청 등의 부대를 창설하여 국방력을 강화하였다.

> **TIP** 밑줄 친 '대의'는 효종의 북벌론이다.
> ① 효종은 서울 근처의 방어기지인 남한산성을 보강했으며 내부 방어체계를 재정비했다.
> ② 숙종 ③ 광해군 ④ 인조

Answer
10.④ 11.①

12 대한제국 정부가 시행한 정책으로 옳은 것은?

① 별기군을 폐지하고 5군영을 복구하였다.

② 양전 사업을 시행하고자 양지아문을 설치하였다.

③ 통리기무아문을 설치하여 개화 정책을 추진하였다.

④ 화폐 제도를 은본위제로 개혁하고자 신식화폐발행장정을 공포하였다.

> **TIP** ② 대한 제국 정부는 조세 수입원을 정확히 파악하고 더불어 조세 수입을 증대시키기 위한 목적으로 1898년 양지아문을 설치하여 1899년부터 양전 사업을 실시하였다.
> ① 흥선대원군 ③ 1880년 ④ 제1차 갑오개혁

13 ㉠ 조직에 대한 설명으로 옳은 것은?

> 1922년 3월, 중국 상하이에서 (㉠)이/가 일본 육군대장 타나카 기이치(田中義一)를 암살하고자 한 사건이 발생했다. 이때 체포된 독립운동가들은 일본 경찰에 인도되어 심문을 받게 되었는데, 그 심문 과정에서 (㉠)에 속한 김익상이 1921년 9월 조선총독부 건물에 폭탄을 던진 의거의 당사자라는 사실이 밝혀졌다.

① 공화주의를 주창하는 내용의 대동단결선언을 작성해 발표하였다.

② 이 조직에 속한 이봉창이 일왕이 탄 마차 행렬에 폭탄을 던졌다.

③ 일부 구성원을 황푸군관학교에 보내 군사 훈련을 받도록 하였다.

④ 새로 부임하는 사이토 조선 총독에게 폭탄을 투척하는 의거를 일으켰다.

> **TIP** ㉠ 의열단(1919년)
> ① 신규식 등이 독립운동의 활로와 이론의 정립을 모색하기 위해 1917년에 제의·제정한 문서다.
> ② 한인 애국단(1931년)
> ④ 대한 노인단 소속의 강우규가 1919년에 일으켰다.

14 다음과 같은 특징을 가진 조선 후기 역사서는?

> • 단군으로부터 고려에 이르기까지의 우리 역사를 치밀한 고증에 입각하여 엮은 통사이다.
> • 마한을 중시하고 삼국을 무통(無統)으로 보는 입장에서 우리 역사를 체계화하였다.

① 허목의 동사
② 유계의 여사제강
③ 한치윤의 해동역사
④ 안정복의 동사강목

> **TIP** ① 허목의 동사는 단군에서 삼국까지의 역사이다.
> ② 조선 후기의 학자 홍여하가 지은 고려의 사서이다.
> ③ 고조선에서 고려까지의 역사를 서술한 기전체이다.

15 다음 사건을 발생한 순서대로 바르게 나열한 것은?

> ㉠ 이순신이 명량에서 일본 수군을 격파하였다.
> ㉡ 의주로 피난했던 국왕 일행이 한성으로 돌아왔다.
> ㉢ 권율이 행주산성에서 일본군의 공격을 격파하였다.
> ㉣ 원균이 이끄는 조선 수군이 칠천량에서 크게 패배하였다.

① ㉡→㉢→㉠→㉣
② ㉡→㉢→㉣→㉠
③ ㉢→㉡→㉠→㉣
④ ㉢→㉡→㉣→㉠

> **TIP** ㉢ 1593년 2월 → ㉡ 1593년 10월 → ㉣ 1597년 7월 → ㉠ 1597년 9월

16 고려 전기의 문산계와 무산계에 대한 설명으로 옳지 않은 것은?

① 중앙 문반에게 문산계를 부여하였다.
② 성종 때에 문산계를 정식으로 채택하였다.
③ 중앙 무반에게 무산계를 제수하였다.
④ 탐라의 지배층과 여진 추장에게 무산계를 주었다.

> **TIP** ③ 중앙 무반에게 문산계를 부여하였다.

Answer

14.④ 15.④ 16.③

17 밑줄 친 '그'에 대한 설명으로 옳은 것은?

> 그는 신민회 회원으로 활동하면서 해서교육총회에 가담해 교육 사업에 힘을 기울였으며, 안악 사건에 연루되어 일제 경찰에 체포되었다. 1923년에 열린 국민대표회의에서 창조파와 개조파가 대립했을 때, 그는 국민대표회의의 해산을 명하는 내무부령을 공포하였다. 그 뒤 그는 한국국민당을 조직하는 등 독립운동 정당을 만들기 위해 노력하였다.

① 평양에서 열린 남북 협상 회의에 참석하였다.
② 조선민족혁명당을 조직하고 조선의용대를 이끌었다.
③ 안재홍과 함께 조선건국준비위원회를 주도적으로 조직하였다.
④ 대통령 직선제를 골자로 하는 발췌 개헌안을 국회에 제출하였다.

> **TIP** 밑줄 친 '그'는 백범 김구이다.
> ② 김원봉 ③ 여운형 ④ 이승만

18 ㉠ 부대에 대한 설명으로 옳은 것은?

> (㉠)은/는 1933년에 중국인 부대와 연합하여 동경성 전투 등을 치르며 큰 전과를 올렸고, 대전자령에서는 일본군을 기습 공격하여 승리를 거두었다.

① 하와이에 대조선 국민군단을 창설하였다.
② 양세봉의 지휘하에 흥경성 전투에 참여하였다.
③ 만주 지역에서 활동했던 한국독립당의 산하 조직이었다.
④ 중국 의용군과 연합하여 영릉가 전투에서 일본군을 물리쳤다.

> **TIP** ㉠ 한국 독립군(1930년)
> ① 대조선 국민단은 1914년에 박용만이 하와이에서 조직하였다.
> ②④ 조선 혁명군에 관한 설명이다.

19 밑줄 친 '이 협약'에 대한 설명으로 옳은 것은?

> 일제는 군대를 증강해 강압적 분위기를 조성한 다음 친일 내각과 이 협약을 체결했다. 이 협약을 체결할 때, 일제는 대한제국 군대의 해산을 요구해 관철시켰다. 이때 해산된 군인의 상당수는 일본군과 격전을 벌인 후 의병 부대에 합류하였다.

① 고종이 헤이그에 특사를 파견하는 계기가 되었다.
② 최익현이 의병 운동을 처음 시작한 원인이 되었다.
③ 재정고문 메가타가 화폐정리사업을 실시하는 근거가 되었다.
④ 통감이 추천하는 일본인을 한국 관리에 임명한다는 내용을 담고 있다.

> **TIP** 밑줄 친 '이 협약은 한·일 신협약(정미 7조약)이다.
> ①② 제2차 한·일 협약(을사조약)
> ③ 제1차 한·일 협약

20 다음 합의문에 대한 설명으로 옳은 것은?

> 쌍방은 오랫동안 서로 만나보지 못한 결과로 생긴 남북 사이의 오해와 불신을 풀고 긴장의 고조를 완화시키며 나아가서 조국 통일을 촉진시키기 위하여 다음과 같은 문제들에 완전한 견해의 일치를 보았다.
> 1. 쌍방은 다음과 같은 조국 통일 원칙들에 합의를 보았다.
> 　첫째, 통일은 외세에 의존하거나 외세의 간섭을 받음이 없이 자주적으로 해결하여야 한다.
> 　둘째, 통일은 서로 상대방을 반대하는 무력행사에 의거하지 않고 평화적 방법으로 실현하여야 한다.
> 　　　　　　　　　　　　　　　… (중략) …
> 4. 쌍방은 지금 온 민족의 거대한 기대 속에 진행되고 있는 남북적십자회담이 하루빨리 성사되도록 적극 협조하는 데 합의하였다.
> 　　　　　　　　　　　　　　　… (후략) …

① 남북기본합의서와 동시에 작성된 문서이다.
② 남북조절위원회를 구성하기로 합의한 내용이 담겨 있다.
③ 분단 후 최초로 열린 남북정상회담의 결과로 발표된 성명서이다.
④ 금강산 관광사업을 추진하기로 결정했다는 내용이 수록되어 있다.

> **TIP** 제시된 글은 7·4 남북공동성명(1972년)이다.
> ① 1991년 ③ 2000년 ④ 1998년

2018. 6. 23 제2회 서울특별시 시행

1 고려의 문화에 대한 설명 중 가장 옳은 것은?

① 고려의 귀족문화를 대표하는 백자는 상감기법을 이용한 것이다.

② 고려는 세계 최초로 금속활자를 발명하였다.

③ 팔만대장경판은 거란의 침입을 물리치기 위한 염원을 담아 만든 것이다.

④ 고려는 불교국가여서 유교문화가 발전하지 못하였다.

> **TIP** ② 고종 때의 금속활자로『상정고금예문』(1234)을 인쇄했다.
> ① 고려의 귀족문화를 대표하는 것은 청자로, 삼강기법을 이용하였다.
> ③ 팔만대장경은 몽골의 침입을 물리치기 위한 염원을 담아 만든 것이다. 거란의 침입을 물리치기 위한 염원을 담아 만든 것은 초조대장경이다.
> ④ 고려는 정치이념으로 유교를 채택하였다.

2 조선 전기에 편찬된 서적으로 가장 옳지 않은 것은?

① 『본조편년강목』　　　　　　② 『의방유취』

③ 『삼국사절요』　　　　　　　④ 『농사직설』

> **TIP** ① 『본조편년강목』: 1317년(충숙왕 4) 민지가 저술한 고려왕조에 관한 역사책
> ② 『의방유취』: 조선 세종 때 왕명으로 편찬된 동양 최대의 의학사전
> ③ 『삼국사절요』: 1476년(성종 7) 노사신 · 서거정 등이 편찬한 단군조선으로부터 삼국의 멸망까지를 다룬 편년체의 역사서
> ④ 『농사직설』: 조선 세종 때의 문신인 정초 · 변효문 등이 왕명에 의하여 편찬한 농서

Answer
1.② 2.①

3 〈보기〉의 통일신라시대의 경제제도를 시간 순으로 바르게 나열한 것은?

> 〈보기〉
> ㉠ 중앙과 지방의 여러 관리에게 매달 주던 녹봉을 없애고 다시 녹읍을 주었다.
> ㉡ 중앙과 지방 관리들의 녹읍을 폐지하고 해마다 조(租)를 차등 있게 주었으며 이를 일정한 법으로 삼았다.
> ㉢ 처음으로 백성들에게 정전(丁田)을 지급하였다.
> ㉣ 교서를 내려 문무 관료들에게 토지를 차등 있게 주었다.

① ㉡→㉠→㉣→㉢   ② ㉡→㉣→㉠→㉢
③ ㉣→㉢→㉡→㉠   ④ ㉣→㉡→㉢→㉠

> **TIP** ㉣ 신문왕 7년(687) → ㉡ 신문왕 9년(689) → ㉢ 성덕왕 21년(722) → ㉠ 경덕왕 16년(757)

4 무신집권기 지방민과 천민의 동요에 대한 설명으로 가장 옳지 않은 것은?

① 조위총은 백제 부흥을 위해 봉기하였다.
② 망이·망소이의 난은 일반 군현이 아닌 소에서 일어났다.
③ 경주를 중심으로 한 지역에서는 신라부흥을 내걸고 반란이 일어나기도 했다.
④ 만적은 노비해방을 내세우며 반란을 모의하였다.

> **TIP** ① 조위총은 고려시대의 문신으로 정중부·이의방 등이 정변을 일으키자 절령 이북 40여 성의 호응을 얻어 난을 일으켰다. 백제 부흥을 위해 봉기한 것은 이연년의 난이다.

5 〈보기〉의 사건을 시간 순으로 바르게 나열한 것은?

> 〈보기〉
> ㉠ 아관파천　　　　　　　　　　㉡ 전주화약 체결
> ㉢ 홍범 14조 발표　　　　　　　　㉣ 군국기무처 설치

① ㉠→㉢→㉡→㉣　　　　　　　　② ㉡→㉣→㉢→㉠
③ ㉢→㉠→㉣→㉡　　　　　　　　④ ㉣→㉡→㉠→㉢

TIP ㉡ 전주화약 체결(1894. 5)→ ㉣ 군국기무처 설치(1894. 7.)→ ㉢ 홍범 14조 발표(1895. 1)→㉠ 아관 파천(1896)

6 1965년 6월 22일 체결된 한일기본조약에 대한 설명으로 가장 옳은 것은?

> 제2조 : 1910년 8월 22일 및 그 이전에 대한제국과 일본 제국 간에 체결된 모든 조약 및 협정 이 이미 무효임을 확인한다.
> 제3조 : 대한민국 정부가 국제연합 총회의 결의 제195(Ⅲ)호에 명시된 바와 같이 한반도에 있 어서의 유일한 합법정부임을 확인한다.

① 위안부 문제가 주요한 의제로 논의되었다.
② 조약에 반대하여 학생들이 6·10 민주 항쟁을 일으켰다.
③ 조약 협의를 위해 중앙정보부장 이후락이 특사로 파견되었다.
④ 재일 교포의 법적 지위 및 대우에 관한 협정도 함께 체결되었다.

TIP ① 위안부 및 강제 징용에 대한 문제는 논의되지 않았다.
② 6·10 민주 항쟁(1987)은 박종철 고문치사 사건과 전두환의 4·13 호헌 조치를 계기로 발생하였다.
③ 7·4 남북 공동 성명(1972)에 대한 설명이다.

Answer ……………………
5.② 6.④

7 고려시대의 경제생활에 대한 설명으로 옳은 것을 〈보기〉에서 모두 고른 것은?

〈보기〉
㉠ 성종은 건원중보를 만들어 전국적으로 사용하게 하려 했으나 성공하지 못하였다.
㉡ 고려후기 관청수공업이 쇠퇴하면서 민간수공업이 발달하였다.
㉢ 예성강 어귀의 벽란도는 고려의 국제무역항이었다.
㉣ 원간섭기에는 원의 지폐인 보초가 들어와 유통되기도 하였다.

① ㉠, ㉡, ㉢
② ㉠, ㉢, ㉣
③ ㉡, ㉢, ㉣
④ ㉠, ㉡, ㉢, ㉣

TIP 〈보기〉의 ㉠~㉣ 모두 옳은 설명이다.

8 〈보기〉의 조선시대의 국방정책을 시간 순으로 바르게 나열한 것은?

〈보기〉
㉠ 서울 주변의 네 유수부가 서울을 엄호하는 체제를 구축하였다.
㉡ 금위영을 발족시켜 5군영 제도가 성립되었다.
㉢ 하멜이 가져온 조총 기술을 도입하여 서양식 무기를 제조하였다.
㉣ 수도방어체계를 강화하고 『수성윤음』을 반포하였다.

① ㉠→㉡→㉢→㉣
② ㉡→㉣→㉠→㉢
③ ㉢→㉡→㉣→㉠
④ ㉣→㉢→㉠→㉡

TIP ㉢ 효종 7년(1656) → ㉡ 숙종 8년(1682) → ㉣ 영조 27년(1751) → ㉠ 정조 17년(1793)

9 구석기시대 사람들의 생활상에 대한 설명으로 가장 옳은 것은?

① 대체로 동굴이나 바위그늘에서 생활하였으며 불을 사용할 줄 알았다.

② 단양 수양개, 연천 전곡리, 공주 석장리 등 강가에 살던 사람들은 주로 고기잡이와 밭농사를 하며 생활하였다.

③ 이 시기의 대표적인 무덤 형식은 고인돌과 돌널무덤이다.

④ 주먹도끼, 가로날도끼, 민무늬토기 등의 도구를 사용했다.

> **TIP** ② 밭농사를 한 것은 청동기 시대이다.
> ③ 청동기 시대에 대한 설명이다.
> ④ 민무늬토기는 청동기 시대의 대표적인 토기이다.

10 통일신라에 대한 설명으로 가장 옳은 것은?

① 통일 후에는 주로 진골귀족으로 구성된 9서당을 국왕이 장악함으로써 왕실이 주도하는 교육제도를 구축하였다.

② 불교가 크게 융성한 통일신라의 수도인 경주에서는 주로 천태종이 권력과 밀착하며 득세하였다.

③ 신라 중대 때는 주로 원성왕의 후손들이 즉위하면서 비교적 강력한 왕권을 행사하였다.

④ 넓어진 영토를 관리하기 위해 지방행정을 구획하였는데, 5소경도 이에 해당한다.

> **TIP** ① 9서당은 신라인, 고구려인, 백제인뿐만 아니라 말갈인 등 다양한 사람으로 구성되었다.
> ② 의천이 천태종을 창시한 고려 중기 이후, 수도인 개성을 중심으로 권력과 밀착하여 득세하였다.
> ③ 신라 중대 때는 무열왕의 직계 자손들이 즉위하면서 비교적 강력한 행사하였다.

11 〈보기〉에서 제시된 인물의 공통점으로 가장 옳은 것은?

> 〈보기〉
>
> ㉠ 김운경   ㉡ 최치원
> ㉢ 최언위   ㉣ 최승우

① 고려 출신으로 당나라에서 유학했다.
② 7세기와 8세기에 활약했던 신라의 대문장가이다.
③ 숙위학생으로 당 황제의 호위무사가 되었다.
④ 당나라의 빈공과에 급제한 후 귀국하였다.

TIP 〈보기〉의 인물들은 6두품 출신으로 모두 당나라의 빈공과에 급제하였다.

12 〈보기〉의 어록을 남긴 인물의 활동으로 가장 옳은 것은?

> 〈보기〉
>
> "대전자령의 공격은 이천만 대한인민을 위하여 원수를 갚는 것이다. 총알 한 개 한 개가 우리 조상 수천 수만의 영혼이 보우하여 주는 피의 사자이니 제군은 단군의 아들로 굳세게 용감히 모든 것을 희생하고 만대 자손을 위하여 최후까지 싸우라."

① 화북 조선 독립동맹의 주석으로 선출되어 활동하였다.
② 조선 혁명군을 이끌고 영릉가 전투에서 대승을 거두었다.
③ 한국 독립군을 이끌고 쌍성보 전투에서 일본군을 격파하였다.
④ 조선 의용대를 결성하고 대적 심리전 등에서 크게 활약하였다.

TIP 〈보기〉의 어록을 남긴 인물은 '지청천'이다. 지청천은 한국 독립당 창당에 참여하였고 한국 독립군 총사령관을 지냈다.
① 김두봉 ② 양세봉 ④ 김원봉

13 〈보기〉의 빈칸에 공통적으로 해당하는 국가와 관련하여 고려시대에 발생한 일로 가장 옳은 것은?

> 〈보기〉
> • 모든 관리들을 소집해 [   ]을/를 상국으로 대우하는 일의 가부를 의논하게 하자 모두 불가하다고 했으나, 이자겸과 척준경만이 찬성하고 나섰다.
> • [   ]은/는 전성기를 맞아 우리 조정이 그들의 신하임을 칭하도록 하고자 하였다. 여러 의견들이 뒤섞여 어지러운 가운데, 윤언이가 홀로 간쟁하여 말하기를 …… 여진은 본래 우리 조정 사람들의 자손이기 때문에 신하가 되어 차례로 우리 임금께 조공을 바쳐왔고, 국경 근처에 사는 사람들은 모두 우리 조정의 호적에 올라있는 지 오래 되었습니다. 우리 조정이 어찌 거꾸로 그들의 신하가 될 수 있겠습니까?

① 이 국가의 침입으로 인해 국왕은 나주로 피난하였다.
② 묘청 일파는 이 국가의 정벌을 주장하였다.
③ 이 국가와 함께 강동성에 포위된 거란족을 격파하였다.
④ 이 국가의 침략에 대비하여 광군을 설치하였다.

TIP 〈보기〉의 빈칸에 공통적으로 해당하는 국가는 '금나라'이다.
①④ 거란 ③ 몽골, 동진국

14 조선시대의 대외관계에 대한 설명으로 가장 옳은 것은?

① 태조는 북방의 여진족을 몰아내고 4군 6진을 개척하였다.
② 왜란이 끝난 후 조선은 일본에 통신사를 파견하여 국교 재개를 요청하였다.
③ 조선후기 북학운동의 한계를 느낀 지식인들은 북벌운동을 전개하였다.
④ 조선후기 중국과의 외교와 무역에 은이 대거 소비되면서 은광이 활발하게 개발되었다.

TIP ① 북방의 여진족을 몰아내고 4군 6진을 개척한 것은 세종 때이다.
② 왜란이 끝난 후 선조 40년에 일본의 요청으로 통신사를 파견하여 국교를 재개하였다.
③ 북학운동은 북벌운동 실패 이후 한계를 느낀 지식인들에 의해 주장되었다.

15 〈보기 1〉의 ㈎와 ㈏가 발표된 시기의 사이에 있었던 사실을 〈보기 2〉에서 모두 고른 것은?

〈보기 1〉

㈎ 첫째, 통일은 외세에 의존하거나 외세의 간섭을 받음이 없이 자주적으로 해결하여야 한다.

둘째, 통일은 서로 상대방을 반대하는 무력행사에 의거하지 않고 평화방법으로 실현하여야 한다.

셋째, 사상과 이념, 제도의 차이를 초월하여 우선 하나의 민족으로서 민족적 대단결을 도모하여야 한다.

㈏ 1. 남과 북은 나라의 통일 문제를 그 주인인 우리 민족끼리 서로 힘을 합쳐 자주적으로 해결한다.

2. 남과 북은 남측의 연합제 안과 북측의 낮은 단계의 연방제

안이 서로 공통성이 있다고 인정한다.

〈보기 2〉

㉠ 금강산 관광이 시작되었다.　　　　㉡ 남북 조절 위원회를 설치하였다.

㉢ 경의선과 동해선 철도가 연결되었다.　　㉣ 남과 북이 동시에 유엔에 가입하였다.

---

① ㉠, ㉡, ㉢ 　　　　　　　　② ㉠, ㉡, ㉣

③ ㉠, ㉢, ㉣ 　　　　　　　　④ ㉡, ㉢, ㉣

> **TIP** ㈎ 7 · 4 남북 공동 성명(1972), ㈏ 6 · 15 남북 공동 선언(2000)
> ㉠ 1998년　㉡ 1972년　㉢ 2000년 9월　㉣ 1991년

16 두 차례의 양요에 대한 설명으로 가장 옳은 것은?

① 어재연이 이끄는 조선군은 프랑스군을 상대로 승리를 거두었다.

② 미국 상선 제너럴 셔먼 호는 평양 주민을 약탈하였다.

③ 양헌수 부대는 광성보 전투에서 결사항전 하였으나 퇴각하였다.

④ 박규수는 화공작전을 펴서 프랑스 군대를 공격하였다.

> **TIP** ② 병인양요와 관련된 설명이다.
> ① 어재연이 이끄는 조선군은 광성보와 갑곶 등에서 미군을 상대로 승리를 거두었다.
> ③ 양헌수 부대는 정족산성에서 프랑스군에 대항하였다.
> ④ 평양감사 박규수는 화공작전을 펴서 미국 상선 제너럴 셔먼 호를 불태우고 선원을 몰살하였다.

**Answer**
15.② 16.②

17 조선시대 신분제에 대한 설명으로 가장 옳지 않은 것은?

① 중앙관직에 진출할 수 있던 고려시대의 향리와 달리 조선의 향리는 수령을 보좌하는 아전으로 격하되었다.

② 유교의 적서구분에 의해 서얼에 대한 차별이 심했기 때문에 서얼은 관직에 진출하지 못하였다.

③ 뱃사공, 백정 등은 법적으로는 양인으로 취급되기도 했으나 노비처럼 천대받으며 특수직업에 종사하였다.

④ 순조는 공노비 중 일부를 양인으로 해방시켜 주었다.

TIP ② 유교의 적서구분에 의해 서얼에 대한 차별이 있었으나 신분 상승 운동으로 정조 때부터 서얼들을 관리로 등용하기 시작했다.

18 근대 교육기관에 대한 설명으로 가장 옳지 않은 것은?

① 배재학당 : 선교사 아펜젤러가 서울에 설립한 사립학교이다.

② 동문학 : 정부가 설립한 외국어 교육 기관으로 통역관을 양성하였다.

③ 경신학교 : 고종의 교육 입국 조서에 따라 설립된 관립 학교이다.

④ 원산학사 : 함경도 덕원 주민들이 기금을 조성하여 설립한 학교이다.

TIP ③ 경신학교는 1886년에 미국 초대 선교사 언더우드가 서울에 설립한 중등과정의 사립학교이다. 고종의 교육 입국 조서(1895)에 따라 세워진 학교로는 한성중학교, 의학교, 상공학교, 광무학교 등이 있다.

19 왕의 수신 교과서인 『성학십도』를 집필한 인물에 대한 설명으로 가장 옳은 것은?

① 아동용 수신서인 『동몽선습』을 편찬하였다.

② 그의 학설을 따르는 이들이 처음에는 서인을 형성하였다.

③ 기(氣)보다는 이(理)를 중시했고, 예안향약을 만들었다.

④ 『주자대전』의 중요 부분을 발췌하여 『주자문록』을 편찬하였다.

TIP 『성학십도』를 집필한 인물은 '이황'이다. 이황은 이기이원론을 계승하여 기(氣)보다는 이(理)를 중시하였으며, 예안향약을 만들었다.
① 박세무 ② 이이 ④ 기대승

20 대한민국의 민주화 여정에 대한 설명으로 가장 옳은 것은?

① 1960년대 : 장기집권을 획책한 박정희의 사사오입개헌에 맞서 학생들과 재야인사들이 그 반대투쟁을 전개하였다.

② 1970년대 : 유신개헌을 통해 평화적으로 민주화를 추진할 수 있는 법률적 기틀을 제공하였다.

③ 1980년대 : 6월 민주항쟁을 통해 군사정권을 종식시키고 선거를 통해 문민정부가 출범하였다.

④ 1990년대 : 대선결과에 따라 평화적 정권교체가 실현되었다.

> **TIP** ④ 대한민국의 제15대 대통령인 김대중은 헌정 사상 처음으로 대선결과에 따라 평화적인 정권교체를 실현하였다.
> ① 사사오입개헌(1954)은 이승만 정권이 장기 집권을 위해 초대에 한해 대통령의 중임 제한을 철폐하고자 한 것이다.
> ② 유신개헌(1972)에서는 박정희 정권이 장기 집권을 위해 대통령 선거를 직접 선거에서 간접 선거로 변경하였다.
> ③ 노태우 민정당 대표위원의 '6 · 29선언'으로 직선제 개헌 시국수습특별선언이 발표되었으며, 이후 선거를 통해 노태우 정부가 출범하였다.

Answer
20.④

공무원시험/자격시험/독학사/검정고시/취업대비 동영상강좌 전문 사이트

공무원	9급 공무원	서울시 기능직 일반직 전환	각 시·도 기능직 일반직 전환	교육청 기능직 일반직 전환
	관리운영직 일반직 전환	사회복지직 공무원	우정사업본부 계리직	서울시 기술계고 경력경쟁
기술직 공무원	물리	화학	생물	
	기술계 고졸자 물리/화학/생물			
경찰·소방공무원	소방특채 생활영어	소방학개론		
군 장교, 부사관	육군부사관	공군부사관	해군부사관	부사관 국사(근현대사)
	공군 학사사관후보생	공군 조종장학생	공군 예비장교후보생	공군 국사 및 핵심가치
NCS, 공기업, 기업체	공기업 NCS	공기업 고졸 NCS	코레일(한국철도공사)	한국수력원자력
	국민건강보험공단	국민연금공단	LH한국토지주택공사	한국전력공사
자격증	임상심리사 2급	건강운동관리사	사회조사분석사	한국사능력검정시험
	국어능력인증시험	청소년상담사 3급	관광통역안내사	국내여행안내사
	텔레마케팅관리사	사회복지사 1급	경비지도사	경호관리사
	신변보호사	전산회계	전산세무	
무료강의	국민건강보험공단	사회조사분석사 기출문제	독학사 1단계	대입수시적성검사
	사회복지직 기출문제	농협 인적성검사	지역농협 6급	기업체 취업 적성검사
	한국사능력검정시험 백발백중 실전 연습문제		한국사능력검정시험 실전 모의고사	

서원각 www.goseowon.co.kr
QR코드를 찍으면 동영상강의 홈페이지로 들어가실 수 있습니다.

서원각

자격시험 대비서

핵심이론 〉   출제예상문제 〉   온라인강의 제공

임상심리사 2급

건강운동관리사

사회조사분석사 종합본

사회조사분석사 기출문제집

교재구입 시
무료동영상강의
제공

국어능력인증시험

청소년상담사 3급

관광통역안내사 종합본

9급공무원 빅데이터 > 한국사

정가 19,000원

초판인쇄	2019년 1월 9일	초판발행	2019년 1월 11일	편저자	공무원시험연구소
발행처	(주)서원각	등록번호	1999-1A-107호	교재주문	031-923-2051
학습문의	031-923-2053	팩스	031-923-3815	고객센터	1600-6528
주소	경기도 고양시 일산서구 덕산로 88-45				

ISBN 979-11-257-2373-8

9 791125 723738
13910